马克思主义理论研究
和建设工程重点教材

逻辑学

（第二版）

《逻辑学》编写组

主 编 何向东

副主编 张建军 任晓明

主要成员

（以姓氏笔画为序）

王 静 王克喜 杜国平

李 娜 张晓芒 胡泽洪

郭美云 蔡曙山 熊立文

高等教育出版社·北京

图书在版编目（ＣＩＰ）数据

逻辑学／《逻辑学》编写组编. -- 2 版. -- 北京：
高等教育出版社,2018.8(2025.8 重印)
　马克思主义理论研究和建设工程重点教材
　ISBN 978-7-04-050089-9

　Ⅰ.①逻…　Ⅱ.①逻…　Ⅲ.①逻辑学-高等学校-教
材　Ⅳ.①B81

中国版本图书馆 CIP 数据核字(2018)第 164839 号

责任编辑	李　喆	封面设计	王　鹏	版式设计	于　婕
责任校对	窦丽娜	责任印制	张益豪		

出版发行	高等教育出版社	网　址	http://www.hep.edu.cn
社　址	北京市西城区德外大街 4 号		http://www.hep.com.cn
邮政编码	100120	网上订购	http://www.hepmall.com.cn
印　刷	北京鑫海金澳胶印有限公司		http://www.hepmall.com
开　本	787mm×1092mm　1/16		http://www.hepmall.cn
印　张	21.25	版　次	2017 年 7 月第 1 版
字　数	400 千字		2018 年 8 月第 2 版
购书热线	010-58581118	印　次	2025 年 8 月第 37 次印刷
咨询电话	400-810-0598	定　价	45.10 元

本书如有缺页、倒页、脱页等质量问题,请到所购图书销售部门联系调换

版权所有　侵权必究
物　料　号　50089-00

目　录

绪　论 …………………………………………………………………… 1
　　第一节　逻辑学的研究对象和类型 ………………………………… 1
　　　　一、逻辑学的含义 …………………………………………… 1
　　　　二、逻辑学的研究对象 ……………………………………… 1
　　　　三、逻辑学的类型 …………………………………………… 4
　　第二节　逻辑学的性质与学习逻辑学的作用 ……………………… 6
　　　　一、逻辑学的性质 …………………………………………… 6
　　　　二、学习逻辑学的作用 ……………………………………… 11
　　第三节　逻辑学的研究方法与学习方法 …………………………… 14
　　　　一、逻辑学的研究方法 ……………………………………… 14
　　　　二、逻辑学的学习方法 ……………………………………… 16
　　第四节　逻辑学的发展概况 ………………………………………… 17
　　　　一、逻辑学的三大传统 ……………………………………… 17
　　　　二、现代逻辑学的发展 ……………………………………… 23
　　　　三、当代中国逻辑学的普及与发展 ………………………… 24

第一章　传统词项逻辑 …………………………………………………… 26
　　第一节　词项 ………………………………………………………… 26
　　　　一、词项概述 ………………………………………………… 26
　　　　二、词项的种类 ……………………………………………… 27
　　　　三、词项外延之间的关系 …………………………………… 28
　　第二节　直言命题 …………………………………………………… 32
　　　　一、直言命题及其逻辑结构 ………………………………… 32
　　　　二、直言命题的分类 ………………………………………… 35
　　　　三、直言命题主项和谓项的周延性 ………………………… 37
　　　　四、对当方阵 ………………………………………………… 39
　　第三节　直接推理 …………………………………………………… 43
　　　　一、直接推理的特点 ………………………………………… 43
　　　　二、对当关系推理 …………………………………………… 44
　　　　三、直言命题变形推理 ……………………………………… 45

四、直言命题直接推理的检验 ················ 48

第四节　三段论 ································· 50

一、什么是三段论 ························· 50

二、三段论推理的一般规则 ················· 51

三、三段论的格及其特殊规则 ··············· 53

四、三段论的式 ··························· 55

五、非标准形式三段论 ····················· 56

六、用文恩图解法检验三段论的有效性 ········· 58

第二章　命题逻辑 ······························· 67

第一节　命题逻辑概述 ····················· 67

一、句子与命题 ··························· 67

二、简单命题与复合命题 ··················· 68

三、推理 ································· 69

第二节　复合命题及其推理 ················· 70

一、命题联结词的真值表 ··················· 72

二、复合命题推理 ························· 75

三、复合命题的逻辑等值推理 ··············· 79

四、复合命题推理的综合运用 ··············· 80

第三节　真值表方法 ······················· 81

第三章　命题逻辑的自然演绎系统 ················ 88

第一节　证明与子证明 ····················· 88

第二节　推理规则 ························· 89

一、结构规则 ····························· 89

二、联结词规则 ··························· 90

第三节　系统 NP 中的推导 ················· 94

一、合取规则的运用 ······················· 95

二、蕴涵规则的运用 ······················· 95

三、否定规则的运用 ······················· 97

四、析取规则的运用 ······················· 98

五、等值规则的运用 ······················· 99

六、综合运用 ····························· 101

第四节　无前提推导与演绎定理 ··············· 105

第四章 谓词逻辑……………………………………………… 112

　　第一节 个体词、谓词和量词……………………………… 112

　　　　一、个体词……………………………………………… 112

　　　　二、谓词………………………………………………… 114

　　　　三、量词………………………………………………… 116

　　第二节 谓词逻辑的形式语言……………………………… 116

　　　　一、谓词逻辑的公式…………………………………… 117

　　　　二、命题的符号化……………………………………… 118

　　第三节 基本语法概念……………………………………… 126

　　　　一、自由变元与约束变元……………………………… 126

　　　　二、代入………………………………………………… 127

　　第四节 谓词逻辑语义……………………………………… 130

　　　　一、模型和赋值………………………………………… 130

　　　　二、有效公式与有效推理……………………………… 134

第五章 谓词逻辑的自然演绎系统…………………………… 138

　　第一节 谓词逻辑自然演绎系统…………………………… 138

　　　　一、全称量词消去规则………………………………… 138

　　　　二、全称量词引入规则………………………………… 139

　　　　三、存在量词消去规则………………………………… 142

　　　　四、存在量词引入规则………………………………… 143

　　第二节 带等词的谓词逻辑自然演绎系统 NQ$^{=}$……… 150

　　　　一、等词消去规则……………………………………… 150

　　　　二、等词引入规则……………………………………… 151

第六章 传统归纳逻辑………………………………………… 155

　　第一节 归纳推理…………………………………………… 155

　　　　一、归纳推理的定义…………………………………… 155

　　　　二、归纳推理的作用…………………………………… 156

　　第二节 枚举归纳推理……………………………………… 157

　　　　一、枚举归纳推理的定义……………………………… 158

　　　　二、枚举归纳推理的作用……………………………… 158

　　第三节 穆勒五法…………………………………………… 159

　　　　一、求同法……………………………………………… 159

二、求异法 ··· 161

三、求同求异并用法 ··· 162

四、共变法 ·· 164

五、剩余法 ·· 165

六、如何正确对待穆勒五法 ····································· 166

第四节　类比推理 ··· 166

一、类比推理的定义 ··· 166

二、运用类比推理时应该注意的问题 ························ 167

三、模拟方法 ··· 168

第七章　现代归纳逻辑 ·· 176

第一节　概率和概率演算 ··· 176

一、概率和概率解释 ··· 176

二、概率演算 ··· 179

三、贝叶斯规则 ··· 188

第二节　统计推理 ··· 193

一、统计推理概述 ·· 193

二、统计推理的类别、形式和相关概念 ···················· 195

三、统计推理的抽样问题 ··· 198

四、统计推理的应用 ··· 200

第八章　科学逻辑 ··· 210

第一节　科学方法与科学逻辑 ··· 210

第二节　科学说明与科学预测 ··· 213

一、科学说明 ··· 213

二、科学预测 ··· 215

第三节　科学假说 ··· 217

一、科学假说的基本特征 ··· 217

二、科学假说的形成 ··· 218

三、科学假说的检验 ··· 219

第四节　科学理论及其演化 ·· 221

一、假说转化为理论 ··· 221

二、科学理论的系统演化 ··· 222

三、科学悖论的形成与解决 ······································ 225

第九章　论辩逻辑 233
　第一节　非形式逻辑与论辩逻辑 233
　第二节　论证、反驳与辩护 233
　　一、论证的建构与评估 234
　　二、反驳的建构与评估 238
　　三、辩护的建构与评估 239
　第三节　定义与划分 239
　　一、明确概念的基本方法 239
　　二、定义的种类与评估 240
　　三、划分的种类与评估 242
　第四节　谬误与诡辩 243
　　一、形式谬误与非形式谬误 243
　　二、非形式谬误的辨析 245

第十章　语言交际的逻辑 251
　第一节　语言逻辑概述 251
　　一、句法学 251
　　二、语义学 252
　　三、语用学 253
　第二节　言语行为理论 254
　　一、言语行为理论的产生与发展 254
　　二、语用逻辑 257
　　三、间接言语行为 258
　第三节　言语行为与成功交际 260
　　一、切当性标准 260
　　二、成功交际的条件 261
　　三、间接言语行为的准则 264

第十一章　逻辑思维的基本规律 268
　第一节　逻辑规律与思维规范 268
　第二节　矛盾律 269
　　一、矛盾律的基本内容 269
　　二、矛盾律的规范作用 271
　第三节　排中律 274

一、排中律的基本内容 ·· 274

二、排中律的规范作用 ·· 276

第四节　同一律 ··· 278

一、同一律的基本内容 ·· 278

二、同一律的规范作用 ·· 279

练习题参考答案 ·· 284

阅读文献 ··· 323

人名译名对照表 ··· 325

术语中英文对照表 ·· 327

后　记 ·· 330

第二版后记 ·· 331

绪 论

第一节 逻辑学的研究对象和类型

一、逻辑学的含义

"逻辑"一词由英语 Logic 音译而来，导源于希腊文 λόγος（逻各斯），原意指思想、言辞、理性、规律性等。在日语中，"逻辑学"写作"论理学"。古代西方学者用"逻辑"指称研究推理论证的学问。在我国，从 20 世纪 30 年代起逐渐通用"逻辑"这一译名。在现代汉语里，"逻辑"是多义词。例如：在"历史的逻辑是无情的"里，"逻辑"指客观事物发展变化的规律；在"霸权主义奉行的是强盗逻辑"里，"逻辑"指某种特殊的理论、观点或看问题的方法；在"说话、写文章要讲逻辑"里，"逻辑"指人们思维的规则、规律；在"培养和提高思维能力必须学习、掌握逻辑"里，"逻辑"指逻辑学这门学科。本书就是在这种逻辑学科意义上使用"逻辑"一词的。

逻辑还有狭义与广义的理解。狭义的逻辑就是研究推理有效性的科学。有人认为逻辑就是"必然地得出"，按这种理解，逻辑就是研究演绎推理有效性的科学。广义的逻辑就是研究思维的形式及其规律的科学。本书就是在这种广义上定义和理解逻辑的。

二、逻辑学的研究对象

既然广义上的逻辑学是研究思维的形式及其规律的科学，那么它的研究对象就包括两个方面。

首先，逻辑学研究思维的形式。这是它的主要研究对象。思维的形式也就是思维在抽象掉具体内容之后所具有的共同结构。

事物都是内容和形式的辩证统一。思维也不例外。例如以下命题：

（1）所有科学家都是知识分子。
（2）所有金属都是导电的。

这两个命题的具体内容全然不同，但是经过抽象，它们具有共同的形式结构。用 S 表示指称对象的概念，用 P 表示指称属性的概念，其形式即：

所有 S 都是 P

（3）如果语言能够生产物质资料，那么夸夸其谈的人就是世界上最富的人了。

（4）如果庄稼长得好，那么阳光充足。

用 p 表示"那么"之前的内容，用 q 表示"那么"之后的内容，它们共同的形式即：

如果 p，那么 q

再看推理。例如：

（5）所有知识分子都是脑力劳动者。
　　所有教师都是知识分子。
　　所以，所有教师都是脑力劳动者。

用 M 表示"知识分子"，用 P 表示"脑力劳动者"，用 S 表示"教师"，那么，这个推理的形式为：

所有 M 都是 P
所有 S 都是 M
所以，所有 S 都是 P

再如：

（6）实践没有止境，理论创新也没有止境；
　　所以，实践没有止境。

如果用 p 表示"实践没有止境"，用 q 表示"理论创新也没有止境"，这个推理具有如下的逻辑形式：

p 并且 q；
所以 p。

还如：

（7）文化是一个国家、一个民族的灵魂；所以，文化是一个国家的灵魂。

如果用 p 表示"文化是一个国家的灵魂"，用 q 表示"文化是一个民族的灵魂"，这个推理具有如下的逻辑形式：

p 并且 q；
所以 p。

可见，内容相同或迥异的命题，可以有相同的逻辑形式。

上述形式中，"S""M""p""q"，可以代表不同的内容，它们叫逻辑变项。而"所有……是……""如果……那么……"，则是不随内容变化的，它们叫逻辑常项。逻辑常项体现思维形式的性质、特征，因而是最重要的。逻辑常项还有"有的……是……""只有……才……""或者""并且""并非""当且仅当"，等等。任何逻辑形式都由逻辑变项和逻辑常项组成。

逻辑学研究的思维形式，主要是推理的形式（也称推理的形式结构）。推理是逻辑学研究的中心内容，推理由命题构成，命题由词项构成，论证是对推理的综合运用。逻辑学研究词项、命题，都服务于对推理的研究。推理的前提和结论的联系方式构成推理的形式。

其次，逻辑学研究思维的基本规律。思维的基本规律即矛盾律、排中律和同一律，它们是逻辑系统所赖以建构的最基本的指导法则，由它们决定的认知规范是最基本的思维规范。由矛盾律所决定的不矛盾规范，其主要作用在于保证思维的一致性，要求人们不能同时肯定具有矛盾关系的命题，从而使得思维保持前后一贯，避免自相矛盾。由排中律所决定的排中规范，其主要作用在于保证思维的明确性，要求人们不能同时否定具有矛盾关系的命题，而必须承认矛盾命题必有一真，不能模棱两不可。由同一律所决定的同一规范，其主要作用在于保证思维的确定性，要求人们在特定语境中所使用的概念和命题保持确定的意义，不能混淆概念或转移论题。矛盾律、排中律和同一律在不同的形式化系统内表现为系统的内定理，这些内定理在系统内的作用是有限的；但系统的构造原则也离不开由它们所决定的认知规范。而在形式系统外，也就是在日常思维和非形式论证中，它们都具有重要作用，是人们须臾不能离开的。所以，本书将逻辑思维的基本规律作为重要内容介绍。传统逻辑还曾经把"充足理由律"作为逻辑思维的基本规律，其内容是为论断提供充足理由时的两条要求：一是理由要真实，二是理由向推断的过渡要合乎逻辑。我们认为，这与上述逻辑基本规律有着不同的性质。它是对于实际推理特别是实际论证的一种总体性的规范性要求，即要求人们在论证中所使用的论据应当是认知共同体确认为真的命题；在进行演绎论证时须使用演绎推理的有效形式，在进行归纳论证时须遵守归纳推理的合理性准则。这种要求实际上已贯穿于本书关于演绎与归纳的讨论。而本书第九章关于论证、反驳与辩护的合理性要求的阐释，特别是关于好的论证需要满足之条件的把握，是对传统充足理由律之要求的扩充。

三、逻辑学的类型

推理可以分为必然性的、非必然性的。按现代逻辑观点，前提真结论必然真的推理就是必然性推理，也称作演绎推理。其他的推理，除了完全归纳推理属于必然性推理以外，一般归纳推理和类比推理均属于非必然性推理，或称广义上的归纳推理。这样一来，推理分为演绎推理和归纳推理两类。相应地，逻辑也就分为演绎逻辑和归纳逻辑。

演绎逻辑是研究必然性推理的逻辑。推理的必然性是指推理的有效性，即演绎推理中推理的形式正确，能从真前提得到真结论；或者说，不论前提与结论真实与否，只要结论为前提的合取所蕴涵，该推理就是有效的。例如：

（8）所有金属都是导电的。
　　所有铁是金属。
　　所以，所有铁是导电的。

这个推理具有如下的形式结构：

　　所有 M 是 P
　　所有 S 是 M
　　所以，所有 S 是 P

另一类推理则是非有效推理，也就是形式不正确的推理，它不能保证从真前提必然推出真结论。例如：

（9）所有鱼都是动物。
　　所有猫都是动物。
　　所以，所有猫都是鱼。

它具有的形式结构为：

所有 P 是 M

所有 S 是 M

所以，所有 S 是 P

这个推理的两个前提都是真的，而结论却是假的。如果把前提"所有猫都是动物"换为"所有鲫鱼都是动物"，结论"所有鲫鱼都是鱼"则为真实的。很明显，同样的形式结构，前提都是真实的，结论的真假却不同。但这个推理不是有效的，原因在于这样的形式结构不能由两个前提必然推导出结论，即使结论真实，由于不是从前提必然推出的，推理也是无效的。也就是说，演绎推理的前提能否必然推出结论，推理是否有效，关键在于推理的形式结构，而不在于内容，更不取决于人们的主观意志。又如：

只有人才培养质量高，学校才会受到社会各界称赞。

某高校没有受到社会各界称赞。

所以，某高校并非人才培养质量高。

即使这个推理的前提与结论都是真实的，这个推理也是错误的，因为推理的形式结构不正确，也就是从两个前提的合取不能必然推导出结论。该推理结论的真只是偶然的，不是从前提必然推出的。又如：

一个人只有骄傲，他才会落后。

刘方没有骄傲。

所以，他不会落后。

这个推理不论前提与结论真实与否，由于推理的形式结构正确，结论是从两个前提合取推出来的，因此，推理是正确的。

有效推理也叫正确推理。正确推理也就是形式正确的推理。逻辑学不研究推理的内容，只研究推理的形式结构，因此，不论前提与结论真实与否，只要结论为前提所蕴涵，那么，演绎推理就是正确的、有效的。例如：

（10）所有生物都是动物。

所有星球都是生物。

所以，所有星球都是动物。

这个三段论，前提与结论都是假的，但结论为前提所蕴涵，也就是说，结论是从前提推导出来的，所以，推理是正确的、有效的。有人认为，正确推理必须具备两个条件，即前提真实并且推理形式正确。根据上述，这种观点是完全错误的。在现代逻辑中，人们通过构造不同的演绎系统研究演绎推理，因此，推理的有效性是相对于形式系统而言的。

归纳逻辑是研究归纳推理前提对结论支持度的逻辑。现代归纳逻辑在对归纳推理做形式化、数量化研究的基础上，引进概率概念，构造出不同的概率逻辑系统。现代归纳逻辑还通过对归纳推理前提或结论包含有关某一确定事物类的某属性分布频率的统计陈述进行统计概括归纳。现代归纳逻辑运用概率甚至通过建立演绎系统等方法，测度归纳推理前提对结论的支持度，这就使归纳推理的有效性大为提高。本书第六、七章对归纳逻辑作了介绍。

在现代逻辑看来，除了演绎逻辑以外，其他结论不为前提所蕴涵的推理，诸如类比推理、回溯推理、合情推理等均为归纳推理。

辩证唯物主义告诉我们，事物都是有联系的。演绎推理与归纳推理之间也不例外。演绎推理的结论为前提所蕴涵，它是必然性推理，在论证中具有很大作用，是逻辑科学的核心与主体内容。归纳推理的结论超出前提内容，被称作放大性推理。也正是在这种意义上，归纳推理较之演绎推理更具有创新性。不过，无论演绎推理还是归纳推理，都是人们思维实践中不可或缺的推理形式，不能贬抑任何一方而抬高另外一方。事实上，两者的联系异常紧密。演绎推理能够为归纳推理提供理论依据，解决目的性和方向性问题。而演绎推理还需要归纳推理作补充，因为演绎推理的前提并非从天而降，而是人们在实践中通过归纳得来的。没有归纳推理，根本不可能有任何演绎推理。归纳推理与演绎推理互相联系，互为前提，两者的对立是相对的、有条件的、彼此转化的。正如恩格斯所说："归纳和演绎，正如分析和综合一样，必然是相互关联的。不应当牺牲一个而把另一个片面地捧到天上去，应当设法把每一个都用到该用的地方，但是只有认清它们是相互关联、相辅相成的，才能做到这一点。"[①]

第二节 逻辑学的性质与学习逻辑学的作用

一、逻辑学的性质

要弄清逻辑学的性质，必须弄清楚逻辑学与语言学的关系、逻辑学与哲学的

① 《马克思恩格斯文集》第9卷，人民出版社2009年版，第492页。

关系、逻辑学与心理学的关系。

逻辑学与语言学的关系。两者关系密切，源于思维与语言的联系非常紧密。这是因为，思维对事物的反映，只有借助语言才能实现。语言是思维的载体，离开语言，思维无以存在；而离开思维，语言没有内容。马克思说："语言是思想的直接现实。"① 客观事实告诉我们，思维只有在语言材料的基础上，在语言的词和句的基础上才能产生和存在。没有语言材料，没有语言的自然物质的赤裸裸的思想，是不存在的。思维对客观事物本质和规律性的揭示，总是通过语言才得以确定、巩固。作为思维形式的词项、命题、推理，也总是依靠相应的语词（词或词组）、句子（单句或复句）、句群等语言单位才得以表达。没有语言，也就没有人的思维活动。人们把思维和语言不可分割的联系比喻为一张纸的两面，这是形象而客观的。

思维与语言的这种紧密联系，给人们对思维的研究带来了便利。思维是看不见摸不着的，它必须通过语言才能表达。研究无形的思维，只能研究语言形式。人们可以通过对语言形式的研究达到研究思维形式的目的。

值得注意的是，人们通过语言形式研究思维形式，绝不意味着逻辑就是研究语言的。有人产生了误解，以为逻辑的研究对象不是思维的形式，而是语言。其实，这是混淆了语言形式与思维形式的区别。例如：

只有阳光充足，庄稼才长得好。

除非努力学习，成绩才会优秀。

这两个句子语言形式不同，但命题形式即思维形式的结构是一样的：只有 p，才 q。

语言分为自然语言和人工语言。自然语言就是人们在思维与交际中使用的语言。自然语言是人们生活中的必要工具，它应用广泛，丰富多彩，表达力强。自然语言具有歧义性与模糊性。这种特点的好处在于具有独特的表达功能与效果。例如，"双关"的修辞方法，在相声、诗词、文学作品等语言艺术中，以及在特别的语言环境里，发挥着重要作用，表现出自然语言的美。对自然语言语义的理解、分析，涉及对语境的分析。但在以确定性为特点的逻辑学中，歧义性与模糊性则成了自然语言的弱点与不足，因其不利于人们把握确切意义。人工语言亦称形式语言或符号语言，它是人们为了某种目的而创制的表意符号系统。人工语言能简洁、精确地表达与刻画研究对象，它的优点是自然语言无法比拟的。人工语言是

---

① 《马克思恩格斯全集》第 3 卷，人民出版社 1960 年版，第 525 页。

对自然语言抽象后形成的理论模型。例如，"p→q"就是对"如果天下雨，那么地湿"这类命题的逻辑抽象，它反映事物与事物之间具有充分条件联系。现代逻辑运用人工语言构造严密的演绎系统。

以自然语言中的逻辑关系为研究对象的自然语言逻辑，就是现代逻辑学与现代语言学高度结合的交叉边缘学科，它以现代逻辑为工具，已经取得了令人瞩目的研究成果。本书第十章对语言交际的逻辑作了介绍。

逻辑学与哲学的关系。逻辑学诞生于哲学的怀抱。随着逻辑学的发展，出现了诸如模态逻辑、多值逻辑、模糊逻辑等非经典逻辑，它们大大推动了对哲学概念的研究。例如，道义逻辑、行为逻辑、命令逻辑、优选逻辑是与权利与义务、应该、允许、禁止、需要与要求、决定与选择、动机、效果与行动等哲学概念相关的逻辑理论。尤其是作为交叉学科的逻辑哲学，它是对逻辑问题的哲学反思，也就是以非技术的方式研究逻辑问题，是逻辑学与哲学高度结合的产物。此外，有的问题，例如关于真的问题，哲学与逻辑都在研究。逻辑研究真形成了逻辑的语义理论，真也就成了逻辑语义学的核心概念。哲学也研究真，真理是哲学认识论的重要概念。逻辑意义上的真与哲学意义上的真既有区别也有联系。马克思主义哲学对于逻辑学的研究具有重要的指导作用，它关于思维与存在辩证关系的理论以及认识与实践辩证关系的理论为我们正确认识逻辑学的来源、基础和发展提供了科学的世界观和方法论，从而也为我们正确认识逻辑学与哲学的关系提供了指南。要真正弄清逻辑学与哲学的关系，必须深刻认识以下两点。

一是逻辑学与认识论的关系。思维是人脑对客观世界的反映，是认识的高级阶段。离开实践的不依赖于经验的思维是根本不存在的。"只有感觉的材料十分丰富（不是零碎不全）和合于实际（不是错觉），才能根据这样的材料造出正确的概念和论理来。"[①] 逻辑推理，既不是人们主观随意制造的，也不是人们先天固有的，更不是从天上掉下来的，而是人们在长期的社会实践中，对客观事物的联系和关系的反映。正如列宁所说："人的实践活动必须亿万次地使人的意识去重复不同的逻辑的式，以便这些式能够获得公理的意义。"[②] 狭义的逻辑是关于演绎推理有效性的科学，这里的有效性是指推理形式的有效性，与推理中所使用的句子表达的关于具体事物的认识没有关系。有效三段论形式就是这样的例子，比如从"所有 S 是 M"和"所有 M 是 P"推出"所有 S 是 P"，无论这里的 S、M 和 P 代表什么样的事物，这样的推理总是正确的。正确的推理保证从真的前提必然推出真的结论，但是不必保证前提都是真的，即使一个推理的前提是假的，整个推理也可能是正

---

① 《毛泽东选集》第 1 卷，人民出版社 1991 年版，第 290 页。

② 《列宁专题文集　论辩证唯物主义和历史唯物主义》，人民出版社 2009 年版，第 137 页。

确的。前提的真假是具体科学的事情，它是通过实践来检验的。狭义的逻辑保证人们正确进行推理，而认识论帮助人们获得真的知识。仅仅通过演绎推理是不能获得新的知识的，在科学发现过程中归纳推理起到了很大的作用，建立在归纳推理基础上的科学观察和实验，对于人们认识自然和社会具有极其重要的意义。总之，逻辑是认识的工具，可以帮助人们到达真理的彼岸。没有逻辑就没有科学的可靠的认识，遵循逻辑思维规律是探求真理的必要条件。

二是逻辑学与辩证法的关系。广义的逻辑，研究思维的逻辑形式及其规律以及逻辑方法，辩证法则是关于自然、社会与思维的运动、变化和发展的哲学科学。在思维领域，逻辑学与辩证法是相辅相成的关系，而不是相互排斥的关系，也不是低级思维与高级思维的关系。毛泽东就曾指出："形式逻辑是讲思维形式的，讲前后不相矛盾的。它是一门专门科学，同辩证法不是什么初等数学和高等数学的关系。数学有算术、代数、几何、微分积分，它包括许多部分。形式逻辑却是一门专门科学。任何著作都要用形式逻辑，《资本论》也要用。形式逻辑对大前提是不管的，要管也管不了。那得由各门科学来管。"[1] 逻辑具有一般性，帮助我们正确进行推理，使我们的认识不至于产生逻辑矛盾。辩证法则要求人们以普遍联系和变化发展的眼光看问题，否则就会陷入思想僵化、静止孤立的局面，不利于认识的发展，更不利于人类社会的进步。在认识过程中，如果没有逻辑，就会陷入前后不一致、自相矛盾的境地；如果没有辩证法，就会陷入孤立、静止、片面的境地。逻辑与辩证法相辅相成，二者对于人类社会实践和思维活动都是必不可少的。值得注意的是，遵守逻辑思维的基本规律，并不是静止地看待事物。

逻辑学与心理学的关系。虽然两者都研究人类的思维，但研究对象与研究方法并不相同。心理学大量运用实验手段研究人类思维的发生、发展过程，也就是研究自我意识、注意，研究概念的作用与辨别、比较，研究记忆、感觉、知觉、本能、情绪与意志等。同作为思维科学，心理学与逻辑学都研究人们对事物的认知活动，它们都涉及概念、判断、推理，思维心理学最能体现两门科学融合渗透的交叉学科特点与性质。在认知科学的框架下，被现代逻辑学创始人弗雷格拒斥的心理学已经重新与逻辑学交融在一起，诞生了另一门新兴学科——心理逻辑。不难预测，两门学科的联盟，将会催生更多新兴学科、边缘学科与交叉学科。

虽然学科之间不断交叉融合，但逻辑学的独特研究对象，决定了它具有区别于其他学科的独特性质，具体有以下几个方面。

1. 全人类性

---

[1]　摘自毛泽东1965年12月21日在杭州的谈话（见龚育之、逄先知、石仲泉：《毛泽东的读书生活》，生活·读书·新知三联书店1986年版，第131页）。

　　人类的成员千差万别，各民族的语言文化各不相同，但都有思维，这就决定了思维的逻辑形式及其规律之共同性。人们在思想交流与社会交际中，必须运用共同的逻辑形式与方法，遵守思维的逻辑规律。这样，逻辑学就成为适合人类的共同工具。人类成员可以属于不同的阶级、阶层，可以属于不同的民族，可以拥有各自不同的文化背景和相差很大的生活习俗，但都需要正常思维，需要正常交往，这就都需要作为认识工具的逻辑学。逻辑学不是世界观，而是一门普适性的科学。逻辑学的研究对象决定了它没有阶级性与民族性，而具有全人类性。从这种意义上说，逻辑学是一元的，即使因文化不同而在语言表达上有一定差异，但全人类的逻辑是共同的。

　　2. 基础性

　　逻辑学的研究对象，决定了它的基础学科性质。无论用什么语言表达思想、构建理论，都离不开对思维的逻辑形式的了解与把握，不能违反逻辑的规则、规律，不能脱离对逻辑方法的运用。从这种意义上说，逻辑学是其他学科的基础，任何科学都需要应用逻辑。事实上，逻辑学在各门具体科学中的应用，促进了这些学科的发展，推动了学科交叉与相互渗透，催生了新兴学科。分析哲学的诞生与发展，相对论和量子物理学的建立，现代语言学的发展，计算机的诞生，人工智能的兴起，都有逻辑学即经典逻辑与非经典逻辑的功劳。在高等教育的课程体系中，逻辑学应当是每个大学生的必修课程。

　　3. 工具性

　　逻辑学对思维的研究，只能从逻辑形式即思维的形式结构入手。它是不研究思维内容的。因为对思维内容的研究，回答某个思想在事实上的真假，涉及具体科学知识。逻辑学经常运用的"真""假"概念，并不全是认识论意义上的，更多的是逻辑意义上的。逻辑学中的真假与事实上的真假并不一一对应。例如，"所有牛都是动物"这个命题，当讨论它具有的命题特征时，说它是真的，因为符合客观实际。这是认识论意义上的回答。当讨论它与"所有牛都不是动物""有牛是动物""有牛不是动物"之间的真假制约关系，从"所有牛都不是动物"出发确定它的真假时，则只能确认它真假不定，这是从必然性角度作出的逻辑的回答。逻辑学研究命题形式之间的真假条件，并由此讨论演绎推理的有效性。再以复合命题为例。简单命题也称原子命题，它的真假依经验事实决定。它们经过逻辑常项连接以后，复合命题中命题变项的真假已经不是事实上的真假，而只是事实真假的逻辑模型。"或者物体摩擦，或者并非物体摩擦"中，"物体摩擦"并非事实上的。描述这个复合命题的逻辑形式 $p \lor \neg p$ 是由变项和常项构成，其真假属于逻辑范畴，说它是永真式、重言式、逻辑真理，乃逻辑的回答。在"如果 $2+2=8$，那么雪是白的"中，"$2+2=8$"与事实不符，是假的，"雪是白的"与事实一致，是真的，根据"如果……那么……"的逻辑性质，该命题为真。该复合命题所断定的并非两个支命题本身，而是两个支命题之间的关系。逻辑学是事实真与逻辑真的辩证统一。逻辑学认为的"真""假"，包括了推理形式上的有效与否。例如："雪或者是白的，或者是黑的，雪不是白的，所以，雪是黑的。"这个推理的小前提"雪不是白的"虽然并不真实，但推理肯定它，推理的形式结构正确，因此该推理是有效的。由此可见，逻辑学研究思维的逻辑形式，为人们提供了关于词项、命题、推理、论证、逻辑方法的理论，为人们学习、理解、掌握和研究其他科学提供了有力工具，为人们正确表述思想、驳斥谬误提供了有力工具。尤其是在哲学、语言学、法学、计算机科学等学科领域中，现代逻辑更是被作为强有力的工具。

4. 规范性

逻辑学对于思维的研究，着眼于形式结构，它通过一系列规则、规律告诉人们，具有什么样的逻辑形式的思维才是正确的思维，从而使人们自觉地掌握其规律，将它与思维内容相结合，正确地反映客观现实，有效地表达和交流思想。例如，知道了"并且"与"或者"的不同逻辑含义，就不至于混淆使用；懂得了"如果……那么……"与"只有……才……"的区别，所表达的相应命题才会符合客观实际。唯有严格遵守规则，推理才是有效的、有逻辑性的，否则，思维就会混乱，交际就会失败。正是在这样的意义上，逻辑学具有很强的规范性，被称为"思维的语法"。

逻辑学的这些性质，在现代逻辑中，也就是在以经典数理逻辑和以它为基础产生发展起来的各种非经典逻辑系统中，表现得更为显著。因为现代逻辑是完全形式化的，它具有高度的抽象性、严密的精确性和广泛的应用性。

二、学习逻辑学的作用

人类的思维，离不开词项、命题、推理。人们通过对思维的逻辑形式的研究，掌握其规律，从而将它与思维的内容相结合，以正确地反映客观现实，有效地表达和交流思想。逻辑学的基本功能在于训练人们的思维，在于给人们提供正确思维、有效交际和论辩的必要工具。逻辑学也是创造发明的基础。爱因斯坦说："西方科学的发展是以两个伟大的成就为基础的，那就是：希腊哲学家发明形式逻辑体系（在欧几里得几何学中），以及通过系统的实验发现有可能找出因果关系（在文艺复兴时期）。"[1] 如果说西方近代科学的发展是以传统演绎逻辑与归纳逻辑为基础的，那么现代科学的突飞猛进、令人吃惊的高科技水平，则与现代逻辑的产生和大发展，从而促进人们逻辑思维水平的极大提高密切相关。世界各国，尤其是

---

[1] 《爱因斯坦文集》第 1 卷，许良英、范岱年编译，商务印书馆 1976 年版，第 574 页。

欧美发达国家对逻辑的研究和普及倾注了巨大的人力物力。20 世纪 80 年代，联合国教科文组织正式将逻辑列为与数学、物理学、化学、天文学、地理学、生物学等同等重要的基础学科。恩格斯指出："一个民族要想站在科学的最高峰，就一刻也不能没有理论思维。"[1] 逻辑学是以推理、论证的研究为中心的思维科学。学习逻辑学，有助于提高认知能力，对所见命题、论证进行批判性思考；有助于准确地表述和论证思想，宣传真理、破斥谬误；有助于探求新知识。学习和掌握逻辑知识，对于开发智力，提高思维能力，培养批判性思维和创新思维能力，是十分必要的。这对于提高整个中华民族的思维素质，推动社会主义精神文明、政治文明和物质文明建设，对于和谐社会的构建，具有重要意义。党的十九大报告确定了"建设教育强国是中华民族伟大复兴的基础工程"的基本定位，并强调"加快建设学习型社会，大力提高国民素质"。贯彻素质教育精神，为实现党的十九大提出的建设富强、民主、文明、和谐、美丽的社会主义现代化强国的奋斗目标提供高素质人才支撑，作为以推理、论证的研究为中心的思维科学，逻辑学负有特殊使命。具体说来，学习逻辑学的作用表现在以下几个方面。

第一，学习逻辑学，有助于培养和提高思维素质。

思维素质是人的基本素质。思维素质高，就为其他素质与能力的提高与发展奠定了重要基础。逻辑学作为思维科学，专门研究思维的逻辑形式及其规律，研究认识事物的简单的逻辑方法，尤其研究演绎推理有效性的理论、规律与方法，研究如何提高归纳推理的可靠性问题。通过学习逻辑学，懂得与掌握了推理有效性或可靠性的理论与方法，掌握了逻辑思维的基本规律，人们就可以从自发到自觉地运用逻辑理论，提高思维素质，尤其是现代逻辑的公理化方法、自然演绎方法的运用以及大量的推演训练，必将促进认知能力的增强。逻辑思维能力的重要表征之一是运用符号尤其是运用人工语言的能力，而人工语言是人们有目的创制的表意符号。人工语言具有高度的抽象性、概括性、精确性和严密性。如果运用人工语言的能力不强，甚至缺乏这方面的能力，那么对相应学科知识的学习就缺乏兴趣和信心。逻辑学，尤其是现代逻辑使用了大量的人工语言进行演算，建立演绎系统。它在构建形式系统时，不论采用公理化方法，还是采用自然演绎方法，都得使用形式化、系统化的方法，借助人工语言表示思维的逻辑形式，将命题形式、推理形式及其规则都符号化、形式化，从而把推理转化为公式的演算。这样，经过严格训练，掌握了相应的理论与技巧，人们对思想的表述和论证就十分精确、严密。对它的学习，能大大培养和提高人们对人工语言的运用能力，提高逻辑思维能力，特别是提高推理能力，能使思维更加敏捷，大大提高思维素质与思维能

---

[1] 《马克思恩格斯文集》第 9 卷，人民出版社 2009 年版，第 437 页。

力。理论与实践都反复证明，具备较强的逻辑思维能力，认知和自学能力就较强，知识的迁移能力就较强。学习逻辑学，尤其是学习现代逻辑，对思维素质与思维能力会起到很大的提高作用。

第二，学习逻辑学，有助于培养和提高理论素养。

在学习型社会，每个人都应当不断提高理论素养。特别是作为社会主义建设生力军的知识分子，理论素养的高低，关系到社会主义精神文明、政治文明、物质文明建设，关系到科教兴国战略能否真正落实。理论素养首要的是哲学素养。哲学是与时俱进的科学。哲学随各门科学的发展而发展。逻辑学的发展，引发了人们对它的哲学思考，即对逻辑的哲学研究。这就是现代逻辑与现代哲学相互渗透、相互作用所催生的一门新兴学科。逻辑哲学主要研究逻辑学发展中提出的哲学问题，诸如逻辑是什么，形式化的本质、作用及局限性，蕴涵与推理的有效性，模态逻辑、多值逻辑、归纳逻辑中的哲学问题，可能世界语义学的哲学问题，逻辑悖论，逻辑真理，意义理论，逻辑中的本体论承诺，关于逻辑科学整体的哲学分析，等等。逻辑哲学拓展了哲学的研究领域，丰富了哲学理论。学习逻辑学，可以促进我们理论思维的锻炼、提高，培养我们的哲学素养，完善我们的知识结构，提高我们的文化素质。首先，懂得和掌握了系统的逻辑理论，尤其是其中的现代逻辑知识，这本身就是在理论素养方面的提高。这能促使思维敏捷而严密，推理能力可以大大增强，说话写文章也会中心明确、条理性强、富有说服力，从而准确地表述和论证思想，并且不为逻辑谬误、诡辩所迷惑，能对其予以有力揭露与驳斥。其次，现代逻辑已经渗透到自然科学、社会科学以及技术科学的许多领域，诸如计算机科学、语言学、哲学、伦理学、法学、心理学、社会学等，唯有对逻辑学理论的系统学习，才能有效地学习与掌握许多学科知识，在理论上有较深造诣，甚至有所建树。再次，作为方法与工具，逻辑学是理论素养中极其关键的内容。实践反复证明，如果逻辑素养不高，那么理论素养就不可能达到应有的层次与高度。

第三，学习逻辑学，有助于培养和提高批判性思维与创新思维能力。

逻辑学所提供的一系列理论、规律、方法，能够提高人们的认知能力，使人们的思维更加敏捷，给人们提供科学研究的工具，促进批判性思维能力与知识创新能力的提高。批判性思维就是指理性的、反思性的思维，也就是批判性的思考。创新性思维，有时亦称"创造性思维"，是产生新思想、新观点、新理论等新成果的思维过程。批判性思维与创新性思维关系密切。批判性思维提倡质疑，要求人们不轻信，不盲从。而创新就是突破传统，打破常规，是产生新思想、新观点、新理论等新成果的思维过程。创新性思维始于问题的提出，终于问题的解决。英国心理学家沃勒斯提出，创新性思维过程包含四个阶段，即准备阶段、酝酿阶段、明朗阶段和验证阶段。四个阶段均离不开批判性思维。一个好的论证是经过正反多方面思考、探索、比较、分析、综合之后的结果，是发散思维与聚合思维的结果。发散思维和聚合思维是创新性思维的常见表现形式。批判性思维是获得新知识、发现真理的必由之路。人类发展史上的创新成果往往是进行批判性思维的结果。可以说，批判性思维是创新性思维的前提。逻辑思维能力是批判性思维和创新思维能力中必不可少的要素。在批判性思维和创新思维过程中，经常会运用演绎推理、归纳推理、类比推理、假说演绎等逻辑思维方法，批判性思维训练的核心内容是非形式逻辑的规则、原理与方法，而非形式逻辑的主体内容就是归纳推理、类比推理、假说演绎推理等。提高逻辑思维能力，自然会培养批判性思维能力，进而提高其创新思维能力。

在知识创新方面，逻辑学中的"穆勒五法"、类比方法、假说、科学解释、概率、统计、演算等就是行之有效的方法。逻辑学中的归纳推理、类比推理，结论超出了前提范围，推理不具有必然性，被称为放大性推理。而寻求因果联系的"穆勒五法"同样具有这样的创新性。即使作为必然性的演绎推理，也能推出新知识。推理所充分表现出的思维的间接性，十分适合人们探求新知识，提高人们的创新意识与创新思维能力。尤其是类比的方法，对创新思维的形成与发展，对于科学研究非常重要。"每当理智缺乏可靠论证的思路时，类比这个方法往往能指引我们前进。"① 逻辑思维不但是批判性思维的基础，也是发明创造的基础。学习逻辑学对于批判性思维与创新思维能力的培养十分重要。教育界的有识之士都十分重视对学生逻辑思维能力的培养。

第三节　逻辑学的研究方法与学习方法

一、逻辑学的研究方法

一门科学的研究方法与它的研究对象和研究目的分不开。我们在了解逻辑学的对象、性质、作用及其体系后，进一步了解其研究方法，有助于掌握学科特点，明确与优化学习方法。逻辑学的研究对象既然是思维的形式及其规律，尤其是以推理的有效性或可靠性为主要对象，其目的是将一定范围内的所有正确推理形式与其他推理形式区分开来，促使人们在逻辑思维过程中遵守思维基本规律，正确运用逻辑方法。那么，逻辑学的研究方法应该以形式化、系统化的方法为主，但也离不开对非形式化方法的运用。

---

① ［德］康德：《宇宙发展史概论》，上海外国自然科学哲学著作编译组译，上海人民出版社1972 年版，第 147 页。

1. 形式化方法和非形式化方法

形式化方法，是指用一套特制的符号去表示词项、命题、推理，从而把对词项、命题、推理的形式的研究，转化为对形式符号系统的研究。形式化能克服自然语言的歧义性，简洁地表达命题形式和它们的推理关系。使用形式语言能清晰地揭示推理的规律。形式化方法用于公理系统和自然演绎系统的研究，是形式化方法高度发展的标志。数理逻辑借助人工语言表示思维的形式。关于逻辑联结词和量词的命题形式、推理的形式和推导规则都用符号化、形式化的方法处理，把推理关系表现为公式与公式之间的关系，从而把推理转换成公式的演算。它通过符号研究思维的各种形式之间的关系，并且构成一个完整的系统，对推理形式及其规律进行系统的研究。形式化方法包括以下两方面内容：

（1）把自然语言符号化，抽象和概括为形式语言。这种形式语言本质上由两部分构成，即初始符号和形成规则。形成规则通常用递归的方法规定什么样的符号组合是符合形式的（合式）公式。

（2）对直观意义的推理关系进行双重刻画，即语形刻画和语义刻画。事实上，这也是逻辑的中心任务。对推理的语形刻画，就是建立形式系统，由此给出有前提的形式推演的定义，然后定义相对推演系统从前提到结论的语形推论关系。对推理关系的语义刻画，就是建立形式语义理论，从而把直观的推理关系抽象和概括为语义推论（亦称逻辑推论）关系。

非形式化方法是指主要以自然语言去表示思维的逻辑形式及其规律，以及逻辑方法，并对之进行非形式研究。这种方法是相对于形式化方法而言的，因为它不建立形式化系统。传统逻辑和科学逻辑的研究都使用非形式化方法。例如，传统逻辑虽然使用一些符号表达逻辑形式，但并没有脱离自然语言，因此不够精确，不能把推理转化为演算，对于复杂的命题形式及其推理完全无法处理，更谈不上构造形式系统。传统逻辑中的论证理论主要研究以自然语言为载体的日常思维活动中的证明与反驳，它们是对多种逻辑知识的综合运用。

2. 公理化方法和自然演绎方法

逻辑学构造形式系统时，有两种不同的形式化方法，即公理化方法和自然演绎方法。

公理化方法就是运用形式化手段建立公理系统的方法。所谓公理系统，就是从一些公理出发，根据一定的规则，推演出一系列定理。它是由初始概念、公理、定义、推理规则和定理构成的演绎系统。建立公理系统的具体做法是：首先，把一些词项作为不加定义的初始概念，而其余概念叫导出概念，导出概念均由初始概念通过定义引入；其次，从众多命题中选出一组作为不加证明的公理，而其余命题均称为定理。定理均通过逻辑推理规则从公理推演出来，其推演过程叫证明。

每一个定理都有一个证明。

自然演绎方法是一种强调推理规则的重要性，既可以从真前提也可以从假设得出推断的形式化方法。这种方法比公理化方法更接近人们通常使用的推理方法。用这种方法建立自然演绎系统的基本思路是：把某些有效的推理形式作为推导规则，从而推出其他的有效推理形式。与公理化方法建立的系统比较，用自然演绎方法建立的系统有以下几个特点：（1）没有公理；（2）只有推演规则；（3）系统的建立以接近实际推理为考虑重点。一般使用较多的推演规则，并不强调推演规则的相互独立。为了便于读者学习，本书介绍自然演绎系统。

应当指出，无论是运用公理化方法还是自然演绎方法建立形式系统，都必须明确以下几个基本概念：

（1）对象语言和元语言。在研究和讨论一个形式系统时，所研究的对象是形式语言，这种被讨论的语言就叫对象语言。在我们讨论该系统时所使用的语言就叫元语言。例如，用汉语写的英语语法书，英语是对象语言，汉语是元语言。在现代逻辑研究中，对象语言是形式语言，元语言是某种自然语言，例如汉语、英语或日语。

（2）语法。在形式语言中，关于句子或公式相关概念的定义属于语法部分，它们只与符号的结合有关。在形式系统中，证明和推演也是语法概念。

（3）语义。符号系统中符号公式的解释、所指和意义就叫语义。构造形式系统的目的在于把逻辑形式化，以便更准确地讨论和研究。尽管研究其中的公式时可以不考虑它们的意义，但它们毕竟是有意义的。为了把它们运用于具体系统，需要得到解释。关于这种解释的理论称为语义理论，简称语义。

二、逻辑学的学习方法

1. 树立形式化观念，优化学习的方法

如前所述，逻辑学研究思维的逻辑形式，即研究词项、命题、推理的形式结构。它由演绎逻辑与归纳逻辑构成，而演绎逻辑乃逻辑学的主体，尤其是现代逻辑，它运用数学的方法，通过公理化建立系统，大量涉及形式化推演。因此，学习逻辑学首先必须深刻认识它的学科特点，从而树立形式化观念。我们对逻辑问题的理解、把握，必须撇开其具体内容，从逻辑的视角加以审视，用逻辑的理论予以检验，否则，就没有理解和掌握逻辑学这门学科的精髓，就会产生许多困惑，给学习带来许多障碍。

逻辑学的术语、符号、公式都很多，尤其是现代逻辑完全用人工语言，把逻辑关系表现为公式与公式之间的关系，把推理转换成符号、公式的推演。逻辑学这种演算化、系统化的形式化方法，构建形式系统所运用的公理化方法和自然演

绎方法，以及运用于形式系统中解释符号的语义理论，不是经验的方法，也不是哲学的思辨方法，而是严格的数学方法。同时，现代逻辑对问题的研究与把握，不是个别的、局部的，而是整体的、全局的，这就提供了系统研究和处理问题的方法。根据逻辑学的这些特点，注重方法的学习与总结，有助于我们学习和掌握逻辑学理论。

2. 把握逻辑学的脉络，突出学习的重点

逻辑学体系宏大，内容丰富。在学习过程中，我们必须全面把握其内容，更重要的是，首先，厘清内容之间内在联系的脉络。例如，词项与命题之间，词项是基础。直言命题就是建立在词项外延关系基础上的。命题与推理之间，命题是基础。三段论推理是建立在直言命题的基础上，常见的复合命题推理是建立在常见的复合命题基础上。认识到各部分之间的内在联系，有利于明确其环环紧扣的逻辑关系。其次，抓住学习的中心。逻辑学研究词项是为了研究命题，研究命题是为了研究推理，而论证则是对词项、命题、推理的综合运用。可见，逻辑学以推理为中心。唯有抓住这个中心进行学习，才能深刻领会与牢固掌握逻辑学理论。第三，突出学习重点。既然推理是逻辑学的中心，推理又有为数不少的规则，即使是词项、命题、论证的非形式内容也有各自的规则，从而充分显示了逻辑学作为"思维的语法"对思维的规范作用，相应地，学习逻辑学就必须以各种规则尤其是推理规则的学习为重点。唯有如此，才能收到事半功倍的效果。

3. 认清逻辑学性质，注意理论联系实际

逻辑学的形式化程度高，内容抽象，这就给我们的学习增加了难度。对它的学习，我们必须注意理论联系实际。一是联系自然语言、日常思维的实际，注意思维的逻辑形式与语言形式的区别与联系，掌握其对应关系，把学习逻辑与学习语言有机地结合起来。二是认真做练习题，以融会贯通理论。学习逻辑学类似于学习数学，如果不勤于思考、潜心钻研，不认真做练习题，那么其理论是很难掌握的，更是难以内化为素质的。因此，唯有老老实实做练习题，才能真正理解和掌握逻辑理论，并使其转化为我们的能力，提高我们的思维素质。

第四节　逻辑学的发展概况

一、逻辑学的三大传统

中国逻辑、印度逻辑和古希腊逻辑并称为古代世界三大逻辑传统。中国古代逻辑与印度逻辑虽然都各自取得了相当大的成就，但毕竟还处在向研究抽象形式的发展之中，还未达到发达程度的形式逻辑。相比之下，以古希腊逻辑为先河的西方逻辑学却得到了长足的发展。我们首先介绍西方逻辑学的发展。

西方逻辑学与哲学一起，发源于公元前 6 世纪至公元前 5 世纪的古希腊。公元前 4 世纪，古希腊哲学家、逻辑学家亚里士多德（前 384—前 322）在总结前人研究成果的基础上，研究和解决了作为认识真理工具的推理论证有效性的问题，对逻辑的形式研究做出了开创性贡献，成功地构造了一个初级的演绎系统。在亚里士多德留给后世的著作中，有大量的逻辑论文，大多数被编入《工具论》这本逻辑著作中。亚里士多德不但研究了作为命题要素的概念的理论，还密切联系语言形式，阐述了命题的逻辑理论，注意了命题与句子的联系与区别，着重研究了主谓式的直言命题，也研究了模态命题的真假关系；他还研究了逻辑思维的基本规律：矛盾律、排中律、同一律。亚里士多德又系统地研究了三段论。亚里士多德认为，他的主要功绩在于发现了三段论。亚里士多德的三段论实际上是在欧几里得的几何学以前就建立的第一个逻辑系统。他还在自己的著作中用大量的篇幅研究了以模态命题为前提的三段论。亚里士多德在《工具论》中对于归纳推理和认识方法这两个方面都有很深刻的论述。他对归纳的研究是与演绎理论密切联系在一起的。

亚里士多德的逻辑学说的核心是论证。论证与三段论是密不可分的。对于作为论辩艺术和科学认识手段的论证，他提出和确定了一系列的原则和规定；他还总结了很多有关论证真理、反驳谬误和诡辩的方式、方法，对以追求真理、揭露诡辩为目的的演说术和雄辩术作了高度概括。由此可见，就传统逻辑而言，亚里士多德的逻辑是比较完整的学说。正如列宁指出的，亚里士多德如此完满地叙述了逻辑形式，以致"本质上"没有什么可补充的。亚里士多德是古代西方最早全面、深入、系统地探讨思维形式和思维规律的逻辑学家。他被公认为逻辑学的创始人，后人称他为"逻辑之父"。他所创建的古典逻辑，经过后人的增补、发展，形成了所谓传统逻辑，由于它在人们日常思维中有很强的实用性，因此至今还是大学逻辑教学理论体系中的重要内容。

在亚里士多德创立的逻辑理论的基础上，古希腊的斯多葛学派发展了复合命题推理理论，对命题逻辑理论有新的突破，对命题定义、命题分类、命题函项及其可定义性、命题真值等多有涉猎；在推理学说上，对推论形式的多样性、形式化方面较之亚氏逻辑有较大进展，在元定理、公理化方面也很有特色；还对悖论作了研究，从而形成自己比较完整的命题、推论、悖论研究的体系。其命题逻辑是公理化的，明确地区分了规律和元定理，对现代符号逻辑也起到了不可忽视的启迪作用。伊壁鸠鲁学派则提出了归纳法，发展了归纳理论。

到了中世纪，逻辑学被当做神学的工具。但逻辑学家们冲破神学的严重束缚，研究了一些特殊的逻辑问题，例如，以逻辑本身为研究对象的元逻辑也被提出来，并取得了一定的研究成果；还创立了推演学说，发展了斯多葛学派的命题逻辑，研究了语义悖论及解决办法，产生了某些数理逻辑的思想萌芽。中世纪最突出的逻辑学成就是逻辑学知识被高度重视而得到普及。当时逻辑学被当做各类学校普遍讲授的科目，西欧各大学如巴黎大学、牛津大学开设了以亚里士多德逻辑为基本内容的逻辑课程，并出现了一些颇有理论性的教材，如西班牙逻辑学家彼得的《逻辑大全》，是其中流传最广最久、影响最大的。它在 13 世纪至 16 世纪是西欧各类学校广泛采用的逻辑学课本，到 17 世纪初共发行了 166 版。

到了近代，资产阶级在思想领域继续进行文艺复兴运动的反封建斗争，最后终于确立了自己的思想体系，为科学发展扫清了道路。现代自然科学如天文学、地理学、气象学、物理学、力学、生物学等学科相继涌现。随着实验科学的发展和科学方法论的变革，作为实验科学方法论的归纳逻辑得到了重视和发展。英国哲学家弗兰西斯·培根（1561—1626）继承了文艺复兴时期许多科学家对经院逻辑的严厉批判，系统总结和研究了实验科学方法，奠定了归纳逻辑的基础并进而使之蓬勃发展。培根被公认为归纳逻辑的奠基人和杰出代表。他对归纳逻辑的主要贡献体现在其《新工具》这部逻辑著作中。在该书中，他提出整理、分析、比较等科学归纳的"三表法"，即"本质和具有表""差异表""程度表"或"比较表"，按照"三表法"并通过对排斥法的运用，可以找到事物之间的因果联系，发现事物的规律。培根吸取了前人的逻辑和科学方法的优秀遗产，提出了确定现象因果联系的方法，初步建立了归纳推理的理论体系，把逻辑引入一个新的阶段。培根的归纳法对近代逻辑学和科学的发展都具有划时代的意义。继培根之后，近代科学家笛卡儿、赫歇尔、惠威尔等分别对科学归纳逻辑进行了更深入的探讨。而后，由穆勒集归纳逻辑之大成，在其名著《演绎及归纳的逻辑学体系》一书中，将探求因果联系的归纳方法系统化，提出了著名的"求因果五法"，即"契合法""差异法""契合差异并用法""共变法"和"剩余法"。穆勒进一步丰富和发展了培根等人的归纳逻辑，并首次十分明确地把归纳引入逻辑体系，使之与演绎逻辑并驾齐驱，成为传统逻辑体系中的重要组成部分。

在同一时期，演绎逻辑也从中世纪宗教神学的羁绊中摆脱出来，并与数学相联系，出现了划时代的突破。17 世纪末，著名的德国数学家、哲学家莱布尼茨（1646—1716）提出了用数学方法处理逻辑推理的宏伟设想。他采取"通用语言"与"通用数学"的思想改革逻辑，试图建立一个精密的逻辑演算体系，虽然计划没有由其本人实现，但其逻辑学说具有里程碑意义，初步奠定了现代形式逻辑即符号逻辑的基础。莱布尼茨在逻辑史上当之无愧地成为亚里士多德之后最伟大的逻辑学家。

中国是一个拥有五千多年历史的文明古国。中国古代的文化是世界文化宝库中的奇葩。早在两千多年以前，中国的思想家就已经在世界上独立提出了逻辑学说。先秦时期是中国古代逻辑（又称为名辩学）发生发展的鼎盛期。这一时期中国古代逻辑思想的主要特点是：（1）以正名实为重点，包括以名、辞、说、辩为内容的名辩逻辑。（2）注重研究和思考如何运用"譬式"类比方法进行推论。（3）逻辑思想的发生发展与政治伦理文化的联系紧密。（4）与语言的关系密切。

早在《周易》中就有了通过初始符号的阴阳爻画开始的关于"类"的认识，并通过八卦的象形类比、六十四卦的象意类比，产生了中国古代最初的据象类比、据辞类比的基本类比方法。至春秋战国这一中国历史上的大变革时代，许多"名"（名词）与它所代表的"实"（事物）之间的关系发生了变化，出现了"名实相怨"、刑罚不清的混乱局面，因而产生了有关"名实关系"的大讨论，名辩思潮兴起。诸子百家基本都参与到了这场有关"正名"及如何论辩的讨论中，他们在正名实、重论辩的时代精神下，重点研究了名、辞、说、辩。

儒家代表人物孔子首提"正名"的问题，他对"正名"与"立言"的关系的论述，以及"能近取譬""举一反三"推论方法的提出，对中国逻辑思想的发展具有深远的影响。孟子"好辩"，他在论辩实践中吸收了墨家的"辩""类""故"等涉及推论的一些基本概念基础，进一步考察了如何在论辩中"知言""知类"，发展了譬式类比方法的"类，举相似"的方法论意义。荀子对先秦以来的逻辑思想进行了综合，提出了更为全面和系统的正名逻辑思想，在《正名篇》中系统论述了"名"的分类、一般性质和作用，制名的要求、基本原则和方法，辞的一般性质和作用，辩说的一般性质、构成和要求，辩说的要求等。荀子还发展了先秦以来的"类""故""理"的概念，以"君子必辩"的态度，用"三惑说"系统分析批判了有关"名"的谬误，完善了儒家的正名逻辑体系。

名家代表人物邓析也十分注重对"名"的分析和名实关系的考察，他从"类"在论辩活动中的重要作用切入，第一个对"辩"的基本原则、目的、方法以及"辩"的态度进行了分析，并形成了中国逻辑史上初步的"论辩"理论。从"名"与"辩"的关系看，"名"所讲的是语义学的问题，"辩"所讲的是语用学的问题。自邓析开始，"名"与"辩"的问题就紧密结合起来，对"名"的语义学的说明，是为了"辩"的语用学的运作。惠施以"善譬""善辩"著称，他在对前人"譬"式推论方法的理论总结基础上，第一个给出了"譬"的语义定义："以其所知谕其所不知而使人知之。"公孙龙的主要贡献是他的"唯乎其彼此"的正名理论，他在《名实论》中系统论述了正名的实质、原则、方法、意义和作用。他的著名辩题"白马非马"等，就是他的"正名"思想及方法的实际运用。

《墨经》的逻辑学体系是世界上出现较早、比较完整的逻辑学体系之一。完成于战国中后期的《墨经》，全面提出了名（概念）、辞（命题）、朔（推理）、辩（论证）的逻辑理论，建立了我国第一个名辩逻辑学体系。《墨经》所提出的关于"名"的分类思想和划分原则，关于由"故""理""类"三物构成的"三物论式"在"立辞"（论证）中的推理形式关系，关于"假""或""效"等假言、选言、直言等基本命题性质和演绎推理形式，关于对当关系中的直接推理，关于词项的周延理论和对形式逻辑同一律、矛盾律、排中律的全面揭示，都已达到或接近亚里士多德逻辑和今天逻辑的水平，这无疑是中国逻辑史上最光辉和最值得骄傲的一页。例如，《墨经》中提出的"大故"（"有之必然，无之必不然"）和"小故"（"有之不必然，无之必不然"），就非常精确地表达了充分必要和必要两种假言条件的性质；其言"乘马，不待周乘马，然后为乘马也；有乘于马，因为乘马矣。逮至不乘马，待周不乘马，而后为不乘马。此一周而一不周者也"，对于词项周延理论的表述十分科学。《墨经》中对"侔"式推论的分析特别具体和深刻。两千多年前《墨经》所提出的"侔"式推理并不是一般的附性法推理，而是一种更为复杂的直接推理，即相当于传统逻辑中很少论及的复杂概念推理，它是由一个反映类属关系的直言命题（"白马，马也"）推出了一个关系命题（"乘白马，乘马也"），而且提出了不能由直言肯定命题正常地推出关系命题的种种例证，从而揭示了运用"侔"式推论的规则。惠施的"善譬"推理和《墨经》中的"说知"及"中效式"推理都相当于三段论的第一格；而"不中效式"则相当于三段论的第二格。

道家代表人物老子提出了"正言若反"的思维方式，表达了对事物对立统一的认识判断，对规范人们对于矛盾对立、同一、转化的认识途径，有着积极意义。庄子反对"辩"，提出"辩无胜"的主张。庄子在论辩他的思想的过程中，以无拘无束的寓言说理，展现着"譬式"类比方法的魅力。

法家代表人物韩非继承了正名逻辑思想的传统，他对中国古代逻辑的最大贡献是第一次提出了"矛盾之说"，揭示了矛盾律的基本性质。

秦汉之际的《吕氏春秋》对先秦名辩思想进行了整理，继承了"辩"的理论，论证了言、意、行、实的统一性，发展了关于"类"和推类的理论。西汉的《淮南子》对名实关系和"类不可必推"做了更深入的理论探讨，推动了中国古代归纳逻辑的研究。王充的《论衡》则在揭露各种逻辑谬误的基础上，提出了逻辑证明和反驳的要求和方法，以"比方物类""揆端推类"等，建立起论证逻辑的理论体系，使中国古代归纳逻辑体系发展到了高峰。

魏晋南北朝时期，最具逻辑意义的是以王弼和欧阳建为代表的"言意之辨"。这一时期的陆机、葛洪等人也作了"连珠"的推论方式。而鲁胜以《墨辩注》及其《序》，认为"名者所以别同异，明是非；道义之门，政化之准绳"，在肯定名的作用基础上，全面地总结了先秦名辩之学的特点、发展过程及其争论的主要问题。

唐代印度因明的传入，也成为中国逻辑的一个重要组成部分，发展至今，形成汉传因明及藏传因明两个传统。

宋代理学家在讲学风气及其引发的论辩之风盛行下，注重论辩方法论的研究，赋予了"类推"以演绎的意义，强调了"格物穷理，非是要穷尽天下之物，但于一事上穷尽，其他可以类推"。朱熹则以"类"的本质是"就其异处以致其同，此其所以为同"，提出了"类推"是"从已理会处推将去"，从而使"从上面做下来"的演绎和"从下面做上去"的归纳相结合。

明末清初，随着西学东渐，徐光启翻译了《几何原本》，李之藻翻译了《名理探》，严复翻译了《穆勒名学》《名学浅说》，古希腊欧几里得几何学和亚里士多德逻辑学被介绍到中国，一种全新的演绎思想开始进入中国人的视野。至清末，西方传统逻辑的全面引进，极大地刺激了思想界对中国名辩学的研究。梁启超、章太炎、谭戒甫、伍非百等学者开创了中国名辩、西方逻辑、印度因明的比较研究，并成为中国近现代逻辑史研究的一个重要特点。此时期，含有中国古代逻辑思想的名辩学经典如《公孙龙子》《墨辩》等也受到关注，作为中国古代逻辑的名辩学研究也开始复苏。其中，虞愚（1909—1989）在三种逻辑传统的比较研究上多有创见。

20世纪20年代，在五四运动的大力倡导和推动下，西方传统逻辑被大规模引进、传播到中国。一是西方逻辑学著作被大量译介到中国，二是国内学者撰写和出版了自己的逻辑著作和教材，三是传统逻辑进入大众学校的课堂。1920年英国著名哲学家、逻辑学家罗素（1872—1970）来北京大学讲学，其间做了关于数理逻辑的专题讲演，推动了数理逻辑在我国的传入和发展。1927年，汪奠基的《逻辑与数学逻辑论》在商务印书馆出版，这部书是我国最早全面系统介绍当时世界逻辑领域新成果的著作，给国人开启了逻辑的新视野。在中国传播与发展数理逻辑方面，金岳霖有重大影响，做出了重大贡献。1927年起，他在讲授传统逻辑的同时，率先在清华大学开设了数理逻辑课程，并立足于数理逻辑对传统逻辑作了十分透彻的分析和批评。1936年，他出版的《逻辑》一书，系统全面指出了传统逻辑的不足并给予必要补充，为协调传统逻辑与数理逻辑的关系作了开创性工作。他运用数理逻辑观点讲解传统逻辑，开了传统逻辑改革的先河，为传统逻辑的改革作了一定准备，开辟了中国逻辑发展的新方向。

印度逻辑即因明学，作为世界逻辑不可或缺的重要内容，也有相当的成就。印度的因明学萌芽于公元前6世纪，略早于我国的墨辩和希腊的逻辑。在古代印度，随着各种哲学派别如婆罗门六论（正理论、胜论、数论、瑜伽论、弥曼差论、吠檀多论）以及佛教与唯物论的"顺世论"等的兴起，文化思想极其活跃，辩论之风随之大盛。古印度的哲学家们十分重视论辩的方式方法，并且已经从研究论辩的程式进而研究思维的形式和推论的规则。在古印度，最早致力于系统研究因明的学派是正理派。其经典是《正理经》，乃早期正理派论师的集体论著。在其形成的过程中，正理派对逻辑的研究成果已广为流传，并为佛家所重视。12 世纪以后，正理派的近代学派逐渐形成。17 世纪时，阿难薄吒所著的《思择集论》一书是流行于近代印度的正理学纲要，具有广泛影响。近代正理学注重于探讨概念、词和命题等关系的逻辑问题，强调术语的精确和定义的严密。印度古典逻辑的发展，当以佛教逻辑家的贡献最为卓著。许多佛教典籍都对因明学作了详细探讨。因明这个名称就是佛教古因明家提出来的。因明学的发展分古、新两大阶段。无著等人的论著属于古因明的系统。无著是大乘佛教瑜伽行宗的创建者。古因明的完整论式包括宗（论题）、因（理由）、喻（例证）、合（合因、喻以证宗）、结（结论）的五支做法。因明发展到成熟阶段的"定式"是三支做法。三支做法即只包含宗、因、喻的论式。瑜伽行派在因明学的发展上有杰出的贡献。但对因明做了创造性改革并将其推进到一个全新阶段的则是瑜伽行宗大师陈那，故后世均认他为新因明的开祖，是中世纪印度逻辑之父。其后，陈那的弟子商羯罗主等人，以及法称继承和发展了陈那所创立的新因明学。法称的因明理论至迟于 8 世纪已传入我国西藏，并产生了广泛而深刻影响。

二、现代逻辑学的发展

逻辑学的发展大致经历了传统逻辑与现代逻辑两个阶段。传统逻辑可以看做现代逻辑的直接源头，现代逻辑是传统逻辑的进步和完善，是逻辑学发展的新阶段，是形式逻辑的精确的和完全的表述。传统逻辑与现代逻辑的区别主要体现在研究方法、研究深度及应用能力的不同。

作为现代阶段的形式逻辑，也就是现代逻辑，包括经典数理逻辑和以它为基础产生发展起来的各种非经典逻辑。在内容方面，现代阶段的形式逻辑的主要特点，一是构造形式语言，二是建立逻辑演算。

在逻辑史上，首先把莱布尼茨关于逻辑的代数演算的设想付诸实现的，乃是作为现代逻辑的创立者的英国著名数学家和逻辑学家乔治·布尔（1815—1864）。布尔创立的逻辑代数空前地扩展了形式逻辑的范围，在推动现代形式逻辑的发展方面具有深远影响。在布尔之后，沿其方向探讨现代形式逻辑方面卓有成效的著名人物是美国的皮尔斯（1839—1914）。皮尔斯一方面努力使布尔逻辑代数臻于完善，便于实际应用，另一方面在德·摩根研究的基础上提出了一套更为完整的关系理论，把逻辑代数与之结合，建立了第一个关系逻辑的形式演算系统。其后，德国著名的数学家、逻辑学家弗雷格（1848—1925）第一次在比较严格、比较完全的意义上构建了一个逻辑演算系统，比较系统地论证了数学的逻辑基础，首开在逻辑体系内建立公理演算系统的先河。

经过弗雷格、罗素两位逻辑巨匠的努力，命题演算和谓词演算得以全面建立，数理逻辑逐渐成熟。现代英国最著名哲学家、逻辑学家罗素与怀特海（1861—1947）的巨著《数学原理》总结了以往数理逻辑的成果，系统阐述了由莱布尼茨设想而由后人发展的逻辑体系，并完成了数理逻辑基础部分的工作。1930 年，著名的德国数学家和逻辑学家哥德尔（1906—1978）证明了一阶逻辑的完全性，从而使数理逻辑得到全面确定。在元逻辑的研究方面，取得重大进展和成果的是著名的逻辑学家和哲学家维特根斯坦（1889—1951）、波兰华沙学派的著名逻辑学家塔尔斯基（1902—1983）、维也纳学派的著名逻辑学家与科学方法论学家和哲学家卡尔纳普（1891—1970）等人。

20 世纪 30 年代，在逻辑学史上相继取得了具有划时代意义的三项重大成果。第一项成果是 1931 年哥德尔提出的不完全性定理，它证明凡包括数论在内的一致的形式系统都是不完全的，提出了形式系统的局限性，揭示了认识的局限性，对数学基础研究及数理逻辑的现代发展产生了重大影响，被称为"数学与逻辑发展历史中的一个里程碑"。第二项成果是塔尔斯基于 1933 年建立的逻辑语义学。他区分了元语言与对象语言，定义了真谓词，具有深远的逻辑意义。第三项成果是 1937 年由英国数学家、逻辑学家图灵（1912—1954）建立的"图灵机理论"，第一次为人类提出了计算机应用的理想模型，标志着人工智能时代的到来。这三项逻辑成果对现代科学发展的影响极其广泛而深远，同时开拓了现代逻辑的发展方向和范围。

三、当代中国逻辑学的普及与发展

1949 年新中国成立以后，毛泽东非常重视逻辑学的普及与研究。在他的关于广大干部"学点文法和逻辑"的号召和指示下，逻辑学得以在广大干部和群众中广泛传播和普及。他还就逻辑学大讨论中的几个重要理论问题发表了真知灼见。例如，关于形式逻辑与辩证法的关系，他认为形式逻辑不是形而上学，肯定了形式逻辑的科学地位；充分肯定了形式逻辑的普遍适用性和应用性；明确提出形式逻辑不管前提的内容，只管推理形式的对错，保证了形式逻辑研究对象的确定性和学科性质。

改革开放以来，逻辑学专业的科学研究、学科建设和人才培养取得了举世瞩目的成绩。1978 年中国逻辑学界提出了逻辑要现代化的目标。我国逻辑学研究与教学进入快速发展阶段，逻辑学的基础理论与应用研究取得了很大的进步。当代中国逻辑学研究呈现多学科交叉融合的趋势，逻辑学逐步与数学基础研究、理论计算机科学、人工智能、理论经济学（博弈论和社会选择理论）、形式语言学、哲学等结合起来，形成新的研究方向。一方面，逻辑理论得到极大程度的丰富和发展；另一方面，各门学科由于引入逻辑方法而不断得到拓展。改革开放以来，逻辑学的发展得到国家大力支持，逐步融入国际逻辑学界，在新的起点上逐渐形成我国逻辑学发展的特色和优势。

▶ **本书同名资源共享课请访问爱课程网站：**

第一章　传统词项逻辑

传统词项逻辑的核心内容是古希腊逻辑学家亚里士多德创立的三段论。三段论是由三个直言命题构成的推理形式（即推理的逻辑形式）。直言命题是由词项按照一定的规则组成的。本章依次介绍词项、直言命题以及运用直言命题所进行的各种推理。

第一节　词　项

词项是组成命题的基本单位。弄清楚词项的定义、种类以及词项外延之间的关系是研究传统词项逻辑的前提。

一、词项概述

传统逻辑所指的"词项"是指充当直言命题主项和谓项的概念。例如：

（1）所有的哺乳动物都是脊椎动物。
（2）有的教师是科学家。
（3）所有的腔肠动物都不是脊椎动物。
（4）有的教师不是科学家。

在上述的例子中，"哺乳动物""脊椎动物""腔肠动物""教师""科学家"等都是词项。所有的词项都是由语词表达的，但并非所有的语词都表达词项。有时，同一个语词可以表达不同的词项。例如："外语是我国高等教育考试的必考科目之一"中的"外语"，和"西班牙语是外语"中的"外语"所表达的就是不同的词项。显然，不同的语词也可能表达同一个词项。例如，"马铃薯"和"土豆"是不同的语词，但它们表达同一个词项。

词项具有内涵和外延两个特性，词项的内涵是指词项指称的对象所具有的特有属性或本质属性，通常通过下定义的方式来明确一个词项的内涵。词项的外延是指该词项指称的一个或者一类对象，也就是词项指称的对象的范围，通常根据某一标准对一个词项进行划分，以明确该词项的外延。例如，"人"这个词项的内涵是"能够制造工具和使用工具的高级动物"，而"人"这个词项的外延是指古今中外、不同种族、不同肤色、不同语言和不同生活习惯的所有的人。再如，"商品"这个词项的内涵是"用来交换的劳动产品",其外延是具有这种属性的一切对象。

二、词项的种类

依据不同的分类标准,可以把词项分为不同的种类,即对"词项"进行划分。

(一)　单独词项和普遍词项

单独词项是反映某一个特定事物的词项,它的外延是某一个特定的对象。能够表达单独词项的语词往往是一些专有名词或者限定摹状词。例如,汉语中的专有名词表达单独词项:

表示某一特定时间:2012 年 5 月 1 日
表示某一特定地点:天安门广场
表示某一特定人物:郭沫若
表示某一特定事件:五卅运动
表示某一特定事物:"和平号"空间站

除专有名词外,限定摹状词也表达单独词项。通过对某一事物的某个特征的描述而唯一地指称这个事物,这样的语词被称为限定摹状词。限定摹状词中常含有序数、指示词或程度词。例如:

大于 8 小于 10 的正整数
中华人民共和国第一任国家主席
世界上最深的海沟

普遍词项是反映某一类事物的词项,它的外延涉及两个及两个以上直至无穷的分子。例如:

素　数　　河　流　　房　子　　水　果　　手　表
电视机　　学　校　　机　器　　哲学家　　规　则

(二)　集合词项和非集合词项

表达普遍词项的语词在自然语言中有两种用法:一种是汇集式用法,词项的内涵是以一类对象的集合体的整体属性来表达的,这种词项称为集合词项;另一种是分布式用法,词项的内涵是以一类对象的每一个分子的属性来表达的,这种词项称为非集合词项①。例如，在"外语是我国高等教育考试的必考科目之一"和"西班牙语是外语"中，前一个"外语"是汇集式用法，而后一个"外语"则是分布式用法。

区分集合词项与非集合词项对于正确思维非常重要。从一个孤立的语词无法区分其究竟是汇集式用法还是分布式用法，要正确地作出区分，就必须将其置于特定的语境里并严格按照上述分类标准来判定。一般来说，当一个语词出现于语句中时，其含义可以根据语境来确定，从而正确地识别它究竟表达哪一类词项。判定一个语词究竟是否表达集合词项，关键在于它是否表达同类对象的集合体的整体属性。这种整体属性的一个特征，就是集合体中的个体不一定具有该属性。按自然语言的表达惯例，下述例子中的相同语词，第一次出现均表达集合词项，第二次出现均表达非集合词项：

（1）**中国人**是有骨气的。
中国人是亚洲人。
（2）**干部**来自五湖四海。
干部要廉洁自律。
（3）**人**是由猿进化来的。
人是有生命的。
（4）**鲁迅的著作**不是一天能读完的。
《一件小事》是**鲁迅的著作**。
（5）**森林**占地球面积在逐步减少。
森林是人类的宝贵资源。

三、词项外延之间的关系

任意两词项外延之间的关系为下列五种关系之一，即全同关系、真包含于关系、真包含关系、交叉关系和全异关系。

（一）全同关系

全同关系又叫同一关系，如果两个词项 S 和 P 的外延完全相同而内涵却不同，那么这两个词项之间的关系就是同一关系。例如：

（1）中华民国第一任大总统　　孙中山
（2）等边三角形　　等角三角形

---

① 参见［美］欧文·M·柯匹、卡尔·科恩：《逻辑学导论》（第 11 版），张建军、潘天群等译，中国人民大学出版社 2007 年版，第 194 页。

（3）法院　　审判机关

18 世纪，瑞士数学家欧拉（1707—1783）创造了一种用圆圈表示词项间外延关系的图解法，后人称之为欧拉图。全同关系就可以用欧拉图图示如下：

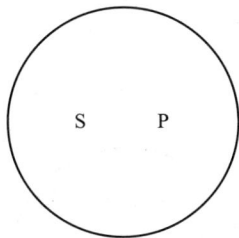

全同关系

人在思维中之所以会形成全同关系的词项，是因为任何一个或一类事物都具有许多特有属性，人们从不同的角度选取不同的本质属性作为词项的内涵，就形成了外延相同而内涵不同的词项。像"等边三角形"选取的内涵是"三角形的三条边相等"，"等角三角形"选取的内涵是"三角形的三个角相等"。

（二）真包含于关系

真包含于关系也叫种属关系，如果一个词项 S 的全部外延是另一个词项 P 的外延的一部分，那么词项 S 真包含于词项 P。例如，如下关系均为前者真包含于后者：

（1）小　　麦　　农 作 物
（2）法　　院　　司法机关
（3）武侠小说　　小　　说

用欧拉图图示如下：

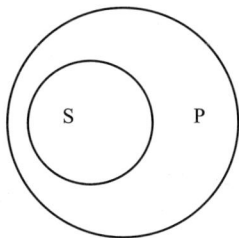

真包含于关系

（三）真包含关系

真包含关系也叫属种关系，如果一个词项 S 的部分外延和另一个词项 P 的外延完全相同，那么词项 S 真包含词项 P。真包含关系是真包含于关系的逆关系。例如，如下关系均为前者真包含后者：

（1）农　作　物　　小　　麦
（2）司法机关　　法　　院
（3）小　　说　　武侠小说

用欧拉图图示如下：

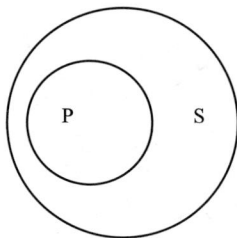

真包含关系

属种关系不同于部分与整体、个体与集合体之间的关系，如"树"和"松树"是属种关系，"松树"的外延被包含在"树"的外延里，"松树"具有"树"的所有内涵，可以说"松树是树"；而"树"和"树叶"（"树枝""树干"或"树根"）则是整体与部分的关系，"树叶"（"树枝""树干"或"树根"）并不具有"树"的所有内涵，故不能说"树叶是树"。

（四）交叉关系

交叉关系也叫部分相容关系，如果两个词项 S 和 P 有且只有部分外延重合，那么它们之间的关系就是交叉关系。例如：

（1）文学家　　思想家
（2）教　师　　作　家
（3）妇　女　　律　师

用欧拉图图示如下：

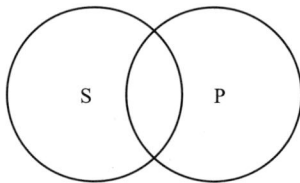

交叉关系

以上四种关系的两个词项的外延至少有一个对象是相同的，所以这四种关系可以统称为相容关系。

（五）全异关系

如果两个词项的外延没有任何相同的对象，那么它们之间的关系就是全异关系。用欧拉图图示如下：

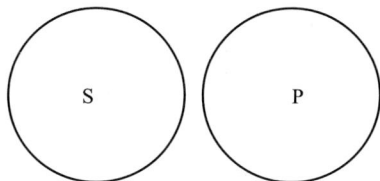

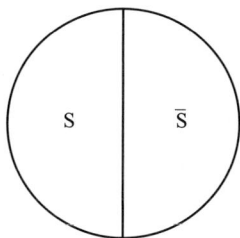

全异关系

全异关系又可以分为两种变体：

1. 矛盾关系。如果两个词项的外延没有任何重合的地方，两者一个为正词项一个为负词项，并且外延之和等于其邻近的属词项的外延，那么相对于该属词项而言，它们之间的关系就是矛盾关系。例如：

（1）合法行为　非法行为
（2）直接经验　非直接经验
（3）婚生子女　非婚生子女

用欧拉图图示如下：

矛盾关系

2. 反对关系。如果两个词项的外延没有任何重合的地方，并且它们外延之和小于它们邻近的属词项的外延，则相对于该属词项而言，它们之间的关系就是反对关系。具有矛盾关系的两个词项没有中间项（即其邻近属词项的其他种词项），而具有反对关系的两个词项则存在中间项，具有"不×不×"的形式。例如：

（1）马克思主义者　反马克思主义者
（2）司法监督　　　舆论监督

（3）好人　　　　　　坏人

用欧拉图图示如下：

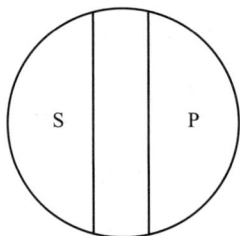

反对关系

运用这种图示的方法，可以很直观地揭示若干个词项外延之间的关系（复合关系）。例如，对于"鲁迅"（A）"文学家"（B）"思想家"（C）这三个概念，可用欧拉图图示如下：

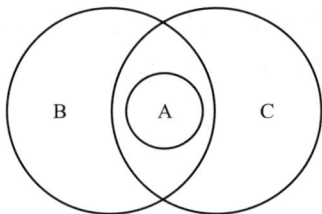

第二节　直言命题

命题都是由有真假的语句来表达的①。直言命题是表达一类事物具有或不具有某种性质的命题。比如，"所有哲学家都是聪明的"表达"哲学家"这一类事物都有"聪明的"这种性质。本节考察直言命题的逻辑结构、直言命题的分类、直言命题中词项的周延性和对当方阵。

一、直言命题及其逻辑结构

直言命题表达一类事物的性质。从词项外延的角度看，直言命题表达词项外延之间的关系。比如，"所有哲学家都是聪明的"这个命题表达"哲学家"这个词项的外延包含于"聪明的"这个词项的外延。考虑如下类似命题：

（1）所有人都是动物。

---

① 关于命题与语句的关系将在第二章讨论。

（2）所有金属都是导电体。

（3）所有偶数都是 2 的倍数。

这三个命题都有一个共同的逻辑结构：

所有 S 是 P

可以看出，"所有"和"是"是其中不变的部分，而"S"和"P"可以被任何词项代替。通过在两个字母的位置上代入某个词项，我们就得到具体的直言命题。也就是说，"S"和"P"代表可补充词项的位置。直言命题的一般逻辑结构为：

直言命题 = 量项 + 主项 + 联项 + 谓项

主项是代表被谈论的事物的词项。一般来说，主项分为两类：一类是单称词项，它们代表单独一个个体；另一类是普遍词项，它们代表一类事物。比如，在句子"马克思是哲学家"中，"马克思"代表单独一个个体，它是被谈论的对象，因此它是主项。再比如，在"所有哲学家都是聪明的"这个句子中，"哲学家"是代表被谈论的事物的词项，因此它是主项。

谓项是用于表述主项所代表的事物的性质的词项。比如在句子"马克思是哲学家"中，"哲学家"表述马克思的一种性质，所以它是谓项。在"所有哲学家都是聪明的"这个句子中，"聪明的"表达"哲学家"这一类事物的性质，因此它是谓项。

量项是规定主项所代表事物的量的词项。在"所有哲学家都是聪明的"这个命题中，"所有"是量项，它断定主项"哲学家"这个词项的外延中所有个体都具有谓项"聪明的"所表达的性质。如"所有"这样的断定主项外延中每一个个体具有某种性质的量项，称为全称量项。在自然语言中，全称量项有许多不同的形式。比如下面的命题：

（4）一切反动派都是纸老虎。

（5）文学作品都是表现生活的。

（6）万般皆下品，惟有读书高。

（7）每一个高尚的人都是脱离了低级趣味的人。

这些命题中的"一切""都""皆"等，都是全称量项。

还有一种量项只断定一类对象中存在个体具有某种性质，称为特称量项（也称为存在量项）。比如考虑下面三个句子：

（8）有的课程是必修课程。

（9）有的天鹅是黑色的。

（10）有的花是吃昆虫的。

这三个句子共同的逻辑形式是：

有的 S 是 P

其中"有的"是特称量项，它只断定 S 中至少有一个个体具有性质 P。比如例子（10）中，断定"花"的外延中存在具有吃昆虫这种性质的对象。严格来说，特称量项的意义是"至少有一个"。特称量项在自然语言中也有多种表现形式，比如：

（11）大多数共产党员是先进的。

（12）一些自然数不能被 2 整除。

（13）少数猴子会算术。

（14）存在有水的星球。

这里"大多数""一些""少数""存在"等都是特殊的特称量项。

联项是联结主项和谓项的词项。只有两个联项："是"和"不是"。前者称为肯定联项，后者称为否定联项。联项"是"在句子中可以表达出来，也可以不表达出来。比如：

（15）雄安新区建设坚持生态优先。

（16）刘翔没有参赛。

这两个命题中联项都没有表达出来，但是都隐含在句中。命题（15）等于说"雄安新区建设是坚持生态优先的"，而命题（16）等于说"刘翔不是参赛选手"。按照这种方式，当直言命题中联项未出现时，总可以把它转化为一个联项明确的命题。此外，自然语言中否定联项有多种表达形式，比如：

（17）白马非马。

（18）改革并非改旗易帜。

（19）关羽不会投降曹操。

这里"非""并非""不会"等都表达否定联项。

联项的作用有两点：第一，联结主项和谓项形成命题；第二，断定主项所代表的事物具有或不具有谓项所表达的性质。肯定联项断定主项所代表的事物具有谓项所表达的性质，否定联项断定主项所代表的事物不具有谓项所表达的性质。

二、直言命题的分类

依据不同的分类标准，可将直言命题分为不同的种类。

（一）单称直言命题

根据联项的差异，可以把单称命题分为单称肯定直言命题和单称否定直言命题。比如：

（20）孙悟空是唐僧的徒弟。

（21）金岳霖不是文学家。

命题（20）是单称肯定直言命题，它断定主项所代表的事物具有谓项所表达的性质。命题（21）是单称否定直言命题，它断定主项所代表的事物不具有谓项所表达的性质。

可用小写字母 a、b、c 等表示单称词项。单称肯定直言命题的形式是：

　　　a 是 P

单称否定直言命题的形式是：

　　　a 不是 P

（二）全称直言命题

所谓全称直言命题是指量项为全称量项的直言命题。根据联项的差异，全称直言命题分为全称肯定直言命题和全称否定直言命题两类。例如：

（22）所有阔叶植物都是落叶的。

（23）所有哺乳动物都不是卵生的。

命题（22）是全称肯定直言命题，它断定阔叶植物这类事物包含于落叶植物这类事物之中。命题（23）是全称否定直言命题，它断定哺乳动物这类事物处于卵生动物这类事物之外。

在传统形式逻辑中，全称肯定直言命题称为 A 命题（A 是拉丁文affirmo的第一个元音字母）。全称否定直言命题称为 E 命题（E 是拉丁文 nego 的第一个元音字母）。用 S 表示主项，P 表示谓项。全称肯定直言命题的形式可以写成：

　　　　所有 S 是 P

通常简写为 SAP。全称否定直言命题的形式可以写成：

　　　　所有 S 不是 P

通常也简写为 SEP。

全称肯定直言命题断定主项的外延包含于谓项的外延。这种"包含于"关系有两种情况：全同关系和真包含于关系。例如，"所有偶数都是能被 2 整除的自然数"这个全称肯定直言命题，它的主项和谓项的外延实际上是相等的。然而，在命题"所有人是动物"中，主项的外延真包含于谓项的外延。但全称肯定直言命题只是对"包含于关系"的断定，而并没有断定出主项和谓项之间究竟属于包含于关系中的哪种关系。

全称否定直言命题断定主项的外延与谓项的外延之间是全异关系。比如前面的例子（23）断定"哺乳动物"和"卵生动物"是外延全异的。

（三）特称直言命题

所谓特称直言命题指量项为特称量项的命题。根据联项的差异，特称直言命题也分为特称肯定直言命题和特称否定直言命题。例如：

（24）有些箭环蝶喜欢喝酒。
（25）有些印度人不信奉印度教。

直言命题（24）断定箭环蝶至少有一只具有喜欢喝酒的性质，它是特称肯定直言命题。直言命题（25）断定印度人至少有一个不具有信奉印度教这种性质，它是特称否定直言命题。

在传统形式逻辑中，特称肯定直言命题称为 I 命题（I 是拉丁文 affirmo 的第二个元音字母）。特称否定直言命题称为 O 命题（O 是拉丁文 nego 的第二个元音字母）。特称肯定直言命题的形式为：

有的 S 是 P

通常简写为 SIP。特称否定直言命题的形式可以写成：

有的 S 不是 P

通常也简写为 SOP。

特称肯定直言命题断定主项的外延与谓项的外延是相容关系，即至少有一个个体既属于主项的外延，又属于谓项的外延。比如"有的天鹅是黑色的"这个特称肯定直言命题断定至少有一个事物既是天鹅又是黑色的。

特称否定直言命题断定主项的外延中至少有一个个体处于谓项的外延之外。比如，"有些鸟不会飞"这个特称否定直言命题断定至少有一个事物既是鸟又不会飞。

上述分类构成传统形式逻辑的句法，反映了传统形式逻辑中命题形式是如何从词项构造起来的。传统形式逻辑只考虑上述六种形式的命题，特别是全称命题和特称命题。我们将上述六种直言命题总结如下：

直言命题	命题形式	简写
全称肯定直言命题（A）	所有 S 是 P	SAP
全称否定直言命题（E）	所有 S 不是 P	SEP
特称肯定直言命题（I）	有的 S 是 P	SIP
特称否定直言命题（O）	有的 S 不是 P	SOP
单称肯定直言命题	a 是 P	–
单称否定直言命题	a 不是 P	–

三、直言命题主项和谓项的周延性

对于传统形式逻辑中的 A、E、I、O 四种直言命题，逻辑学家提出了"周延性"的概念，它用于衡量四种直言命题的主项和谓项的外延中的个体是否被全部断定。如果词项外延中的个体在一个直言命题中被全部断定，那么它在该命题中是周延的；否则，它不是周延的。下面我们依次看四种直言命题中主项和谓项的周延情况。

（一）全称肯定直言命题的主项和谓项的周延情况

考虑全称肯定直言命题"所有S是P"，它断定主项S的外延中所有个体都具有性质P，因此它的主项是周延的。但是，它没有断定谓项P的外延中所有个体，所以它的谓项不是周延的。例如，"所有人是动物"这个全称命题，断定了每一个人都是动物，但是没有断定每一个动物如何，所以它的主项是周延的，谓项不是周延的。

（二）全称否定直言命题的主项和谓项的周延情况

考虑全称否定直言命题"所有S不是P"，它断定主项S的外延中所有个体都不具有性质P，因此它的主项是周延的。它也断定谓项P的外延中所有个体都在主项S的外延之外，所以它的谓项也是周延的。例如，"凡是有毒的东西都不能吃"这个全称否定直言命题，断定了每一种有毒的东西都处于能吃的事物之外，而且所有能吃的事物都处于有毒的事物之外。所以，它的主项和谓项都是周延的。

（三）特称肯定直言命题的主项和谓项的周延情况

考虑特称肯定直言命题"有的S是P"，它既没有断定主项S的外延中所有个体如何，也没有断定谓项P的外延中所有个体如何，因此它的主项和谓项都不是周延的。例如，"一些金属是液体"这个特称肯定直言命题，没有断定所有金属都如何，也没有断定所有液体如何，因此它的主项和谓项都不是周延的。

（四）特称否定直言命题的主项和谓项的周延情况

考虑特称否定直言命题"有的S不是P"，它没有断定主项S的外延中所有个体如何，因此它的主项不是周延的。但是，它断定主项S的外延中至少有一个个体处于谓项P的外延之外，因此它的谓项是周延的。例如，"一些金属不是固体"这个特称否定直言命题，没有断定所有金属都如何，但是断定了金属中至少有一种处于所有固体事物之外，所以它的主项不是周延的，而谓项是周延的。

根据以上分析，可以将A、E、I、O四种直言命题中主项和谓项的周延情况用下表反映出来：

谓项不周延	主项周延		谓项周延
	SAP	SEP	
	SIP	SOP	
	主项不周延		

上面这个表格也可以总结为如下四条规律：

（1）全称直言命题主项周延

（2）特称直言命题主项不周延

（3）肯定直言命题谓项不周延

（4）否定直言命题谓项周延

根据上面四条规律，只要弄清楚一个直言命题属于 A、E、I、O 四种形式中的哪一种形式，就能判断它的主项和谓项的周延情况。

四、对当方阵

对当方阵是传统形式逻辑中对同素材（具有相同的主项与相同的谓项）的 A、E、I、O 四种直言命题在形式上的真假制约关系的刻画。这首先需要弄清楚这四种直言命题形式的真值条件，即在什么条件下它们是真的，在什么条件下它们是假的。简单地说，四种直言命题的真值条件如下：

（1）SAP 是真的当且仅当对任何个体 a，如果 a 具有性质 S，那么 a 具有性质 P。

（2）SEP 是真的当且仅当对任何个体 a，如果 a 具有性质 S，那么 a 不具有性质 P。

（3）SIP 是真的当且仅当存在个体 a 使 a 有性质 S 并且 a 有性质 P。

（4）SOP 是真的当且仅当存在个体 a 使 a 有性质 S 并且 a 不具有性质 P。

一个全称肯定直言命题的真值条件是主项的外延包含于谓项的外延，全称否定直言命题的真值条件是主项的外延与谓项的外延不相交，特称肯定直言命题的真值条件是主项的外延与谓项的外延相交，特称否定直言命题的真值条件是主项的外延不包含于谓项的外延。下面我们考虑这四种直言命题之间的关系。

（一）A 命题与 O 命题

这两种直言命题之间的真假关系可以概括为"不能同真，不能同假"，即：

（1）如果 SAP 是真的，那么 SOP 是假的。

（2）如果 SAP 是假的，那么 SOP 是真的。

（3）如果 SOP 是真的，那么 SAP 是假的。

（4）如果 SOP 是假的，那么 SAP 是真的。

这种关系称为"矛盾关系"。根据前面的真值条件说明，我们可做如下论证：

SAP 是真的 当且仅当 对任何个体 a，如果 a 具有性质 S，那么 a 具有性质 P；

当且仅当 不存在个体 a 使得 a 具有性质 S，但是 a 不具有性质 P；

当且仅当 SOP 是假的。

同理可得，

SOP 是真的 当且仅当 存在个体 a 使得 a 具有性质 S 且 a 不具有性质 P；

当且仅当 并非对所有个体 a，如果 a 具有性质 S，那么 a 具有性质 P；

当且仅当 SAP 是假的。

例如，"所有人都是动物"是真的，因此"有的人不是动物"是假的。"有的自然数不是偶数"是真的，因此"所有自然数是偶数"是假的。"所有哺乳动物都是卵生的"是假的，因此"有的哺乳动物不是卵生的"就是真的。"有些植物不会光合作用"是假的，因此"所有植物都会光合作用"是真的。

（二）E 命题与 I 命题

这两种直言命题之间的真假关系也是"不能同真，不能同假"，即：

（1）如果 SEP 是真的，那么 SIP 是假的。
（2）如果 SEP 是假的，那么 SIP 是真的。
（3）如果 SIP 是真的，那么 SEP 是假的。
（4）如果 SIP 是假的，那么 SEP 是真的。

这种关系也是"矛盾关系"，它的论证同 A 命题与 O 命题的矛盾关系类似。

例如，"所有鸟都不是胎生的"是真的，因此"有的鸟是胎生的"是假的。"有的天鹅是黑色的"是真的，因此"所有天鹅都不是黑色的"是假的。"所有哺乳动物都不会飞"是假的，因此"有的哺乳动物会飞"是真的。"有些小学生是中学生"是假的，因此"所有小学生都不是中学生"是真的。

（三）A 命题与 I 命题

这两种直言命题之间的真假关系可以概括为"A 真 I 真，I 假 A 假"。

（1）如果 SAP 是真的，那么 SIP 是真的。
（2）如果 SAP 是假的，那么 SIP 真假不定。
（3）如果 SIP 是真的，那么 SAP 真假不定。
（4）如果 SIP 是假的，那么 SAP 是假的。

这种关系称为"差等关系"。根据前面的真值条件说明，我们可做如下论证：

假设 SAP 是真的。那么对任何个体 a，如果 a 具有性质 S，那么 a 具有性质 P。因此，由于主项非空，所以存在一个个体 a 具有性质 S，并且具有性质 P。所以

SIP 是真的。反之，如果 SIP 是假的，那么不存在个体 a 使得 a 既有性质 S 又有性质 P。因此对任何个体 a，如果 a 具有性质 S，那么 a 不具有性质 P。由于主项非空，所以存在个体 a 使得 a 具有性质 S 但 a 不具有性质 P。所以 SAP 是假的。

例如，从"所有人都是动物"是真的可以得出"有的人是动物"是真的。从"有的偶数是奇数"是假的可以得出"所有偶数是奇数"也是假的。但是从"所有天体都是围绕地球转的"是假的不能得出"有的天体围绕地球转"的真假情况。同样，从"有些天体围绕地球转"是真的不能得出"所有天体都是围绕地球转的"的真假情况。

（四）E 命题与 O 命题

这两种直言命题之间的真假关系也是差等关系，即"E 真 O 真，O 假 E 假"。

（1）如果 SEP 是真的，那么 SOP 是真的。
（2）如果 SEP 是假的，那么 SOP 真假不定。
（3）如果 SOP 是真的，那么 SEP 真假不定。
（4）如果 SOP 是假的，那么 SEP 是假的。

E 命题与 O 命题之间的差等关系的论证与前面的差等关系论证类似。

例如，从"所有宗教信徒都不是无神论者"是真的可以得出"有的宗教信徒不是无神论者"是真的。从"有的基督教徒不信仰上帝"是假的可以得出"所有基督教徒都不信仰上帝"也是假的。但是，从"所有道教徒都不结婚"是假的不能得出"有的道教徒不结婚"的真假情况。同样，从"有些道教徒不食肉"是真的不能得出"所有道教徒都不食肉"的真假情况。

（五）A 命题与 E 命题

这两种直言命题之间的真假关系可以概括为"不能同真，可以同假"。

（1）如果 SAP 是真的，那么 SEP 是假的。
（2）如果 SAP 是假的，那么 SEP 真假不定。
（3）如果 SEP 是真的，那么 SAP 是假的。
（4）如果 SEP 是假的，那么 SAP 真假不定。

这种关系称为"反对关系"。根据前面的真值条件说明，我们可做如下论证：

假设 SAP 是真的。那么对任何个体 a，如果 a 具有性质 S，那么 a 具有性质 P。因此，由于主项非空，所以存在一个个体 a 具有性质 S，并且具有性质 P。所以 SEP 是假的。反之，假设 SEP 是真的。那么对任何个体 a，如果 a 具有性质 S，那么 a 不具有性质 P。由于主项非空，所以存在个体 a 使得 a 具有性质 S 但是不具有性质 P。因此 SAP 是假的。

例如，从"所有人都是动物"是真的可以得出"所有人不是动物"是假的。从"所有偶数都不是奇数"是真的可以得出"所有偶数都是奇数"是假的。但是，从"所有天体都是围绕地球转的"是假的不能得出"所有天体都不是围绕地球转的"的真假情况。同样，从"所有天体都不是围绕地球转的"是假的不能得出"所有天体都是围绕地球转的"的真假情况。

（六）I 命题与 O 命题

这两种直言命题之间的真假关系可以概括为"不能同假，可以同真"。

（1）如果 SIP 是真的，那么 SOP 真假不定。
（2）如果 SIP 是假的，那么 SOP 是真的。
（3）如果 SOP 是真的，那么 SIP 真假不定。
（4）如果 SOP 是假的，那么 SIP 是真的。

这种关系称为"下反对关系"，其论证与前面关于反对关系的论证类似。

例如，从"有些鸟是胎生的"是假的可以得出"有些鸟不是胎生的"是真的。从"有些植物不会光合作用"是假的可以得出"有些植物会光合作用"是真的。但是，从"有些天鹅是黑色的"是真的不能得出"有些天鹅不是黑色的"的真假情况。同样，从"有些鸟不会飞"是真的不能得出"有些鸟会飞"的真假情况。

根据以上六种关系，在 A、E、I、O 四种直言命题中，知道一种直言命题的真假，我们可以得出另一些直言命题的真假。这六种关系可以用下面这个图来表示：

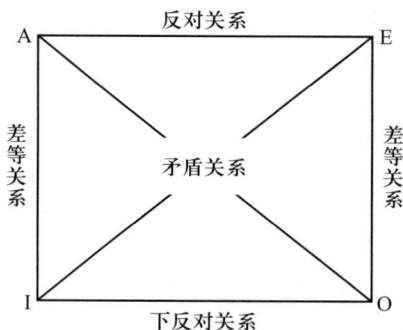

传统形式逻辑学家把这个图称为"对当方阵"（square of opposition），它表达了四种直言命题之间的真假关系。例如，假设 A 命题"所有恒星都发光"是真的。那么

（1）利用反对关系可得，E 命题"所有恒星都不发光"是假的；

（2）利用矛盾关系可得，O 命题"有些恒星不发光"是假的；

（3）利用差等关系可得，I 命题"有些恒星发光"是真的。

利用上述对当方阵，知道一个直言命题的真假，便可以知道其他直言命题的真假情况。注意，有时候会出现真假不定的情况，比如假设 I 命题"有些行星发光"是真的。那么我们可以得到：

（1）A 命题"所有行星都发光"真假不定；
（2）E 命题"所有行星都不发光"是假的；
（3）O 命题"有些行星不发光"真假不定。

对当方阵实际上是关于四种直言命题之间推理关系的说明，在下一节将说明如何利用对当方阵进行推理。

第三节　直　接　推　理

推理是逻辑学重点研究的对象，以直言命题为前提和结论的推理称为直言命题推理。其中以一个直言命题为前提的推理称为直言命题直接推理，而以两个或者更多直言命题为前提的推理称为直言命题间接推理。下一节要讲的三段论就是直言命题间接推理，这一节我们着重考察直言命题直接推理。

一、直接推理的特点

直言命题直接推理只有一个前提，所以前提和结论中的基本素材是相同的，如根据上一节的对当关系，可以从"所有 S 是 P"推出"有的 S 是 P"，S 和 P 在前提和结论中相同，可以改变的是其中的量项、联项以及主项与谓项的位置。

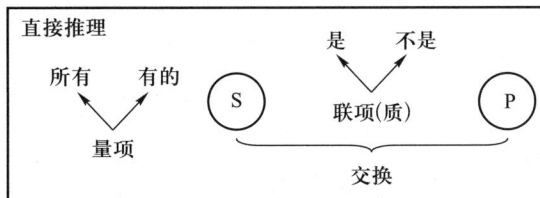

容易看出，改变量项和联项的性质可以根据 A、E、I、O 四类直言命题的对当关系得出新的结论；如果不改变量项，只改变联项的性质（肯定/否定），也可以得到新的结论；如果交换主项 S 和谓项 P 的位置，也可以得出新的结论。例如，从苏格拉底所言：

（a） 未经反思的生活是不值得过的。（SAP）

可以推出：

（a₁） 并非未经反思的生活不是不值得过的。（并非 SEP）

（a₂） 有些未经反思的生活是不值得过的。（SIP）

（a₃） 并非有些未经反思的生活不是不值得过的。（并非 SOP）

（a₄） 未经反思的生活不是值得过的。（SE$\overline{P}$）

（a₅） 有些不值得过的生活是未经反思的生活。（PIS）

（a₁）—（a₅）是从 A 命题直接推理得到的有效结论，即前提真则结论必然真。其有效性源于前提 A 的命题形式变化需要遵循一定的规则，很显然，a₁、a₂、a₃是从对当关系得到的，称为对当关系推理；而 a₄是通过改变命题 a 的质得到的，a₅是通过改变命题 a 的主项和谓项的位置得到的，这两种推理称为直言命题的变形推理，前者称为换质推理，后者称为换位推理。下面我们将一一展示这几种推理。

二、对当关系推理

从 A、E、I、O 四种命题的对当关系中可以看出，以其中任何一种命题为前提，可以根据对当关系得出一些结论。由此，我们把根据直言命题之间的对当关系，由一个命题必然地推出另一个命题的推理称为对当关系推理。

例如，从 SAP 为真前提出发，根据 A 命题与 E、I、O 的关系，就可以得到有效的推理式。如前述例句"（a） 未经反思的生活是不值得过的"作为真前提进行推理，容易看出 a₁由反对关系得到，a₂由差等关系得到，a₃由矛盾关系得到。

我们用"⊢"表示推导符号，它的左边表示前提，右边表示结论，用"¬"表示否定，如¬（SAP）表示对 SAP 的否定，即 SAP 为真时，¬（SAP）为假，反之亦然。这样，我们能以 A、E、I、O 为前提，根据对当关系得到以下推理有效式：

（1） 以 SAP 或¬（SAP）为前提推理，可得到：

$$SAP \vdash \neg (SEP)$$

$$SAP \vdash SIP$$

$$SAP \vdash \neg (SOP)$$

$$\neg (SAP) \vdash SOP$$

（2） 以 SEP 或¬（SEP）为前提，可得到：

$$SEP \vdash \neg (SAP)$$

$$\text{SEP} \vdash \text{SOP}$$
$$\text{SEP} \vdash \neg (\text{SIP})$$
$$\neg (\text{SEP}) \vdash \text{SIP}$$

（3）以 SIP 或 ¬（SIP）为前提，可得到：

$$\text{SIP} \vdash \neg (\text{SEP})$$
$$\neg (\text{SIP}) \vdash \text{SEP}$$
$$\neg (\text{SIP}) \vdash \neg (\text{SAP})$$
$$\neg (\text{SIP}) \vdash \text{SOP}$$

（4）以 SOP 或 ¬（SOP）为前提，可得到：

$$\text{SOP} \vdash \neg (\text{SAP})$$
$$\neg (\text{SOP}) \vdash \text{SAP}$$
$$\neg (\text{SOP}) \vdash \neg (\text{SEP})$$
$$\neg (\text{SOP}) \vdash \text{SIP}$$

由两组矛盾关系的有效式，可以看出它们的前提和结论是可以互推的，我们用"⊣⊢"表示互推符号，可以得到如下推理有效式：

$$\text{SAP} \dashv\vdash \neg (\text{SOP})$$
$$\text{SEP} \dashv\vdash \neg (\text{SIP})$$
$$\text{SIP} \dashv\vdash \neg (\text{SEP})$$
$$\text{SOP} \dashv\vdash \neg (\text{SAP})$$

三、直言命题变形推理

通过改变直言命题直接推理中前提的直言命题形式，即通过改变前提中直言命题的联项的性质，或者变换其主项与谓项的位置，从而推出结论的推理称为直言命题变形推理。前者称为直言命题换质推理，后者称为直言命题换位推理。

（一）直言命题换质推理

先看如下推理：

儿童是未成年人。

所以，儿童不是成年人。

这两个直言命题的意思相同，真值一样，而直言命题的质不一样。这种通过改变直言命题直接推理的前提中直言命题的质而得出的推理称为直言命题换质推理。

换质有两个步骤：（1）改变前提的质，即把联项由肯定变为否定，或者把否定变为肯定，但不改变前提的量。（2）把前提的谓项换成它的补项。

要理解补项概念需先了解补类概念。一个类的补（补类）是由该类以外的一切事物组成的群体。例如，马的类的补包括一切不是马的事物（牛、车、房子，等等）的群体。而指称补类的词或者词组就叫做补项。对于由单个词构成的词项，其补项通常只是在该词前加上前缀"非"构成。如词项"狗"的补是"非狗"，词项"书"的补是"非书"。可以图示如下：

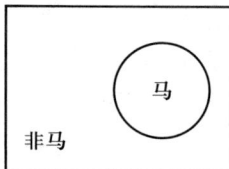

由于补类具有"非 x"的结构，相当于否定，这样，所得到的结论相当于在联项和谓项上都得到否定，双重否定等于肯定，实际上并没有改变前提的质，所以直言命题换质推理是有效的。A、E、I、O 四类直言命题都可以进行换质。

直言命题换质推理的推理有效式有：

$$SAP \dashv\vdash SE\overline{P}$$
$$SEP \dashv\vdash SA\overline{P}$$
$$SIP \dashv\vdash SO\overline{P}$$
$$SOP \dashv\vdash SI\overline{P}$$

换质可以连续进行，如"木马病毒不是一种生物病毒"（SEP），换质得到"木马病毒是一种非生物病毒"（SA$\overline{P}$），继续换质得到"木马病毒不是一种生物病毒"，这样又换回原来的命题了。因而，上述推理有效式实际上是互推的。

为便于记忆，可以概括两条换质规则：换质不换量，谓项变补项。

（二）直言命题换位推理

再看如下两个推理：

（a）鲸鱼不是鱼。
（a$_1$）所以，鱼不是鲸鱼。
（b）有的天鹅是黑色的。
（b$_1$）所以，有的黑色的是天鹅。

上述推理中，前提和结论的真值相同，但前提和结论的主项不同，谓项也不同。这种通过交换直言命题的前提中主项和谓项的位置而推出结论的推理称为直言命题换位推理。

是不是 A、E、I、O 四类直言命题都能进行这样的换位呢？上述（a）和（a₁）是 E 命题，（b）和（b₁）是 I 命题，换位是有效的。A 命题和 O 命题也能同样换位吗？我们同样通过例句来看：

（c）所有的狗是动物。
（c₁）所以，所有的动物是狗。
（d）有的动物不是马。
（d₁）所以，有的马不是动物。

显然，A 命题和 O 命题换位后得到的命题与原来的命题意思和真值都不同，这两个推理是无效的。其原因在于，直言命题换位推理交换了直言命题中主项和谓项的位置，这就可能改变原来直言命题中主项和谓项的周延关系，如果将前提中不周延的项在结论中周延了，就会从这个项的部分外延推论到全部外延，这就不能保证结论必然为真，犯了外延扩大的错误。如上例 c 中，"动物"作为 A 命题的谓项不周延，而在 c₁ 中作为 A 命题的主项周延了。要避免这个错误就必须保持"动物"在结论中不周延，唯一的办法是改变结论的量词，将全称肯定变为特称肯定，以保证在前提中不周延的谓项，换位后在结论中作特称命题的主项也不周延。请注意，直言命题换位推理只能改变前提中主项和谓项的位置，也可以改变量项，但不能改变直言命题的质。

按照周延限制和不变质的要求，可以清楚地看到 SOP 不能进行换位，其理由请读者自己证明。

因此，换位推理的有效式有：

$$SAP \vdash PIS$$
$$SEP \vdash PES$$
$$SIP \vdash PIS$$

同样，为便于记忆概括两条换位规则：换位不换质，外延不扩大。

（三）直言命题换质位

直言命题换质推理和换位推理可以连续使用，也可以交叉综合使用。例如，要论证下列推理是否有效：

（e）所有不愉快的经历是我们不愿意记得的事。

（e₁）所以，所有我们愿意记得的事是愉快的经历。

论证：前提 $\overline{S}A\overline{P}$

结论 PAS

$\overline{S}A\overline{P} \vdash \overline{S}EP \vdash PE\overline{S} \vdash PAS$

（换质）（换位）（换质）

四、直言命题直接推理的检验

直言命题直接推理是否有效，可以从对当方阵中直言命题之间的真假制约关系中得到检验。我们用一个表来展示，当前提为真（T）或者为假（F）时，根据对当关系可以推出结论的真假（T/F）情况。

对当关系推理

前提命题		结论命题		
命题形式	T/F	命题形式	T/F	推理理由
SAP	T	SEP	F	反对关系：A 真，E 必假。
	T	SIP	T	差等关系：上位真，下位必真。
	T	SOP	F	矛盾关系：A 真，O 必假。
	F	SEP	T/F	反对关系：A 假，E 真假不定。
	F	SIP	T/F	差等关系：上位假，下位真假不定。
	F	SOP	T	矛盾关系：A 假，O 必真。
SEP	T	SAP	F	反对关系：E 真，A 必假。
	T	SIP	F	矛盾关系：E 真，I 必假。
	T	SOP	T	差等关系：上位真，下位必真。
	F	SAP	T/F	反对关系：E 假，A 真假不定。
	F	SIP	T	矛盾关系：E 假，I 必真。
	F	SOP	T/F	差等关系：上位假，下位真假不定。
SIP	T	SAP	T/F	差等关系：下位真，上位真假不定。
	T	SEP	F	矛盾关系：I 真，E 必假。
	T	SOP	T/F	下反对关系：I 真，O 真假不定。
	F	SAP	F	差等关系：下位假，上位必假。
	F	SEP	T	矛盾关系：I 假，E 必真。
	F	SOP	T	下反对关系：I 假，O 必真。

续表

前提命题		结论命题		
命题形式	T/F	命题形式	T/F	推理理由
SOP	T	SAP	F	矛盾关系：O 真，A 必假。
	T	SEP	T/F	差等关系：下位真，上位真假不定。
	T	SIP	T/F	下反对关系：O 真，I 真假不定。
	F	SAP	T	矛盾关系：O 假，A 必真。
	F	SEP	F	差等关系：下位假，上位必假。
	F	SIP	T	下反对关系：O 假，I 必真。

以 A、E、I、O 任一直言命题为前提输入上表中，如果前提为真时，结论为假或者真假不定，则推理无效。例如：

判定以"所有流行时尚是商业洗脑的产物"为前提，能否有效推出如下结论：

a. 所有流行时尚不是商业洗脑的产物。
b. 有的流行时尚是商业洗脑的产物。
c. 有的流行时尚不是商业洗脑的产物。

解：前提：SAP   假定为真
  a. SEP   据上反对关系为假，推理无效。
  b. SIP   据差等关系为真，推理有效。
  c. SOP   据矛盾关系为假，推理无效。

根据对当关系推理表可以独立检验直言命题直接推理的有效性，还可以连同直言命题换质、换位以及换质位的运算一起来检验直言命题直接推理的有效性。例如：判定下列直言命题直接推理是否有效：

所有不恰当的评论是失礼的。
所以，有的失礼不是恰当的评论。

解：前提 $\overline{S}AP$ 假定为真
 （1）$\overline{S}IP$ 据差等关系为真
 （2）$PI\overline{S}$ 据换位为真
所以，POS   据换质为真

由于结论是通过三个必然推理得到的，因而这个直言命题直接推理是有效的。

第四节 三 段 论

一、什么是三段论

三段论，也称直言三段论，是指由两个包含有一个共同词项的直言命题作为前提从而推出一个新的直言命题的推理。它是一种直言命题间接推理。例如：

> 所有类人猿都是脊索动物。
> 所有翼龙都不是脊索动物。
> 所以，所有翼龙都不是类人猿。

这就是一个三段论，它是由两个包含有"脊索动物"这个共同词项的直言命题"所有类人猿都是脊索动物"和"所有翼龙都不是脊索动物"作为前提，推出"所有翼龙都不是类人猿"这一新的直言命题作为结论。

任何一个三段论都是由三个直言命题组成的，两个是前提，一个是结论，如上例中的"所以"前面的两个直言命题就是前提，它们是推出新的直言命题的依据；"所以"后面那个直言命题就是结论，它是借助于前提中"共同词项"的推理传递的媒介作用而推出的。

任何一个三段论都有且只有三个不同的词项，每个词项在前提和结论中共出现两次。在结论中居于直言命题主项位置的词项，我们把它称为"小项"，通常用"S"表示，在结论中居于直言命题谓项位置的词项，我们把它称为"大项"，通常用"P"表示。只在两个前提中出现的共同词项叫"中项"，通常用"M"表示，它在前提中起推理传递的媒介作用，通过它把大项和小项联系起来。如果没有中项，三段论推理便无法进行。上例的结构可以表示为：

$$P—M$$
$$\frac{S—M}{S—P}$$

在三段论推理中，大项和小项的联系是通过中项的传递作用而确定的，因此，就只能有三个不同的词项。如果一个三段论仅有两个词项，那么它不是三段论。如果它有四个词项，那么大项与一个词项相联系，小项与另一个词项相联系，缺少了中项，大项和小项就联系不起来。因此，在进行三段论推理时，只能是三个词项之间发生联系，不能多，也不能少，否则就会犯"四词项"的错误。例如：

北极熊是名副其实的北极霸主。

（德国家喻户晓的"明星"）克鲁特是北极熊。

因此，克鲁特是名副其实的北极霸主。

第一个前提的"北极熊"是集合词项，小前提的"北极熊"是非集合词项，加上"北极霸主"和"克鲁特"共有四个词项，这就犯了"四词项"的错误。

二、三段论推理的一般规则

要进行有效的三段论推理，就必须遵守相应的推理规则。

规则1 在前提中不周延的词项，在结论中也不得周延。

如果一个词项在前提中是不周延的，那就是说该前提只是对该词项的部分外延做了断定，而如果在结论中该词项周延，就是断定了这个词项的全部外延，这就使结论的断定超出了前提的范围，造成推理无效。

结论中有大项和小项，违反这一条规则，就会犯"大项不当周延"或者"小项不当周延"的错误。例如：

唐诗是中国古典文学。

宋词不是唐诗。

所以，宋词不是中国古典文学。

"中国古典文学"在大前提中是肯定直言命题的谓项，不周延，而在结论中，变成了否定直言命题的谓项，周延，违反了"在前提中不周延的词项在结论中也不得周延"的规则，犯了"大项不当周延"的错误。又如：

语言是没有阶级性的。

语言是社会现象。

所以，凡社会现象是没有阶级性的。

"社会现象"在小前提中是肯定直言命题的谓项，没有周延，而在结论中成为全称直言命题的主项，周延。违反了"在前提中不周延的词项在结论中也不得周延"的规则，犯了"小项不当周延"的错误。

规则2 中项在前提中必须至少周延一次。

一个正确三段论的结论是确定大项和小项之间的联系，而大项和小项之间的联系是依据中项的媒介作用而建立起来的。中项在前提中必须周延一次，就是要求中项的全部外延至少有一次与另一个词项（或者是大项或者是小项）建立起某种确定不移的联系，从而使大项和小项之间的联系得以明确建立。

如果中项连一次周延也没有，就可能出现这样的情况：中项外延的一部分与大项发生联系，另一部分与小项发生联系，那么中项就不能起到联系大项和小项的媒介作用，也就不能必然推出结论。例如：

鲁迅是文学家。

郭沫若是文学家。

所以,?

如果中项在前提中有一次周延,则中项的全部外延在大前提或小前提中与一个词项（大项或小项）发生了联系,这样,中项就能起到联系大项和小项的桥梁作用,大项和小项之间的联系就自然得到了保障。

规则 3   两个前提不能都是否定直言命题。

否定直言命题就是主项和谓项之间互相排斥的命题,如果两个前提都是否定的,那么,大项 P 和小项 S 都与中项 M 相排斥、相分离,中项就不能起到联系大项和小项的桥梁作用,也就无法确定大项和小项之间的联系。例如:

所有马克思主义者都不是有神论者。

机会主义者不是马克思主义者。

所以,?

规则 4   前提与结论中否定命题的数目必须相等。

两个前提中如果有一个是否定的,那么另一个前提必须是肯定的,因为根据规则 3,两个否定的前提不能必然得出结论。这个否定的前提或者是大前提,或者是小前提。如果是大前提否定,就是说中项与大项的外延是互相排斥、互相分离的;而小前提就是肯定的,即中项与小项相联系,通过中项的媒介作用,必然可以确定大项和小项也是互相排斥、互相分离的。如果是小前提否定,就是说中项与小项的外延是互相排斥、互相分离的,而大前提就是肯定的,即中项与大项相联系,通过中项的媒介作用,必然可以确定大项和小项也是互相排斥、互相分离的。例如:

科学不是宗教。

宗教都主张信仰。

所以, 有的主张信仰的不是科学。

为什么结论是否定的,必然要求前提中也有一个是否定的呢? 这是因为结论否定,大项和小项互相排斥、互相分离,必然导致大项和小项中一个与中项分离,一个与中项联系。大项或小项同中项相分离或相排斥的那个前提就是否定的。

从这条规则出发,我们还可以发现,如果两个前提都是肯定直言命题,则结论必须为肯定直言命题;反过来,如果结论是肯定直言命题,则两个前提都必须是肯定直言命题。

以上四条规则是三段论的基本规则,其中规则 1、2 是词项规则,规则 3、4 是前提规则。对于任何标准式直言三段论,这四条规则足可辨识一个三段论是否有效,即遵守了基本规则,三段论就是有效的,反之,违反了其中任何一条规则,就是无效的。

根据基本规则还可以制定一系列导出规则。常用导出规则有以下两条：

导出规则 1 两个特称的前提不能得出结论。

两个前提都是特称的，则两个前提的组合不外乎三种情形，即 II、OI（IO）和 OO，而其中任何一种情况都不能得出结论。

假如两个前提都是特称肯定直言命题，即 II，那么，在前提中就没有一个词项是周延的，违反规则 2。

假如前提中一个是特称否定，一个是特称肯定，即 OI 或 IO，则两个前提中只有一个周延的词项（特称否定直言命题的谓项）。如果这个周延的词项是中项，那么大项和小项都是不周延的，但是，由于前提中有一个命题是否定的，即 O 命题是否定的，那么根据规则 4，结论必须是否定的，那么结论中的大项就一定是周延的，这样，大项在前提中不周延而在结论中周延，违反了规则 1，犯了"大项不当周延"的错误；假如前提中唯一周延的词项是大项，那么在前提中中项就一次也没能周延，又犯了"中项不周延"的错误。这样，要么犯"中项不周延"的错误，要么犯"大项不当周延"的错误，二者必居其一，因此，不能得出结论。

假如两个前提都是特称否定的，即 OO，根据规则 3 也不能必然得出结论。

导出规则 2 如果两个前提中有一个是特称的，那么结论必须是特称的。

根据导出规则 1，两个特称的前提不能得出结论，那么前提中有一个是特称，另一个必为全称。两个前提的组合不外乎如下四种情形：（1）AI；（2）AO；（3）EI；（4）EO。

（1）当前提为 AI 时，两前提中只有一个周延的词项，即 A 命题的主项，其他三个词项都是不周延的。这个唯一周延的词项必须是中项，不然就不能得出结论。这也就是说，小项在前提中是不周延的，而根据规则 1，小项在前提中不周延，在结论中也不得周延，所以，结论必定是特称的。

（2）当两前提是 AO 或 EI 时，两前提中有两个周延的词项，即 A 命题的主项和 O 命题的谓项或 E 命题的主项和谓项，而这两个周延的词项，必须一个是中项（根据规则 2），而另一个是大项（根据规则 4）。于是小项在前提中是不周延的。这样，小项在结论中也不得周延（根据规则 1）。因此，结论必为特称。

（3）当两前提为 EO 时，根据规则 3，两个否定的前提不能得出结论。

三、三段论的格及其特殊规则

（一）三段论的格

三段论的格就是指由中项在前提中所处位置的不同所决定的不同的三段论的形式。

三段论共有四个格：

第一格：中项在大前提中处于主项位置，在小前提中处于谓项位置，其形式为：

$$M—P$$
$$\frac{S—M}{S—P}$$

三段论的第一格的大前提指出了关于一类事物的情况，而它的小前提则把某些事物归到这一类事物之中去，从而得出关于某些事物的确定不移的结论。它最明显、最自然地表明了三段论的性质，因此被称作"典型格""完善格"，其他格被称为"不完善格"。这一格在司法工作中有其特殊的作用，故又有人称它为"审判格"。

第二格：中项（M）在大小前提中都处于谓项位置，其形式为：

$$P—M$$
$$\frac{S—M}{S—P}$$

第二格的结论是否定的，常用来反驳一个虚假的肯定命题，所以第二格常常被称为反驳格（以否定驳肯定）。如果我们需要说明某一事物不属于另一事物时也常常用到这一格，故又称它为"区别格"。

第三格：中项（M）在大小前提中都处于主项位置，其形式为：

$$M—P$$
$$\frac{M—S}{S—P}$$

第三格在传统逻辑中被称作例证格，常常用来反驳"以偏概全"的虚假的全称直言命题。因此也把它称为反驳格（以特例驳通例）。

第四格：中项在大前提中处于谓项的位置，在小前提中处于主项的位置，其形式为：

$$P—M$$
$$\frac{M—S}{S—P}$$

（二）各格特殊规则

如果把三段论的基本规则应用到某一种"格"的三段论中去，又会得到适用于这种格的特殊的导出规则。三段论的各种特殊规则是根据三段论的基本规则并结合各个格的具体形式推导出来的，它们仅是三段论有效性的必要条件。

第一格的特殊规则：

（1）小前提必须是肯定的。
（2）大前提必须是全称的。

第二格的特殊规则：

（1）两前提中必须有一个是否定的。
（2）大前提必须是全称的。

第三格的特殊规则：

（1）小前提必须是肯定的。
（2）结论必须是特称的。

第四格的特殊规则：

（1）如果有一个前提是否定的，那么大前提必须是全称的。
（2）如果大前提是肯定的，那么小前提必须是全称的。
（3）如果小前提是肯定的，则结论必须是特称的。
（4）任何一个前提都不能是 O 命题。
（5）结论不能是 A 命题。

四、三段论的式

三段论的式是由四种直言命题在大前提、小前提和结论中进行排列组合而成的不同的三段论的形式。例如：

> 商品都有使用价值。
> 汽车是商品。
> 所以，汽车有使用价值。

上述三段论推理的大前提、小前提和结论都是由 A 命题组成的，叫做 AAA 式。A、E、I、O 四种直言命题，按三段论前提和结论的不同排列，可有 64 种组合，再加上四个格，便有 256 种可能组合：AAA、AAI、AAE、EOO、OOO，等等。但其中有些式是不符合三段论规则的，如 EEE 式、III 式、EOO 式等。依据三段论一般规则，除去不正确的式，只有 11 个式符合规则：AAA、AAI、AEE、AEO、AII、AOO、EAE、EAO、EIO、IAI、OAO。

依照三段论格的不同形式，把 AAA、AEE、AII、AOO、EAE、EIO、IAI、

OAO 等 8 个式分配到 4 个格中去，共有 24 个有效式：

第一格	第二格	第三格	第四格
AAA	AEE	（AAI）	（AAI）
AII	EAE	AII	AEE
EAE	EIO	（EAO）	（EAO）
EIO	AOO	EIO	EIO
（AAI）	（AEO）	IAI	IAI
（EAO）	（EAO）	OAO	（AEO）

需要强调指出的是，上述 24 个有效式是在传统逻辑预设直言命题的词项非空的条件下得到的。但实际思维中也存在使用外延为空类的词项的真命题。例如牛顿第一运动定律"凡是不受外力作用的物体必然保持静止状态或匀速直线运动"是全称肯定直言命题，这种直言命题可以是真的，但是此处并没有预设不受外力作用的物体存在。若将这种直言命题引入三段论理论，将需要考虑在取消词项非空预设的情况下三段论的有效性。根据本教材后面所要阐述的现代谓词逻辑语义学，全称直言命题（无论 A 命题还是 E 命题）都没有"存在含义"，即没有断定词项外延是否非空，而特称直言命题（I 和 O 命题）都有"存在含义"，即断定主项外延非空。在这种解释下，若取消词项外延非空预设，则需要增加一条三段论的一般规则：

规则 5   如果两个前提都是全称的，则结论不能是特称的。

这是因为，从没有存在含义的直言命题当然不能推出一个具有存在含义的直言命题。以此规则衡量，则上表中加括号的 9 个式均为无效式。例如：

> 所有宠物都是家养动物。
> 所有独角兽都不是家养动物。
> 所以，有的独角兽不是宠物。

这是第二格的 AEO 式，在没有词项非空预设的条件下显然是无效式。

总之，在具有词项非空预设的条件下，三段论共有 24 个有效式；在没有词项非空预设的条件下，三段论只有 15 个有效式。

五、非标准形式三段论

三段论基本的逻辑结构是由大前提、小前提和结论组成，这是三段论的完整式。但是，人们在运用语言表达三段论的过程中，往往不拘泥于三段论的基本程式，而使用三段论的省略式或联锁式，从而使表达更加鲜明生动，灵活多变。

三段论的省略式就是省略了大前提、小前提或者结论的三段论。首先需要指出的是，三段论的省略式只是语言表达上的简化，在逻辑结构上，大小前提和结论仍然是完整的。

三段论的省略式有三种形式：

（1）省略大前提，保留小前提和结论。例如：

相对论是真理。
所以，相对论是要发展的。

这个三段论被省略的是大前提"凡真理都是要发展的"。它的完整形式是：凡真理都是要发展的，相对论是真理，所以，相对论是要发展的。通常，当大前提是得到普遍公认的一般原理时，大前提往往被省略。

（2）省略小前提，保留大前提和结论。例如：

凡真理都是要发展的。
所以，相对论是要发展的。

这个三段论被省略的是小前提"相对论是真理"。省略小前提，是因为小前提所表达的思想是不言而喻的。

（3）省略结论，保留大前提和小前提。例如：

凡真理都是要发展的。
相对论是真理。

这个三段论被省略的是结论"相对论是要发展的"。结论被省略，通常是因为结论显而易见，不说出来，往往比说出来更加简洁有力、生动鲜明。

把一个省略的三段论整理成完整的三段论往往有如下几个步骤：

首先，确定被省略的部分是前提还是结论。

三段论省略通常会有一些标志词，如"因为""所以""由于""因此"等，这可以为我们确定前提和结论提供一定的条件。一般说来，"因为""由于"后面的部分是前提，"因此""所以"后面的部分是结论。如果省略三段论没有相应的标志词，就要根据特定的语境来确定。例如，"我们是马克思主义者，我们要践行以人民为中心的发展思想"，这里没有使用"因为""所以"等标志词，但通过对语境的分析，不难找出它的省略部分，完整的形式应该是"凡马克思主义者都要践行以人民为中心的发展思想，我们是马克思主义者，所以，我们要践行以人民为中心的发展思想"。通过添加标志词，可以确定省略的是前提还是结论。能加"因为""由于"的，表明前面部分是结论，后面部分是前提；能加"所以""因此"的，前面部分是前提，后面部分是结论。如果不能在两个命题之间添加"因为""所以"等标志词，表明省略的部分是结论，而不是前提。例如，"没有文化自信的民族是缺乏深沉、持久力量的，缺乏深沉、持久力量的民族是没有发展前途的"，在这两个命题间不能添加标志词，说明这里省略了结论。

第二，确定大前提和小前提。

如果一个三段论没有省略结论，通过确定结论之后，也就很容易找出大前提和小前提。结论中的主项是小前提中的词项，谓项是大前提中的词项。除结论以外的直言命题，如果含有结论中主项的直言命题就是小前提，如果含有结论中谓项的直言命题就是大前提。如果结论被省略了，大小前提一般依据排列顺序，在前者为大前提，在后者为小前提。但最稳妥的方法还是先把省略的结论找出来，因为在语言的实际运用中，有时为了强调小前提，也可能把小前提放在前面，把大前提放在后面。

第三，恢复三段论的完整式。

确定了三段论的省略部分之后，按照相应的逻辑联系，把省略部分补充出来，构成完整式。如果被省略的是大前提，就把结论中的大项同已知的小前提中的中项相联结，构成一个直言命题，作为大前提。如果被省略的是小前提，就要把结论中的小项同已知的大前提中的中项相联结，构成一个直言命题作为小前提。如果省略部分是结论，就可以从大前提和小前提，根据三段论推理规则直接推出结论。

一般来说，恢复三段论的完整式需要一个加工整理的过程。除此之外，对恢复后的三段论完整式还要有一个检验的过程，以判定这个三段论的省略式是否有效。

六、用文恩图解法检验三段论的有效性

如前所述，三段论有 256 个可能式，其中只有少量有效式。我们研究三段论的目的就是要把有效式同无效式甄别开来，以保证推理的有效性，从而使我们能从真的前提必然地推出真的结论。除了利用三段论一般规则和导出规则外，检验三段论是否有效的方法还有文恩图检验法。在逻辑史上，英国数学家文恩用图形来刻画 A、E、I、O 四种直言命题的逻辑含义，图示如下：

（1）A 命题（所有 S 是 P）

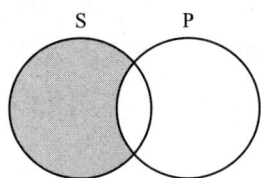

A 命题图解

图中的阴影部分表示不存在。该图表示是 S 而不是 P 的部分是不存在的。用公式表示为：$S \cap \overline{P} = \varnothing$（"$\varnothing$"是空集符号，表示该集合没有元素）。

（2）E 命题（所有 S 不是 P）

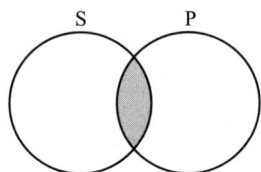

E 命题图解

该图表示是 S 又是 P 的部分是不存在的，意即所有 S 都不是 P。用公式表示为：$S \cap P = \varnothing$。

（3）I 命题（有 S 是 P）

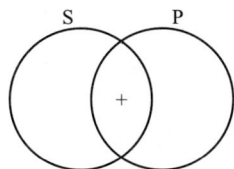

I 命题图解

图中的"+"号表示存在。该图表示是 S 又是 P 的部分是存在的，意即有 S 是 P。用公式表示为：$S \cap P \neq \varnothing$。

（4）O 命题（有 S 不是 P）

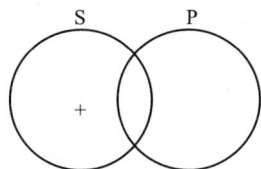

O 命题图解

该图表示是 S 而不是 P 的部分是存在的，意即有 S 不是 P。用公式表示为：$S \cap \overline{P} \neq \varnothing$。

请注意，文恩图和本章前面使用过的欧拉图都是用圆圈表示词项的外延，但二者有着根本的差异：欧拉图表示的都是非空词项，因而不涉及空词项问题。而文恩图本身并没有对词项是否非空予以断定，若断定词项外延非空，则需在文恩图内加入符号"+"；若断定词项外延为空，则使用删除阴影。这使得文恩图既可以刻画有词项非空预设的情况，也可以刻画没有词项非空预设的情况，这与现代谓词逻辑处理的结果是完全一致的，因而其功能胜于欧拉图。但欧拉图在刻画非空词项外延间关系上更为直观，因而也有其独特价值。

用文恩图检验三段论形式的有效性，一般应遵循以下步骤：先把三段论的大前提和小前提表示为集合演算的公式，然后根据公式画出文恩图形，最后根据图形写出判定的结果，这三步也可简单称之为翻译、画图和检验。例如检验下列三段论的有效性：

所有 M 都不是 P
所有 S 都是 M
所以，所有 S 都不是 P

可以用符号表示为（即翻译）：

$M \cap P = \varnothing$
$S \cap \overline{M} = \varnothing$
$S \cap P = \varnothing$

然后画出前提 $M \cap P = \varnothing$、$S \cap \overline{M} = \varnothing$ 的文恩图为：

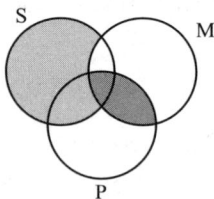

$M \cap P = \varnothing$、$S \cap \overline{M} = \varnothing$ 的文恩图

最后，我们可以从图中看出（检验），S 和 P 的公共区域都有阴影，即是 S 又是 P 的部分是不存在的。由此我们可以断定该三段论有效。

再比如考虑如下推理：

所有 M 都是 P

所有 S 都不是 M

所以，所有 S 都不是 P

可以用符号表示为：

$M \cap \overline{P} = \varnothing$

$S \cap M = \varnothing$

$S \cap P = \varnothing$

然后画出前提 $M \cap \overline{P} = \varnothing$、$S \cap M = \varnothing$的文恩图为：

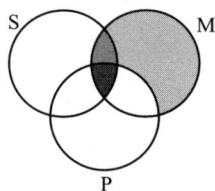

$M \cap \overline{P} = \varnothing$、$S \cap M = \varnothing$的文恩图

检验为：S 和 P 的公共区域并不是都有阴影，存在着是 S 又是 P 和是 S 而不是 P 两种可能情况，由此我们可以断定，$M \cap \overline{P} = \varnothing$和 $S \cap M = \varnothing$不能蕴涵结论 $S \cap P = \varnothing$，该三段论为无效式。

再考虑如下涉及特称命题的推理：

所有 M 不是 P

有的 M 是 S

所以，有的 S 不是 P

可以用符号表示为：

$M \cap P = \varnothing$

$M \cap S \neq \varnothing$

$S \cap \overline{P} \neq \varnothing$

然后画出前提 $M \cap P = \varnothing$、$M \cap S \neq \varnothing$的文恩图为：

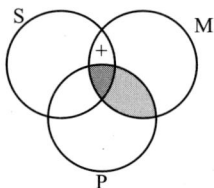

M ∩ P = ∅、M ∩ S ≠ ∅的文恩图

　　检验为：图中"+"号在 S 之内但在 P 之外，即 S 与 P̄ 存在公共分子，由此我们可以断定，M ∩ P = ∅、M ∩ S ≠ ∅能够蕴涵结论 S ∩ P̄ ≠ ∅，该三段论为有效式。

　　再如：

　　　　所有 P 是 M

　　　　有的 S 是 M

　　　　所以，有的 S 是 P

　　可以用符号表示为：

　　　　P ∩ M̄ = ∅

　　　　S ∩ M ≠ ∅

　　　　S ∩ P ≠ ∅

　　然后画出前提 P ∩ M̄ = ∅、S∩M ≠ ∅的文恩图为：

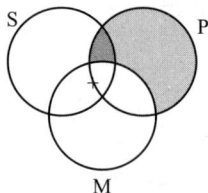

　　检验为：因有 S∩M ≠ ∅作为前提，图中 S 和 M 的交叉区域应有"+"号，但无法确定将"+"号置于由 P 的弧线所分割的该交叉区域中的 S 部分，还是置于 P 部分，因而只能将"+"号置于弧线上。这表明，由此无法确定 S∩P ≠ ∅的真假，因而可以断定，P∩M̄ = ∅、S∩M ≠ ∅不能蕴涵结论 S∩P ≠ ∅，该三段论为无效式。

　　最后需要说明的是，使用文恩图解法还可以清晰地表明本章第三节所描述的传统逻辑关于直言命题的直接推理的有效式，也都是在词项非空预设的条件下获得的。若取消词项非空预设，则可断定变形推理中的 SAP ⊢PIS 为无效式，而传统对当方阵中的差等关系、反对关系、下反对关系以及依据它们的推理也都不再成立，而只有矛盾关系及依据它们的推理仍然成立。请读者运用文恩图解法对上述结论加以证明。

本 章 小 结

"词项"是指充当直言命题主项和谓项的概念。根据词项所反映的外延的数量，词项可以分为单独词项和普遍词项。表达普遍词项的语词在自然语言中有两种用法：汇集式用法和分布式用法，分别表达集合词项和非集合词项。词项外延之间的关系可分为全同关系、真包含于关系、真包含关系、交叉关系和全异关系。

直言命题是表达一类事物具有或不具有某种性质的命题。直言命题可分为单称肯定直言命题、单称否定直言命题、全称肯定直言命题、全称否定直言命题、特称肯定直言命题和特称否定直言命题。全称直言命题主项周延，特称直言命题主项不周延，肯定命题谓项不周延，否定命题谓项周延。同素材的直言命题对当关系可分为反对关系、下反对关系、差等关系和矛盾关系。直言命题直接推理分为对当关系推理、直言命题变形推理。

三段论作为一种直言命题间接推理，是指由两个含有一个共同词项的直言命题作为前提从而推出一个新的直言命题的推理。判定三段论有效性的一般规则有：在前提中不周延的词项，在结论中也不得周延；中项在前提中必须至少周延一次；两个否定的前提不能必然得出结论；两个前提中如果仅有一个是否定的，则结论必须是否定的；如果结论是否定的，则前提中必须仅有一个是否定的；两个特称的前提不能得出结论；如果两个前提中有一个是特称的，那么结论必须是特称的。最后两个规则是根据前面四个规则制定的导出规则。

三段论的格就是指由中项在前提中所处位置的不同所决定的不同的三段论形式。三段论有四个格，不同的格又有不同的特殊规则。三段论的式是由四种直言命题在大前提、小前提和结论中进行排列组合而成的不同的三段论形式。三段论有256个可能式，在有词项非空的预设条件下，共有24个有效式；在没有词项非空预设的条件下，只有15个有效式。除了利用三段论一般规则（含导出规则）和各个格的特殊规则外，检验三段论是否有效的方法还有文恩图解法。文恩图解法可以全面刻画与处理在有无词项非空预设条件下的直言命题推理问题。

思考题：

1. 什么是词项，词项的分类是怎样的？

2. 词项外延间的关系有哪些?

3. 什么是直言命题,其分类如何?

4. 什么是推理,什么是推理的形式有效性?

5. 什么是对当关系的直接推理,它有哪几种表现形式?

6. 什么是直言命题的变形推理,它的基本形式及其规律是什么?

7. 什么是三段论? 其组成结构如何?

8. 三段论的一般规则 (含导出规则) 是什么?

9. 什么是三段论的格和式?

10. 如何利用文恩图解法检验三段论的推理有效性?

练习题:

1. 指出下列命题的量项、主项、谓项和联项 (如果量项和联项是隐含的,请明确指出),并写出其命题形式。

(1) 天下乌鸦一般黑。

(2) 有些金属不是固体。

(3) 任何噪声都是污染。

(4) 凡人皆有死。

(5) 一切知识来源于实践。

(6) 一些蝴蝶吃竹叶。

(7) 凡是不想当将军的士兵都不是好士兵。

(8) 有些文学作品没有哲理。

2. 利用对当方阵回答问题。

(1) 假设"所有乌鸦都是黑的"是真的。请判断以下命题的真假情况。

   (a) 所有乌鸦都不是黑的。

   (b) 有些乌鸦是黑的。

   (c) 有些乌鸦不是黑的。

(2) 假设"有些乌鸦是黑的"是真的。请判断以下命题的真假情况。

   (a) 所有乌鸦都是黑的。

   (b) 所有乌鸦都不是黑的。

   (c) 有些乌鸦不是黑的。

(3) 假设"所有乌鸦都是黑的"是假的。请判断以下命题的真假情况。

   (a) 所有乌鸦都不是黑的。

   (b) 有些乌鸦是黑的。

（c）有些乌鸦不是黑的。

（4）假设"有些乌鸦不是黑的"是假的。请判断以下命题的真假情况。

　　（a）所有乌鸦都是黑的。

　　（b）所有乌鸦都不是黑的。

　　（c）有些乌鸦是黑的。

3. 根据对当关系，下列推理是否有效？为什么？

（1）并非有的慢跑项目不是需氧的活动。

　　所以，并非所有慢跑项目不是需氧的活动。

（2）并非有的国际恐怖分子是政治上的温和主义者。

　　所以，有的国际恐怖分子不是政治上的温和主义者。

（3）并非所有控制细胞增长的物质是荷尔蒙。

　　所以，所有控制细胞增长的物质不是荷尔蒙。

（4）并非所有科学家不是认识超自然事件的人。

　　所以，有的科学家是认识超自然事件的人。

4. 将下列直言命题分别进行换质推理和换位推理，如果不能进行换质或换位推理，请说明理由。

（1）所有激进平等主义社会是不保护个体自由的社会。

（2）没有不导电的金属。

（3）并非一些保险公司是人道主义的组织。

（4）有的运动员是没有天生的身体优势的。

5. 运用对当关系、换质推理和换位推理规则证明下列论证有效，并写出中间步骤和理由。

（1）所有医疗文件都是隐蔽的书面文件。

　　所以，有的隐蔽的书面文件是医疗文件。

（2）并非有的女权主义者不是同工同酬的提倡者。

　　所以，并非所有同工同酬的提倡者是非女权主义者。

（3）有些语句表达命题。

　　所以，并非所有语句都不表达命题。

（4）没有非处方药是没有不良反应的药。

　　所以，没有不良反应的药是处方药。

6. 用直言三段论知识分析如下推理所犯错误。

（1）群众是真正的英雄，我是群众，所以我是真正的英雄。

（2）徐州人喜爱武术，小张是徐州人，故小张喜爱武术。

（3）砒霜是剧毒品，这种药含有砒霜，因此这种药是剧毒品。

7. 请使用三段论基本规则和文恩图解法判定下列三段论推理的有效性，如涉及存在预设问题，请予以辨析。

（1）语言是有民族性的，语言是社会现象，因而社会现象是有民族性的。

（2）金属都是导体，石墨不是金属，故石墨不是导体。

（3）中子是基本粒子，中子是不带电的，由此可见有的基本粒子是不带电的。

（4）所有永动机是全效的机器，所有全效的机器都是无摩擦机器，故有的无摩擦机器是永动机。

（5）凡是爱国者都谴责卖国贼，他们都谴责卖国贼，可见他们都是爱国者。

（6）真正的共产党人都是清正廉洁的，他不是清正廉洁的，所以他不是真正的共产党人。

8. 请运用省略三段论知识分析如下论断。

（1）党的十九大报告指出，凡是群众反映强烈的问题都必须严肃认真对待，而城镇河道污染治理问题就是群众反映非常强烈的问题。

（2）推进社会主义事业要坚持与时俱进、求真务实，因而推进新时代中国特色社会主义事业也要坚持与时俱进、求真务实。

（3）没有人是不会犯错误的，孙中山也不例外。

（4）没有文化的军队是愚蠢的军队，愚蠢的军队是不能战胜敌人的。

（5）科学研究无禁区，因而克隆人研究无禁区。

（6）他在以往工作中有过很大失误，故不能委以重任。

9. 简答题

（1）有一个正确的三段论，前提和结论中一共只有三个周延的项，结论中小项周延，这是一个怎样的三段论？

（2）有一个正确的三段论，两个前提中只有大前提中有一个周延的项，这个三段论的大前提、小前提和结论各为什么命题？

10. 证明题

（1）结论是全称命题的正确三段论，其中项不能周延两次。

（2）已知某有效三段论的大前提为 O 命题，证明其小前提必为全称肯定命题，并推出这一三段论的格及其形式。

11. 从生活中找出案例，分析其逻辑结构是否正确，并做成 PPT 文档。

第二章 命题逻辑

与传统词项逻辑关注命题内部的成分不同，命题逻辑只关心命题以及命题之间的推理关系。命题逻辑研究使用命题联结词的逻辑规律。本章首先概述命题逻辑的几个基本概念，然后介绍复合命题及其推理，最后介绍判断命题逻辑推理的有效性的真值表方法。

第一节 命题逻辑概述

推理是由命题组成的。了解命题逻辑推理之前，有必要了解命题逻辑的几个基本概念，包括命题、简单命题与复合命题、推理，等等。

一、句子与命题

人类使用语言来表达事物的性质、事物之间的关系、关于世界的看法以及关于特定事物形成的理论，这些表达都是通过语言中的句子来实现的。所有句子分为两类：一类是有真假的句子，包括真句子和假句子。有真假的句子所表达的思想是命题，因此命题也有真假之分。有真假的命题是逻辑学的研究对象。例如：

（1）只有艰苦奋斗，才能实现中华民族伟大复兴。
（2）任何偶数都能被 2 整除。
（3）有些天鹅不是白色的。
（4）只有社会主义才能发展中国。

上述句子都表达命题，都是有真假的。另一类是没有真假的句子。常见的疑问句、祈使句、感叹句、愿望句，等等，往往是没有真假的。例如：

（5）明天会下雨吗？
（6）向敌人开炮！
（7）这朵花真漂亮啊！
（8）但愿人长久！

上述句子分别表达了疑问、命令、感叹、愿望，它们都是句子，但所表达的涵义并不是有真假的思想，因此也不表达有真假的命题。

同一个命题可以使用不同的句子来表达。比如"正在下雨"和"It is raining"是不同的句子，但是它们表达同一个命题。再比如，"中国军队战胜了日本军队"和"日本军队被中国军队打败了"，两个句子分别是主动句和被动句，但所表达的思想是相同的。再比如，"如果一个国家的法律不能得到贯彻执行，这个国家就不是法治国家"和"如果一个国家是法治国家，这个国家的法律就能得到贯彻执行"，两个不同的句子表达相同的命题。

同一个句子在不同的场合也可以表达不同的命题。比如"正在下雨"这个句子，在下雨的时候说出就是真的，在不下雨的时候说出就是假的。因此，它在不同的情况下表达不同性质的命题。还有一些句子是有歧义的。比如"所有男同学都喜欢某个女同学"，这个句子至少可以表达两个不同的命题："每一个男同学都有他所喜欢的某个女同学"和"某一个女同学被所有男同学喜欢"。

一般把"真"和"假"称为命题的真值。本书所讨论的命题的真值只有"真"和"假"，这就是逻辑中的二值原则。所有命题要么是真的，要么是假的。如果一个命题是真的，那么我们说该命题的真值是真；如果一个命题是假的，那么我们说该命题的真值是假。

二、简单命题与复合命题

逻辑学所研究的命题可以作进一步分类。一些命题是简单的，其中不出现作为组成部分的另一个命题。比如：

（1）中国特色社会主义进入了新时代。
（2）雪是白的。
（3）所有阔叶植物都是落叶的。
（4）北京是国际化大都市。

上述命题的组成部分都是词项，不含有其他命题。所以它们都是简单的，称为简单命题（或者称为简单句）。

另一些命题含有其他命题作为组成部分，它们是从简单命题构造出来的复合命题，比如：

（5）并非所有天鹅都是白的。
（6）只要肯攀登，就会登上顶峰。
（7）虽然未能成功，但是他已经尽力了。

（8）张三晚上要么去踢足球，要么去看电影。

上述命题都有其他简单句作为它们的组成部分，通过联结词形成整个命题。比如命题（5）是由"所有天鹅都是白的"和联结词"并非"构成的。命题（6）是通过"只要……就……"联结两个简单命题组成的。命题（7）是由"虽然……但是……"联结两个命题组成的。命题（8）是由"要么……要么……"联结两个简单命题组成的。

在复合命题中，起联结作用的词称为命题联结词（或者称为句子联结词）。比如"不""只要……就……""虽然……但是……""要么……要么……"，等等。命题联结词的作用是从较为简单的命题构造更复杂的命题，它们也称为命题函数（或者称为句子函数），即在联结词的空位上补充命题而得到复合命题的函数。

三、推理

推理由命题构成。一个推理是从一些命题推出另一个命题的过程。比如，考虑下面这个推理：

> 要么士兵拿破仑想当将军，要么士兵拿破仑不想当将军。如果他想当将军，那么他不是好士兵。如果他不想当将军，那么他也不是好士兵。所以，士兵拿破仑不是好士兵。

整个推理由两部分命题组成，"所以"之前是一部分，一般称为这个推理的前提，"所以"之后是另一部分，一般称为这个推理的结论。一个推理就是从一些前提推出结论的过程。我们用 B_1，B_2，$\cdots$，B_n 表示前提，用 A 表示结论，推理的一般形式写成：

$$B_1，B_2，\cdots，B_n \vdash A$$

其中"$\vdash$"表示"所以"，即从前提推出结论。

有些推理是正确的，有些推理是不正确的。正确的推理称为有效推理，不正确的推理称为无效推理。我们凭借直觉可以判断上面给出的推理是有效推理。下面我们再看两个例子：

（1）如果 a 是自然数，那么 a 是整数。a 不是整数。所以，a 不是自然数。
（2）如果 a 是自然数，那么 a 是整数。a 不是自然数。所以，a 不是整数。

在上述两个推理中，推理（1）是有效的，而推理（2）不是有效的，因为"a

是自然数"是"a 是整数"的充分条件,否定前者不能否定后者。

一般地说,一个推理"B_1,B_2,$\cdots$,$B_n \vdash A$"是有效的当且仅当如下条件成立:在任何情况下,如果前提 B_1,B_2,$\cdots$,B_n 中每个命题都是真的,那么结论 A 是真的。也就是说,推理的有效性可以定义为前提真蕴涵结论真。判断一个推理是否有效,并不是要确定其中每个命题的真假,而是假定前提都是真的,看能否必然推出结论也是真的。如果在某种情况下,前提都是真的而结论是假的,那么这个推理就不是有效的。比如,上述推理(2)不是有效的,令 a = -1,那么 a 不是自然数,因此前提都是真的,但结论是假的,-1 是整数。推理(1)是有效的,因为前提中"a 不是整数"意味着"并非 a 是整数"。由此可以推出"a 不是自然数"。

上述推理(1)是有效的,而且所有与它相同形式的推理都是有效的。比如考虑下面的推理:

(3)如果今天空气湿度达到临界条件,今天就会下雨。今天没有下雨。所以,今天空气湿度没有达到临界条件。

与推理(1)相比,它们有如下共同的形式:

(∗)如果 p,那么 q。并非 q。所以,并非 p。

其中 p 和 q 表示任何简单命题。所有具有这种形式的推理都是有效的。由此可以看出,推理的有效性只取决于推理形式。在命题逻辑中,推理形式是通过命题联结词表现出来的。下一节我们将考虑各种运用命题联结词的推理。

第二节 复合命题及其推理

复合命题是从简单命题出发运用命题联结词构造起来的。在命题逻辑中,我们考虑的命题联结词主要有五个:"并非""并且""或者""如果……那么……""……当且仅当……"为了方便起见,我们运用一些符号来书写这五个联结词:

联结词	并非	并且	或者	如果……那么……	……当且仅当……
符号	¬	∧	∨	→	↔
术语	否定	合取	析取	蕴涵	等值
命题形式	¬A	A∧B	A∨B	A→B	A↔B

上述联结词对应的符号都有相应的逻辑术语,所形成的复合命题依次读作

"否定命题"、"合取命题"、"析取命题"、"蕴涵命题"（或者称为"条件命题"）、"等值命题"。

为了更加明确一个命题的结构或形式，即它是如何由简单命题构造起来的，现代逻辑引入一套符号来表示。在现代逻辑中，命题也叫"公式"。我们用符号 p_0，p_1，p_2，…表示简单命题，也称为命题变元。我们用 p、q、r、s 等小写英文字母表示任意命题变元。每个公式都是从命题变元按如下规则形成的：

（1）任何命题变元 p 是公式。

（2）如果 A 是公式，那么 ¬A 是公式。

（3）如果 A 和 B 是公式，那么（A∧B）、（A∨B）、（A→B）、（A↔B）都是公式。

（4）只有按上述三条规则形成的表达式才是公式。

形成规则（2）和（3）所得到的公式就是复合命题。规则（4）是一条限制性规则，也就是说，如果一个表达式不是按前面三条规则得到的，那么它就不是公式。例如，¬q)∧ 这个表达式就不是公式，它不是按规则得到的。在规则中，如果运用联结词∧，那么它的两边一定还有公式。

前面讲到的五种复合命题形式中，A 和 B 中还可能出现其他复合命题。因此，我们把¬、∧、∨、→、↔分别称为¬A、（A∧B）、（A∨B）、（A→B）、（A↔B）等五个公式的主联结词。比如：

如果 a 大于 2 并且 a 是偶数，那么 a 大于 4。

这个命题的主联结词是"如果……那么……"。我们用 p 表示"a 大于 2"，q 表示"a 是偶数"，r 表示"a 大于 4"。这个命题就写成"（p∧q）→r"。

公式中括号的使用是为了消除歧义。比如¬p→q∧p→q 这个命题是有歧义的，这样书写无法判断它的主联结词，也无法判断它指什么样的命题。但是，如果加上括号则不同，比如（（¬p→q）∧p）→q 的主联结词是蕴涵词，蕴涵词的左边是合取命题，它由蕴涵命题¬p→q 和简单命题 p 组成。再如（¬p→q）∧（p→q）的主联结词是合取词，合取词的左边是蕴涵命题¬p→q，右边是蕴涵命题 p→q。

简单命题要么是真的，要么是假的。比如"3 大于 2"是真的，"太阳围绕地球转"是假的。复合命题的真假与其中所包含的简单命题的真假有密切关系，它是由其中所包含的简单命题的真假和其中使用的命题联结词的意义决定的。上述五个命题联结词的意义就在于它们通过简单命题的真假决定所构成的复合命题的真假。下面我们运用命题联结词的真值表对上述五个命题联结词的意义依次进行分析。

一、命题联结词的真值表

（一）否定词

通过否定词"并非"（符号：¬）联结一个命题所形成的复合命题称为否定命题。否定命题的一般形式使用符号表示为"¬A"，读作"并非A"。它是通过否定命题 A 得到的复合命题。否定词的意义如下：如果 A 是真的，那么¬A 是假的；反之，如果 A 是假的，那么¬A 是真的。比如："并非雪是白的"这个命题是"雪是白的"这个命题的否定命题。因为"雪是白的"是真的，所以"并非雪是白的"是假的。在逻辑学中，我们用"T"表示"真"，"F"表示假。将上述真假情况用下面的表格来表示，称为否定词的真值表：

A	¬A
T	F
F	T

真值表形象地反映了联结词的意义，即它如何从所联结的命题的真假得到整个复合命题的真假。

在日常语言中，表达否定的联结词有许多，比如"不""没有""不会"，等等。比如："雪不是白的"与"并非雪是白的"表达相同的否定命题，"中国人民不会屈服"与"并非中国人民会屈服"表达相同的否定命题。

（二）合取词

通过合取词"并且"（符号：∧）联结两个命题所形成的复合命题称为合取命题。合取命题的一般形式使用符号表示为 A∧B，读作"A 合取 B"，或者读作"A 并且 B"。它是通过合取词联结两个命题 A 和 B 得到的，这两个命题都称为该合取命题的合取支，或者称为支命题。合取词的意义如下："A 并且 B"是真的当且仅当 A 和 B 都是真的。只要 A 和 B 中有一个是假的，那么它们的合取命题"A 并且 B"就是假的。只有 A 和 B 都是真的，"A 并且 B"才是真的。比如："2 是偶数并且 2 是质数"这个命题是真的，因为它的两个支命题都是真的。然而，"2 是偶数并且 2 是奇数"这个命题是假的，因为其中有一个支命题（2 是奇数）是假的。

为了得出合取词的真值表，我们考虑两个命题 A 和 B 的真值组合，总共有四种真值组合情况：A 真 B 真；A 真 B 假；A 假 B 真；A 假 B 假。通过合取词形成的复合命题在四种情况下的真值情况如下表：

A	B	A∧B
T	T	T
T	F	F
F	T	F
F	F	F

　　从上述真值表看出，只有在第一行 A 和 B 都真的情况下，合取命题才是真的。其他情况下两个支命题中都至少有一个是假的，所以合取命题是假的。更一般地说，对任意 n 个命题的合取命题，只要其中有一个是假的，那么整个合取命题就是假的。只有 n 个命题都真，它们的合取命题才是真的。

　　在日常语言中，表达合取的词有许多。比如"虽然……但是……""既……又……""一边……一边……"，等等。日常语言中的合取词可能表达除真假之外的其他涵义，比如"虽然……但是……"表示转折，但这与逻辑无关，像语气这样的东西不是逻辑学考虑的范围。如果"虽然 A 但是 B"是真的，那么 A 和 B 都是真的。自然语言中有时候不出现合取词也表达合取的意思。比如"他们结了婚，还生了孩子""399 不是偶数，而是奇数""张三会唱歌跳舞"，等等。

　　（三）析取词

　　通过析取词"或者"（符号：∨）联结两个命题所形成的复合命题称为析取命题。析取命题的一般形式使用符号表示为 A∨B，读作"A 析取 B"，也读作"A 或者 B"。它是通过析取词联结两个命题 A 和 B 得到的，这两个命题都称为该析取命题的析取支，或者称为支命题。析取词的意义如下："A 或者 B"是真的当且仅当 A 是真的，或者 B 是真的。只要 A 和 B 中有一个是真的，那么它们的析取命题"A 或者 B"就是真的。只有 A 和 B 都是假的，"A 或者 B"才是假的。比如："2 是偶数或者 2 是奇数"这个命题是真的，因为它有一个支命题是真的。然而，"3 是偶数或者 2 是奇数"这个命题是假的，因为两个支命题都是假的。析取词的真值表如下：

A	B	A∨B
T	T	T
T	F	T
F	T	T
F	F	F

　　从上述真值表看出，只有在第四行 A 和 B 都假的情况下，析取命题"A∨B"才是假的。其他情况下两个支命题中至少有一个真，所以析取命题是真的。

在日常语言中，表达析取的词有许多。比如"要么……要么……""……或……"，等等。比如"张三 10 点要么去踢球，要么去听讲座"，"人固有一死，或重于泰山，或轻于鸿毛"。当然，"A 或者 B"真只要求两个析取支中有一个是真的。有时候析取命题还有这样的涵义：两个支命题至少有一个是真的，但二者不能同时是真的。这样的析取命题称为不相容析取命题。比如上面的句子"张三 10 点要么去踢球，要么去听讲座"的两个支命题中只能有一个是真的，它们不可能同时是真的。本书只考虑一种情况，整个析取命题是真的当且仅当有一个析取支是真的。

（四）蕴涵词

通过蕴涵词"如果……那么……"（符号：→）联结两个命题所形成的复合命题称为蕴涵命题。蕴涵命题的一般形式使用符号表示为 A→B，读作"A 蕴涵 B"，也读作"如果 A，那么 B"，还可以读作"A 是 B 的充分条件"。它是通过蕴涵词联结两个命题 A 和 B 得到的。蕴涵命题"A→B"也称为条件命题，其中 A 称为该条件命题的前件，B 称为它的后件。蕴涵词的意义如下："A 蕴涵 B"是真的当且仅当 A 是假的或 B 是真的。条件命题 A→B 只排除了一种情况，即 A 是真的但 B 是假的。也就是说，只有在 A 真并且 B 假的情况下，条件命题 A→B 才是假的。在其他情况下它都是真的。蕴涵词的真值表如下：

A	B	A→B
T	T	T
T	F	F
F	T	T
F	F	T

从上述真值表看出，只有在第二行 A 真而 B 假的情况下，条件命题 A→B 才是假的。其他情况下它都是真的。在数学中，条件命题 A→B 的涵义可以理解为：前件 A 是后件 B 的充分条件，意思是说：如果命题 A 是真的，则必定可以得出命题 B 是真的。它仅仅否定了前件 A 真而后件 B 假的情况。其他情况下，即在 B 真的情况或 A 假的情况下，整个条件命题都是真的。因此，A→B 是真的当且仅当 A 是假的或者 B 是真的。

在日常语言中，表达蕴涵或条件的词有许多。比如"若……则……""只要……就……"，等等。此外，在数学和日常生活中，人们还常常谈到必要条件。必要条件的表达形式是"只有……才……"。比如："只有搞好改革，才能促进发展。"这个句子的意思是：搞好改革是促进发展的必要条件。这就是说，如果促进了发展，则必定搞好了改革。如果不搞好改革，就无法促进发展。因此，我们可以运用蕴涵命题来表达必要条件。用 p 表示"搞好改革"，q 表示"促进发展"。

上述句子可以写成：

$$q \rightarrow p$$

必要条件的涵义是：如果 p 是假的，那么 q 是假的。这等价于说，如果 q 是真的，那么 p 是真的。充分条件和必要条件的关系是很显然的。如果 A 是 B 的充分条件，那么 B 是 A 的必要条件。反过来，如果 A 是 B 的必要条件，那么 B 是 A 的充分条件。

（五）等值词

通过等值词"……当且仅当……"（符号：↔）联结两个命题所形成的复合命题称为等值命题。等值命题的一般形式使用符号表示为 A↔B，读作"A 等值于B"，也读作"A 当且仅当 B"，还可以读作"A 是 B 的充分必要条件"。它是通过等值词联结两个命题 A 和 B 得到的。等值词的意义如下："A 当且仅当 B"是真的当且仅当 A 与 B 的真值相同，即要么 A 和 B 同时是真的，要么 A 和 B 同时是假的。等值命题 A↔B 排除 A 和 B 真值不相等的情况。等值词的真值表如下：

A	B	A↔B
T	T	T
T	F	F
F	T	F
F	F	T

从上述真值表看出，只有在第一行和第四行 A 和 B 的真值相同的情况下，等值命题 A↔B 才是真的。在其他情况下它都是假的。在数学中，充分必要条件命题 A↔B 的涵义是：A 是 B 的充分条件并且 A 是 B 的必要条件。也就是说，A 是 B 的充分条件并且 B 是 A 的充分条件。因此，A↔B 与（A→B）∧（B→A）意义相同。

在自然语言中，人们使用"当且仅当"表示等值。比如在几何中，"一个三角形是等边三角形当且仅当它是等角三角形"是等值命题。

二、复合命题推理

逻辑学研究有效的推理形式。有效推理的基本涵义是从假定前提真必然得出结论真。利用命题联结词的真值表，可以得到许多关于使用命题联结词的有效推理形式。下面我们依次看五类复合命题所涉及的有效推理形式。

（一）否定命题及其推理

否定命题的基本形式是 ¬A，根据否定词的真值表可得：假设 A 是真的。那么

¬A 是假的。所以 A 的双重否定命题¬¬A 是真的。反之，假设¬¬A 是真的。那么¬A 是假的。所以 A 是真的。由此证明：A 是真的当且仅当¬¬A 是真的。由此可以得到如下两种关于否定命题的有效推理形式：

（1）否定引入推理：A ⊢ ¬¬A
（2）否定消去推理：¬¬A ⊢ A

例如，从"雪是白的"可以推出"并非雪不是白的"。从"并非雪不是白的"可以推出"雪是白的"。

（二）合取命题及其推理

合取命题的基本形式是 A∧B，根据合取词的真值表可得：假定 A∧B 是真的，那么 A 是真的，并且 B 是真的。反之，假设两个命题 A 和 B 都是真的，那么它们的合取命题 A∧B 也是真的。所以，A∧B 是真的当且仅当 A 是真的并且 B 是真的。由此可以得到如下两种关于合取命题的有效推理形式：

（1）合取引入推理：A，B ⊢ A∧B
（2）合取消去推理：A∧B ⊢ A；A∧B ⊢ B

在合取引入推理中，从 A 和 B 两个前提可以推出结论 A∧B，这个推理是有效的。合取消去推理有两条，从前提 A∧B 既可推出结论 A，又可推出结论 B。
合取引入推理的例子如下：

（1）亚里士多德是哲学家。亚里士多德是逻辑学家。所以，亚里士多德既是哲学家又是逻辑学家。

合取消去推理的例子如下：

（2）亚里士多德既是哲学家又是逻辑学家。所以，亚里士多德是哲学家。
（3）亚里士多德既是哲学家又是逻辑学家。所以，亚里士多德是逻辑学家。

（三）析取命题及其推理

析取命题的基本形式是 A∨B，根据析取词的真值表，A∨B 是真的当且仅当 A 是真的或者 B 是真的。由此可得如下四条：

（1）假设 A 是真的，那么析取命题 A∨B 是真的。
（2）假设 B 是真的，那么析取命题 A∨B 是真的。
（3）假定 A∨B 是真的，而 A 是假的，那么 B 是真的。
（4）假定 A∨B 是真的，而 B 是假的，那么 A 是真的。

根据有效推理的涵义，可得如下两种关于析取命题的有效推理形式：

（1）析取引入推理：A ⊢ A∨B；B ⊢ A∨B
（2）析取消去推理：A∨B，¬A ⊢ B；A∨B，¬B ⊢ A

析取引入推理有两条：从 A 可以推出结论 A∨B，从 B 可以推出结论 A∨B。反之，析取消去推理也有两条：从 A∨B 和 ¬A 两个前提可以推出结论 B，从 A∨B 和 ¬B 两个前提可以推出结论 A。

析取引入推理的例子如下：

（1）张三很勤奋。所以，张三很勤奋或者他很笨。
（2）张三很笨。所以，张三很勤奋或者他很笨。

析取消去推理的例子如下：

（3）张三很勤奋或者他很笨。张三不勤奋。所以，他很笨。
（4）张三很勤奋或者他很笨。张三不笨。所以，他很勤奋。

（四）条件命题及其推理

条件命题的基本形式是 A→B，根据蕴涵词的真值表，A→B 是真的当且仅当 A 是假的或者 B 是真的。由此可得如下四条：

（1）假定 B 是真的。那么 A→B 是真的。
（2）假定 A 是假的。那么 A→B 是真的。
（3）假定 A→B 是真的并且 A 是真的。那么 B 是真的。
（4）假定 A→B 是真的并且 B 是假的。那么 A 是假的。

根据有效推理的涵义，可得如下两种关于条件命题的有效推理形式：

（1）条件引入推理：B ⊢A→B；￢A ⊢A→B

（2）条件消去推理：A→B，A ⊢B；A→B，￢B ⊢￢A

条件引入推理有两条：(i) 从 B 可以推出结论 A→B，(ii) 从￢A 可以推出结论 A→B。推理 (i) 意思是真命题被任何命题蕴涵；推理 (ii) 意思是假命题蕴涵任何命题。反之，条件消去推理也有两条：(iii) 从 A→B 和 A 两个前提可以推出结论 B，(iv) 从 A→B 和￢B 两个前提可以推出结论￢A。推理 (iii) 一般被称为肯定前件推理（也称为 MP 推理）；推理 (iv) 一般被称为否定后件推理（也称为 MT 推理）。

条件引入推理的例子如下：

（1）$2+2=4$。所以，如果太阳从西方升起，那么 $2+2=4$。

（2）$2+2\neq5$。所以，如果 $2+2=5$，那么太阳从西方升起。

条件消去推理的例子如下：

（3）如果 $a>2$，那么 $a^2>4$。$a>2$。所以，$a^2>4$。

（4）如果 $a>2$，那么 $a^2>4$。$a^2\leq4$。所以，$a\leq2$。

（五）等值命题及其推理

等值命题的基本形式是 A↔B。根据等值词的真值表，A↔B 是真的当且仅当 A 和 B 都是真的或者 A 和 B 都是假的。由此可得如下四条：

（1）假定 A 和 B 都是真的。那么 A↔B 是真的。

（2）假定 A 和 B 都是假的。那么 A↔B 是真的。

（3）假定 A↔B 是真的并且 A 是真的。那么 B 是真的。

（4）假定 A↔B 是真的并且 B 是真的。那么 A 是真的。

根据有效推理的涵义，可得如下两种关于等值命题的有效推理形式：

（1）等值引入推理：A，B ⊢A↔B；￢A，￢B ⊢A↔B

（2）等值消去推理：A↔B，A ⊢B；A↔B，B ⊢A

等值引入推理有两条：从 A 和 B 两个前提推出 A↔B，从￢A 和￢B 两个前提推出 A↔B。等值消去推理也有两条：从 A↔B 和 A 可以推出 B，从 A↔ B 和 B 可以推出 A。

等值引入推理的例子如下：

（1）三角形 ABC 是等边三角形。三角形 ABC 是等角三角形。所以，三角形 ABC 是等边三角形当且仅当它是等角三角形。

（2）三角形 ABC 不是等边三角形。三角形 ABC 不是等角三角形。所以，三角形 ABC 是等边三角形当且仅当它是等角三角形。

等值消去推理的例子如下：

（3）三角形 ABC 是等边三角形当且仅当它是等角三角形。三角形 ABC 是等边三角形。所以，三角形 ABC 是等角三角形。

（4）三角形 ABC 是等边三角形当且仅当它是等角三角形。三角形 ABC 是等角三角形。所以，三角形 ABC 是等边三角形。

三、复合命题的逻辑等值推理

我们再引入另一个概念：逻辑等值。如果 A⊢B 并且 B⊢A，那么称两个命题 A 和 B 是逻辑等值的（记为：A⫤⊢ B）。因此，两个命题 A 和 B 是逻辑等值的当且仅当如下两条成立：如果 A 是真的，那么 B 是真的；如果 B 是真的，那么 A 是真的。根据关于否定命题的推理可得：

（1）A ⫤⊢ ¬¬A（双重否定律）

（2）¬（A∧B）⫤⊢ ¬A∨¬B；¬（A∨B）⫤⊢ ¬A∧¬B（德·摩根律）

（3）¬（A→B）⫤⊢ A∧¬B

（4）¬（A↔B）⫤⊢（A∧¬B）∨（¬A∧B）

上述四条规律是关于否定词与其他联结词相互作用的逻辑规律，左右两边的命题是可以相互推出的，因为如下四条成立：

（1*）A 是真的当且仅当¬¬A 是真的。

（2*）A∧B 是假的当且仅当 A 是假的或者 B 是假的。A∨B 是假的当且仅当 A 是假的并且 B 是假的。

（3*）A→B 是假的当且仅当 A 是真的并且 B 是假的。

（4*） A↔B 是假的当且仅当 A 是真的并且 B 是假的，或者 A 是假的并且 B 是真的。

除了上述逻辑等值推理以外，命题逻辑中还有许多正确的逻辑推理形式，例如：

（5） A∧B ⊣⊢ B∧A(∧交换律)；A∨B ⊣⊢ B∨A(∨交换律)

（6） A∧(B∧C)⊣⊢(A∧B) ∧C(∧结合律)
　　　A∨(B∨C)⊣⊢(A∨B) ∨C(∨结合律)

（7） A∧(B∨C)⊣⊢(A∧B) ∨(A∧C) (∧对∨分配律)
　　　A∨(B∧C)⊣⊢(A∨B) ∧(A∨C) (∨对∧分配律)

（8） A∧A⊣⊢A(∧幂等律)；A∨A⊣⊢A(∨幂等律)

（9） A∧B⊣⊢¬(¬A∨¬B)；A∨B⊣⊢¬(¬A∧¬B)

（10） A→B⊣⊢¬A∨B

（11） A↔B⊣⊢(A→B) ∧(B→A) ；A↔B⊣⊢B↔A
　　　　A↔B⊣⊢¬B↔¬A

（12） A→B⊣⊢¬B→¬A(假言易位律)

四、复合命题推理的综合运用

复合命题的推理模式还有一些综合运用的重要例子。下面我们介绍几个重要的推理形式。

（一）条件三段论

条件三段论是关于三个条件句之间的推理关系，它的形式如下：

$$A→B,\ B→C ⊢ A→C$$

这种推理形式是有效的：假设 A→B 和 B→C 都是真的。为了证明 A→C 是真的，假设 A 是真的。根据假设 A→B 是真的，可得 B 是真的。再根据假设 B→C 是真的，可得 C 是真的。所以 A→C 是真的。这条规律也称为条件传递律。

（二）分情况推理

分情况推理又称为二难推理。它的基本形式如下：

$$A∨B,\ A→C,\ B→C ⊢ C$$

从直观上说，这条推理形式的意思是：有 A 和 B 两种情况。如果情况 A 真，那么可以得到 C 真。如果情况 B 真，那么也可以得到 C 真。因此，可以证明结论 C 是真的。这是数学证明中常用的证明方法。在日常语言的论证中也用到这种方法。

这种推理形式还有一些变形。一种变形是：$A \lor B$，$A \to C$，$B \to D \vdash C \lor D$。这种推理的意思是：有两种情况 A 和 B。如果情况 A 真，则 C 真。如果情况 B 真，则 D 真。所以 C 真或者 D 真。

另一种变形是：$\lnot B \lor \lnot C$，$A \to B$，$A \to C \vdash \lnot A$。这种推理的意思是：有 B 假和 C 假两种情况。如果 A 真，则 B 真。如果 A 真，则 C 真。所以结论是 A 假。

还有一种变形比较复杂一些：$\lnot C \lor \lnot D$，$A \to C$，$B \to D \vdash \lnot A \lor \lnot B$。这种推理的意思是：有 C 假和 D 假两种情况。如果 A 真，则 C 真。如果 B 真，则 D 真。所以结论是 A 假或者 B 假。

（三）反三段论

反三段论是关于三个命题之间的推理，它有如下模式：

$$(A \land B) \to C \dashv\vdash (A \land \lnot C) \to \lnot B$$

这种推理形式是有效的：假设 $(A \land B) \to C$ 是真的。为了证明 $(A \land \lnot C) \to \lnot B$ 是真的，假设 $A \land \lnot C$ 是真的，只要证明 B 是假的。根据 $A \land \lnot C$ 是真的得到 A 是真的并且 C 是假的。由于 $(A \land B) \to C$ 是真的并且 C 是假的，所以 $A \land B$ 是假的。又因为 A 是真的，所以 B 是假的。另一种情况类似可证。

（四）反证法

反证法是数学中常用的证明方法。它的意思是：为了证明结论 A，首先假定 A 是假的，然后得出一对矛盾命题 B 和 $\lnot B$。因此假设不成立，即 A 是真的。这种推理形式用符号表示如下：

$$\lnot A \to B，\ \lnot A \to \lnot B \vdash A$$

从 $\lnot A$ 得到矛盾 B 和 $\lnot B$，所以结论是 A 成立。

（五）归谬法

归谬法与反证法类似，但是稍有不同。从命题 A 出发，如果得出矛盾命题 B 和 $\lnot B$，那么就能得到结论 A 是假的。这种推理形式用符号表示如下：

$$A \to B，\ A \to \lnot B \vdash \lnot A$$

从 A 得到矛盾 B 和 $\lnot B$，所以结论是 $\lnot A$ 成立。

第三节　真值表方法

我们在第二节引入了联结词的真值表。本节我们继续引入任何命题的真值表。给定任何命题 A，假设其中出现 n 个简单命题。那么简单命题真假情况组合就有 2^n 种。在每种情况下，我们可以计算出整个命题的真值。由此得出命题的真值表。

例 1 命题 A = ((p→q)∧p)→q 的真值表如下：

p	q	p→q	(p→q)∧p	A
T	T	T	T	T
T	F	F	F	T
F	T	T	F	T
F	F	T	F	T

给出命题的真值表的步骤如下：（1）列出该命题所包含的简单命题的所有真值组合情况。（2）根据命题联结词的真值表，计算由简单命题组成的较为复杂的命题的真值。在上述例子中，需要计算前件（p→q）∧p 的真值，再计算整个公式的真值。为了计算前件的真值，首先就要计算其中的命题 p→q 的真值。（3）根据命题联结词真值表，计算整个公式的真值。

例 2 命题 B = (¬(p→r)∧(q→¬p))∧(¬q→¬p) 的真值表如下：

p	q	r	¬p	¬q	p→r	¬(p→r)	q→¬p	¬q→¬p	B
T	T	T	F	F	T	F	F	T	F
T	T	F	F	F	F	T	F	T	F
T	F	T	F	T	T	F	T	F	F
T	F	F	F	T	F	T	T	F	F
F	T	T	T	F	T	F	T	T	F
F	T	F	T	F	T	F	T	T	F
F	F	T	T	T	T	F	T	T	F
F	F	F	T	T	T	F	T	T	F

例 3 命题 C = p→(p∧q) 的真值表如下：

p	q	p∧q	C
T	T	T	T
T	F	F	F
F	T	F	T
F	F	F	T

上述三个例子呈现出不同的特点：命题 A 在所有情况下都是真的，命题 B 在所有情况下都是假的，命题 C 在有些情况下是真的而在有些情况下是假的。我们把所有命题分为三类：重言式、矛盾式、或然式。

重言式是在所有情况下都真的命题。在重言式的真值表中，例如上面命题 A 的真值表，每一行都是真的。矛盾式是在所有情况下都假的命题。在矛盾式的真值表中，例如上面命题 B 的真值表，每一行都是假的。或然式是在有些情况下真、在有些情况下假的命题。在或然式的真值表中，例如上面命题 C 的真值表，第二行是假的，其他三行是真的。

运用命题的真值表方法可以判定一个命题是否是重言式。进一步来说，利用重言式的判定方法，可以判定命题逻辑中推理的有效性。假设我们从 n 个前提 $B_1, \cdots, B_n$ 推出结论 A。那么如下成立：

$B_1, \cdots, B_n \vdash A$ 是有效推理当且仅当命题 $B_1 \wedge \cdots \wedge B_n \to A$ 是重言式。

理由如下：假设 $B_1, \cdots, B_n \vdash A$ 是有效推理。那么在任何情况下，如果 $B_1, \cdots, B_n$ 都是真的，那么 A 是真的。假设 $B_1 \wedge \cdots \wedge B_n$ 是真的。那么 A 是真的。所以 $B_1 \wedge \cdots \wedge B_n \to A$ 是真的。所以 $B_1 \wedge \cdots \wedge B_n \to A$ 是重言式。反之，假设 $B_1 \wedge \cdots \wedge B_n \to A$ 是重言式。在任何情况下，假定 $B_1, \cdots, B_n$ 都是真的。那么 $B_1 \wedge \cdots \wedge B_n$ 是真的。所以 A 是真的。因此，$B_1, \cdots, B_n \vdash A$ 是有效推理。

因此，要判断一个推理 $B_1, \cdots, B_n \vdash A$ 是否有效，只需要利用命题的真值表判断 $B_1 \wedge \cdots \wedge B_n \to A$ 是否为重言式。这样，对命题逻辑推理有效性的检验就可以简化为对蕴涵式是否为重言式的验证。如果它为重言式，则推理是有效的，否则就是无效的。

例 4 推理 $p \to q, p \vdash q$ 是有效的。只要证明 $((p \to q) \wedge p) \to q$ 是重言式。根据上述例 1 可知，该命题是重言式。所以该推理有效。

对于自然语言中使用的推理，我们可以尝试首先将它的推理形式写出来，然后利用重言式判定方法来判定它是否有效。

例 5 猪八戒说他要去西天取经。如果猪八戒言行一致，并且既然他说他去西天取经，那么他就不会要回高老庄。但是猪八戒要回高老庄。所以，猪八戒不是言行一致的。

p：猪八戒说他要去西天取经。

q：猪八戒言行一致。

r：猪八戒要回高老庄。

上述推理形式为：$p, (q \wedge p) \to \neg r, r \vdash \neg q$

令 $A = (q \wedge p) \to \neg r$，$B = p \wedge A$，$C = B \wedge r$。只需要考虑命题 $C \to \neg q$ 的真值表：

p	q	r	¬r	¬q	q∧p	A	B	C	C→¬q
T	T	T	F	F	T	F	F	F	T
T	T	F	T	F	T	T	T	F	T
T	F	T	F	T	F	T	T	T	T
T	F	F	T	T	F	T	T	T	T
F	T	T	F	F	F	T	F	F	T
F	T	F	T	F	F	T	T	F	T
F	F	T	F	T	F	T	F	F	T
F	F	F	T	T	F	T	F	F	T

真值表最后一列都真，所以命题 C→¬q 是重言式，因此上述推理是有效的。

下面我们再看一个无效推理的例子。

例 6　如果王林是我们班的数学老师，那么我们班的数学成绩会好。王林不是我们班的数学老师，所以，我们班的数学成绩不会好。

p：王林是我们班的数学老师。

q：我们班的数学成绩会好。

上述推理形式为：$p \to q$，$\neg p \vdash \neg q$

令 $A = (p \to q) \wedge \neg p \to \neg q$。只需要考虑命题 A 的真值表。

p	q	¬p	¬q	p→q	(p→q)∧¬p	A
T	T	F	F	T	F	T
T	F	F	T	F	F	T
F	T	T	F	T	T	F
F	F	T	T	T	T	T

真值表最后一列中，第三行是假。因此，命题 A 只是或然式，而不是重言式。所以上述推理是无效推理。

如果对复合命题推理是否有效都这样列出真值表予以判定，尽管可靠，但不简便，尤其对于复杂公式更不方便。因此，人们运用简化真值表方法（即"归谬赋值法"）判定一个命题是否为重言式，进而判定推理是否有效。简化真值表方法的思路是：假设所考虑的命题是假的。如果从中不可避免地得出矛盾，那么假设不成立，原命题不可能是假的，也就是说原命题是重言式。如果无法得出矛盾，那么原命题就不是重言式。

以（（p∨q）∧¬p）→q 为例来说明简化真值表的运用。第一步首先假定整个命题是假的。第二步，根据命题联结词的真值表可知，前件(p∨q)∧¬p是真的，而后件 q 是假的。第三步，根据前件真可知，两个合取支 p∨q 和¬p 都是真的。因此，第四步得到 p 是假的而 q 是真的，这与 q 是假的相矛盾。总之，假设整个命题为假时，必定得出矛盾。所以该命题为重言式。相应地，从前提"p∨q"和"¬p"推出结论"q"的推理也是有效的。这种方法简化了真值表。

我们再举一个例子：利用简化真值表方法判定命题（（p→q）∧(r→q)∧(p∨r)）→q 是否是重言式。第一步假定整个公式是假的。第二步得到前件中三个合取支都是真的，而结论 q 是假的。第三步，首先因为 q 假，而前件中前两个合取支是真的，所以 p 是假的并且 r 是假的。因为前件中第三个合取支是真的，而 r 是假的，所以 p 是真的，矛盾。所以，该命题是重言式。相应地，从三个前提"p→q""r→q"和"p∨r"推出结论"q"的推理是有效的。

在命题逻辑中，真值表具有特殊地位，起着重要的作用。总结前面讨论的内容，完全可以明白这一点。可以说，真值表是学习、理解与掌握命题逻辑的钥匙。具体来说，真值表有以下主要作用。

（1）定义作用。命题逻辑中的许多概念必须通过真值表予以定义，以明确其涵义。例如，对几个逻辑联结词∧、∨、→、↔、¬的定义，对重言式、重言等值式、矛盾式、或然式等的定义，都是用真值表进行的。

（2）判定作用。一是判定复合命题之间是否等值，例如，运用真值表可以判定 p→¬q 与¬p∨¬q 等值，而¬p→q 与¬p∨q 不等值。二是判定复合命题推理是否有效。如 q→p，¬q⊢¬p，运用真值表很快判定它是无效推理，因为其逻辑等值的命题（（q→p)∧¬q）→¬p 是或然式而非重言式。三是判定复合命题的逻辑等值推理是否有效，例如，A→B⊣⊢¬A∨B，其逻辑等值的命题为(A→B)↔(¬A∨B)，运用真值表可以判定该推理是有效的。

通过真值表可以总结复合命题推理的规则及其正确推理形式。例如，从真值表可知，当 p→q 真并且 p 真时，q 必定为真，所以充分条件假言推理通过肯定前件可以肯定后件，相应地有肯定前件式；当 p→q 真而 q 假时，前件 p 必定为假，所以，充分条件假言推理可以通过否定后件而否定前件，相应地有否定后件式。当 p→q 真而 p 假时，q 有真有假，所以，充分条件假言推理不能通过否定前件而否定后件，因此否定前件式是无效推理；当 p→q 真而 q 真时，p 有真有假，所以，充分条件假言推理不能通过肯定后件而肯定前件，因此肯定后件式是无效推理。

既然真值表地位特殊、作用显著，那么对它烂熟于心是十分必要的。熟记它的巧妙方法是："记少不记多"，也就是记住联结词真值表"假"的情况。这有两方面好处。一是"假"的情况总体上比"真"的少，容易记住真值表；二是记住它以后，对否定命题的等值命题就深刻理解并牢记了。例如，p→q 假，就是说¬（p→q）。从真值表看出，只有 p 真而 q 假时 p→q 才假，因此，p∧¬q 就是与¬（p→q）等值的命题。

本 章 小 结

本章主要介绍了使用否定、合取、析取、蕴涵和等值五个命题联结词的命题逻辑推理。命题联结词的意义是通过真值表来解释的。使用五个命题联结词的逻辑推理规则的有效性也可以通过真值表来解释。真值表是命题逻辑的核心，也是检验命题逻辑推理的有效手段，在命题逻辑中具有特殊地位和显著作用。因此，学习真值表方法是掌握命题逻辑推理的钥匙。

思考题：

1. 什么是复合命题？有几种基本的复合命题形式？
2. 各种形式的复合命题具有什么样的逻辑性质？
3. 复合命题的推理有哪些？
4. 真值表有哪些作用？

练习题：

1. 首先指出下列命题中所包含的简单命题，然后使用符号表示它们，并且指出其中的主联结词，给出它们的真值表。

（1）高水平的舞蹈演员不怕吃苦，而且还有常人不具备的毅力。

（2）学术造诣高的人，学习刻苦，或者学习方法好且有名师指点。

（3）如果逻辑学使人更聪明，那么人人都应认真学习逻辑学。

（4）只有理解自然语言，才能对自然语言提出有深度的问题。

（5）张三能推出答案当且仅当他具有推理能力。

2. 判定下列每组命题中两个命题之间是否逻辑等值。

（1）A→¬B 和¬B∨¬A

（2）B∧A→¬C 和¬A∨¬B→C

（3）¬A∨¬B→¬¬C 和 C→A∧B

（4）¬（A∨（C→B））和¬A∧C∧¬B

3. 请用简化真值表方法判定以下命题是否为重言式。

(1) $((p \to q) \land (r \to s)) \lor (p \lor r) \to q \lor s$

(2) $((p \to q) \land (r \to s)) \lor (\neg q \lor \neg s) \to \neg p \lor \neg r$

(3) $((p \to q) \land (r \to s)) \land (p \land r) \to q \land s$

(4) $(f \lor g \to (q \to (i \leftrightarrow k))) \land (q \land i) \land (q \lor m \to f) \to (i \leftrightarrow k)$

(5) $(p \land (q \lor j)) \land (p \to (q \to k \land t)) \land (p \land j \to \neg(k \lor t)) \to (k \land t) \lor (\neg k \land \neg t)$

4. 命题"如果商品价廉并且物美,那么商品畅销"与下列哪些命题是逻辑等值的:

(1) 如果商品不畅销,那么价不廉并且物不美。

(2) 如果商品不畅销,那么价不廉或者物不美。

(3) 如果商品价廉,那么如果它物美就会畅销。

(4) 如果商品价廉,那么或者它物美或者它不会畅销。

5. 考虑如下推理:某地发生一起凶杀案。经过分析,凶手是两人合谋。初步确定 a、b、c、d、e 五人是嫌疑犯。警方掌握了以下情况:

(1) a 和 d 两人中至少有一人是凶手。

(2) 如果 d 是凶手,那么 e 也是凶手。

(3) 如果 b 是凶手,那么 c 是凶手。

(4) 如果 b 不是凶手,那么 a 也不可能是凶手。

(5) c 不是凶手。

根据以上情况,警方推断 d 和 e 是凶手。请写出警方推理的形式,并且利用简化真值表方法判断该推理是否有效。

第三章　命题逻辑的自然演绎系统

自然演绎是一种证明系统，最早是在 20 世纪 20—30 年代由德国逻辑学家根岑（1909—1945）和波兰逻辑学家雅斯可夫斯基（1906—1965）提出并发展起来的。在这样的系统中，逻辑推理过程是按推理规则进行的，一个自然演绎系统是由一些推理规则构成的系统。与第二章利用真值表判断命题逻辑中推理的有效性的方法不同，在自然演绎系统中，对于有效的推理形式，我们运用给定的推理规则进行证明。

第一节　证明与子证明

逻辑学所讲的证明是从前提到结论的推理过程。对任意有限多个命题的集合 $\Gamma = \{A_1, \cdots, A_n\}$ 和命题 A，我们记为 $\Gamma \vdash A$，表示从前提 $A_1, \cdots, A_n$ 推出结论 A。直观上，一个证明是从前提出发合乎逻辑地推出结论的过程，"合乎逻辑地"意思是符合逻辑规则。自然演绎就是这样一个推理规则系统，告诉我们如何运用推理规则证明一个推理是有效的。更确切地说，在自然演绎系统中，一个证明是从前提出发连续有限多次应用规则达到结论的过程。为了介绍命题逻辑的自然演绎系统，我们采用下面这种证明格式：

$$\vdots$$
$$\vdots$$
$$B$$

最后一步是要证明的结论，前面每一步要么是前提，要么是应用规则得到的。一个证明可以非常简单，例如，从"如果我们要构建人类命运共同体，则我们要走合作共赢之路；我们要构建人类命运共同体"，推出"我们要走合作共赢之路"。

一个证明也可以比较复杂。例如，一个数学命题"在实数范围内，存在两个无理数 a 和 b，使得 a^b（a 的 b 次方）是有理数"的经典证明如下：考虑 $\sqrt{2}^{\sqrt{2}}$ 这个数。已知 $\sqrt{2}$ 是无理数。假设 $c = \sqrt{2}^{\sqrt{2}}$ 是有理数，那么结论成立。假设 $c = \sqrt{2}^{\sqrt{2}}$ 不是有理数，那么 c 是无理数。因为 $(\sqrt{2}^{\sqrt{2}})^{\sqrt{2}} = \sqrt{2}^{\sqrt{2} \times \sqrt{2}} = 2$，所以结论成立。由于 c 要么是有理数，要么不是有理数，所以结论成立。这个证明是由几部分组成的：从"c 是有理数"推出结论，从"c 不是有理数"推出结论，最后根据分情况证明得到结论。

证明本身也可以由许多子证明组成。在数学证明中，人们常常需要证明一些引理，再证明所需要的定理。这些引理的证明实际上是定理证明的一部分，称为子证明。因此，一个复杂的证明是由一些子证明按结构构造起来的。在命题逻辑的自然演绎系统中，含有子证明的复杂证明具有如下一般形式：

$$
\begin{array}{c}
\vdots \\
\vdots \\
D \\
\vdots \\
C \\
\vdots \\
B \\
\vdots
\end{array}
$$

其中包含对 C 的证明和 D 的证明，注意对 D 的证明是 C 的一级子证明，而 C 的证明是 B 的一级子证明。一个证明过程可以是简单的，比如只有一级证明；也可以是复杂的，比如由多级子证明构成。读者可以根据后面讲到的具体例子来理解证明和子证明的概念。

第二节　推 理 规 则

命题逻辑的自然演绎系统记为 NP，它是由许多规则组成的。推理规则分为两类：一类规则与证明的结构有关，称为结构规则；一类规则与联结词的使用有关，称为联结词规则。在具体应用规则进行证明的过程中，我们将在证明的左侧以数字标示证明步骤，而每一步的根据则写在右侧。

一、结构规则

结构规则有两条：假设规则和重复规则。

（一）假设规则（hyp）

在证明的任何地方可以引入假设 A，但引入假设就需要引入新的子证明，该子证明依赖于假设 A。

$$
\begin{array}{ll}
\vdots & \\
A & \quad\text{hyp} \\
\vdots & \\
\vdots &
\end{array}
$$

这里 hyp 是 hypothesis 的缩写，写在右侧表示公式 A 是临时引入的假设。每当用 hyp 规则，我们就引入一个子证明，在格式上往右侧退一格。

这个规则在数学证明中很常见，例如反证法，为了证明命题 B，先假设 ¬B，然后证得一对矛盾命题 C 和 ¬C，这样假设不成立，所以 B 成立。这种证明方法临时引入了假设 ¬B，在书写证明过程中要往右退一格。

在某些情况下，同一级子证明要求同时做出两个假设（例如下面的析取消去规则），这样的子证明就是包含两个平行组成部分的证明。

（二）重复规则（reit）

在证明过程中，一个子证明中某一步可以重复上一级子证明中的某一步。

$$
\begin{array}{ll}
A & \\
\vdots & \\
B & \\
\vdots & \\
A & \quad\text{reit} \\
\vdots &
\end{array}
$$

二、联结词规则

在命题逻辑中有五个联结词，对每个联结词 ⊛ 都有两条规则：引入规则和消去规则。我们用 ⊛I 表示联结词 ⊛ 的引入规则，用 ⊛E 表示联结词 ⊛ 的消去规则。联结词规则与联结词的意义有关。下面分别说明五个联结词的规则。

（一）合取引入规则（∧I）

$$
\begin{array}{lll}
A & B & \\
\vdots & \vdots & \\
B & A & \\
\vdots & \vdots & \\
A\wedge B & A\wedge B & \quad(\wedge I)
\end{array}
$$

这两条规则都是合取引入规则，运用这两个规则可以引入合取。它们的意思是：在同一级证明中，如果证明 A 并且证明 B，就可以证明 A∧B。这是显然的，如果 A 和 B 都是真的，那么 A∧B 也一定是真的。例如，从"我们要金山银山"和"我们要绿水青山"，可以得到"我们既要金山银山，又要绿水青山"。

（二）合取消去规则（∧E）

$$
\begin{array}{lll}
A\wedge B & A\wedge B & \\
\vdots & \vdots & \\
B & A & \quad(\wedge E)
\end{array}
$$

这两个规则都是合取消去规则，运用这两个规则可消去合取。它们的意思是：在同一级证明中，如果证明 A∧B，就可以证明 A；也可以证明 B。这是显然的，如果 A∧B 是真的，那么 A 和 B 都是真的。例如，从"我们既要满足人民美好生活需要，也要满足人民优美生态环境需要"，可以得到"我们要满足人民美好生活需要"和"我们要满足人民优美生态环境需要"。

（三）蕴涵引入规则（→I）

$$\vdots$$

A hyp

$$\vdots$$

B

A→B （→I）

运用这条规则可以引入蕴涵联结词。它的意思是：在一级证明中，为了证明 A→B，只要先假设 A，然后证明 B。这是显然的，因为假设 A 真可以证明 B 真，所以 A→B 是真的。例如，为了证明"如果 a 大于 2，那么 $2a^2$ 大于 8"，首先我们要临时引入假设"a 大于 2"，然后证明"$2a^2$ 大于 8"。这样就证明了所需要证明的命题。

蕴涵引入规则也叫作条件证明，即为了证明充分条件命题 A→B，只要假设 A 成立而后证明 B 成立。

运用蕴涵引入规则时，要注意临时引入假设 A，往右退一格，引入从 A 到 B 的一级子证明。从 A 到 B 的证明结束后，结论 A→B 回到上一级证明的位置，这一步也称为"消除"临时引入的假设，因为对 A→B 的证明不依赖于假设 A 是真的。临时引入的假设，最终都要消除。否则，整个证明依赖于临时引入的假设，这是不正确的。

蕴涵引入规则还有一种特殊情况，如下是蕴涵引入规则的直接应用：

$$\vdots$$

B

A→B

$$\vdots$$

在证明过程中，假设已经得到 B，那么直接可以得到 A→B。为了证明 A→B，原本需要假设 A，再证明 B，但是 B 已经有了，所以无需再假设 A 去证明 B。这里临时引入假设的消除是空消除。

（四）蕴涵消去规则（→E）

A→B

$$\vdots$$

A

$$\vdots$$

B （→E）

运用这条规则可以消去蕴涵。它的意思是：在一级证明中，如果证明了 A→B，然后又证明了 A，就可以证明 B。这是显然的，因为假设 A→B 真和 A 真就可以得到 B 真。例如，假设在证明中得到"如果 a 大于 2，那么 $2a^2$ 大于 8"；然后又得到"a 大于 2"。很自然就推出"$2a^2$ 大于 8"。

（五）否定引入规则（¬I）

$$\vdots$$

$$A \qquad hyp$$

$$\vdots$$

$$B$$

$$\vdots$$

$$\neg B$$

$$\neg A \qquad\qquad (\neg I)$$

运用这条规则可以引入否定。它的意思是：在一级证明中，为了证明 ¬A，先假设 A，然后证明一对矛盾命题 B 和 ¬B。这样就可以证明 ¬A。这种证明方法在数学中俗称"归谬法"，从假设 A 引出一对矛盾命题，由此推出 A 不成立，即 ¬A 成立。运用否定引入规则时，要注意临时引入假设 A，往右退一格，引入从 A 到 B 和 ¬B 的一级子证明。子证明结束后，结论 ¬A 回到上一级证明，这样就消除了临时引入的假设。

（六）否定消去规则（¬E）

$$\vdots$$

$$\neg A \qquad hyp$$

$$\vdots$$

$$B$$

$$\vdots$$

$$\neg B$$

$$A \qquad\qquad (\neg E)$$

运用这条规则可以消去否定。它的意思是：在一级证明中，为了证明 A，先假设 A 的否定命题 ¬A，然后证明一对矛盾命题 B 和 ¬B。这样就可以证明 A。这种证明方法在数学中俗称"反证法"，从假设 ¬A 引出一对矛盾命题，就证明了 ¬A 不成立，所以 A 成立。

运用否定消去规则时，要注意临时引入假设 ¬A，往右退一格，引入从 ¬A 到 B 和 ¬B 的一级子证明。子证明结束后，结论 A 回到上一级证明，这样就消除了临时引入的假设。

（七）析取引入规则（∨I）

$$A \qquad\qquad B$$

$$\vdots \qquad\qquad \vdots$$

$$A \lor B \qquad A \lor B \qquad (\lor I)$$

运用这两条规则可以引入析取。它们的意思是：在一级证明中，为了证明 $A \lor B$，只需要证明 A 或者证明 B。这是显然的，因为如果 A 是真的，那么 $A \lor B$ 是真的；如果 B 是真的，那么 $A \lor B$ 也是真的。

（八）析取消去规则（$\lor E$）

$$A \lor B$$

$$
\begin{array}{ll}
A & \text{hyp} \\
\vdots & \\
C & \\
B & \text{hyp} \\
\vdots & \\
C & \\
\end{array}
$$

$$C \qquad (\lor E)$$

运用这条规则可以消去析取联结词。它的意思是：在一级证明中，如果已经得到 $A \lor B$，然后假设 A 可以得到 C，再假设 B 也可以得到 C，这样就可以证明 C。这种证明方法在数学中俗称"分情况证明"，意思是 $A \lor B$ 告诉我们有两种情况 A 和 B，在两种情况下分别都可以证明 C，所以 C 成立。

例如，考虑这样一个证明：张三要么坐火车回家，要么坐飞机回家。如果张三坐火车回家，那么他现在一定已经到家了。如果张三坐飞机回家，那么他也一定到家了。所以，张三一定到家了。这个推理从直观上看就是分情况证明的例子。

在运用析取消去规则时，临时引入假设 A，所以证明往右退一格，然后证明 C；同时临时引入假设 B，然后证明 C。从 A 到 C 和从 B 到 C 的证明是同一级的两个子证明，这两个部分完成以后，结论 C 回到上一级证明，这样就消除了临时引入的假设。

（九）等值引入规则（$\leftrightarrow I$）

$$
\begin{array}{ll}
\vdots & \\
A & \text{hyp} \\
\vdots & \\
B & \\
B & \text{hyp} \\
\vdots & \\
A & \\
\end{array}
$$

$$A \leftrightarrow B \qquad (\leftrightarrow I)$$

运用这条规则可以引入等值联结词。它的意思是：在一级证明中，为了证明 A

↔B，只要先假设 A，然后证明 B；再假设 B，然后证明 A。例如，为了证明"一个三角形是等边三角形当且仅当它的三个内角相等"，首先假设"一个三角形是等边三角形"，证明"它的三个内角相等"；同样，再假设"一个三角形的三个内角相等"，证明"它是等边三角形"。这就得到所要证明的等值命题。

在运用等值引入规则时，临时引入假设 A，所以证明往右退一格，然后证明 B；同时临时引入假设 B，然后证明 A。从 A 到 B 和从 B 到 A 的证明是同一级的两个子证明，这两个部分完成以后，结论 A↔B 回到上一级证明，这样就消除了临时引入的假设。

（十）等值消去规则（↔E）

$$\begin{array}{ll}
A \leftrightarrow B & A \leftrightarrow B \\
\vdots & \vdots \\
A & B \\
\vdots & \vdots \\
B & A \qquad (\leftrightarrow E)
\end{array}$$

运用这条规则可以消去等值。它们的意思是：在一级证明中，如果证明了 A↔B，然后又证明了 A，就可以证明 B；同理，如果证明了 A↔B，然后又证明了 B，就可以证明 A。

命题逻辑的自然演绎系统 NP 是由前面的结构规则和联结词规则组成的。在系统 NP 中，我们可以从前提集 Γ 出发推导或演绎出结论 A，记为 Γ ⊢$_{NP}$ A。有时为方便起见，可省略下标 NP。这样一个推导（演绎）是满足如下条件的证明：

（1）该证明中每个公式要么是前提，要么是临时引入的假设，要么是通过对同一级子证明中前面的公式应用联结词规则得到的。

（2）在最外层证明中，A 是最后一步，前提属于 Γ。

（3）通过假设规则而临时引入的每个假设，都通过（→I）、（→E）、（¬I）、（¬E）、（∨E）、（↔I）等联结词规则而被消除。

这里我们区分临时引入的假设和前提。在证明中，如果某一步是前提，则在右侧标记 pre。前提不同于临时引入假设的规则 hyp。当我们用 hyp 规则时，必须引入一级子证明，而前提的使用不引入子证明。

第三节　系统 NP 中的推导

本节给出在系统 NP 中推导的例子，以便读者掌握 NP 系统的规则应用技巧。我们用 A、B、C 等表示任何公式（或命题）。首先我们来看带前提的推导，即前提集不是空集的推导。我们看联结词的规则分别是如何运用的。读者应该体会应用规则的各种技巧，掌握证明方法。

一、合取规则的运用

例 1 $A \vdash A \land A$

证明：

[1]	A	pre
[2]	A	reit：[1]
[3]	$A \land A$	$\land$ I：[1][2]

这里步骤 [1] 是前提，右侧标记 pre 表示。步骤 [2] 是从 [1] 运用重复规则得到的。步骤 [3] 是从 [1] 和 [2] 用合取引入规则得到的。每一步右侧书写得到该步骤所依据的规则。

例 2 $A \land B \vdash B \land A$

证明：

[1]	$A \land B$	pre
[2]	B	$\land$ E：[1]
[3]	A	$\land$ E：[1]
[4]	$B \land A$	$\land$ I：[2][3]

例 3 $A \land (B \land C) \vdash (A \land B) \land C$

证明：

[1]	$A \land (B \land C)$	pre
[2]	A	$\land$ E：[1]
[3]	$B \land C$	$\land$ E：[1]
[4]	B	$\land$ E：[3]
[5]	C	$\land$ E：[3]
[6]	$A \land B$	$\land$ I：[2][4]
[7]	$(A \land B) \land C$	$\land$ I：[5][6]

二、蕴涵规则的运用

例 4 $A \to (B \land C) \vdash (A \to B) \land (A \to C)$

证明：

[1]	A→(B∧C)	pre
[2]	A	hyp
[3]	A→(B∧C)	reit：[1]
[4]	B∧C	→E：[2][3]
[5]	B	∧E：[4]
[6]	A→B	→I：[2]-[5]
[7]	A	hyp
[8]	A→(B∧C)	reit：[1]
[9]	B∧C	→E：[7][8]
[10]	C	∧E：[9]
[11]	A→C	→I：[7]-[10]
[12]	(A→B)∧(A→C)	∧I：[6][11]

在这个证明中，第[2]-[5]步是对第[6]步的证明，通过蕴涵引入规则消除了临时引入的假设[2]。同理，第[11]步也通过蕴涵引入规则消除了临时引入的假设[7]。这个证明还体现了"从结论想起"的证明策略。整个证明的前提是 A→（B∧C），而为了证明结论(A→B)∧(A→C)，由于它的主联结词是合取，所以我们可以考虑最后一步由合取引入规则得到，这意味着只要证明 A→B 和 A→C。为了证明 A→B，只好先假设 A，再利用前提和规则证明 B。同理证明A→C。这样就完整地得到了整个证明。

例5　(A→B)∧(A→C)⊢ A→(B∧C)
证明：

[1]	(A→B)∧(A→C)	pre
[2]	A→B	∧E：[1]
[3]	A→C	∧E：[1]
[4]	A	hyp
[5]	A→B	reit：[2]
[6]	B	→E：[4][5]
[7]	A→C	reit：[3]
[8]	C	→E：[4][7]
[9]	B∧C	∧I：[6][8]

> [10]　　A→(B∧C)　　　　　　→I:[4]-[9]

在这个证明中,同样运用了"从结论想起"的方法。结论是一个蕴涵式,为了证明它可以用蕴涵引入规则,因此先假设 A,再根据前提证明 B 和 C,由此得到 B∧C。

例 6　A→B, B→C ⊢ A→C
证明:

> [1]　A→B　　　　　　　　pre
> [2]　B→C　　　　　　　　pre
> [3]　　　　A　　　　　　　hyp
> [4]　　　　A→B　　　　　reit:[1]
> [5]　　　　B　　　　　　　→E:[3][4]
> [6]　　　　B→C　　　　　reit:[2]
> [7]　　　　C　　　　　　　→E:[5][6]
> [8]　A→C　　　　　　　　→I:[3]-[7]

这就是所谓的"假言联锁"推理形式的证明。

三、否定规则的运用

例 7　A ⊢ ￢￢A
证明:

> [1]　A　　　　　　　　　pre
> [2]　　　　￢A　　　　　hyp
> [3]　　　　A　　　　　　reit:[1]
> [4]　　　　￢A　　　　　reit:[2]
> [5]　￢￢A　　　　　　　￢I:[2]-[4]

例 8　￢￢A ⊢ A
证明:

> [1]　￢￢A　　　　　　　pre
> [2]　　　　￢A　　　　　hyp
> [3]　　　　￢￢A　　　　reit:[1]

[4]   ¬A   reit：[2]

[5]   A   ¬E：[2]-[4]

例 7 和例 8 合起来就是双重否定律的证明。

例 9 ¬A ⊢ A→B

证明：

[1]   ¬A   pre

[2]   A   hyp

[3]   ¬B   hyp

[4]   A   reit：[2]

[5]   ¬A   reit：[1]

[6]   B   ¬E：[3]-[5]

[7]   A→B   →I：[2]-[6]

例 10   A→B ⊢ ¬B→¬A

证明：

[1]   A→B   pre

[2]   ¬B   hyp

[3]   ¬¬A   hyp

[4]   A   例8

[5]   A→B   reit：[1]

[6]   B   →E：[4][5]

[7]   ¬B   reit：[2]

[8]   ¬A   ¬E：[3]-[7]

[9]   ¬B→¬A   →I：[2]-[8]

在这个证明中，从［3］到［4］是根据例 8 得到，也可以将例 8 的证明搬入从［3］到［4］的证明。这个证明也是从结论想起，为了证明¬B→¬A，首先假设¬B，然后目的是要证明¬A。为了证明¬A，运用否定消去规则，首先假设¬¬A，进而得出一对矛盾命题 B 和¬B。

四、析取规则的运用

例 11   (A→C)∧(B→C) ⊢ (A∨B)→C

证明:

$$[1] \quad (A→C) \land (B→C) \qquad\qquad pre$$
$$[2] \quad A→C \qquad\qquad \land E:[1]$$
$$[3] \quad B→C \qquad\qquad \land E:[1]$$
$$[4] \qquad\quad A \lor B \qquad\qquad hyp$$
$$[5] \qquad\qquad\quad A \qquad\qquad hyp$$
$$[6] \qquad\qquad\quad A→C \qquad\qquad reit:[2]$$
$$[7] \qquad\qquad\quad C \qquad\qquad →E:[5][6]$$
$$[8] \qquad\qquad\quad B \qquad\qquad hyp$$
$$[9] \qquad\qquad\quad B→C \qquad\qquad reit:[3]$$
$$[10] \qquad\qquad\quad C \qquad\qquad →E:[8][9]$$
$$[11] \qquad\quad C \qquad\qquad \lor E:[4]-[10]$$
$$[12] (A \lor B)→C \qquad\qquad →I:[4]-[11]$$

例 12 $\neg A \lor \neg B \vdash \neg(A \land B)$

证明:

$$[1] \quad \neg A \lor \neg B \qquad\qquad pre$$
$$[2] \qquad\quad \neg A \qquad\qquad hyp$$
$$[3] \qquad\qquad\quad A \land B \qquad\qquad hyp$$
$$[4] \qquad\qquad\quad A \qquad\qquad \land E:[3]$$
$$[5] \qquad\qquad\quad \neg A \qquad\qquad reit:[2]$$
$$[6] \qquad\quad \neg(A \land B) \qquad\qquad \neg I:[3]-[5]$$
$$[7] \qquad\quad \neg B \qquad\qquad hyp$$
$$[8] \qquad\qquad\quad A \land B \qquad\qquad hyp$$
$$[9] \qquad\qquad\quad B \qquad\qquad \land E:[8]$$
$$[10] \qquad\qquad\quad \neg B \qquad\qquad reit:[7]$$
$$[11] \qquad\quad \neg(A \land B) \qquad\qquad \neg I:[8]-[10]$$
$$[12] \quad \neg(A \land B) \qquad\qquad \lor E:[1]-[11]$$

五、等值规则的运用

例 13 $(A→B) \land (B→A) \vdash A \leftrightarrow B$

证明:

[1]	(A→B)∧(B→A)	pre
[2]	A→B	∧E：[1]
[3]	B→A	∧E：[1]
[4]	A	hyp
[5]	A→B	reit：[2]
[6]	B	→E：[4][5]
[7]	B	hyp
[8]	B→A	reit：[3]
[9]	A	→E：[7][8]
[10]	A↔B	↔I：[4]-[9]

例 14 A↔B ├(A→B)∧(B→A)
证明：

[1]	A↔B	pre
[2]	A	hyp
[3]	A↔B	reit：[1]
[4]	B	↔E：[2][3]
[5]	A→B	→I：[2]-[4]
[6]	B	hyp
[7]	A↔B	reit：[1]
[8]	A	↔E：[6][7]
[9]	B→A	→I：[6]-[8]
[10]	(A→B)∧(B→A)	∧I：[5][9]

例 15 (A∨B)→C,C→(A∧B) ├A↔B
证明：

[1]	(A∨B)→C	pre
[2]	C→(A∧B)	pre
[3]	A	hyp
[4]	A∨B	∨I：[3]
[5]	(A∨B)→C	reit ：[1]

[6]	C	→E:[4][5]
[7]	C→(A∧B)	reit：[2]
[8]	A∧B	→E:[6][7]
[9]	B	∧E:[8]
[10]	B	hyp
[11]	A∨B	∨I:[10]
[12]	(A∨B)→C	reit：[1]
[13]	C	→E:[11][12]
[14]	C→(A∧B)	reit：[2]
[15]	A∧B	→E:[13][14]
[16]	A	∧E:[15]
[17]	A↔B	↔I:[3]-[16]

六、综合运用

综合运用各种联结词规则，可以证明任何有效的命题逻辑推理形式。对任何公式 A 和 B，我们用 A ⊣⊢ B 表示：在系统 NP 中，A ⊢ B 并且 B ⊢ A。

（1）分配律：(i) A∧(B∨C) ⊣⊢ (A∧B)∨(A∧C)

（ii) A∨(B∧C) ⊣⊢ (A∨B)∧(A∨C)

这里我们只证明(i)，(ii)的证明是类似的。

首先证明 A∧(B∨C) ⊢ (A∧B)∨(A∧C)如下：

[1]	A∧(B∨C)	pre
[2]	A	∧E:[1]
[3]	B∨C	∧E:[1]
[4]	B	hyp
[5]	A	reit:[2]
[6]	A∧B	∧I:[4][5]
[7]	(A∧B)∨(A∧C)	∨I:[6]
[8]	C	hyp
[9]	A	reit:[2]
[10]	A∧C	∧I:[8][9]
[11]	(A∧B)∨(A∧C)	∨I:[10]
[12]	(A∧B)∨(A∧C)	∨E:[3]-[11]

然后证明 $(A \wedge B) \vee (A \wedge C) \vdash A \wedge (B \vee C)$ 如下：

[1]	$(A \wedge B) \vee (A \wedge C)$	pre
[2]	$A \wedge B$	hyp
[3]	A	$\wedge E:[2]$
[4]	B	$\wedge E:[2]$
[5]	$B \vee C$	$\vee I:[4]$
[6]	$A \wedge (B \vee C)$	$\wedge I:[3][5]$
[7]	$A \wedge C$	hyp
[8]	A	$\wedge E:[7]$
[9]	C	$\wedge E:[7]$
[10]	$B \vee C$	$\vee I:[9]$
[11]	$A \wedge (B \vee C)$	$\wedge I:[8][10]$
[12]	$A \wedge (B \vee C)$	$\vee E:[1]-[11]$

（2）选言三段论：(i) $A \vee B$, $\neg A \vdash B$

(ii) $A \vee B$, $\neg B \vdash A$

这里只证明（i），关于（ii）的证明是类似的。证明如下：

[1]	$\neg A$	pre
[2]	$A \vee B$	pre
[3]	A	hyp
[4]	$\neg B$	hyp
[5]	A	reit:[3]
[6]	$\neg A$	reit:[1]
[7]	B	$\neg E:[4]-[6]$
[8]	B	hyp
[9]	B	reit:[8]
[10]	B	$\vee E:[2]-[9]$

（3）德·摩根律：(i) $\neg(A \vee B) \dashv\vdash \neg A \wedge \neg B$

(ii) $\neg(A \wedge B) \dashv\vdash \neg A \vee \neg B$

关于(i),首先证明 $\neg(A \vee B) \vdash \neg A \wedge \neg B$ 如下：

[1]	$\neg(A \vee B)$	pre
[2]	A	hyp

[3]	A∨B	∨I：[2]
[4]	¬(A∨B)	reit：[1]
[5] ¬A		¬I：[2]－[4]
[6]	B	hyp
[7]	A∨B	∨I：[6]
[8]	¬(A∨B)	reit：[1]
[9] ¬B		¬I：[6]－[8]
[10] ¬A∧¬B		∧I：[5][9]

关于（i），再证明¬A∧¬B⊢¬（A∨B）如下：

[1] ¬A∧¬B				pre
[2] ¬A				∧E：[1]
[3] ¬B				∧E：[1]
[4]	A∨B			hyp
[5]		A		hyp
[6]			¬B	hyp
[7]			A	reit：[5]
[8]			¬A	reit：[2]
[9]		B		¬E：[6]－[8]
[10]		B		hyp
[11]		B		reit：[10]
[12]	B			∨E：[4]－[11]
[13]		¬B		reit：[3]
[14] ¬(A∨B)				¬I：[4]－[13]

关于（ii），例 12 已经证明¬A∨¬B⊢¬（A∧B）。现在证明¬（A∧B）⊢¬A∨¬B 如下：

[1] ¬(A∧B)			pre
[2]	¬(¬A∨¬B)		hyp
[3]	¬¬A∧¬¬B		德·摩根律(i)：[2]
[4]	¬¬A		∧E：[3]
[5]	A		例8：[4]
[6]	¬¬B		∧E：[3]

[7]	B	例8：[6]
[8]	A∧B	∧I：[5][7]
[9]	¬(A∧B)	reit：[1]
[10]	¬A∨¬B	¬E：[2]－[9]

（4）否定蕴涵律：¬(A→B) ⊣⊢A∧¬B

首先证明¬（A→B）⊢A∧¬B 如下：

[1]	¬(A→B)	pre
[2]	¬A	hyp
[3]	A	hyp
[4]	¬B	hyp
[5]	A	reit：[3]
[6]	¬A	reit：[2]
[7]	B	¬E：[4]－[6]
[8]	A→B	→I：[3]－[7]
[9]	¬(A→B)	reit：[1]
[10]	A	¬E：[2]－[9]
[11]	B	hyp
[12]	A→B	→I：[11]
[13]	¬(A→B)	reit：[1]
[14]	¬B	¬I：[11]－[13]
[15]	A∧¬B	∧I：[10]－[14]

这个证明中从［11］到［12］步是蕴涵引入规则的特殊情况。

其次证明 A∧¬B⊢¬（A→B） 如下：

[1]	A∧¬B	pre
[2]	A	∧E：[1]
[3]	¬B	∧E：[1]
[4]	A→B	hyp
[5]	A	reit：[2]
[6]	B	→E：[4][5]
[7]	¬B	reit：[3]

[8]	¬(A→B)	¬I：[4]-[7]

（5）否定后件律：A→B，¬B⊢¬A

[1]	A→B		pre
[2]	¬B		pre
[3]		A	hyp
[4]		A→B	reit：[1]
[5]		B	→E：[3][4]
[6]		¬B	reit：[2]
[7]	¬A		¬I：[3]-[6]

除了上述常见的推导之外，事实上任何有效的推理在系统 NP 中都是可证的。例如 $((A∨¬B)∨¬B)∨¬C,(D∧E)→C,¬A,D∧E⊢¬B$ 是有效的推理,证明如下：

[1]	((A∨¬B)∨¬B)∨¬C		pre
[2]	(D∧E)→C		pre
[3]	¬A		pre
[4]	D∧E		pre
[5]	C		→E：[2][4]
[6]	¬¬C		例7：[5]
[7]	(A∨¬B)∨¬B		选言三段论：[1][6]
[8]		A∨¬B	hyp
[9]		¬A	reit：[3]
[10]		¬B	选言三段论：[8][9]
[11]		¬B	hyp
[12]		¬B	reit：[11]
[13]	¬B		∨E：[7]-[12]

其他更多的综合运用，参见本章练习题。

第四节　无前提推导与演绎定理

前面讲到的推导都是前提集不是空集的情况。对于前提集是空集的情况，称为无前提的推导。对任何公式 A，如果在 NP 中存在对它的证明，则称 A 在系统 NP 中是可证的。实际上，任何重言式在 NP 中都是可证的；反之，任何在 NP 中可证的公式都是重言式。那么有前提的推导和无前提的推导之间是什么关系呢？系统 NP 的演绎定理回答这个问题。

演绎定理：对任何公式集 Γ，Γ，A $\vdash_{NP}$ B 当且仅当 $\Gamma \vdash_{NP}$ A$\rightarrow$B。

证明：假设 Γ，A $\vdash_{NP}$ B。那么存在从 Γ，A 到 B 的证明。它的形式如下：

$$\Gamma$$
$$A$$
$$\vdots$$
$$步骤\,S$$
$$\vdots$$
$$B$$

这个证明可以转化为从 Γ 到 A$\rightarrow$B 的证明：

$$\Gamma$$
$$A \qquad\qquad hyp$$
$$\vdots$$
$$步骤\,S$$
$$\vdots$$
$$B$$
$$A\rightarrow B$$

反之，从 Γ 到 A$\rightarrow$B 的证明也可以转化为从 Γ，A 到 B 的证明。证毕。

根据演绎定理我们可以得到如下结论：对任何公式 A 和 B，

（1）A $\vdash$ B 当且仅当 $\vdash$ A$\rightarrow$B；

（2）A $\dashv\vdash$ B 当且仅当 $\vdash$ A$\leftrightarrow$B。

这里（1）告诉我们，无前提的推导 $\vdash$ A$\rightarrow$B 等价于有前提的推导 A $\vdash$ B；同样，无前提的推导 $\vdash$ A$\leftrightarrow$B 等价于带前提的推导 A $\dashv\vdash$ B。

除了演绎定理之外，系统 NP 还有如下结论：

对任何公式集 Γ，Γ，A，B $\vdash_{NP}$ C 当且仅当 Γ，A$\wedge$B $\vdash_{NP}$ C。

这个结论的证明可以从系统 NP 中推导的定义直接得到，即如下两个证明是可以相互转化的：

$$\Gamma \qquad\qquad\qquad \Gamma$$
$$A \qquad\qquad\qquad A\wedge B$$
$$B \qquad\qquad\qquad \vdots$$

$$\vdots \qquad\qquad\qquad 步骤 S$$
$$步骤 S \qquad\qquad\qquad \vdots$$
$$\vdots \qquad\qquad\qquad C$$
$$C$$

根据上述定理，尤其是系统 NP 的演绎定理，我们清楚地看到了有前提推导和无前提推导之间的关系。于是，我们可以证明如下常见的逻辑规律：

$\vdash(A\rightarrow(B\rightarrow C))\rightarrow((A\rightarrow B)\rightarrow(A\rightarrow C))$

证明：根据演绎定理，只要证明 $A\rightarrow(B\rightarrow C)$，$A\rightarrow B$，$A\vdash C$。

[1]	$A\rightarrow(B\rightarrow C)$	pre
[2]	$A\rightarrow B$	pre
[3]	A	pre
[4]	$B\rightarrow C$	$\rightarrow E:[1][3]$
[5]	B	$\rightarrow E:[2][3]$
[6]	C	$\rightarrow E:[4][5]$

此外，根据前面第二节证明的一些逻辑规律，我们可以得到：

(1) 分配律：$\vdash A\wedge(B\vee C)\leftrightarrow(A\wedge B)\vee(A\wedge C)$
$\qquad\qquad\vdash A\vee(B\wedge C)\leftrightarrow(A\vee B)\wedge(A\vee C)$

(2) 选言三段论：$\vdash((A\vee B)\wedge\neg A)\rightarrow B$
$\qquad\qquad\qquad\vdash((A\vee B)\wedge\neg B)\rightarrow A$

(3) 德·摩根律：$\vdash\neg(A\vee B)\leftrightarrow\neg A\wedge\neg B$
$\qquad\qquad\qquad\vdash\neg(A\wedge B)\leftrightarrow\neg A\vee\neg B$

(4) 否定蕴涵律：$\vdash\neg(A\rightarrow B)\leftrightarrow A\wedge\neg B$

(5) 否定后件律：$\vdash((A\rightarrow B)\wedge\neg B)\rightarrow\neg A$

(6) 双重否定律：$\vdash A\leftrightarrow\neg\neg A$

另外，我们还可以证明更多的规律：

(7) 蕴涵转换律：$\vdash(A\rightarrow B)\leftrightarrow(\neg A\vee B)$

只要证明 $A\rightarrow B\dashv\vdash\neg A\vee B$。首先证明 $A\rightarrow B\vdash\neg A\vee B$ 如下：

[1]	$A\rightarrow B$	pre
[2]	$\neg(\neg A\vee B)$	hyp
[3]	$\neg\neg A\wedge\neg B$	德·摩根律[2]
[4]	$\neg\neg A$	$\wedge E:[3]$

[5]	¬B	∧E：[3]
[6]	A	例8：[4]
[7]	A→B	reit：[1]
[8]	B	→E：[6][7]
[9]	¬A∨B	¬E：[2]-[8]

再证明 ¬A∨B ⊢ A→B 如下：

[1]	¬A∨B	pre
[2]	¬A	hyp
[3]	A	hyp
[4]	¬B	hyp
[5]	A	reit：[3]
[6]	¬A	reit：[2]
[7]	B	¬E：[4]-[6]
[8]	A→B	→I：[3]-[7]
[9]	B	hyp
[10]	A→B	→I：[9]
[11]	A→B	∨E：[1]-[10]

（8）假言易位律：⊢(A→B)↔(¬B→¬A)

只要证明 A→B ⊣⊢ ¬B→¬A。首先 A→B ⊢ ¬B→¬A 由例10可得。再证明
¬B→¬A ⊢ A→B 如下：

[1]	¬B→¬A	pre
[2]	A	hyp
[3]	¬B	hyp
[4]	¬B→¬A	reit：[1]
[5]	¬A	→E：[3][4]
[6]	A	reit：[2]
[7]	B	¬E：[3]-[6]
[8]	A→B	→I：[2]-[7]

（9）输出律：⊢((A∧B)→C)↔(A→(B→C))

只要证明$(A \land B) \to C \dashv\vdash A \to (B \to C)$。首先证明$(A \land B) \to C \vdash A \to (B \to C)$如下：

[1]	$(A \land B) \to C$			pre
[2]		A		hyp
[3]			B	hyp
[4]			A	reit：[2]
[5]			$A \land B$	$\land$I：[3][4]
[6]			$(A \land B) \to C$	reit：[1]
[7]			C	$\to$E：[6][7]
[8]		$B \to C$		$\to$I：[3]-[7]
[9]	$A \to (B \to C)$			$\to$I：[2]-[8]

再证明$A \to (B \to C) \vdash (A \land B) \to C$如下：

[1]	$A \to (B \to C)$		pre
[2]		$A \land B$	hyp
[3]		A	$\land$E：[2]
[4]		B	$\land$E：[2]
[5]		$A \to (B \to C)$	reit：[1]
[6]		$B \to C$	$\to$E：[3][5]
[7]		C	$\to$E：[4][6]
[8]	$(A \land B) \to C$		$\to$I：[2]-[7]

（10）双蕴涵转换律：$\vdash (A \leftrightarrow B) \leftrightarrow ((A \to B) \land (B \to A))$
由例 13 和例 14 可得。其他更多逻辑规律参见练习。

本 章 小 结

这章我们介绍了一个命题逻辑的自然演绎系统 NP，它由两个结构规则和十个联结词规则组成。结构规则只与证明的结构有关，而联结词的规则反映联结词的意义。在系统 NP 中，可以运用各种规则来证明有效的逻辑推理或者任何重言式。

在运用这些推演规则证明时，应采用从结论想起和从前提想起相结合的策略。掌握这些规则有利于提高逻辑证明的能力。

思考题：

1. 自然演绎系统 NP 由哪些规则组成？

2. 自然演绎系统是如何刻画和反映日常推理的？

3. 请你总结一些证明的策略和技巧。

4. 请你运用自然演绎系统 NP 去证明一些推理问题，例如第二章练习题中有效的推理。

练习题：

1. 在系统 NP 中证明：

(1) $A \leftrightarrow (A \rightarrow B), A \vdash B$

(2) $(A \rightarrow B) \wedge (C \rightarrow D), A \vdash B \vee C$

(3) $((A \vee B) \rightarrow C) \wedge A \vdash (B \vee A) \wedge (B \vee C)$

(4) $(C \rightarrow B) \wedge B, B \rightarrow A \vdash A \vee (B \wedge C)$

(5) $(A \leftrightarrow (B \wedge C)) \wedge (B \rightarrow C), B \vdash A \wedge C$

(6) $C \rightarrow (C \rightarrow (A \rightarrow B)), (A \rightarrow C) \wedge (B \rightarrow (B \rightarrow A)), A \vdash (A \rightarrow B) \wedge (B \rightarrow A)$

(7) $A \leftrightarrow (A \rightarrow B), (B \vee C) \leftrightarrow (C \leftrightarrow (A \wedge B)), (A \rightarrow B) \vdash C$

(8) $(A \vee B) \rightarrow C, C \rightarrow \neg D, A \wedge D \vdash B$

2. 在系统 NP 中证明：

(1) $\vdash A \rightarrow (B \rightarrow A)$

(2) $\vdash A \rightarrow A$

(3) $A \rightarrow (B \rightarrow C) \vdash B \rightarrow (A \rightarrow C)$

(4) $\vdash (A \vee B) \rightarrow ((B \rightarrow C) \rightarrow (\neg A \rightarrow C))$

(5) $\vdash (A \rightarrow B) \leftrightarrow (A \rightarrow (A \rightarrow B))$

(6) $A \leftrightarrow B \vdash (A \leftrightarrow C) \leftrightarrow (B \leftrightarrow C)$

(7) $\vdash (A \rightarrow (B \rightarrow C)) \leftrightarrow (B \rightarrow (A \rightarrow C))$

(8) $\vdash ((A \wedge B) \rightarrow C) \leftrightarrow (A \rightarrow (B \rightarrow C))$

3. 在系统 NP 中证明：

(1) $\vdash (A \vee B) \leftrightarrow (B \vee A)$

(2) $\vdash (A \vee (B \wedge C)) \leftrightarrow ((A \vee B) \wedge (A \vee C))$

(3) $\vdash((A\rightarrow C)\wedge(B\rightarrow C))\leftrightarrow((B\vee A)\rightarrow C)$

(4) $((A\vee B)\rightarrow C)\rightarrow A\vdash(A\rightarrow C)\rightarrow((B\rightarrow C)\rightarrow A)$

4. 在系统 NP 中证明：

(1) $\vdash(A\rightarrow\neg A)\leftrightarrow\neg A$

(2) $\neg A\rightarrow B\vdash(\neg A\rightarrow\neg B)\rightarrow A$

5. 在系统 NP 中证明：

(1) $A\rightarrow(B\wedge C),(C\vee D)\rightarrow E,A\vdash(E\vee F)$

(2) $A\rightarrow B,B\rightarrow C,(A\rightarrow C)\rightarrow E\vdash E$

(3) $A\rightarrow B,(B\rightarrow(C\rightarrow\neg\neg C))\rightarrow D\vdash A\rightarrow D$

(4) $A\rightarrow(B\wedge C),B\rightarrow((D\rightarrow(D\vee E))\rightarrow F)\vdash A\rightarrow F$

(5) $(A\vee B)\rightarrow(C\wedge D),C\rightarrow((F\vee\neg F)\rightarrow G)\vdash\neg A\vee G$

(6) $C\wedge(C\rightarrow A),\neg A\vdash D\vee B$

(7) $(A\wedge B)\wedge\neg C,D\rightarrow C\vdash A\wedge\neg D$

(8) $(A\vee B)\rightarrow(C\vee D),(C\vee E)\rightarrow F,G\wedge\neg D,G\rightarrow A\vdash F\vee H$

第四章 谓词逻辑

命题逻辑是关于命题联结词用法的逻辑理论。在命题逻辑中，简单命题不含任何命题联结词，因此它们用字母 p、q、r 等表示；每个复合命题都是从简单命题运用命题联结词构造起来的。真值表方法能够用来判定一个仅仅涉及命题联结词的推理是否有效，命题逻辑的自然演绎系统能够证明任何命题逻辑的有效推理形式。但是，还有一些有效的推理形式是命题逻辑不能处理的，例如下面的三段论：

猫科动物都是哺乳动物。（p）

老虎都是猫科动物。（q）

所以，老虎都是哺乳动物。（r）

这个推理是正确的。但是从命题逻辑的观点看，这个推理的前提和结论分别是三个简单命题 p、q 和 r。在命题逻辑中，从 p 和 q 不能推出 r。

虽然传统三段论是有效的，但是传统三段论的推理形式是有限的，无法处理一些更复杂的推理，比如：

有一个人所有人都爱他。

所以，对每个人来说，都有一个他所爱的人。

这个推理从直觉上看是正确的，但是却无法使用三段论来分析，也无法在命题逻辑中证明它的有效性。为了研究简单命题的内部结构，需要对简单命题进行进一步的分析，分离出表达个体的个体词、表达性质或关系的谓词、表达数量的量词，从而对简单命题的逻辑结构进行描述。由此建立起来的逻辑称为谓词逻辑，也称作一阶逻辑或者量化逻辑。

第一节 个体词、谓词和量词

在自然语言中，有一些词是代表个体的，有些词是代表性质或关系的，还有一些词代表满足一些性质或关系的个体数量。我们区分个体词、谓词和量词，分别加以说明，而且用符号来表示它们。

一、个体词

个体词是代表个体的词。这样的词有很多。自然语言中最容易识别的个体词是专名（专有名词）。常见的人名、地名等都是专名，例如，北京、天安门、太阳、长江，等等。为了最终能够写出命题的形式，我们用符号来代表专名，这样的符号我们称之为个体常元：

（1）个体常元：c，c_1，c_2，…（可以没有）

为方便起见，我们用 a、b、c 等字母表示任意个体常元。

另一种个体词是在数学中常用的，称为个体变元：

（2）个体变元：x，x_1，x_2，…

在数学中我们用 x、y、z 等表示任意变元，代表我们所谈论的范围内的数。例如，在不等式"x > 2"中，"x"是一个变元，当它取值为 3 时，这个不等式就是真的；当它取值为 1 时，这个不等式就是假的。

还有一种个体词是使用函数从一些个体词构造起来的。例如：

（t_1）中国的首都

（t_2）德国的首都

（t_3）荷兰的首都

这三个表达式不是个体常元，也不是个体变元，但是它们每个都代表一个个体。通过观察可以发现，它们有共同的结构"x 的首都"，这是一个函数，当我们以国家的名字作为个体变元 x 的取值，就得到相应的首都作为它的值。我们把"x 的首都"写成"f（x）"这个形式，用"a"表示"中国"，"b"表示"德国"，"c"表示"荷兰"。那么上面三个个体词分别可以写成：f（a）、f（b）和 f（c），它们分别代表北京、柏林和阿姆斯特丹。

这里 f（x）是一个函数，它是以一些个体作为个体变元 x 的取值，从而得到另一个个体作为它的函数值。像这样只有一个个体变元的函数称为一元函数。相应地还有一些二元函数，例如：

（s_1）x 与 y 的和

（s_2）中国与美国之间的最大海洋

（s_3）直线 x 与直线 y 的交点

这三个表达式也都是个体词，因为它们代表唯一的个体。但是它们不是由一元函数形成的，而是由二元函数形成的个体词。例如（s_2），我们用 g(x,y) 表示 x 和 y 之间的最大海洋，用 a 表示"中国"，用 b 表示"美国"，那么（s_2）就写成 g(a,b)。

一般地说，一个 n 元函数符号是带有 n 个个体变元的函数符号，记为 $f(x_1,\cdots,x_n)$。这样我们得到构成第三种个体词的符号：

（3）对于每个大于等于 1 的自然数 n，n 元函数符号：f_n，g_n，h_n，…（可以没有）

我们用 f、g、h 等表示任意 n 元函数符号。注意每个函数符号都是有元数的。在书写具体命题的形式时，我们根据需要来确定函数的元数。

我们也可以从函数符号复合得到新的函数符号，因此，从给定的个体词通过函数复合可以得到新的个体词。例如，令 f(x) 表示"x 的父亲"。那么我们有如下复合

函数:

$f(f(x))$:x 的父亲的父亲(x 的祖父)

$f(f(f(x)))$:x 的父亲的父亲的父亲(x 的曾祖父)

再比如,令 $g(x,y)$ 代表"$x+y$",令 $h(x)$ 代表"x^2";那么 $g(h(x),g(y,h(z)))$ 代表"$x^2+(y+z^2)$"。这是数学中的复合函数,只要确定了个体变元的值,就能够确定复合函数的值。

根据这些说明,我们来定义个体词。在谓词逻辑中我们一般把个体词称为项,这是从代数中借用的术语。在数学中,我们从 x、y、z 等变元,还有 2、3.14 等常元出发,利用加法、乘法和乘方等函数,可以构造多项式。例如 x^2+2x+1,这个多项式是把 x、2 和 1 用一些函数构造起来的,这些都称为项,每个多项式都是一个项。

我们构造项的符号有三种:个体常元:c,c_1,c_2,…;个体变元:x,x_1,x_2,…;n($\geqslant 1$ 自然数)元函数符号:f_n,g_n,h_n,…。我们用 s、t 等代表任何项。项是按如下规则构造的表达式:

(T1) 每个个体变元 x 是项。

(T2) 每个个体常元 c 是项。

(T3) 如果 $t_1,\cdots,t_n$ 是项并且 f 是一个 n 元函数符号,那么 $f(t_1,\cdots,t_n)$ 是项。

(T4) 只有按照(T1)—(T3)构造的表达式才是项。

每个项要么是一个个体变元要么是一个个体常元要么是由个体变元或个体常元用函数符号构造起来的。最后,我们来看每个项如何代表个体。为了谈论一些个体,首先要确定一个个体范围。这在数学中是常见的,比如谈论实数、自然数、有理数或者整数,等等。在谈论项代表的个体时,首先要明确所谈论的个体是取自哪个范围的。我们把这样的个体范围叫作论域,一般地用 D、W 等表示论域。我们要假定论域是非空的,即每个论域至少有一个元素。

例如,考虑所有实数的集合 **R** 作为我们的论域。那么每个个体变元的取值就是 **R** 中的元素,每个个体常元代表 **R** 中的一个固定元素,所有函数符号都代表 **R** 上的函数。这样,每个项都代表 **R** 中的元素。

再比如,假设我们的论域是所有的人。那么个体变元 x 的取值就是论域中的人。比如函数"$f(x)$"代表"x 的父亲",当我们确定 x 的值为"张三"代表的那个人,那么"$f(x)$"的值就是"张三的父亲"所代表的个体。

二、谓词

谓词是用来表达个体的性质或者个体之间的关系的词。首先讨论表达个体性质的谓词。考虑下面的简单命题:

（1）李白是诗人。

（2）0 是偶数。

（3）党的政治建设是党的根本性建设。

前两个命题的形式都是一个项加上一个表达个体性质的谓词。一般地用 P(t) 来表示项 t 所代表的对象有 P 所代表的性质。例如，对命题（1），用 a 表示"李白"，P(x) 表示"x 是诗人"，那么 P(a) 就表示"李白是诗人"。对命题（3），用 b 表示"中国共产党"，用 g(x) 表示"x 的政治建设"，用 M(x, y) 表示"x 是 y 的根本性建设"，那么 M（g（b），b）就表示"党的政治建设是党的根本性建设"。

只带有一个项的谓词称为一元谓词。它与项的差别在于，一个项只代表论域中的一个个体，而一个一元谓词代表论域的一个子集，即论域中一些对象的集合。对于论域 D，我们用 $X \subseteq D$ 表示 X 是 D 的子集，即：X 中的元素都在 D 中。

除了一元谓词以外，还有二元谓词，它们表示两个项所代表的个体之间的二元关系，一般用 $Q(t_1, t_2)$ 表示。例如（3）和下面的：

（4）x > y。

（5）直线 x 与直线 y 平行。

（6）张三的父亲与李四的母亲是兄妹。

这三个命题都表达两个对象之间的二元关系。对命题（6），用 a 表示"张三"，用 b 表示"李四"，f(x) 表示"x 的父亲"，g(y) 表示"y 的母亲"，Q(x, y) 表示"x 与 y 是兄妹"，那么 Q(f(a), g(b)) 表示"张三的父亲与李四的母亲是兄妹"。

在二元谓词符号中，有一个特殊的谓词符号就是"等词"，我们用"$s \equiv t$"表示 s 和 t 代表的个体是同一个。这样的命题在数学中称为等式，例如"5+7=12"这个等式，左右两边都是项，这两个项用等号联结起来。在自然语言中也有许多用"是"表达相等的句子：

（7）中国的首都是北京。

（8）曹雪芹是《红楼梦》的作者。

更一般地，一个 n 元谓词符号，表示 n 个个体之间的关系，用 $H(t_1, \cdots, t_n)$ 表达 $t_1, \cdots, t_n$ 所代表的 n 个个体具有 H 所代表的关系。例如下面的三元关系：

（9）武汉位于重庆与上海之间。

（10）孙悟空、猪八戒和沙和尚是师兄弟。

这两个命题很容易写成用三元谓词符号表达的三元关系。对命题（9），用 a 表示"武汉"，b 表示"重庆"，c 表示"上海"，用 H（x_1, x_2, x_3）表示"x_1 位于 x_2 和 x_3 之间"，那么 H（a，b，c）表示"武汉位于重庆与上海之间"。命题

（10）的符号形式类似表示。

谓词逻辑的谓词符号包括：对每个大于或者等于 1 的自然数 n，P_n，Q_n，H_n，…（可以没有）。我们也用 P、Q、R、H 等符号表示任意谓词符号。每个谓词符号都有一个固定的自然数 n 作为它的元数（这里 n>0）。

对一个论域 D，如果 $R \subseteq D \times D$，其中 $D \times D$ 是 D 中元素的所有有序对的集合，那么称 R 是 D 上的一个二元关系。一个有序对写成 (d，e)，其中 d 和 e 都属于 D。我们写 (d，e) $\in$ R 表示 d 和 e 有 R 关系。一般地，称 S 是 D 上的一个 n 元关系，如果 $S \subseteq D^n$，其中 D^n 是 D 中元素的所有 n 元组的集合，一个 n 元组写成 $(d_1，\cdots，d_n)$，其中 d_1，…，d_n 都属于 D。我们写 $(d_1，\cdots，d_n) \in S$ 表示 d_1，…，d_n 有 S 关系。

三、量词

除了个体词和谓词之外，还有量词。在三段论中我们已经遇到了两个量词"所有"和"有的"。"所有 S 是 P"断定 S 所代表的个体都是 P 所代表的个体；"有的 S 是 P"断定 S 中至少有一个个体是 P 所代表的个体。"所有"和"有的"这两个量词也是谓词逻辑中最基本的两个量词，它们分别表示数量"全部"和"至少有一个"。

对于一个论域 D，用符号 $\forall x$ 表示"论域 D 中所有个体"；用符号 $\exists x$ 表示"论域 D 中存在一个个体"，这里 x 的取值范围是 D，符号 $\forall x$ 意思是"对 x 在论域 D 中所有取值"；$\exists x$ 意思是"对 x 在论域 D 中的至少一个取值"。

（11）所有自然数都大于等于零。

（12）有的自然数能被 2 整除。

假设论域是所有自然数的集合。令 P(x) 表示"x≥0"，Q(x) 表示"x 能被 2 整除"。由于论域是整个自然数，所以 $\forall x P(x)$ 表示"所有自然数都是大于等于零"，$\exists x Q(x)$ 表示"有的自然数能被 2 整除"。

除了"所有"和"有的"这两个量词之外，自然语言中还有许多量词。例如：至少有两个、至多有两个、恰好有两个；大多数、少许、许多；有穷多个、无穷多个；等等。在谓词逻辑中，我们仅仅关心"所有"和"有的"这两个量词以及能够在谓词逻辑中定义的其他量词，如至少有两个、至多有两个、恰好有两个，等等。

第二节　谓词逻辑的形式语言

本节引入谓词逻辑的形式语言，主要包括一些初始符号和公式的形成规则。

运用谓词逻辑的形式语言可以将自然语言中的一些命题符号化，本节还将讲解符号化的操作过程。

一、谓词逻辑的公式

谓词逻辑的形式语言的初始符号如下：

（1）个体常元：c，c_1，c_2，…（可以没有）

（2）个体变元：x，x_1，x_2，…

（3）n（≥ 1 的自然数）元函数符号：f_n，g_n，h_n，…（可以没有）

（4）n（≥ 1 的自然数）元谓词符号：P_n，Q_n，H_n，…（可以没有）

（5）命题联结词：￢、$\wedge$、$\vee$、$\rightarrow$、$\leftrightarrow$

（6）量词：$\forall$、$\exists$

（7）等词：$\equiv$（可以没有）

（8）技术性符号：)，(，,

在没有（1）（3）（4）的语言中，一定要有（7）。与命题逻辑的形式语言类似，括号的作用是避免歧义。假设没有括号，就难以说明表达式的精确意义。在前一节我们定义了项的概念。用 s、t 或加下标等代表任何项。现在来定义公式。

定义 1　谓词逻辑的公式是按如下规则形成的表达式：

（F1）$P(t_1，\cdots，t_n)$是公式，其中 P 是一个 n 元谓词符号，$t_1，\cdots，t_n$是项。

（F2）$t_1 \equiv t_2$是公式，其中 t_1，t_2是项。

（F3）如果 A 是公式，那么￢A 是公式。

（F4）如果 A 和 B 是公式，那么$(A \wedge B)$、$(A \vee B)$、$(A \rightarrow B)$、$(A \leftrightarrow B)$都是公式。

（F5）如果 A 是公式，那么 $\forall xA$ 和 $\exists xA$ 是公式。

（F6）只有按照（F1）—（F5）形成的表达式才是公式。

我们用 A、B、C 等表示任何谓词逻辑公式。谓词逻辑公式的定义就是谓词逻辑的语法，它告诉我们每个公式是如何构造起来的。由（F1）和（F2）得到的形如 $P(t_1，\cdots，t_n)$ 或 $t_1 \equiv t_2$ 的公式，称为原子公式（简单命题）。形如 $\forall xA$ 的公式称为全称公式，形如 $\exists xA$ 的公式称为存在公式。每个公式都是从原子公式有限次地运用命题联结词或量词构造起来的。

为了以后讨论的方便，我们约定：① 最外层的一对括号可以省略；② 对于连续出现的 $\wedge$ 或者 $\vee$ 或者 $\rightarrow$ 或者 $\leftrightarrow$，我们采用右结合的方法；③ 五个联结词的结合力依￢、$\wedge$、$\vee$、$\rightarrow$、$\leftrightarrow$递减。

例如，下面的表达式都是谓词逻辑的公式：

（1）$\forall x(P(x,y) \rightarrow \exists z ￢ Q(z,y))$

（2）$P(f(g(x)),y) \vee \forall x(Q(x) \rightarrow \exists zH(f(x),z,y))$

（3）　∀xP(y)

很容易看出，这三个公式都是从原子公式运用形成规则得到的。下面的表达式不是谓词逻辑的公式：

（4）　¬(Px∨)

（5）　∀x(Qyz)

（6）　Rxy∨Qz∃z

因为它们不能通过语法规则得到。下面我们将用谓词逻辑的形式语言，针对自然语言中不同类型的命题，进行符号化。

二、命题的符号化

符号化的目的是为了写出命题的形式。正如前面说过，一个推理的有效性只取决于推理形式的有效性。符号化的目的就是写出命题的形式，由此得到推理的形式，进而从形式上判断推理的有效性。我们分别介绍直言命题、嵌套量词、数量命题的符号化。

（一）直言命题

在第一章讲到，直言命题有三种六个形式，我们依次看它们如何在谓词逻辑的形式语言中符号化。要实现命题的符号化，首先要确定论域，然后确定代表其中出现的个体常元、函数和谓词的符号，最后确定整个命题的符号化结果。论域以及个体常元、函数和谓词符号称为"模型"。模型将是第四节定义的主要概念。符号化的结果应该与原命题所表达的内容相同。

单称命题分为两种：

（1）单称肯定命题：a 是 P。例如，李白是诗人。

（2）单称否定命题：a 不是 P。例如，李白不是诗人。

首先给出模型：

论域：所有人　　P(x)：x 是诗人　　a：李白

单称肯定命题"李白是诗人"的符号化过程如下：

[1]　a 是诗人
[2]　P(a)

单称否定命题"李白不是诗人"的符号化过程如下：

[1]　a 不是诗人

　　［2］　¬（a 是诗人）
　　［3］　¬P（a）

　　一般地说，单称肯定命题"a 是 P"符号化的结果是"P（a）"。单称否定命题
"a 不是 P"符号化的结果是"¬P（a）"。

　　还有比较复杂的单称命题，即命题的单称词是一个项，而不仅仅是一个个体
常元的情况。我们来看几个例子，按照如下给出的模型符号化：

> 论域：所有人　　　a：曹雪芹　　　b：《红楼梦》　　　c：江宁
> f（x）：x 的父亲　　g（x）：x 的作者　　P（x，y）：x 是 y 的织造府官员
> Q（x）：x 是清朝人

例 1　《红楼梦》的作者是清朝人。符号化过程如下：

　　［1］　g（b）是清朝人
　　［2］　Q（g（b））

例 2　曹雪芹的祖父是江宁的织造府官员。符号化过程如下：

　　［1］　f(f(a))是江宁的织造府官员。
　　［2］　P(f(f(a)),c)

除了单称命题，还有四种形式的直言命题：
（3）全称肯定命题：所有 S 是 P。例如，所有阔叶植物都是落叶的。
（4）全称否定命题：所有 S 都不是 P。例如，所有阔叶植物都不是落叶的。
（5）特称肯定命题：有的 S 是 P。例如，有的阔叶植物是落叶的。
（6）特称否定命题：有的 S 不是 P。例如，有的阔叶植物不是落叶的。
为了将这些例子符号化，首先要给出一个模型，例如：

> 论域：所有植物　　　S（x）：x 是阔叶的　　　P（x）：x 是落叶的

全称肯定命题"所有阔叶植物是落叶的"的符号化过程如下：

　　［1］　对所有 x，如果 x 是阔叶植物，那么 x 是落叶的。
　　［2］　∀x(S(x)→P(x))

注意［1］与原命题"所有阔叶植物都是落叶的"所表达的内容是相同的。这

一点从文恩图可以看出。原命题的意思是，阔叶植物这个类包含于落叶植物这个类，也就是说，两个类是包含关系，而［1］恰好表达了这个意思。一般地，全称肯定命题"所有 S 都是 P"符号化的结果是 $\forall x(S(x) \rightarrow P(x))$。

全称否定命题"所有阔叶植物都不是落叶的"的符号化过程如下：

    ［1］　对所有 x，如果 x 是阔叶植物，那么 x 不是落叶的。

    ［2］　$\forall x(S(x) \rightarrow \neg (x$ 是落叶的$))$

    ［3］　$\forall x(S(x) \rightarrow \neg P(x))$

一般地，全称否定命题"所有 S 都不是 P"符号化的结果是 $\forall x(S(x) \rightarrow \neg P(x))$。

特称肯定命题"有的阔叶植物是落叶的"的符号化过程如下：

    ［1］　存在 x 使得 x 是阔叶植物并且 x 是落叶的。

    ［2］　$\exists x$（x 是阔叶植物并且 x 是落叶的）

    ［3］　$\exists x(S(x)$ 并且 $P(x))$

    ［4］　$\exists x(S(x) \wedge P(x))$

注意［1］与原命题"有的阔叶植物是落叶的"所表达的内容是相同的。原命题的意思是，阔叶植物这个类中至少有一个个体也属于落叶植物这个类，也就是说，两个类的交集不是空集，而［1］恰好表达了这个意思。一般地，特称肯定命题"有的 S 是 P"符号化的结果是 $\exists x(S(x) \wedge P(x))$。

特称否定命题"有的阔叶植物不是落叶的"的符号化过程如下：

    ［1］　存在 x 使得 x 是阔叶植物并且 x 不是落叶的。

    ［2］　$\exists x(S(x)$ 并且 $\neg$（x 是落叶的$))$

    ［3］　$\exists x(S(x)$ 并且 $\neg P(x))$

    ［4］　$\exists x(S(x) \wedge \neg P(x))$

一般地，特称否定命题"有的 S 不是 P"符号化的结果是 $\exists x(S(x) \wedge \neg P(x))$。

有了上述直言命题的符号化形式，就可以对更多直言命题进行符号化。例如，用下面的模型将例 3—8 中的直言命题符号化：

> 论域：所有的人　　　　P(x)：x 是学生　　　Q(x)：x 是成绩好的
> U(x)：x 是聪明的　　　W(x)：x 是努力的　　S(x)：x 是勤奋的
> C(x)：x 是男性　　　　D(x)：x 是女性　　　E(x)：x 是三班的
> F(x)：x 是四班的　　　G(x)：x 是学文科的　H(x)：x 擅长数学
> J(x)：x 及格

例3 所有成绩好的学生既聪明又努力。符号化过程如下：

[1] 对所有 x，如果 x 是成绩好的学生，那么 x 既聪明又努力。

[2] $\forall x((x\ 是学生并且\ x\ 是成绩好的)\to(x\ 是聪明的并且\ x\ 是努力的))$

[3] $\forall x((P(x)\ 并且\ Q(x))\to(U(x)\ 并且\ W(x)))$

[4] $\forall x(P(x)\wedge Q(x)\to U(x)\wedge W(x))$

例4 男学生和女学生都是聪明的。符号化过程如下：

[1] 对所有 x，如果 x 是男学生或者 x 是女学生，那么 x 是聪明的。

[2] $\forall x((x\ 是男学生或者\ x\ 是女学生)\to x\ 是聪明的)$

[3] $\forall x((x\ 是学生并且\ x\ 是男性)\ 或者(x\ 是学生并且\ x\ 是女性)\to U(x))$

[4] $\forall x((P(x)\wedge C(x))\vee(P(x)\wedge D(x))\to U(x))$

注意这里 [1] 是对原命题的改写。原命题的意思是，无论是男学生还是女学生都是聪明的，这与 [1] 意思相同。

例5 三班和四班的学生都不是勤奋的。符号化过程如下：

[1] 对所有 x，如果 x 是三班的学生或者 x 是四班的学生，那么 x 不是勤奋的。

[2] $\forall x((x\ 是三班的学生或者\ x\ 是四班的学生)\to\neg(x\ 是勤奋的))$

[3] $\forall x((x\ 是学生并且\ x\ 是三班的)\ 或者(x\ 是学生并且\ x\ 是四班的)\to\neg S(x))$

[4] $\forall x((P(x)\wedge E(x))\vee(P(x)\wedge F(x))\to\neg S(x))$

例6 三班和四班的学生不都是勤奋的。符号化过程如下：

[1]　并非(对所有 x，如果 x 是三班的学生或者 x 是四班的学生，那么 x 是勤奋的)。

[2]　¬∀x((x 是三班的学生或者 x 是四班的学生) → x 是勤奋的)

[3]　¬∀x((x 是学生并且 x 是三班的) 或者(x 是学生并且 x 是四班的)→S(x))

[4]　¬∀x((P(x)∧E(x))∨(P(x)∧F(x))→S(x))

注意这个例子与例 5 的差别，"都不是"和"不都是"意思不同。

例 7　有些聪明的文科学生擅长数学。符号化过程如下：

[1]　存在 x(((x 是聪明的) 并且 x 是文科学生) 并且(x 擅长数学))。

[2]　∃x(((x 是聪明的) 并且((x 是学生) 并且(x 是学文科的))) 并且(x 擅长数学))

[3]　∃x((U(x)并且(P(x)并且 G(x)))并且 H(x))

[4]　∃x((U(x)∧(P(x)∧G(x)))∧H(x))

例 8　三班有些男学生不及格。符号化过程如下：

[1]　存在 x((x 是三班的男学生) 并且(x 不及格))。

[2]　∃x((x 是三班的并且 x 是男学生) 并且¬(x 及格))

[3]　∃x((E(x)并且(x 是学生并且 x 是男性))并且¬J(x))

[4]　∃x((E(x)并且(P(x)并且 C(x)))并且¬J(x))

[5]　∃x((E(x)∧(P(x)∧C(x)))∧¬J(x))

（二）嵌套量词

在自然语言中还有一类含有多个量词的命题，这样的命题一般比较复杂，涉及推理时应仔细加以分析。

例 9　考虑下面的模型：

论域：所有动物　　　P(x)：x 是人　　　L(x,y)：x 爱 y

（1）每个人都爱某些人。符号化如下：

[1]　对任何 x，如果 x 是人，那么 x 爱某些人。

[2]　对任何 x，如果 x 是人，那么存在 y(y 是人并且 x 爱 y)。

[3]　∀x(P(x)→∃y(P(y)∧L(x,y)))

（2）有些人爱所有人。符号化如下：

  [1] 存在 x（x 是人并且 x 爱所有人）。

  [2] 存在 x（P（x）并且（对任何 y，如果 y 是人，那么 x 爱 y））

  [3] $\exists x(P(x) \wedge \forall y(P(y) \rightarrow L(x,y)))$

（3）没有人爱所有人。符号化如下：

  [1] 不存在 x（x 是人并且 x 爱所有人）。

  [2] 不存在 x（P（x）并且（对任何 y，如果 y 是人，那么 x 爱 y））

  [3] $\neg \exists x(P(x) \wedge \forall y(P(y) \rightarrow L(x,y)))$

（4）有些人不爱任何人。符号化如下：

  [1] 存在 x（x 是人并且 x 不爱任何人）。

  [2] 存在 x（P（x）并且（对任何 y，如果 y 是人，那么 x 不爱 y））

  [3] $\exists x(P(x) \wedge \forall y(P(y) \rightarrow \neg L(x,y)))$

（三）数量命题

数量词也是常见的量词，这里我们考虑"至少有 n 个""至多有 n 个"和"恰好有 n 个"三个数量词，它们在谓词逻辑的形式语言中是能够被定义的，而且要使用等词来定义。在下面的表述中，我们用" $s \neq t$ "表示" $\neg(s \equiv t)$ "在论域 D 中：

（1）至少有 n 个个体。

至少有一个个体：$\exists x(x \equiv x)$

至少有两个个体：$\exists x \exists y(x \neq y)$

至少有三个个体：$\exists x \exists y \exists z(x \neq y \wedge x \neq z \wedge y \neq z)$

至少有 n 个个体：$\exists x_1 \exists x_2 \cdots \exists x_n(x_1 \neq x_2 \wedge \cdots \wedge x_1 \neq x_n \wedge \cdots \wedge x_{n-1} \neq x_n)$

（2）至多有 n 个个体。

至多有一个个体：$\forall x \forall y(x \equiv y)$

至多有两个个体：$\forall x \forall y \forall z(x \equiv y \vee x \equiv z \vee y \equiv z)$

至多有三个个体：$\forall x \forall y \forall z \forall u(x \equiv y \vee x \equiv z \vee x \equiv u \vee y \equiv z \vee y \equiv u \vee z \equiv u)$

至多有 n 个个体：$\forall x_1 \forall x_2 \cdots \forall x_{n+1}(x_1 \equiv x_2 \vee \cdots \vee x_1 \equiv x_{n+1} \vee \cdots \vee x_n \equiv x_{n+1})$

（3）恰好有 n 个个体。令 A 表示至少有 n 个个体，B 表示至多有 n 个个体。

那么 A∧B 表示恰好有 n 个个体。

（4）至少有 n 个 S 是 P。

至少有一个 S 是 P：$\exists x(S(x)\wedge P(x))$

至少有两个 S 是 P：$\exists x\exists y(x\neq y\wedge S(x)\wedge P(x)\wedge S(y)\wedge P(y))$

至少有三个 S 是 P：$\exists x\exists y\exists z(x\neq y\wedge x\neq z\wedge y\neq z\wedge S(x)\wedge P(x)\wedge S(y)\wedge$
　　　　　　　　　　　　$P(y)\wedge S(z)\wedge P(z))$

依次类推，可以表达"至少有 n 个 S 是 P"。

（5）至多有 n 个 S 是 P。

至多有一个 S 是 P：$\forall x\forall y((S(x)\wedge P(x)\wedge S(y)\wedge P(y))\rightarrow x\equiv y)$

至多有两个 S 是 P：$\forall x\forall y\forall z((S(x)\wedge P(x)\wedge S(y)\wedge P(y)\wedge S(z)\wedge P(z))$
　　　　　　　　　　　　$\rightarrow(x\equiv y\vee x\equiv z\vee y\equiv z))$

至多有三个 S 是 P：$\forall x\forall y\forall z\forall u((S(x)\wedge P(x)\wedge S(y)\wedge P(y)\wedge S(z)\wedge$
　　　　　　　　　　　　$P(z)\wedge S(u)\wedge P(u))\rightarrow(x\equiv y\vee x\equiv z\vee x\equiv u\vee y\equiv z\vee y\equiv$
　　　　　　　　　　　　$u\vee z\equiv u))$

依次类推，可以表达"至多有 n 个 S 是 P"。

（6）恰好有 n 个 S 是 P。令 A 表示至少有 n 个 S 是 P，B 表示至多有 n 个 S 是 P。那么 A∧B 表示恰好有 n 个 S 是 P。

我们看一些涉及数量词的命题的符号化例子。

例 10　考虑下面的模型：

论域：所有动物　S(x)：x 是人　P(x)：x 是猫　L(x,y)：x 喜欢 y

（1）一些人喜欢至少两只猫。符号化过程如下：

　　　　［1］　存在 x（x 是人并且 x 喜欢至少两只猫）
　　　　［2］　$\exists x(S(x)\wedge\exists y\exists z(y\neq z\wedge y\,是猫\wedge z\,是猫\wedge x\,喜欢\,y\wedge x\,喜欢\,z))$
　　　　［3］　$\exists x(S(x)\wedge\exists y\exists z(y\neq z\wedge P(y)\wedge P(z)\wedge L(x,y)\wedge L(x,z)))$

（2）至少有两个人喜欢同一只猫。符号化过程如下：

　　　　［1］　$\exists x\exists y(x\neq y\wedge x\,是人\wedge y\,是人\wedge\exists z(z\,是猫\wedge x\,喜欢\,z\wedge y\,喜欢\,z))$
　　　　［2］　$\exists x\exists y(x\neq y\wedge S(x)\wedge S(y)\wedge\exists z(P(z)\wedge L(x,z)\wedge L(y,z)))$

（3）至少三个人喜欢至少两只猫。符号化过程如下：

　　　　［1］　$\exists x\exists y\exists z(x\neq y\wedge x\neq z\wedge y\neq z\wedge x\,是人\wedge y\,是人\wedge z\,是人\wedge$

∃u∃v(u≠v∧u 是猫∧v 是猫∧(x 喜欢 u∨x 喜欢 v)
∧(y 喜欢 u∨y 喜欢 v)　∧(z 喜欢 u∨z 喜欢 v)))

[2]　∃x∃y∃z(x≠y∧x≠z∧y≠z∧S(x)∧S(y)∧S(z)∧∃u∃v(u
≠v∧P(u)∧P(v)∧(L(x,u)∨L(x,v))∧(L(y,u)∨L(y,v))
∨(L(z,u)∨L(z,v))))

（4）最多两个人喜欢猫。符号化过程如下：

[1]　∀x∀y∀z(x 是人∧y 是人∧z 是人∧x 喜欢猫∧y 喜欢猫∧z 喜
欢猫→(x≡y∨x≡z∨y≡z))

[2]　∀x∀y∀z(S(x)∧S(y)∧S(z)∧∃u(u 是猫∧x 喜欢 u)∧∃v(v
是猫∧y 喜欢 v)∧∃w(w 是猫∧z 喜欢 w)→(x≡y∨x≡z∨y≡z))

[3]　∀x∀y∀z(S(x)∧S(y)∧S(z)∧∃u(P(u)∧L(x,u))∧∃v
(P(v)∧L(y,v))∧∃w(P(w)∧L(z,w))→(x≡y∨x≡z∨
y≡z))

有了这些符号化的手段，自然语言中许多命题和推理都可以符号化。

例 11　读过至少两本金庸小说的人都喜欢黄蓉。所有喜欢金庸小说的人都至
少读过两本金庸小说。张三喜欢金庸小说。所以，张三喜欢黄蓉。

为了使这个推理符号化，我们先要给出一个模型：

> 论域：所有人和金庸小说　　a：黄蓉　　b：张三　　S(x)：x 是金庸小说
> L(x,y)：x 喜欢 y　　　　D(x,y)：x 读过 y　　　P(x)：x 是人

（1）读过至少两本金庸小说的人都喜欢黄蓉。

[1]　∀x(x 是人并且 x 读过至少两本金庸小说→x 喜欢黄蓉)

[2]　∀x(P(x)∧x 读过至少两本金庸小说→L(x,a))

[3]　∀x(P(x)∧∃y∃z(y≠z∧y 是金庸小说∧z 是金庸小说∧x 读过
y∧x 读过 z)→L(x,a))

[4]　∀x(P(x)∧∃y∃z(y≠z∧S(y)∧S(z)∧D(x,y)∧D(x,z))→L(x,a))

（2）所有喜欢金庸小说的人都至少读过两本金庸小说。

[1]　∀x(x 是人∧ x 喜欢金庸小说→x 读过至少两本金庸小说)

［2］　∀x(P(x)∧∀y(y 是金庸小说→ x 喜欢 y)→ ∃z∃u(z≠u∧z 是金庸小说∧u 是金庸小说∧x 读过 z∧x 读过 u))

［3］　∀x(P(x)∧∀y(S(y)→L(x,y))→∃z∃u(z≠u∧S(z)∧S(u)∧D(x,z)∧D(x,u)))

（3）张三喜欢金庸小说。

　　［1］　∀x(x 是金庸小说→ b 喜欢 x)
　　［2］　∀x(S(x)→L(b,x))

（4）张三喜欢黄蓉。

　　［1］　L(b,a)

上述推理符号化的结果是：

∀x(P(x)∧∃y∃z(y≠z∧S(y)∧S(z)∧D(x,y)∧D(x,z))→L(x，a))，
∀x(P(x)∧∀y(S(y)→L(x,y))→∃z∃u(z≠u∧S(z)∧S(u)∧D(x,z)∧D(x,u)))，∀x(S(x)→ L(b,x))⊢L(b,a)。

这个推理形式从直观上看正确。我们通过符号化得到了这个推理形式，然后要进一步说明如何判断推理形式的有效性。

第三节　基本语法概念

前一节介绍了谓词逻辑的形式语言。为了第四节介绍谓词逻辑的语义以及第五章介绍谓词逻辑的自然演绎系统，在这一节中，首先介绍几个基本的语法概念。

一、自由变元与约束变元

在一个公式中，量词和个体词与论域有关。在一个公式中，量词的管辖范围就是它的辖域。

例 12　量词的辖域：

（1）　∀x(S(x)→P(x))∨S(z)

　　　量词∀的辖域是 x(S(x)→P(x))。

（2）　∀xS(x)→(∃xP(x)∨∃x¬S(x,a))

量词∀的辖域是 xS(x)，量词∃第一次出现的辖域是 xP(x)，量词∃第二次出

现的辖域是 $x \neg S(x,a)$。

（3）　$\forall x(\exists y(S(x) \land P(x,y)) \rightarrow \exists zQ(z,y)) \rightarrow \forall xR(a,b,x)$

量词 $\forall$ 第一次出现的辖域是 x（$\exists y(S(x) \land P(x,y)) \rightarrow \exists zQ(z,y)$），量词 $\exists$ 第一次出现的辖域是 $y(S(x) \land P(x,y))$，量词 $\exists$ 第二次出现的辖域是 $zQ(z,y)$，量词 $\forall$ 第二次出现的辖域是 $xR(a,b,x)$。

定义 2　对任何公式 A，称个体变元 x 在 A 中的一次出现为约束出现，如果 x 的这一次出现是在 A 的某个量词 $\forall$ 或 $\exists$ 的辖域中。称变元 x 在 A 中的一次出现为自由出现，如果它不是约束出现。

称一个变元 x 是公式 A 的约束变元，如果它至少在 A 中有一次约束出现；称 x 为 A 的自由变元，如果它至少在 A 中有一次自由出现。在一个公式 A 中，一个变元可能既是约束的，又是自由的。

例 13　个体变元的约束出现和自由出现：

（1）　$\forall x(S(x) \rightarrow P(x)) \lor S(z)$

　　　x 的所有出现都是约束的，z 的出现是自由的。

（2）　$\forall xS(x) \rightarrow (\exists yP(f(x),g(y)) \lor \forall x \neg S(x,y))$

　　　x 的第三次出现是自由的，其余出现是约束的。

　　　y 的第三次出现是自由的，其余出现是约束的。

（3）　$\forall x(\exists y(S(x) \land P(x,y))) \lor \exists zQ(z,x,y) \rightarrow \forall xR(a,x,z)$

　　　x 的第四次出现是自由的，其余出现是约束的。

　　　y 的第三次出现是自由的，其余出现是约束的。

　　　z 的第三次出现是自由的，其余出现是约束的。

对任何公式 A，如果 A 中没有自由变元，那么称 A 为闭公式；反之，如果 A 中至少有一个自由变元，那么称 A 为开公式。

二、代入

对个体变元进行代入，在谓词逻辑推理中具有重要的作用。例如，$\forall xP(x)$ 推出 $P(a)$（即从"所有个体都具有性质 P"推出"a 这个个体具有性质 P"），这里 $P(a)$ 是用 a 代入 $P(x)$ 中的变元 x 得到的。下面我们分别定义对项和公式中个体变元的代入。

定义 3　对任何项 t、s 和个体变元 x，定义 $t(s/x)$ 如下：

$$c(s/x) = c$$

$$x(s/x) = s$$

$$y(s/x) = y, \text{其中 y 不是 x。}$$

$$f(t_1,\cdots,t_n)(s/x) = f(t_1(s/x),\cdots,t_n(s/x))$$

这个定义告诉我们如何计算 t(s/x)。注意，t(s/x) 是把 t 中 x 的所有出现替换为项 s。

例 14 令 t 是项 f(g(x,y),x)，s 是项 h(a,x)。那么 t(s/x)=f(g(h(a,x),y),h(a,x))，这里是用 h(a,x) 同时代入 t 中 x 的两次出现。

对于一个公式 A，令 A(t/x) 表示用项 t 同时代入 A 中 x 的所有自由出现。确切地说，严格定义如下：

定义 4 对任何公式 A、项 t 和个体变元 x，定义 A(t/x) 如下：

$$P(s_1,\cdots,s_n)(t/x)=P(s_1(t/x),\cdots,s_n(t/x))$$

$$(s_1 \equiv s_2)(t/x)=s_1(t/x) \equiv s_2(t/x)$$

$$(\neg A)(t/x)=\neg A(t/x)$$

$$(A \wedge B)(t/x)=A(t/x) \wedge B(t/x)$$

$$(A \vee B)(t/x)=A(t/x) \vee B(t/x)$$

$$(A \rightarrow B)(t/x)=A(t/x) \rightarrow B(t/x)$$

$$(A \leftrightarrow B)(t/x)=A(t/x) \leftrightarrow B(t/x)$$

$$(\forall x A)(t/x)=\forall x A$$

如果 x 不是 y，t 中不包含变元 y，那么

$$(\forall y A)(t/x)=\forall y A(t/x)，$$

如果 x 不是 y，t 中含变元 y，那么

$$(\forall y A)(t/x)=\forall z A(t/x,z/y)$$

其中，z 是不在 A 和 t 中出现的下标最小的那个个体变元。

$$(\exists x A)(t/x)=\exists x A$$

如果 x 不是 y，t 中不包含变元 y，那么

$$(\exists y A)(t/x)=\exists y A(t/x)，$$

如果 x 不是 y，t 中包含变元 y，那么

$$(\exists y A)(t/x)=\exists z A(t/x,z/y)$$

其中，z 是不在 A 和 t 中出现的下标最小的那个个体变元。

对任意公式 A、项 t 和个体变元 x，都可以根据这个定义来计算 A(t/x) 的结果。现在来看一些例子：

例 15 令 A 是公式 $\forall x R(x,y)$，t 是项 g(x,z)，那么

$$A(t/x)=\forall x R(x,y)$$

$$A(t/y)=\forall x R(x,g(x,z))$$

注意 y 在 A 中的出现是自由出现，但 t 中含 x，所以最后一个代入是错误的；而 x 的所有出现都是约束出现，所以 A(t/x) 的结果就是公式 A。

例 16 令 A 是公式 $\forall x S(x) \rightarrow (\exists y P(f(x),g(y)) \vee \exists x \neg S(x,y))$（前面例 13

的（2），t 是项 f(z)）。那么

$$A(t/x) = \forall xS(x) \rightarrow (\exists yP(f(f(z)),g(y)) \lor \exists x \neg S(x,y)$$

$$A(t/y) = \forall xS(x) \rightarrow (\exists yP(f(x),g(y)) \lor \exists x \neg S(x,f(z))$$

例 17 令 A 是公式 $\forall x(\exists yR(x,y) \rightarrow Q(y,z))$，t 是项 c。那么

$$A(t/x) = \forall x(\exists yR(x,y) \rightarrow Q(y,z))$$

$$A(t/y) = \forall x(\exists yR(x,y) \rightarrow Q(c,z))$$

$$A(t/z) = \forall x(\exists yR(x,y) \rightarrow Q(y,c))$$

在使用 t 代入 A 中 x 时，称 t 为代入项，称 x 为被代入项。注意，在公式中只有自由出现的变元才能成为被代入项。

定义 5 对任何公式 A、项 t 和变元 x，称 t 对 A 中 x 可自由代入，若 x 在 A 中不自由出现于某个 $\forall y$ 或者 $\exists y$ 的辖域中。这里的 y 是出现于 t 中的一个变项。

例 18 令 A 是公式 $\forall xR(x, y)$ 那么

（1）y 对 A 中 x 不可自由代入。

（2）x 对 A 中 y 不可自由代入。

（3）c 对 A 中 y 可自由代入。

（4）任意项 t 对 A 中 x 不可自由代入。

例 19 令 A 是公式 $\forall xR(x,y) \rightarrow \forall y(R(y,z) \land \exists zR(x,z))$。

（1）f(z) 和 f(y) 对 A 中第一个 y 可自由代入。

（2）f(x) 对 A 中第一个 z 可自由代入。

（3）f(y) 对 A 中 x 不可自由代入。

根据定义容易验证例 18 和例 19 中的结果。另一个与代入相关的概念就是易字。

定义 6 对任何公式 A，假设 y 不在 A 中自由出现，并且 y 对 A 中 x 可自由代入。那么称公式 $\forall yA(y/x)$ 为 $\forall xA$ 的易字，称公式 $\exists yA(y/x)$ 为 $\exists xA$ 的易字。

例 20 令 A 是公式 $P(x) \lor (Q(x) \land \exists yR(x,y))$。令 z 是不在 A 中出现的个体变元，那么 z 对 A 中 x 是可自由代入的。根据易字的定义我们有：

$$\forall xA = \forall x(P(x) \lor (Q(x) \land \exists yR(x,y)))$$

$$\forall zA(z/x) = \forall z(P(z) \lor (Q(z) \land \exists yR(z,y)))$$

$$\exists xA = \exists x(P(x) \lor (Q(x) \land \exists yR(x,y)))$$

$$\exists zA(z/x) = \exists z(P(z) \lor (Q(z) \land \exists yR(z,y)))$$

易字的含义是对约束变元换名。换名得到的公式应该与原来的公式是逻辑等值的。例如，在谓词逻辑中，从直观上可以看到，公式 $\forall xP(x)$ 和它的一个易字

公式 $\forall yP(y)$ 是逻辑等值的，因为它们都是说所有个体具有性质 P，约束变元不同只不过是表面的差异。逻辑等值的概念在下一节定义。

第四节　谓词逻辑语义

本节要介绍谓词逻辑的形式语言的语义，确定一个公式真的充分必要条件，从而定义有效公式以及有效推理的概念。谓词逻辑比命题逻辑更复杂，我们需要引入模型和赋值的概念，才能说明每个公式的真假。

一、模型和赋值

为了确定一个公式的真假，我们需要一个模型，它包括论域、对所有个体常元符号、函数符号和谓词符号的解释。在没有自由变元的情况下，我们就可以确定一个闭公式的真假。同样，对于不含个体变元的项来说，我们也可以确定它代表的个体。

例 21　考虑公式 $\forall x(S(x)\rightarrow\neg P(x))$（所有 S 不是 P）。给定这样一个模型：论域是所有自然数的集合 **N**；$S(x)$ 解释为"x 是奇数"，$P(x)$ 解释为"x 能被 2 整除"。也就是说，S 的解释是所有奇数的集合，它是 **N** 的一个子集；P 的解释是所有能被 2 整除的自然数的集合，也是 **N** 的一个子集。那么公式 $\forall x(S(x)\rightarrow\neg P(x))$ 意思是：所有奇数都不能被 2 整除；这在给定的模型中是真的。

我们也可以构造一个模型使得 $\forall x(S(x)\rightarrow\neg P(x))$ 是假的。例如：论域是 $\{a,b\}$；S 解释为 $\{a\}$；P 解释为 $\{a,b\}$。那么直观上看 $\forall x(S(x)\rightarrow\neg P(x))$ 是假的，因为有一个个体 a，它是 S 并且它是 P，所以，存在 a，$S(a)\rightarrow\neg P(a)$ 为假，故，"所有 S 不是 P"就是假的。

定义 7　一个模型是一个二元组 $M=(D,I)$，其中 D 是一个论域（非空集合），I 是对所有个体常元符号、函数符号和谓词符号的一个解释：

（1）对每个个体常元符号 c，c 在 M 中的解释 $I(c)$（也记为 c^M）是 D 中的某个元素。

（2）对每个 n 元函数符号 f，f 在 M 中的解释 $I(f)$（也记为 f^M）是 M 上的一个 n 元函数。

（3）对每个 n 元谓词符号 P，P 在 M 中的解释 $I(P)$（也记为 P^M）是 D^n 的一个子集。

例 22　假设只考虑一个二元函数符号 f 和一个二元关系符号 R。考虑这样的模型 M，其论域是自然数集合 **N**。二元函数符号 f 被解释为 **N** 上的加法+，即 f^M：**N**×

$N \rightarrow N$ 是这样一个函数,对 $m, n \in N, f^M(m, n) = m+n$。二元谓词符号 R 被解释为 N 上的 $\geq$ 关系,即 $R^M = \{(m, n) \in N \times N \mid m \geq n\}$。于是,公式 $\forall x \forall y R(f(x, y), x) \vee \forall x \forall y R(f(x, y), y)$ 意思是"任何两个自然数之和大于等于其中一个自然数",这个公式在模型 M 上就是真的。

在例 22 中,对于不含个体变元的项来说,只要有了模型,就可以计算得到它所代表的个体。例如,在例 22 的模型中,将个体常元 c 解释为自然数 5,d 解释为自然数 7,那么 f(a, b) 所代表的个体就是自然数 12。

对于含有自由变元的开公式来说,除了模型以外,还需要为自由变元赋值,才能确定它们的真假。同样,对于含有个体变元的项来说,也需要确定个体变元的值,才能确定这个项所代表的个体。

例 23 考虑开公式 $R(x, a)$,在例 22 构造的模型 M 中,将 a 解释为自然数 2,那么 $R(x, a)$ 的意思是"$x \geq 2$"。由于其中含有自由变元 x,这个公式的真假是不能确定的。只有当我们为 x 指定了值,才能确定 $R(x, a)$ 的真假。例如,我们为 x 赋值为 1,这个公式就是假的;赋值为 3,这个公式就是真的。同样,对于 f(x, a) 这个项,如果对 x 的赋值为自然数 1,它就代表自然数 3;对 x 赋值为自然数 3,它就代表自然数 5。

现在一般性地定义赋值的概念。令 Var 是所有个体变元的集合。

定义 8 任何模型 $M = (D, I)$ 中的一个赋值是一个函数 $\sigma: Var \rightarrow D$,即从所有个体变元的集合 Var 到 D 的一个函数。一个赋值对每个个体变元指定论域中的一个元素作为它的值。

例 24 在例 23 中可以在模型 M 上给出一个赋值 $\sigma: Var \rightarrow D$ 使得对所有的 x,$\sigma(x) = 1$。那么相对于模型 M 和 σ 来说,公式 $R(x, a)$ 是假的。对另一个赋值 $\sigma': Var \rightarrow D$ 使得对所有的 $\sigma'(x) = 3$ 来说,公式 $R(x, a)$ 是真的。

有了模型和赋值的概念,我们就可以定义谓词逻辑的一个公式在一个模型中相对于一个赋值是真的这个概念。首先我们定义一个项在模型和赋值下的解释。

定义 9 对任何模型 $M = (D, I)$ 和 M 中的一个赋值 σ,一个项 t 在 M 中 σ 下的解释(记作:t^σ)定义如下:

$$c^\sigma = c^M$$
$$x^\sigma = \sigma(x)$$
$$(f(t_1, \cdots, t_m))^\sigma = f^M(t_1^\sigma, \cdots, t_m^\sigma)$$

这个定义告诉我们,只要给定了模型和赋值,那么每个项所代表的个体就可以通过计算得到。

定义 10 对任何模型 $M = (D, I)$、M 中的赋值 σ 和论域中的个体 $d \in D$,定义一个新的赋值 $\sigma(d/x): Var \rightarrow D$ 如下:

$$\sigma(d/x)(y) = \sigma(y), \text{其中 y 不是 x。}$$
$$\sigma(d/x)(x) = d。$$

赋值 $\sigma(d/x)$ 的直观意思是：将原来赋值 σ 对 x 指定的值替换为 d，而其他变元的值保持不变。

定义 11   对任何模型 $M = (D, I)$ 和 M 中的一个赋值 σ，一个公式 A 在 M 中 σ 下真（记号：$M, \sigma \models A$）定义如下：

$$M, \sigma \models P(t_1, \cdots, t_n) \text{当且仅当} (t_1^{\sigma}, \cdots, t_n^{\sigma}) \in P^M$$
$$M, \sigma \models t_1 \equiv t_2 \text{当且仅当} t_1^{\sigma} = t_2^{\sigma}$$
$$M, \sigma \models \neg A \text{当且仅当} M, \sigma \not\models A$$
$$M, \sigma \models A \wedge B \text{当且仅当} M, \sigma \models A \text{并且} M, \sigma \models B$$
$$M, \sigma \models A \vee B \text{当且仅当} M, \sigma \models A \text{或者} M, \sigma \models B$$
$$M, \sigma \models A \rightarrow B \text{当且仅当} M, \sigma \not\models A \text{或者} M, \sigma \models B$$
$$M, \sigma \models A \leftrightarrow B \text{当且仅当} M, \sigma \models A \text{并且} M, \sigma \models B，\text{或者} M, \sigma \not\models A \text{并且} M, \sigma \not\models B$$
$$M, \sigma \models \forall x A \text{当且仅当对所有} d \in D \text{都有} M, \sigma(d/x) \models A$$
$$M, \sigma \models \exists x A \text{当且仅当存在} d \in D \text{使得} M, \sigma(d/x) \models A。$$

在这个定义中，$M, \sigma \not\models A$ 表示"$M, \sigma \models A$"不成立，即 A 是假的。在有些情况下，如果 $M, \sigma \models A$，也称在模型 M 中 σ 满足 A；如果 $M, \sigma \not\models A$，也称在模型 M 中 σ 不满足 A。称一个公式 A 是可满足的，如果存在一个模型 $M = (D, I)$ 和 M 中的一个赋值 σ 使得 $M, \sigma \models A$。

根据这个定义，如果给定了模型和赋值，每个公式的真值都可以通过这个定义来确定。根据定义，我们有如下结论成立：

结论 1   对任何公式 A 和变元 x，假设 x 不在 A 中自由出现。那么对任何模型 $M = (D, I)$ 和 M 中的任何赋值 σ，对任何 $d \in D$，都有 $M, \sigma \models A$ 当且仅当 $M, \sigma(d/x) \models A$。

结论 2   对任何公式 A 和模型 $M = (D, I)$，如果两个赋值 σ 和 σ' 对 A 中所有自由变元的赋值相同，那么 $M, \sigma \models A$ 当且仅当 $M, \sigma' \models A$。

结论 3   假设 t 对 A 中 x 可自由代入。那么 $M, \sigma(t^{\sigma}/x) \models A$ 当且仅当 $M, \sigma \models A(t/x)$。

结论 1 成立，因为 x 在 A 中不是自由出现的，所以 x 的赋值不会影响 A 的真值。结论 2 根据定义可直接得到。对于结论 3，假设 t 对 A 中 x 可自由代入的作用是保证 t 的取值不受 A 中量词的限制，这样才能保证结论成立。结论 3 要对 t 分情况进行证明。

称公式 A 与 B 是逻辑等值的，如果对任何模型 M 和 M 中的任何赋值 σ，都有 $M, \sigma \models A$ 当且仅当 $M, \sigma \models B$。

例 25 证明如下公式是逻辑等值的：

（1） $\forall x(A \wedge B)$ 与 $\forall xA \wedge \forall xB$ 逻辑等值。

（2） $\exists x(A \vee B)$ 与 $\exists xA \vee \exists xB$ 逻辑等值。

（3） 对任何公式 A，假设 x 不在 A 中自由出现，那么 $\forall x(A \vee B)$ 与 $A \vee \forall xB$ 逻辑等值；$\exists x(A \wedge B)$ 与 $A \wedge \exists xB$ 逻辑等值。

（4） 对任何公式 A，假设 y 不在 A 中自由出现，并且 y 对 A 中 x 可自由代入。$\forall yA(y/x)$ 与 $\forall xA$ 逻辑等值；$\exists yA(y/x)$ 与 $\exists xA$ 逻辑等值。

（5） $\forall xA$ 与 $\neg \exists x \neg A$ 逻辑等值，$\exists xA$ 与 $\neg \forall x \neg A$ 逻辑等值。

（6） $\forall x \forall yA$ 与 $\forall y \forall xA$ 逻辑等值，$\exists x \exists yA$ 与 $\exists y \exists xA$ 逻辑等值。

（7） 假设 x 不在 A 中自由出现，那么 A 与 $\forall xA$ 逻辑等值，A 与 $\exists xA$ 逻辑等值。

证明：令 $M=(D, I)$ 是任何模型，σ 是 M 中的任何赋值。注意（5）~（7）根据定义容易证明，因此，它们的证明留给读者完成。这里只证明（1）~（4）。

（1） 假设 $M, \sigma \vDash \forall x(A \wedge B)$。那么根据定义，对所有 $d \in D$，都有 $M, \sigma(d/x) \vDash A \wedge B$，那么，对所有的 $d \in D$，$M, \sigma(d/x) \vDash A$ 并且对所有的 $d \in D$，$M, \sigma(d/x) \vDash B$。所以 $M, \sigma \vDash \forall xA$ 并且 $M, \sigma \vDash \forall xB$。由定义可得：$M, \sigma \vDash \forall xA \wedge \forall xB$。

反之，假设 $M, \sigma \vDash \forall xA \wedge \forall xB$。根据定义 11 可得：$M, \sigma \vDash \forall xA$ 并且 $M, \sigma \vDash \forall xB$。再根据定义 11，对所有的 $d \in D$，$M, \sigma(d/x) \vDash A$ 并且对所有的 $d \in D$，$M, \sigma(d/x) \vDash B$。所以，对所有的 $d \in D$，$M, \sigma(d/x) \vDash A \wedge B$。所以 $M, \sigma \vDash \forall x(A \wedge B)$。

（2） 假设 $M, \sigma \vDash \exists x(A \vee B)$。那么根据定义，存在 $d \in D$ 使得 $M, \sigma(d/x) \vDash A \vee B$。所以，存在 $d \in D$ 使得 $M, \sigma(d/x) \vDash A$ 或者存在 $d \in D$ 使得 $M, \sigma(d/x) \vDash B$。所以 $M, \sigma \vDash \exists xA$ 或者 $M, \sigma \vDash \exists xB$。所以 $M, \sigma \vDash \exists xA \vee \exists xB$。反之，假设 $M, \sigma \vDash \exists xA \vee \exists xB$。那么 $M, \sigma \vDash \exists xA$ 或者 $M, \sigma \vDash \exists xB$。分两种情况：1）$M, \sigma \vDash \exists xA$。那么存在 $d \in D$ 使得 $M, \sigma(d/x) \vDash A$，所以 $M, \sigma(d/x) \vDash A \vee B$。所以 $M, \sigma \vDash \exists x(A \vee B)$；2）$M, \sigma \vDash \exists xB$ 的情况类似。

（3） 只证明 $\forall x(A \vee B)$ 与 $A \vee \forall xB$ 逻辑等值，另一情况类似。假设 $M, \sigma \vDash \forall x(A \vee B)$。那么对所有 $d \in D$ 都有 $M, \sigma(d/x) \vDash A \vee B$，所以，对所有 $d \in D$ 都有 $M, \sigma(d/x) \vDash A$ 或者对所有 $d \in D$ 都有 $M, \sigma(d/x) \vDash B$。分两种情况：1）对所有 $d \in D$ 都有 $M, \sigma(d/x) \vDash A$。因为 x 不在 A 中自由出现，所以 $M, \sigma \vDash A$。所以 $M, \sigma \vDash A \vee \forall xB$。2）对所有 $d \in D$ 都有 $M, \sigma(d/x) \vDash B$。因为 d 是任意的，所以 $M, \sigma \vDash \forall xB$，所以 $M, \sigma \vDash A \vee \forall xB$。反之，假设 $M, \sigma \vDash A \vee \forall xB$。所以 $M, \sigma \vDash A$ 或者 $M, \sigma \vDash \forall xB$。分两种情况：1）$M, \sigma \vDash A$。因为 x 不在 A 中自由出现，所以 $M, \sigma(d/x) \vDash A$。所以 $M, \sigma(d/x) \vDash A \vee B$。所以 $M, \sigma \vDash \forall x(A \vee B)$。2）$M, \sigma \vDash \forall xB$。任取 $d \in D$ 都有 $M, \sigma(d/x) \vDash B$。所以，对任意的 $d \in D$，$M, \sigma(d/x) \vDash A \vee B$。所以 $M, \sigma \vDash \forall x(A \vee B)$。

（4）只证明∀yA(y/x)与∀xA逻辑等值，另一情况类似。假设 M,σ⊨∀yA(y/x)。那么对所有 d∈D 都有 M,σ(d/y)⊨A(y/x)。任取 d∈D。那么 M,σ(d/y)⊨A(y/x)。因为 A(y/x)中 x 的所有自由出现被 y 代入，所以，由 d 的任意性，M,σ(d/x)⊨A。所以，M,σ⊨∀xA。反之，假设 M,σ⊨∀xA。任取 d∈D，所以 M,σ(d/x)⊨A。因为 A(y/x)中 x 的所有自由出现被 y 代入，所以 M,σ(d/y)⊨A(y/x)。由 d 的任意性，所以 M,σ⊨∀yA(y/x)。证毕。

例 25 说明了如何利用公式在模型中赋值下真的概念来证明两个公式之间的逻辑等值。

二、有效公式与有效推理

正如在命题逻辑中我们要定义重言式和有效推理的概念，在谓词逻辑中，我们也要定义有效公式和有效推理的概念。

定义 12 称一个谓词逻辑公式 A 在模型 M=(D, I) 中是有效的（记号：M⊨A），如果对 M 中任何赋值 σ 都有 M,σ⊨A；称一个谓词逻辑公式 A 是有效的（记号：⊨A），如果对任何模型 M 都有 M⊨A。

要证明一个谓词逻辑的公式 A 是有效的，需要证明它在任何模型和赋值下都是真的。

例 26 如下公式都是有效的：

（1）∀x(A→B)→(∀xA→∀xB)

（2）∀xA→∃xA

（3）∀xA→A(t/x)，其中 t 对 A 中 x 可自由代入。

（4）∃x∀yA→∀y∃xA

证明：令 M=(D, I) 是任何模型，σ 是 M 中的任何赋值。

（1）假设 M,σ⊨∀x(A→B)并且 M,σ⊨∀xA。任取 d∈D。根据假设可得，M,σ(d/x)⊨A→B 并且 M,σ(d/x)⊨A。所以 M,σ(d/x)⊨B。所以 M,σ⊨∀xB。

（2）假设 M,σ⊨∀xA。因为论域 D 是非空的，所以存在 d∈D。根据假设可得，M,σ(d/x)⊨A。所以 M,σ⊨∃xA。

（3）假设 M,σ⊨∀xA。令 d=t^σ，所以 M,σ(d/x)⊨A。因为 t 对 A 中 x 可自由代入，所以 M,σ⊨A(t/x)。

（4）假设 M,σ⊨∃x∀yA。任取 d∈D。根据假设，存在 e∈D 使得 M,σ(e/x)⊨∀yA。所以 M,σ(d/y)(e/x)⊨A。所以 M,σ(d/y)⊨∃xA。于是，M,σ⊨∀y∃xA。

定义 13 对任何公式集 Γ 和公式 A，称 A 是 Γ 的一个逻辑后承（记号：Γ⊨A），如果对任何模型 M=(D, I) 和 M 中的任何赋值 σ，如下条件成立：

对所有 B∈Γ，如果 M，σ⊨B，那么 M，σ⊨A。

也就是说，A 是 Γ 的一个逻辑后承当且仅当对任何模型 M，任何满足Γ中所有公式的赋值都满足 A。公式 A 是 Γ 的一个逻辑后承其实就是说从Γ到 A 的推理是有效的。我们来看一些例子。

例 27　证明如下逻辑后承关系成立：

(1) ∀x(S(x)→P(x))，S(a)⊨P(a)

(2) ∀x(S(x)→P(x))，¬P(a)⊨¬S(a)

(3) ∀xS(x)，∃yP(y)⊨∃z(S(z)∧P(z))

证明：任给模型 M=(D，I) 和 M 中的任何赋值 σ。

(1) 假设 M,σ⊨∀x(S(x) → P(x))并且 M,σ⊨S(a)。由 M,σ⊨S(a)可得，a^σ∈S^M，所以 M,σ(a^σ/x)⊨S(x)。根据 M,σ⊨∀x(S(x) → P(x))可得，M,σ(a^σ/x)⊨S(x)→P(x)。所以 M,σ(a^σ/x)⊨P(x)。所以 a^σ∈P^M，所以 M,σ⊨P(a)。

(2) 假设 M,σ⊨∀x(S(x)→P(x))并且 M,σ⊨¬P(a)。由 M,σ⊨¬P(a)可得，a^σ∉P^M，所以 M,σ(a^σ/x)⊭P(x)。根据 M,σ⊨∀x(S(x)→P(x))可得，M,σ(a^σ/x)⊨S(x)→P(x)。所以 M,σ(a^σ/x)⊭S(x)。所以 a^σ∉S^M，所以 M,σ⊭S(a)。所以 M,σ⊨¬S(a)。

(3) 假设 M,σ⊨∀xS(x)并且 M,σ⊨∃yP(y)。根据 M,σ⊨∃yP(y)可得，存在 d∈D 使得 M,σ(d/y)⊨P(y)。所以，存在 d∈D 使得 M,σ(d/z)⊨P(z)。再由假设 M,σ⊨∀xS(x)可得，任意的 d∈D 使得 M,σ(d/x)⊨S(x)。所以，任意的 d∈D 使得 M,σ(d/z)⊨S(z)。所以，存在 d∈D 使得 M,σ(d/z)⊨S(z)∧P(z)。所以 M,σ⊨∃z(S(z)∧P(z))。

一般地，对于逻辑后承关系来说，有如下结论：

结论 4　对任何公式集Γ和公式 A、B，Γ，A⊨B 当且仅当Γ⊨A→B。

这个结论可以直接从定义得到证明。由此可知，两个公式 A 和 B 逻辑等值当且仅当⊨A↔B。

本 章 小 结

谓词逻辑的实质是在命题逻辑的基础上，对命题的基本单位——简单命题进行分解，分解出个体词、谓词、量词等成分，从而揭示简单命题内部的形式结构，研究它们的逻辑性质和规律，使其能够更加深入、更加严格地表示实际推理的过程。

个体词（项）包括个体变元、个体常元以及通过函数符号复合得到的项，由谓词符号加上项组成最基本的公式——原子公式。每个公式都是从原子公式有限次地运用命题联结词和量词形成的。量词有辖域，即量词对个体变元的约束范围。处在某个量词辖域内的个体变元称约束变元。如果一个个体变元的出现不受量词的约束，称自由变元。不含自由变元的公式叫闭公式，至少包含一个自由变元的公式称开公式。

在谓词逻辑中，我们还引入了模型和赋值的概念。一个谓词逻辑公式的真假是在模型上相对于赋值来定义的。在所有模型和赋值下都真的公式叫有效公式。如果一个推理的结论在所有使前提都真的模型和赋值下也是真的，那么这个推理就是有效的。

思考题：

1. 举例说明什么是谓词以及谓词的种类。

2. 谓词逻辑公式是怎样形成的？

3. 开公式与闭公式有什么区别？

4. 如何确定一个变元的自由出现或约束出现？

5. 如何用一个项代入一个公式的自由变元？

6. 什么是有效公式和有效推理？

练习题：

1. 党的领导是人民当家作主和依法治国的根本保证，将此命题符号化。

2. 根据给出的模型将下列命题符号化：

论域：所有人	$S(x)$：x 是学生	$P(x)$：x 是聪明的
$Q(x)$：x 是勤奋的	$G(x)$：x 及格了	$H(x)$：x 是三年级的
$J(x)$：x 是四年级的	$Z(x,y)$：x 尊敬 y	

（1）所有聪明的学生都是勤奋的。

（2）只有四年级的学生及格了。

（3）所有三年级的学生都尊敬四年级的学生。

（4）有些聪明的三年级学生不尊敬有些四年级的学生。

（5）只要所有四年级的学生是勤奋的，三年级的学生都会尊敬任何四年级的学生。

3. 分别给出满足和不满足下列公式的模型和赋值：

(1) $\exists yR$ (x, y)

(2) $\forall x \exists yR$ (x, y)

(3) $\forall x(P$ (x) $\lor Q$ (x))$\rightarrow$($\forall xP$ (x) $\lor \forall xQ$ (x))

4. 证明如下公式都是有效的:

(1) $\forall x(S$ (x) $\rightarrow$(Q (x) $\land P$ (x)))$\rightarrow \exists x(\neg P$ (x) $\rightarrow \neg S$ (x))

(2) $\forall x(P$ (x) $\rightarrow Q$ (a))$\rightarrow$($\exists xP$ (x) $\rightarrow Q$ (a))

(3) $\forall x(\forall y(A \rightarrow \exists zB) \rightarrow \neg \exists y(A \land \forall z \neg B))$

(4) $\neg \forall x(A \rightarrow B) \leftrightarrow \exists x(A \land \neg B)$

(5) $\exists x(A \rightarrow B) \leftrightarrow (A \rightarrow \exists xB)$,其中 x 不在 A 中自由出现。

5. 证明下列逻辑后承关系:

(1) $\forall x(P$ (x) $\rightarrow$($\neg S$ (x) $\rightarrow \neg Q$ (x))), $\exists x(P$ (x) $\land Q$ (x))$\vDash$ $\exists x(P$ (x) $\land S$ (x))

(2) $\forall x(A \rightarrow B)$,$\exists xA \vDash \exists xB$

(3) $\forall xR$ (x, x)$\vDash \forall x \exists yR$ (x, y)

(4) $\neg \exists x(A \land \neg B)$,$\exists xA \vDash \exists xB$

(5) $\forall xA \rightarrow B \vDash \exists x(A \rightarrow B)$,其中 x 不在 B 中自由出现。

第五章　谓词逻辑的自然演绎系统

谓词逻辑自然演绎系统是在命题逻辑的自然演绎系统 NP 基础之上，增加关于量词的规则而得到的。本章首先介绍含有全称量词 ∀ 和存在量词 ∃ 的谓词逻辑自然演绎系统 NQ，然后介绍含有等词 ≡ 的谓词逻辑自然演绎系统 $NQ^{=}$。

第一节　谓词逻辑自然演绎系统

我们把将要建立的逻辑系统称之为谓词逻辑的自然演绎系统 NQ。NQ 系统使用的形式语言就是第四章中介绍的形式语言，相关符号如 ⊢ 等的含义请参考第三、四章的有关说明或定义。除了第三章中命题逻辑自然演绎系统 NP 的 12 条推理规则之外，还有量词的引入和消去规则。我们依次给出这些规则，同时举例说明它们的应用。

本章中出现的符号，有两点统一说明一下：

1. 符号串"$\Sigma \vdash A$"表示一个推理关系，其中"Σ"表示前提，"A"表示结论，"⊢"表示两者之间的推出关系。

2. "如果 $\Sigma_1 \vdash A$，则 $\Sigma_2 \vdash B$"表示：假定一个推理关系"$\Sigma_1 \vdash A$"成立，则可以得出另一个推理关系"$\Sigma_2 \vdash B$"也成立。

根据若干前提直接得出结论的推理规则称之为直接推理规则，由一个推理关系得出另一个推理关系的推理规则称之为间接推理规则。形如"如果 $\Sigma_1 \vdash A$，则 $\Sigma_2 \vdash B$"的推理规则就是间接推理规则。

在实际的推理过程中，我们除了要运用直接推理规则之外还大量使用间接推理规则，即由一个推理关系得出另一个推理关系。本章中关于量词的推理规则，我们都以间接推理规则的形式给出。

一、全称量词消去规则

全称量词消去规则（简记为 ∀E）：

如果 $\Sigma \vdash \forall x A$，则 $\Sigma \vdash A(t/x)$。其中 t 是一个项，并且 t 对 A 中的变元 x 可自由代入。

全称量词消去规则的直观含义是：如果所有个体都具有某个性质，那么个体 t 也具有该性质。

根据全称量词消去规则，不难证明：

$\forall xA \vdash A(t/x)$。其中 t 是一个项，并且 t 对 A 中的变元 x 可自由代入。

因此，我们也经常以上述形式使用全称量词消去规则。

例1 $\forall x(A \rightarrow B)$，$A(t/x) \vdash B(t/x)$，其中 t 对 A 和 B 中 x 可自由代入。

证明：

[1] $\forall x(A \rightarrow B)$ pre
[2] $A(t/x)$ pre
[3] $A(t/x) \rightarrow B(t/x)$ $\forall E:[1]$
[4] $B(t/x)$ $\rightarrow E:[2],[3]$

在运用全称量词消去规则时，要注意附加条件：t 对 A 中 x 可自由代入。不满足这个附加条件时，不能应用这条规则。例如，下面的全称量词消去规则的应用是错误的：

[1] $\forall x \exists yR(x,y)$
[2] $\exists yR(y,y)$

第[2]步得到的公式 $\exists yR(y,y) = \exists yR(x,y)(y/x)$，但 y 对 $\exists yR(x,y)$ 中 x 不可自由代入。从[1]不能得到[2]。读者可以举一个模型使得[1]真而[2]假。例如，考虑论域 $D=\{a,b\}$，R 的解释为 $\{(a,b),(b,a)\}$。在这个模型上[1]是真的，因为对 D 中每个个体，都有另一个个体与它有 R 关系。但[2]是假的，因为 D 中每个个体与自身没有 R 关系。再如，以正整数集为论域，$R(x,y)$ 解释为 x 小于 y，则 $\forall x \exists yR(x,y)$ 解释为对于任一正整数都至少存在一个大于它的正整数，这是一个真语句；$\exists yR(y,y)$ 解释为至少存在一个正整数小于自身，这是一个假语句。

二、全称量词引入规则

全称量词引入规则（简记为 $\forall I$）：

如果 $\Sigma \vdash A(c/x)$，则 $\Sigma \vdash \forall xA$。其中 c 是不受限制的新常元（用[c]表示），即 c 是不在前提集 Σ 中出现的新常元。

全称量词引入规则的直观含义是：如果在某前提（Σ）下可以得出任一个体都具有性质 A，那么在该前提下可以得出所有个体都具有性质 A。这里用新常元 c 就是为了使它能够代表任意个体。

如果 a 不是不受限制的新常元，推理就可能出现错误。例如，以 P（a）为前

提不能推出 $\forall xP(x)$。构造这样一个模型：论域为所有自然数的集合；P 在论域上解释为所有偶数的集合；a 解释为自然数 "2"。显然，"2 是偶数" 是真的，而 "所有自然数都是偶数" 是假的。

例 2 $\forall xA \vdash \forall yA(y/x)$，其中 y 对 A 中 x 可自由代入。

证明：

[1]	$\forall xA$	pre
[2]	$A(c/x)$	$\forall E:[1][c]$
[3]	$\forall yA(y/x)$	$\forall I:[2]$

例 3 $\forall x(A{\to}B) \vdash \forall xA {\to} \forall xB$

证明：

[1]	$\forall x(A{\to}B)$	pre
[2]	$\forall xA$	hyp
[3]	$A(c/x)$	$\forall E:[2][c]$
[4]	$\forall x(A{\to}B)$	reit:[1]
[5]	$A(c/x){\to}B(c/x)$	$\forall E:[4]$
[6]	$B(c/x)$	${\to}E:[3],[5]$
[7]	$\forall xB$	$\forall I:[6]$
[8]	$\forall xA {\to} \forall xB$	${\to}I:[2]-[7]$

例 4 $\forall x(A{\to}B)$, $\forall x(B{\to}C) \vdash \forall x(A{\to}C)$

证明：

[1]	$\forall x(A{\to}B)$	pre
[2]	$\forall x(B{\to}C)$	pre
[3]	$A(c/x){\to}B(c/x)$	$\forall E:[1][c]$
[4]	$B(c/x){\to}C(c/x)$	$\forall E:[2][c]$
[5]	$A(c/x)$	hyp
[6]	$A(c/x){\to}B(c/x)$	reit:[3]
[7]	$B(c/x)$	${\to}E:[5],[6]$
[8]	$B(c/x){\to}C(c/x)$	reit:[4]
[9]	$C(c/x)$	${\to}E:[7],[8]$

[10]	A(c/x)→C(c/x)	→I:[5]-[9]
[11]	∀x(A→C)	∀I:[10]

例 5　∀xA∧∀xB ├ ∀x(A∧B)
证明：

[1]	∀xA∧∀xB	pre
[2]	∀xA	∧E：[1]
[3]	∀xB	∧E：[1]
[4]	A(c/x)	∀E：[2][c]
[5]	B(c/x)	∀E：[3][c]
[6]	A(c/x)∧B(c/x)	∧I：[4]，[5]
[7]	∀x(A∧B)	∀I：[6]

例 6　∀x(A∧B) ├ ∀xA∧∀xB
证明：

[1]	∀x(A∧B)	pre
[2]	A(c/x)∧B(c/x)	∀E：[1][c]
[3]	A(c/x)	∧E：[2]
[4]	B(c/x)	∧E：[2]
[5]	∀xA	∀I：[3]
[6]	∀xB	∀I：[4]
[7]	∀xA∧∀xB	∧I：[5]，[6]

例 7　∀xA∨∀xB ├ ∀x(A∨B)
证明：

[1]	∀xA∨∀xB	pre
[2]	∀xA	hyp
[3]	A(c/x)	∀E：[2][c]
[4]	A(c/x)∨B(c/x)	∨I：[3]
[5]	∀x(A∨B)	∀I：[4]
[6]	∀xB	hyp

[7]	B(d/x)	∀E：[6][d]
[8]	A(d/x)∨B(d/x)	∨I：[7]
[9]	∀x(A∨B)	∀I：[8]
[10]	∀x(A∨B)	∨E：[1],[2]-[5],[6]-[9]

例 7 反过来不成立，即由 ∀x(A∨B) 推不出 ∀xA∨∀xB。例如，以所有自然数为论域，"所有自然数或者是奇数或者是偶数"是一个真命题，但是"所有自然数都是奇数，或者所有自然数都是偶数"却是一个假命题。

例 8　∀x∀yA ⊢ ∀y∀xA

证明：

[1]	∀x∀yA	pre
[2]	∀yA(c/x)	∀E：[1][c]
[3]	A(c/x)（d/y）	∀E：[2][d]
[4]	∀xA(d/y)	∀I：[3]
[5]	∀y∀xA	∀I：[4]

三、存在量词消去规则

存在量词消去规则(简记为∃E)：

如果 Σ，A（c/x）⊢B，则 Σ，∃xA⊢B。其中 c 是不受限制的新常元（用 [c*] 表示），即 c 在前提集 Σ 和结论 B 中均不出现。

存在量词消去规则的直观含义是：如果在某前提（Σ）下由任一个体 c 具有性质 A 可以得出结论 B，那么在该前提下只要存在个体具有性质 A 就可以得出结论 B。在规则中我们用符号 c* 表示所使用的常元 c 是不受限制的。也就是说，这个 c 必须是论域中在前提 Σ 和结论 B 中均不出现的任一个体。

存在量词消去规则的直观含义还可以理解为：在某前提下，如果要由存在个体具有性质 A 得出结论 B，可以先假定某个体 c 具有性质 A，由此得出结论 B 即可。规则中对 c 的要求就是为了保证 c 不是受 Σ 或 B 限制的某一特殊个体，而是任一个体。

注意：不能对不受限制的新常元 c 进行全称引入，因为 c 具有性质 A 本质上是依赖"存在个体具有性质 A"的一个假定。即如果 c 是不受限制的新常元，那么由 A(c/x)推不出 ∀xA。

例 9　∀x(S(x)→P(a))，∃xS(x)⊢P(a)

证明：

[1]	$\forall x(S(x)\to P(a))$	pre
[2]	$\exists xS(x)$	pre
[3]	$S(c)$	hyp: $[c^*]$
[4]	$\forall x(S(x)\to P(a))$	reit: [1]
[5]	$S(c)\to P(a)$	$\forall$E: [4]
[6]	$P(a)$	$\to$E: [3][5]
[7]	$P(a)$	$\exists$E: [1]–[6]

在这个证明中，第 [3] 步是从第 [2] 步用 c 进行存在量词消去规则的一个假定而得到的。这里不能使用个体常元 a，因为它已在前提中出现。第 [5] 步是从 [4] 得到的，注意 c 对 S(x)→P(a) 中 x 可自由代入，这一点在第 [3] 步选择不受限制的新常元 c 时就应该考虑到。

该证明的基本思路是：先完成 $\forall x(S(x)\to P(a))$，$S(c)\vdash P(a)$ 的证明，然后根据存在量词消去规则得到 $\forall x(S(x)\to P(a))$，$\exists xS(x)\vdash P(a)$。

四、存在量词引入规则

存在量词引入规则（简记为 $\exists$I）：

如果 $\Sigma\vdash A(t/x)$，则 $\Sigma\vdash\exists xA$。

其中 t 是一个项，并且 t 对 A 中的变元 x 可自由代入。

存在量词引入规则的直观含义是：如果个体 t 具有性质 A，那么存在个体具有性质 A。

根据存在量词引入规则，不难证明：

$A(t/x)\vdash\exists xA$。其中 t 是一个项，并且 t 对 A 中的变元 x 可自由代入。

因此，我们也经常以上述形式使用存在量词引入规则。

例 10 $\vdash\forall xA\to\exists xA$

证明：

[1]	$\forall xA$	hyp
[2]	$A(c/x)$	$\forall$E: [1]
[3]	$\exists xA$	$\exists$I: [2]
[4]	$\forall xA\to\exists xA$	$\to$I: [1]–[3]

例 11 $\forall x(A\to B)$，$\exists x(C\wedge\neg B)\vdash\exists x(C\wedge\neg A)$

证明：

[1]	$\forall x(A \rightarrow B)$	pre
[2]	$\exists x(C \wedge \neg B)$	pre
[3]	$C(c/x) \wedge \neg B(c/x)$	hyp：$[c^*]$
[4]	$C(c/x)$	$\wedge E：[3]$
[5]	$\neg B(c/x)$	$\wedge E：[3]$
[6]	$\forall x(A \rightarrow B)$	reit：$[1]$
[7]	$A(c/x) \rightarrow B(c/x)$	$\forall E：[6]$
[8]	$A(c/x)$	hyp
[9]	$A(c/x) \rightarrow B(c/x)$	reit：$[7]$
[10]	$B(c/x)$	$\rightarrow E：[8]，[9]$
[11]	$\neg B(c/x)$	reit：$[5]$
[12]	$\neg A(c/x)$	$\neg I：[8]-[11]$
[13]	$C(c/x) \wedge \neg A(c/x)$	$\wedge I：[4]，[12]$
[14]	$C(c/x) \wedge \neg A(c/x)$	$\exists E：[1]-[13]$
[15]	$\exists x(C \wedge \neg A)$	$\exists I：[14]$

例 12 $\exists xA \vdash \exists yA(y/x)$

证明：

[1]	$\exists xA$	pre
[2]	$A(c/x)$	hyp：$[c^*]$
[3]	$\exists yA(y/x)$	$\exists I：[2]$
[4]	$\exists yA(y/x)$	$\exists E：[1]-[3]$

例 13 $\exists xA \vee \exists xB \vdash \exists x(A \vee B)$

证明：

[1]	$\exists xA \vee \exists xB$	pre
[2]	$\exists xA$	hyp
[3]	$A(c/x)$	hyp：$[c^*]$
[4]	$A(c/x) \vee B(c/x)$	$\vee I：[3]$
[5]	$\exists x(A \vee B)$	$\exists I：[4]$
[6]	$\exists x(A \vee B)$	$\exists E：[2]-[5]$
[7]	$\exists xB$	hyp

[8]	B(c/x)	hyp：[c*]
[9]	A(c/x)∨B(c/x)	∨I：[8]
[10]	∃x(A∨B)	∃I：[9]
[11]	∃x(A∨B)	∃E：[7]-[10]
[12]	∃x(A∨B)	∨E：[1]，[2]-[6]，[7]-[11]

例14 ∃x(A∨B)⊢∃xA∨∃xB

证明与例13类似。

例15 ∃x(A∧B)⊢∃xA∧∃xB

证明：

[1]	∃x(A∧B)	pre
[2]	A(c/x)∧B(c/x)	hyp：[c*]
[3]	A(c/x)	∧E：[2]
[4]	∃xA	∃I：[3]
[5]	B(c/x)	∧E：[2]
[6]	∃xB	∃I：[5]
[7]	∃xA∧∃xB	∧I：[4]，[6]
[8]	∃xA∧∃xB	∃E：[1]-[7]

定理15的逆不成立。即由∃xA∧∃xB推不出∃x(A∧B)。例如，以自然数作为论域，"存在自然数是偶数，并且存在自然数是奇数"是一个真命题，但是"存在自然数既是偶数又是奇数"却是一个假命题。

例16 ∃x∃yA⊢∃y∃xA

证明：

[1]	∃x∃yA	pre
[2]	∃yA(c/x)	hyp：[c*]
[3]	A(c/x)(d/y)	hyp：[d*]
[4]	∃xA(d/y)	∃I：[3]
[5]	∃xA(d/y)	∃E：[2]-[4]
[6]	∃y∃xA	∃I：[5]
[7]	∃y∃xA	∃E：[1]-[6]

例 17 $\exists x \forall y A \vdash \forall y \exists x A$

证明：

[1]	$\exists x \forall y A$	pre
[2]	$\forall y A(c/x)$	hyp：$[c^*]$
[3]	$A(c/x)(d/y)$	$\forall E$：[2] [d]
[4]	$\exists x A(d/y)$	$\exists I$：[3]
[5]	$\forall y \exists x A$	$\forall I$：[4]
[6]	$\forall y \exists x A$	$\exists E$：[1]–[5]

该定理表明，如果论域中存在个体与论域中的所有个体具有关系 A，那么论域中的所有个体均存在与其具有关系 A 的个体。例如，如果至少有一个人尊重所有的人（包括他自己），那么可以得出，所有的人都至少被一个人尊重。

定理 17 的逆不成立。即由 $\forall y \exists x A$ 推不出 $\exists x \forall y A$。例如，以自然数作为论域，"所有自然数都存在自然数比它大"是一个真命题，但是"存在自然数比所有自然数大"却是一个假命题。再如，以所有人为论域，"任何人都有父亲"是一个真命题，但是"有人是所有人的父亲"却是一个假命题。

例 18 $\forall x A \dashv\vdash \neg \exists x \neg A$

证明：

先证 $\forall x A \vdash \neg \exists x \neg A$

[1]	$\forall x A$	pre
[2]	$\exists x \neg A$	hyp
[3]	$\neg A(c/x)$	hyp：$[c^*]$
[4]	$\forall x A$	reit：[1]
[5]	$A(c/x)$	$\forall E$：[4]
[6]	$A(c/x) \rightarrow B \wedge \neg B$	第三章例 9：[3]
[7]	$B \wedge \neg B$	$\rightarrow E$：[5]，[6]
[8]	$B \wedge \neg B$	$\exists E$：[1]–[7]
[9]	B	$\wedge E$：[8]
[10]	$\neg B$	$\wedge E$：[8]
[11]	$\neg \exists x \neg A$	$\neg I$：[2]–[10]

再证 $\neg \exists x \neg A \vdash \forall x A$

[1]	$\neg \exists x \neg A$	pre
[2]	$\neg A(a/x)$	hyp：[a]

$$[3]　　　　∃x¬A　　　　　　　∃I：[2]$$
$$[4]　　　　¬∃x¬A　　　　　　reit：[1]$$
$$[5]　　A(a/x)　　　　　　　　¬E：[2]-[4]$$
$$[6]　　∀xA　　　　　　　　　∀I：[5]$$

例 19　$∃xA ⊣⊢ ¬∀x¬A$
证明与例 18 类似。

例 20　$¬∀xA ⊣⊢ ∃x¬A$
证明：

先证 $¬∀xA ⊢ ∃x¬A$

$$[1]　　¬∀xA　　　　　　　　pre$$
$$[2]　　　　¬∃x¬A　　　　　hyp$$
$$[3]　　　　∀xA　　　　　　例18：[2]$$
$$[4]　　　　¬∀xA　　　　　　reit：[1]$$
$$[5]　∃x¬A　　　　　　　　¬E：[2]-[4]$$

再证 $∃x¬A ⊢ ¬∀xA$

$$[1]　　∃x¬A　　　　　　　　pre$$
$$[2]　　　　∀xA　　　　　　hyp$$
$$[3]　　　　¬∃x¬A　　　　　例18：[2]$$
$$[4]　　　　∃x¬A　　　　　　reit：[1]$$
$$[5]　¬∀xA　　　　　　　　¬I：[2]-[4]$$

例 21　$¬∃xA ⊣⊢ ∀x¬A$
证明与例 20 类似。

例 22　$∀x(A→B) ⊣⊢ ∃xA→B$，其中 x 在 B 中不是自由的。
证明：

先证 $∀x(A→B) ⊢ ∃xA→B$

$$[1]　　∀x(A→B)　　　　　　pre$$
$$[2]　　　　∃xA　　　　　　hyp$$
$$[3]　　　　　　A(c/x)　　　hyp：[c^*]$$
$$[4]　　　　　　∀x(A→B)　　reit：[1]$$
$$[5]　　　　　　A(c/x)→B　　∀E：[4]$$

[6]		B	→E：[3]，[5]
[7]		B	∃E：[1]-[6]
[8]	∃xA→B		→I：[2]-[7]

这个证明中从[4]到[5]运用全称量词消去规则，应该得到 A(c/x)→B(c/x)，但是由于 x 在 B 中不是自由的，所以 B(c/x)= B。

再证∃xA→B⊢∀x (A→B)

[1]	∃xA→B		pre
[2]		A(c/x)	hyp：[c]
[3]		∃xA	∃I：[2]
[4]		∃xA→B	reit：[1]
[5]		B	→E：[3]，[4]
[6]	A(c/x)→B		→I：[2]-[5]
[7]	∀x(A→B)		∀I：[6]

这个证明中从 [6] 到 [7] 运用全称量词引入规则，由于 x 在 B 中不是自由的，所以 B(c/x) = B，所以 A(c/x)→B = A(c/x)→B(c/x)。

例 23　∃x(A∧B)⊣⊢A∧∃xB，其中 x 在 A 中不是自由的。

证明：

先证∃x(A∧B)⊢A∧∃xB

[1]	∃x(A∧B)		pre
[2]		A∧B(c/x)	hyp：[c*]
[3]		A	∧E：[2]
[4]		B(c/x)	∧E：[2]
[5]		∃xB	∃I：[4]
[6]		A∧∃xB	∧I：[3]，[5]
[7]	A∧∃xB		∃E：[1]-[6]

再证 A∧∃xB⊢∃x(A∧B)

[1]	A∧∃xB		pre
[2]	A		∧E：[1]
[3]	∃xB		∧E：[2]
[4]		B(c/x)	hyp：[c*]

[5]　　　　　A　　　　　　　　　　　reit：[2]

[6]　　　　　A∧B(c/x)　　　　　　∧I：[3]，[4]

[7]　　　　　∃x(A∧B)　　　　　　∃I：[6]

[8]　∃x(A∧B)　　　　　　　　　　∃E：[1]-[7]

注意上述证明中 x 的附加条件的使用。

例 24　∀x(A∨B)⊣⊢A∨∀xB，其中 x 在 A 中不是自由的。

证明：

先证 ∀x(A∨B)⊢A∨∀xB

[1]　∀x(A∨B)　　　　　　　　　pre

[2]　　　¬(A∨∀xB)　　　　　　hyp

[3]　　　¬A∧¬∀xB　　　　　　德·摩根律：[2]

[4]　　　¬A　　　　　　　　　　∧E：[3]

[5]　　　¬∀xB　　　　　　　　　∧E：[3]

[6]　　　∃x¬B　　　　　　　　　例20：[5]

[7]　　　¬A∧∃x¬B　　　　　　∧I：[4]，[6]

[8]　　　∃x(¬A∧¬B)　　　　　例23：[7]

[9]　　　　　¬A(c/x)∧¬B(c/x)　hyp：[c*]

[10]　　　　¬(A(c/x)∨B(c/x))　德·摩根律：[9]

[11]　　　　∃x¬(A∨B)　　　　∃I：[10]

[12]　　　∃x¬(A∨B)　　　　　∃E：[8]-[11]

[13]　　　∀x(A∨B)　　　　　　reit：[1]

[14]　　　¬∃x¬(A∨B)　　　　例18：[13]

[15]　A∨∀xB　　　　　　　　　¬E：[2]-[14]

再证 A∨∀xB⊢∀x(A∨B)

[1]　A∨∀xB　　　　　　　　　pre

[2]　　　A　　　　　　　　　　hyp

[3]　　　A∨B(c/x)　　　　　　∨I：[2][c]

[4]　　　∀x(A∨B)　　　　　　∀I：[3]

[5]　　　∀xB　　　　　　　　　hyp

[6]　　　B(c/x)　　　　　　　　∀E：[5][c]

[7]　　　A∨B(c/x)　　　　　　∨I：[6]

[8]　　　∀x(A∨B)　　　　　　∀I：[7]

$$[9] \quad \forall x(A \lor B) \qquad\qquad \lor E: [1], [2]-[4], [5]-[8]$$

注意上述证明中 x 的附加条件的使用。

例 25 $\forall xA \land \exists yB \vdash \exists z(A(z/x) \land B(z/y))$

证明：

$$
\begin{array}{lll}
[1] & \forall xA \land \exists yB & \text{pre} \\
[2] & \quad \forall xA & \land E: [1] \\
[3] & \quad \exists yB & \land E: [1] \\
[4] & \qquad B(c/y) & \text{hyp}: [c^*] \\
[5] & \qquad \forall xA & \text{reit}: [2] \\
[6] & \qquad A(c/x) & \forall E: [5] \\
[7] & \qquad A(c/x) \land B(c/y) & \land I: [4], [6] \\
[8] & \qquad \exists z(A(z/x) \land B(z/y)) & \exists I: [7] \\
[9] & \quad \exists z(A(z/x) \land B(z/y)) & \exists E: [1]-[8] \\
\end{array}
$$

第二节　带等词的谓词逻辑自然演绎系统 NQ$^=$

在谓词逻辑的自然演绎系统 NQ 基础上，增加关于等词的一些规则，就可以得到带等词的谓词逻辑自然演绎系统 NQ$^=$。对于等词来说，也有等词消去规则和等词引入规则。

一、等词消去规则

等词消去规则(简记为 $\equiv$ E):

$$
\begin{array}{ll}
A(t_1/x) & \qquad A(t_2/x) \\
\vdots & \qquad \vdots \\
t_1 \equiv t_2 & \qquad t_1 \equiv t_2 \\
\vdots & \qquad \vdots \\
A(t_2/x) & \qquad A(t_1/x) \\
\end{array}
$$

等词消去规则也可表示为：$A(t_1/x)$, $t_1 \equiv t_2 \vdash A(t_2/x)$；$A(t_2/x)$, $t_1 \equiv t_2 \vdash A(t_1/x)$。

其中 t_1 和 t_2 是项，分别对 A 中 x 可自由代入。

等词消去规则的直观含义是：如果个体 t_1（或 t_2）具有性质 A，那么与之相等的个体 t_2（或 t_1）也具有性质 A。

二、等词引入规则

等词引入规则（简记为 ≡I）：

$$\vdots$$

$$t \equiv t$$

等词引入规则也可表示为：$\vdash t \equiv t$。

等词引入规则的直观含义是：任何个体均与自身相等。

例 26　$a \equiv b \vdash b \equiv a$

证明：

[1]　$a \equiv b$　　　　　　　pre
[2]　$a \equiv a$　　　　　　　≡I
[3]　$b \equiv a$　　　　　　　≡E：[1]，[2]

注意：上述证明中第[2]步是 $(x \equiv a)[a/x]$，而第[3]步是 $(x \equiv a)[b/x]$。这是运用等词消去规则从[1]和[2]得到[3]。

例 27　$a \equiv b$，$b \equiv c \vdash a \equiv c$

证明：

[1]　$a \equiv b$　　　　　　　pre
[2]　$b \equiv c$　　　　　　　pre
[3]　$a \equiv c$　　　　　　　≡E：[1]，[2]

与例 26 类似，上述证明中第[2]步是 $(x \equiv c)[b/x]$，而第[3]步是 $(x \equiv c)[a/x]$，这是运用等词消去规则从[1]和[2]得到[3]。

例 28 $a \equiv b, a \equiv c \vdash b \equiv c$

证明：

[1]	$a \equiv b$	pre
[2]	$a \equiv c$	pre
[3]	$b \equiv c$	$\equiv E:[1],[2]$

这个证明与例 26 和例 27 类似。

例 29 $\vdash \forall x(\exists y(x \equiv y \wedge P(y)) \to P(x))$

证明：

[1]	$\exists y(a \equiv y \wedge P(y))$	hyp:[a]
[2]	$a \equiv c \wedge P(c)$	hyp:[c*]
[3]	$a \equiv c$	$\wedge E:[2]$
[4]	$P(c)$	$\wedge E:[2]$
[5]	$P(a)$	$\equiv E:[3],[4]$
[6]	$P(a)$	$\exists E:[1]-[5]$
[7]	$\exists y(a \equiv y \wedge P(y)) \to P(a)$	$\to I:[1]-[6]$
[8]	$\forall x(\exists y(x \equiv y \wedge P(y)) \to P(x))$	$\forall I:[7]$

例 30 $P(a), \exists x \forall y(x \equiv y) \vdash \exists x \forall y(P(x) \leftrightarrow x \equiv y)$

证明：

[1]	$P(a)$	pre
[2]	$\exists x \forall y(x \equiv y)$	pre
[3]	$\forall y(b \equiv y)$	hyp:[b*]
[4]	$P(b)$	hyp
[5]	$\forall y(b \equiv y)$	reit:[3]
[6]	$b \equiv c$	$\forall E:[5][c]$
[7]	$b \equiv c$	hyp
[8]	$\forall y(b \equiv y)$	reit:[3]
[9]	$b \equiv a$	$\forall E:[8]$
[10]	$P(a)$	reit:[1]
[11]	$P(b)$	$\equiv E:[9],[10]$
[12]	$P(b) \leftrightarrow b \equiv c$	$\leftrightarrow I:[4]-[6],[7]-[11]$

[13]　　　　$\forall y(P(b)\leftrightarrow b\equiv y)$　　　$\forall I:[12]$

[14]　　　　$\exists x\forall y(P(x)\leftrightarrow x\equiv y)$　　$\exists I:[13]$

[15]　　$\exists x\forall y(P(x)\leftrightarrow x\equiv y)$　　　$\exists E:[1]-[14]$

本 章 小 结

谓词逻辑自然演绎系统 NQ 是命题逻辑自然演绎系统的扩充。在命题逻辑自然演绎系统的基础上，增加了四条关于量词的推理规则：全称量词消去规则、全称量词引入规则、存在量词消去规则和存在量词引入规则。这些规则都是日常推理规律的总结。

全称量词消去规则的直观含义是：如果所有个体都具有某个性质，那么个体 t 也具有该性质。全称量词引入规则的直观含义是：如果在某前提下可以得出任一个体都具有性质 A，那么在该前提下可以得出所有个体都具有性质 A。存在量词消去规则的直观含义是：如果在某前提下由任一个体具有性质 A 可以得出 B，那么在该前提下只要存在个体具有性质 A 就可以得出 B。存在量词引入规则的直观含义是：如果个体 t 具有性质 A，那么存在个体具有性质 A。

带等词的谓词逻辑自然演绎系统 $NQ^{\equiv}$ 是谓词逻辑自然演绎系统 NQ 的扩充，它增加了两条描述等词推理规律的推理规则：等词消去规则和等词引入规则。等词消去规则的直观含义是：如果个体 t_1 具有性质 A，那么与之相等的个体 t_2 也具有性质 A。等词引入规则的直观含义是：任何个体均与自身相等。利用谓词逻辑自然演绎系统，可以证明谓词逻辑中所有逻辑有效公式和有效推理形式。

思考题：

1. 自然推演系统 NQ 有哪些基本推理规则？
2. 全称量词引入规则有什么附加条件？为什么？
3. 存在量词消去规则有什么附加条件？为什么？
4. 全称量词引入规则和存在量词消去规则的附加条件有何区别？
5. 带等词的自然推演系统 $NQ^{\equiv}$ 有哪些基本推理规则？
6. 等词具有哪些重要的逻辑性质？

练习题：

1. 在谓词逻辑的自然演绎系统中证明：

（1）　$\forall x(A \rightarrow B) \vdash \exists xA \rightarrow \exists xB$

（2）　$\forall x(A \vee B) \vdash \forall xA \vee \exists xB$

（3）　$\forall xA \wedge \exists xB \vdash \exists x(A \wedge B)$

2. 假设 x 在 A 中不是自由的。在谓词逻辑的自然演绎系统中证明：

（1）　$A \wedge \forall xB \dashv \vdash \forall x(A \wedge B)$

（2）　$\exists x(A \rightarrow B) \dashv \vdash A \rightarrow \exists xB$

（3）　$\forall x(A \rightarrow B) \dashv \vdash A \rightarrow \forall xB$

3. 在谓词逻辑的自然演绎系统中证明：

（1）　$\forall x(A \leftrightarrow B) \vdash \forall xA \leftrightarrow \forall xB$

（2）　$\forall x(A \leftrightarrow B) \vdash \exists xA \leftrightarrow \exists xB$

（3）　$\forall x(A \leftrightarrow B), \forall x(B \leftrightarrow C) \vdash \forall x(A \leftrightarrow C)$

（4）　$\forall x(A \leftrightarrow B) \vdash \forall x(A \rightarrow B)$

（5）　$\forall x(A \leftrightarrow B) \vdash \forall x(B \rightarrow A)$

（6）　$\forall x(A \rightarrow B), \forall x(B \rightarrow A) \vdash \forall x(A \leftrightarrow B)$

4. 构造下列推理的证明。

（1）　至少有一个人谁都看不起他，因此，至少有一个人看不起自己。

（2）　所有的马都是动物，因此，所有的马头都是动物头。

（3）　只有笨蛋才向李明散布李明未婚妻的坏话，李明的朋友向李明散布张娟的坏话，因此，如果李明的朋友都不是笨蛋，那么张娟不是李明的未婚妻。

（4）　没有人尊重不自重者，没有人会信任他所不尊重的人，因此，不自重者不会被任何人信任。

（5）　新时代我国社会主要矛盾是人民日益增长的美好生活需要和不平衡不充分的发展之间的矛盾。因此，要正确认识并深刻理解新时代我国社会主要矛盾，就要正确认识并深刻理解人民日益增长的美好生活需要和不平衡不充分的发展之间的矛盾。

第六章　传统归纳逻辑

归纳逻辑是以归纳推理为主要研究对象的逻辑理论。它是与演绎逻辑相对应的逻辑理论，它与演绎逻辑的根本区别在于前提与结论之间的联系是否具有必然性，或者说所得结论是不是必然的。从形态上看，归纳逻辑大致可以分为传统归纳逻辑和现代归纳逻辑。传统归纳逻辑是指由培根创立，经穆勒发展和完善的归纳逻辑理论。现代归纳逻辑是由凯恩斯创立，经赖辛巴赫、卡尔纳普、科恩等发展，运用概率论和公理化方法等来探索归纳问题所形成的归纳逻辑理论（也称概率归纳逻辑）。本章考察传统归纳逻辑理论。

第一节　归 纳 推 理

一、归纳推理的定义

人们关于归纳推理的定义有不同的看法，其中最常见的一种就是从思维进程的角度给出的定义，即归纳推理就是以个别或特殊性知识为前提，推出一般性知识的推理。这是传统意义上的归纳推理定义，它反映了人们对客观事物的认识是从个别事物开始，进而认识事物的普遍规律的思维过程。

例如，先秦思想家老子说："天下大事，必作于细。"又云，"合抱之木，生于毫末；九层之台，起于累土；千里之行，始于足下。"这就是用一些具体的事实归纳说明了"天下大事，必作于细"的一般性道理。

我们可以从以下三个方面来对归纳推理做一个全面的理解：

从思维方向上看，归纳推理是指从个别性论断到一般性论断的推理，或者是从个别性论断到另外的个别性论断的推理。

从前提和结论的关系来看，归纳推理是一种放大性推理，其结论所断定的内容超出了前提所断定的内容。

从推理的性质上看，归纳推理是或然性推理，前提的真不能保证结论的真，而只对后者提供一定程度的支持。

下面我们通过一个例子来说明归纳推理的上述特征：

麻雀会飞；
大雁会飞；
天鹅会飞；

乌鸦会飞；

海鸥会飞；

……

所以，所有的鸟都会飞。

在这个归纳推理中，前提中的命题所表达的都是关于某些特殊的鸟的知识，属于个别性知识，而结论所表达的却是关于一般的鸟的知识，属于一般性知识。而且，结论所断定的知识范围大于任何一个前提所断定的知识范围，也大于所有前提的合取所断定的知识范围（因为我们很难考察完所有的鸟），因而，前提的真并不能保证结论的真，这只是一种或然性推理。

关于归纳推理的上述特征，华罗庚在《数学归纳法》一书中曾举了一个十分通俗的例子来说明：从一个袋子里摸出来的第一个是红玻璃球，第二个是红玻璃球，甚至第三个、第四个、第五个都是红玻璃球的时候，我们立刻会给出一个猜想："是不是这个袋里的东西全部都是红玻璃球？"但是，当我们有一次摸出一个白玻璃球时，这个猜想失败了；这时，我们会给出另一个猜想："是不是袋里的东西全部都是玻璃球？"但是，当有一次摸出一个木球时，这个猜想又失败了；此时，我们会给出第三个猜想："是不是袋里的东西都是球？"这个猜想对不对，还必须继续加以检验，要把袋里的东西全部摸出来，才能见个分晓。①

又如，德国数学家哥德巴赫于 1742 年提出的"哥德巴赫猜想"：每个大于 2 的偶数都是两个素数②之和。但由于偶数的数列是无限的，素数的数列也是无限的，对它们不可能一一证明，只能是对个别偶数进行归纳证明，所以，哥德巴赫猜想的结论超出了归纳证明前提所断定的范围，前提和结论之间的"必然性"还没有得到证明，所以它至今仍是一个"猜想"。

从现代逻辑的视角看，归纳推理是从前提到结论的推导具有或然性的推理。这种定义较之传统定义更为全面、准确。这种广义的归纳推理包括枚举归纳推理、探求因果联系的方法（穆勒五法）、类比推理等非必然性推理。

二、归纳推理的作用

虽然归纳推理的前提与结论之间缺乏必然联系，但在日常生活和科学研究中，归纳推理仍然发挥着重要作用。例如，考古学界有观点认为"人类的祖先产生于非洲"。为了证明这个观点，人类学家和考古学家首先需要总结出世界各地原始文

---

① 参见华罗庚：《数学归纳法》，上海教育出版社 1963 年版，第 3—4 页。

② 又称质数。大于 1 的整数，除了它本身和 1 以外，不能被其他正整数所整除。如 2、3、5、7、11、13、17、19……

化和非洲原始文化各自的特点，并找出它们之间的相同之处，然后通过归纳推理来证明它们之间具有某种因果联系。

归纳推理的主要作用可以概括为两个方面：

首先，归纳推理是发现真理和获取新知的手段。

归纳推理的真正兴起是十七八世纪实验科学兴起之后的事情。自从归纳推理兴起，其有效性问题始终是逻辑哲学中一个争论非常激烈的问题。比如，不可知论者休谟提出了著名的"归纳问题"来质疑归纳推理的有效性。但是，人类的实践表明，人们能够通过归纳推理认识客观事物的普遍规律，科学发展史上无数的事实也证明了归纳推理是探求新知识的一种非常重要的认知方法。

其次，归纳推理是说明和论证问题的方法。

随着社会的发展，各种新事物或新问题不断涌现。对于新事物的规律性的认识或对于新问题的普遍性的认识，人们总是习惯于从个别认识开始，进而概括总结出一个带有普遍意义的认识。此外，由于归纳推理的前提往往是从经验材料中获取的，具有很强的直观性，在说明和论证问题时较为生动，因而有着十分广泛的应用。

例如，"创新"是十九大报告中出现频率很高的一个词。尤其在第五部分"贯彻新发展理念，建设现代化经济体系（二）"中，以归纳的方法，从不同的层面、角度，指出了"加快建设创新型国家"所要进行的"创新"："创新是引领发展的第一动力，是建设现代化经济体系的战略支撑。要瞄准世界科技前沿，强化基础研究，实现前瞻性基础研究、引领性原创成果重大突破。加强应用基础研究，拓展实施国家重大科技项目，突出关键共性技术、前沿引领技术、现代工程技术、颠覆性技术创新，为建设科技强国、质量强国、航天强国、网络强国、交通强国、数字中国、智慧社会提供有力支撑。加强国家创新体系建设，强化战略科技力量。深化科技体制改革，建立以企业为主体、市场为导向、产学研深度融合的技术创新体系，加强对中小企业创新的支持，促进科技成果转化。倡导创新文化，强化知识产权创造、保护、运用。培养造就一大批具有国际水平的战略科技人才、科技领军人才、青年科技人才和高水平创新团队。"这种归纳方法的使用，就生动地阐释论证了"创新是引领发展的第一动力"。

需要说明的是，虽然归纳推理具有重要作用，但由于其结论具有或然性，因此，我们需要通过一些方法来提高归纳推理的可靠性。我们将在后面详细讨论不同类型的归纳推理以及提高归纳推理可靠性的方法。

第二节　枚举归纳推理

枚举归纳推理是最基本的一种归纳推理，也是我们在日常生活和科学研究中使用较多的一种归纳推理。

一、枚举归纳推理的定义

枚举归纳推理是从若干个别性前提得出全称性结论的推理。它是根据一类事物中部分对象具有某种属性，并且没有遇到相反的事例，进而推出该类对象全体都具有这种属性的推理。其推理形式是：

S_1 是 P，
S_2 是 P，
S_3 是 P，
……
S_n 是 P，
S_1，S_2，…，S_n 是 S 类的部分元素，并且没有出现反例。
所以，所有 S 都是 P。

枚举归纳推理得出结论的根据是，在考察对象的过程中没有遇到反例。例如，上述关于"所有的鸟都会飞"的例子，使用的就是枚举归纳推理。这种推理所得出的结论不具有可靠性，因为对于元素无限多的对象来说，某人的考察没有发现反例，并不意味着他人也不会发现反例；考察当时没有发现反例，也不意味着以后不会发现反例。例如，人们通过考察欧洲、非洲、美洲等地的天鹅，发现所有的天鹅都是白色的，于是运用枚举归纳推理得出结论"所有的天鹅都是白色的"。但后来人们在大洋洲沿海发现了黑色的天鹅，这一发现表明原来的结论是错误的。

二、枚举归纳推理的作用

虽然枚举归纳推理不具有可靠性，但由于推理过程简单，人们仍然经常使用它，而且它也是人们探求科学规律和获取新知识的重要手段。比如中国许多的民俗谚语都是在经验基础上进行枚举归纳推理得出的，传统中医理论中的许多理论也是通过枚举归纳推理得出的。

在运用枚举归纳推理时，我们应尽量提高其结论的可靠性。为此，我们应注意以下两点：（1）被考察对象的数量要足够多；（2）被考察对象之间的差异要足够大。在逻辑学上，通常把违反这两个要求的枚举归纳推理称为犯了"以偏概全""轻率概括"的错误。例如，有人认为，目前的大学生普遍对中国传统文化不感兴趣，其根据是有关部门曾经做的一次调查显示，大学生中喜欢京剧艺术的只占被调查人数的 14%。但京剧艺术只是中国传统文化中的一部分，二者并不完全同一，故而犯了"以偏概全"的错误。

枚举归纳推理的前提若考察完了某类事物中的所有对象，那么其就称为完全归纳推理，其结论可以从前提中必然地得出。在这一点上，它类似于演绎推理，因此，一些逻辑学者认为，完全归纳推理属于演绎推理。但是，从思维方向上看，它是从个别推出一般，因此，也有许多学者认为它属于归纳推理。在这里，我们把它看作是一种特殊的枚举归纳推理。

第三节 穆 勒 五 法

枚举归纳法是基于"重复性"来得出普遍结论的，但这种方法具有明显的局限性。比如，为了提高结论的可靠性，就需要尽量扩大被考察对象的数量和范围，不仅操作起来不方便，而且对于提高结论可靠性的作用也十分有限。为了提高归纳推理结论的可靠性，在培根工作的基础上，英国哲学家穆勒在其著作《穆勒名学》（1843）中构建了五种探求因果联系的方法。他将这些方法分别命名为求同法、求异法、求同求异并用法、共变法、剩余法。

一、求同法
（一）求同法的定义
求同法也叫契合法，其基本内容是：在被研究的现象 a 出现的若干个场合中，只有一个先行情况是相同的，那么，这个相同的先行情况就是被研究现象 a 的原因。

求同法的推理形式为：

场合	先行情况	被研究现象
（1）	A、B、C	a
（2）	A、D、E	a
（3）	A、F、G	a
……	……	……

所以，A 是 a 的原因。

求同法的特点是异中求同。求同法在日常生活和科学研究中具有一定的作用。例如，杰克、鲍勃、玛丽、提姆和盖尔在某饭店吃饭，之后不久他们都生病了。为了弄清楚他们生病的原因，调查人员来到饭店调查他们所吃的食物，发现他们吃的菜各式各样：杰克吃了沙拉、薯条、汉堡、冰淇淋和什锦蔬菜；鲍勃吃了沙拉、薯条、番茄汤、冰淇淋、鱼和什锦蔬菜；玛丽吃了汉堡、番茄汤和冰淇淋；提姆吃了鱼、什锦蔬菜、冰淇淋、沙拉和番茄汤；盖尔吃了什锦蔬菜、鱼、冰淇淋、薯条和沙拉。通过分析可以发现，虽然他们吃的菜各式各样，但他们都吃了冰淇淋。因此，调查人员认为，冰淇淋就是他们生病的原因。

对于上述例子，如果我们用场合(1)—(5)分别代表杰克、鲍勃、玛丽、提姆和盖尔，用 A、B、C、D、E、F、G 分表代表沙拉、番茄汤、薯条、汉堡、鱼、冰淇淋和什锦蔬菜，用 a 表示被研究现象（某人生病了），我们就可以用下面的推理形式来表示调查人员对求同法的使用。

场合	先行情况	被研究现象
(1)	A、C、D、F、G	a
(2)	A、B、C、E、F、G	a
(3)	B、D、F	a
(4)	A、B、E、F、G	a
(5)	A、C、E、F、G	a

所以，F 是 a 的原因。

又如，几十年前，人们注意到一些社区中居民的牙齿非常健康，科学家在对这些社区进行调查研究后发现，这些社区的水源中都含有天然氟化物。由此，科学家们得出结论：氟化物对牙齿有益。科学家们在这里使用的也是求同法。

（二）运用求同法时应注意的问题

求同法在确定一种现象原因的范围方面特别有用，但它在使用的过程中也有很大的局限性，会受到以下几个方面的挑战。

首先，先行现象中表面的"同"可能掩盖本质的"异"，表面的"异"可能掩盖本质的"同"。比如，一天晚上，某人看了两小时书，并且喝了几杯浓茶，结果失眠了；第二天晚上，他又看了两小时书，抽了许多烟，结果又失眠了；第三天晚上，他又看了两小时的书，喝了大量咖啡，结果再次失眠。于是，该人就根据求同法得出结论：连续三个晚上失眠的原因是"看两小时书"。这个结论显然是不对的。事实上，茶、烟、咖啡中的兴奋成分才是真正的原因。

其次，在搜集整理先行情况时，由于各种原因，某种共有的先行条件可能会被遗漏掉。比如，在用餐的那个例子中，如果冰淇淋里用的是受到污染的小勺，那么，小勺上面所带的病菌才是用餐者生病的原因，而调查人员却误把冰淇淋当做了用餐者生病的原因。

第三，相同的先行情况可能不止一个，而是有多个。例如，在不同的场合中，雪和棉花都能保温，然而它们的相同情况却不止一个，除了疏松多孔能储存大量空气之外，它们都是白色的。经过研究，疏松多孔能储存大量空气才是保温的原因，而白色却不是保温的原因。

因此，在使用求同法确定因果联系时，为了提高结论的可靠性，我们应当注意以下两个方面。

首先，应尽可能地多考察一些场合，场合越多，先行情况中那个相同情况作为被研究现象 a 的原因就越可靠。

其次，除开各场合中的那个相同的先行情况外，还要科学地分析是否还有其他的相同先行情况，以确定不相同先行情况的非决定作用，突出相同先行情况对被研究现象 a 的决定作用。

二、求异法

（一）求异法的定义

求异法又叫差异法，其基本内容是：在被研究现象出现和不出现的两个场合，只有一个先行情况是不同的，其余都相同；并且，当这个不同的先行情况出现时，被研究现象 a 出现，否则 a 不出现。那么，这个不同的先行情况就是被研究现象 a 的原因。

求异法的推理形式为：

场合	先行情况	被研究现象
（1）	A、B、C	a
（2）	—、B、C	—

所以，A 是 a 的原因。

求异法的特点是同中求异。在科学研究，特别是科学实验中，求异法是一种被广泛运用的方法。

例如，有一对双胞胎，他们各方面的体质都相同，而且对于食物中毒的过敏性也完全相同。他们去某家饭店用餐，除了其中一个吃了冰淇淋而另一个没有吃之外，他们所吃的其他食物完全相同。后来，双胞胎中吃了冰淇淋的那个生病了，而另一个却没有生病。显然，冰淇淋是生病的原因。

又如，为了检验某种新研制的化肥的效果，研究人员通常采用的方法是，把某块试验田一分为二，并尽量保证它们在水分、光照、土壤成分等自然条件方面相同。然后，在这块试验田上种植同一种作物，其中一半施肥，另一半不施肥。最后，通过作物的产量对比来判定这种化肥的效果。

再比如，有人提出考前嚼口香糖有助于考生提高水平。为了检验这个观点是否正确，研究人员做了一个实验：将若干水平相当的考生分为 A、B 两组。在考试前给 A 组的考生嚼口香糖，不给 B 组的考生嚼口香糖。然后分析考试结果。如果 A 组的考生比 B 组的考生成绩好，则这种观点成立，反之则不成立。

（二）运用求异法时应注意的问题

与求同法相比，求异法是在被研究对象处于人为的严格控制状态下进行实验的方法，受到不确定因素的干扰比求同法少，故其结论的真实性较求同法更为可靠。此外，由于在求异法两个场合的先行情况中，只有一个先行情况不相同，其余的都相同，因此，不具有该先行情况的场合事实上是为被推测的研究现象 a 的原因做了一个反证。这也表明，求异法结论的真实性较求同法更为可靠。

根据求异法的推理模式，运用求异法时必须坚持两个原则：首先，严格要求正、负场合中的其他先行情况相同；其次，正、负场合中出现的不同情况必须是唯一的。但也正因为如此，求异法的使用就受到了一定的限制，因为求异法要求在被比较的两个场合中，只有一个先行情况不同，这在实际生活中很难办到。因而，这种方法主要用于科学研究中，通过人为操作来达到求异法所要求的条件。

三、求同求异并用法

（一）求同求异并用法的定义

求同求异并用法也叫契合差异并用法，其基本内容是：在若干正面场合中，都有一个相同的先行情况出现；而在若干反面场合中，该先行情况不出现。那么，该先行情况就是被研究现象 a 的原因。①

求同求异并用法的推理形式为：

场合	先行情况	被研究现象	
（1）	A、B、C、D	a	正面场合
（2）	A、D、F、G	a	
（3）	A、C、H、K	a	
（1′）	—、B、M、N	—	反面场合
（2′）	—、D、O、P	—	
（3′）	—、R、S、K	—	

所以，A 是 a 的原因。

求同求异并用法的特点就是"两次求同一次求异"。两次求同是指，在所有的正面场合中，用求同法可知，先行情况 A 是被研究现象 a 的原因；然后，在所有

① 正面场合是指被研究现象 a 出现的场合，反面场合是指被研究现象 a 不出现的场合。

的负面场合中，用求同法可知，先行情况 A 不出现是被研究现象 a 不出现的原因。一次求异是指，在求同法所得结果的基础上，运用求异法可知，先行情况 A 是被研究现象 a 的原因。

求同求异并用法也是科学研究中经常使用的一种方法。例如，青霉素从发现到临床应用，就经历了一个求同求异并用的过程。

青霉素被发现后，它对各类病菌，如链球菌的致命杀伤性是明显的，但问题是，被临床应用时，它还具有这样的作用吗？它是否会导致其他副作用呢？这些都是在临床应用之前必须考虑的问题。美国的一位病理学家做了这样一个实验：他把 50 只健康的小白鼠都注射了可致命的链球菌，然后随机地分为两组，每组 25 只。甲组每只小白鼠每隔 3 个小时注射一次青霉素，而乙组小白鼠保持自然状态。结果，甲组小白鼠除了一只在第一次注射青霉素不久后死亡以外，其他的都在 24 小时后恢复了健康。乙组小白鼠在 24 小时后全部都死亡了。而在随后的分析中，他发现甲组中那只死掉的小白鼠表明：某些生命个体对青霉素存在过敏反应。于是他得出结论：如针对对青霉素无过敏反应的生命个体，青霉素在临床上是完全有效的。

求同求异并用法适用于确定单一条件，这样的单一条件在被研究现象出现的两个或更多的场合里出现，而在被研究现象不出现的两个或更多的场合里不出现；但当现象不出现时它必定不出现，当现象出现时它必定出现。

（二）运用求同求异并用法时应注意的问题

求同求异并用法在推理过程中既使用了求同法，又使用了求异法，而且是先使用求同法，再使用求异法，这就容易使我们误以为它是求同法和求异法的简单结合，即求同法和求异法的相继应用，但事实并非如此。因为求同法和求异法相继应用有如下要求，即要有两个及以上的正面场合和负面场合，并且正面场合和负面场合中仅有一个先行情况不同，其余都相同，而求同求异并用法却没有这个限制条件。求同求异相继应用的推理形式为：

场合	先行情况	被研究现象	
（1）	A、B、C、D	a	正面场合
（2）	A、D、F、G	a	
（3）	A、C、H、K	a	
（1′）	—、B、C、D	—	反面场合
（2′）	—、D、F、G	—	
（3′）	—、C、H、K	—	
所以，A 与 a 有因果联系。			

四、共变法

（一）共变法的定义

共变法是指：如果在被研究现象 a 发生某种程度变化的各个场合中，只有一个先行情况有量的变化，而其他先行情况都不变，那么，这唯一发生变化的先行情况就是 a 的原因。

共变法的推理形式为：

场合	先行情况	被研究现象
（1）	A、B、C	a
（2）	A_1、B、C	a_1
（3）	A_2、B、C	a_2
（4）	A_3、B、C	a_3
………	………	………

所以，A 是 a 的原因。

共变法的理论依据是，原因和结果总是共存共变的。比如，物理学家发现，我们对一个物体加热，在其他条件不变的情况下，当物体的温度升高时，物体的体积就膨胀；当物体的温度降低时，物体的体积就收缩。因此，物理学家认为，物体温度与物体体积有因果关系。

共变法为我们提供了一个从量上去认识世界的方法，因此，在科学研究中具有广泛的应用价值。

例如，某科学家曾做过这样一个实验：把一块条件相同的农田分为三块，然后种植同样的水稻，以后的各种管理，除了在施用氮肥的数量上有区别外，其他的都相同。结果，在水稻收获以后的统计中发现，每亩施氮肥 10 公斤的，亩产水稻 400 公斤；每亩施氮肥 12 公斤的，亩产水稻 500 公斤；每亩施氮肥 14 公斤的，亩产水稻 600 公斤。于是，该科学家就得出结论：多施氮肥可以提高水稻的产量。

（二）运用共变法时应注意的问题

当某个条件不可能全部出现或不出现时，比如海洋的温度、黄金的价格、某人的胆固醇水平等，共变法就可以根据这些条件中的变动关系，来确定被研究现象和原因之间的因果关系。共变法已成功用于帮助确认吸烟与肺癌、核辐射与白血病、酒精与肝硬化之间存在因果联系。不过，我们在应用共变法时，还是有以下几个方面需要特别注意。

首先，只有在其他先行情况保持不变时，才能说明两种共变现象有因果关系。

如果还有其他因素也在变，就不能确定被研究现象的变化究竟是由先行现象中哪一个的变化所引起的。例如，对物体不断加热，物体的体积就会不断膨胀。但是，如果在给物体加热的同时，还给这个物体不断地加压，这时，这个物体就有可能不断缩小。如果我们忽略了压力因素，就会得出给物体加热是物体体积缩小的原因。这就是对共变法的误用了。

其次，两种现象的共变是有一定的限度的，超过这个限度，共变关系就不再保持，甚至是反向共变。例如，适当增加肥料可以提高农作物的产量，但如果施肥过多，不但不能增加产量，还可能导致农作物死亡。

第三，两种现象间的共变关系至少应该是合情理的，我们不能把两种现象间一些单纯的相关关系看作是共变关系。比如，有研究人员发现芝加哥商业交易所的猪肉价格随着日本地震等级强度的增加而上涨，随着地震等级强度的降低而下降。据此，该研究人员利用共变法得出这两种现象间有因果关系。这显然有些牵强附会。

五、剩余法

(一) 剩余法的定义

剩余法是指：如果已知某复合情况是另一复杂现象的原因，同时又知该复合情况中某一部分是另一复杂现象中某一部分的原因，那么，该复合情况的其余部分就是另一复杂现象的其余部分的原因。

剩余法的推理形式为：

复合情况（A、B、C、D）是被研究现象（a、b、c、d）的原因

A 是 a 的原因

B 是 b 的原因

C 是 c 的原因

―――――――――――――――――――――――

所以，D 是 d 的原因

例如，天文学家发现海王星的过程，就是运用了剩余法。具体过程如下：在海王星还没有被发现的时候，天文学家发现天王星的实际运行轨道同人们所计算出来的轨道在四个点上有偏差。科学家依据已知的天文事实，确定了三个点上的偏差是由已知的三颗行星的引力造成的，于是推断第四点的偏差一定是由某个尚未观察到的行星引起的。后来的科学家计算了能够引起这样的偏差的行星所应该在的位置。1846 年 9 月 23 日，德国柏林天文台在与计算结果相差不到 1 度的地方发现了一颗新的行星，即海王星。

（二）运用剩余法时应该注意的问题

剩余法的特点是"从余果求余因"，依赖于预先建立的因果律，也就是说，剩余法只用于研究复合现象之间的因果关系，而且必须在判明了被研究现象的全部原因中的一部分原因的基础上才能使用。在运用剩余法时，必须确认剩余现象 d 不是由复合情况（A、B、C）引起的。因此，我们一般是在运用其他归纳推理的基础上来使用剩余法的。

六、如何正确对待穆勒五法

穆勒五法是探求事物因果联系的一种重要方法，在科学方法中处于重要地位，对于人类认识世界具有十分重要的意义，但我们也不能无限夸大它的作用。事实上，穆勒五法也有其使用限度。比如，在阐述这些方法时涉及了"只有一个先行情况相同的场合"和"除了一个先行情况之外其余先行情况都相同的场合"等，但我们知道，任何两个事物无论多么不同，它们都具有许多相同的方面，没有任何两个事物只在一个方面相同；而且也没有任何两个事物只在某一个方面不同而在其他方面都相同，我们甚至无法检查这两个事物的所有方面以确定它们是否只在一个方面存在差别。因此，我们在运用穆勒五法的时候，总是根据预先假定的因果关系，并将注意力限定在那些我们认为可能的原因（先行情况）上，但我们的判断有可能是错误的。比如，当医学家最初没有意识到脏手会传播疾病时，或者当科学家因某种原因没能将他们面前的情况分解成恰当的单元时，在寻找被研究现象的先行情况时都无法做出准确的判断。

穆勒五法是或然性推理，它的可靠性依赖于两个因素：第一，正确地划出有关情况的范围；第二，正确地分析有关的情况。而这两点都不是穆勒五法本身所能解决的，还需要具体科学知识和其他研究方法的介入。因此，穆勒五法是有用的，但片面夸大它的作用也是不对的。

第四节　类　比　推　理

一、类比推理的定义

类比推理是根据两个或两类事物在某些属性上相同，推断它们在另外的属性上也相同的一种归纳推理。

类比推理的推理形式为：

A（类）事物具有属性 a、b、c、d；

B（类）事物具有属性 a、b、c；

所以，B（类）事物也可能具有属性 d

类比推理是人们在日常生活和科学研究中经常使用的一种归纳推理，许多的日常结论和科学发现都是通过类比推理得到的。例如，人们通过对地球和火星的认识，发现火星和地球都是太阳系的行星，它们离太阳的距离都比较适中，它们都有大气层、有水，而地球上存在生命，所以，人们据此推断火星上也存在生命。这里运用的就是类比推理，其推理过程如下：

地球是行星，距离太阳适中，有大气层，有水，存在生命；

火星是行星，距离太阳适中，有大气层，有水；

所以，火星上也存在生命。

类比推理具有如下两个特点：首先，A 事物是我们熟悉的事物，B 事物是我们希望说明或深入了解的事物，并且它们在一些属性上具有相似性。其次，已知 A 事物的前提与结论具有真实的因果联系，因此，推断 B 事物也可能具有相关的因果联系。

二、运用类比推理时应该注意的问题

类比推理可以使人们举一反三、触类旁通，获得创造性的启发或灵感，从而找到解决难题之道。相传中国古代的鲁班就是从不同的事物中领悟到了它们之间的相似性，从而通过类比推理发明了锯。但是，类比推理也同所有的归纳推理一样，是一种或然性的推理，一些不恰当的类比推理所得出的结论往往有悖常识，从而出现"不当类比""机械类比"或"荒唐类比"等错误类比推理。例如："外科医生在给病人做手术时可以看 X 光片，律师在为被告辩护时可以看辩护书，建筑师在盖房子时可以看设计图，教师在备课时可以看参考书，所以，学生在考试时也可以看教科书。"要想避免这些明显错误的类比推理，我们应当遵循以下规则，以尽量提高类比推理的可靠性。

（一）相似属性的数量要充分多

两个或两类事物之间的相似属性越多，说明它们之间的关联越密切，得出的结论也更容易被人们接受。我们来看两个类比推理：

例 1　轿车 A 和轿车 B 有相同的马力，轿车 A 的最高时速是 200 公里，所以，轿车 B 的最高时速也是 200 公里。

例 2　轿车 A 和轿车 B 有相同的马力，而且有相同的自重，且同为流线型车身，使用的是同一品牌的轮胎，使用的都是 97#汽油，轿车 A 的最高时速是 200 公里，所以，轿车 B 的最高时速也是 200 公里。

显然，后一个类比推理比前一个类比推理更容易被人们接受，因为增加的那些相似属性都与时速有关，加强了类比推理的可靠性。

（二）相似属性与推出属性之间的相关性要足够大

我们来看下面两个类比推理：

例 3　轿车 A 和轿车 B 有相同的自重和马力，轿车 A 的最高时速是 200 公里，所以，轿车 B 的最高时速也是 200 公里。

例 4　轿车 A 和轿车 B 有相同的颜色和外形，轿车 A 的最高时速是 200 公里，所以，轿车 B 的最高时速也是 200 公里。

显然，前一个类比推理比后一个类比推理更能被人们接受，因为自重和马力与时速的相关性足够大，而颜色和外形与时速的相关性很小甚至可以说几乎不相关。

（三）相似属性应尽量是两个或两类事物的本质属性

我们来看下面这个类比推理：

美国科学家在把中国浙江省的黄岩蜜橘引入美国加利福尼亚州种植之前，曾有一个类比推理：加利福尼亚州在地形、土壤、气候、水文地质等方面都与中国浙江省相同或者相近，既然黄岩蜜橘能够在浙江生长结果，那么，它在美国的加利福尼亚州也能生长结果。结果表明，美国科学家的移栽获得了成功。

在这个类比推理中，地形、土壤、气候、水文地质等都是黄岩蜜橘产地应具备的性质中的本质属性，加利福尼亚州和浙江省在这些方面的相似性，使得加利福尼亚州的自然环境和浙江的自然环境具有极大的相似性，因而能推出加利福尼亚州的自然环境适合黄岩蜜橘的生长。

三、模拟方法

模拟方法又称作模型方法或仿真方法。它是通过在实验室中设计或制作出与某一自然现象或原型相似的模型来间接地研究原型的形态、特点和规律性的方法。

模拟方法既是一种实验方法，也是一种近似于类比推理的逻辑方法，有人将其看做是类比推理的应用。其推理形式为：

实验模型具有属性：a、b、c、d

研究原型具有属性：a、b、c

—————————————

所以，研究原型也具有属性 d

　　模拟方法可以对已时过境迁的自然现象进行实验研究，可以将研究对象放大或缩小并在短时间内重复出现，也可以使人在某些特殊实验中趋利避害等，其优点非常明显，是一种非常重要的科学研究方法。比如，在科学实验中，有时受各种客观条件的限制，人们无法对某些自然现象(如风洞) 或大型工程(如三峡大坝)进行直接实验，如果采用模拟方法，就可以在实验室从模型实验的性能来推断原型的性能及其规律性，从而及时发现问题、趋利避害，缩短研制时间。

　　仿生学的出现更是有意识地运用模拟方法的结果。仿生学是专门研究如何通过模仿生物的构造、功能和工作原理来建造先进装置的科学。据说鲁班就曾"削竹为鹊，飞而三日不下"。它于明代传入欧洲后，被称为"中国的飞行陀螺"。正是竹蜻蜓给直升机的发明提供了启示，成为了现代直升机的前导。此外，飞机、潜水艇、机器人等的最初设计，也是通过与鸟、鱼、人等进行模拟类比而得到的。为了寻求更多的启发，制造出更加精巧的机器，人类需要不断地运用模拟类比。

本 章 小 结

　　归纳逻辑是以归纳推理为主要研究对象的逻辑理论。从形态上看，归纳逻辑大致可以分为传统归纳逻辑和现代归纳逻辑。传统归纳逻辑是指由培根创立，经穆勒发展和完善的归纳逻辑理论。

　　归纳推理是归纳逻辑的主要研究对象，从传统逻辑的角度看，归纳推理就是以个别或特殊性知识为前提，推出一般性知识的推理。这种定义反映了人们对客观事物的认识是从个别事物开始，进而认识事物的普遍规律的思维过程。从现代逻辑的视角看，归纳推理是从前提到结论的推导具有或然性的推理。这种广义的归纳推理包括枚举归纳推理、穆勒五法(探索因果联系的方法)、类比推理等非必然性推理。

　　枚举归纳推理是根据一类事物中部分对象具有某种属性，并且没有遇到相反的事例，进而推出该类对象全体都具有这种属性的推理。枚举归纳推理的过程比较简单，是人们常用的一种归纳推理，但若运用不当，则可能犯轻率概括或以偏概全等错误。

　　穆勒五法是英国哲学家穆勒在培根工作的基础上构建的五种探求因果联系的方法，即求同法、求异法、求同求异并用法、共变法、剩余法。这些方法是系统探求事物因果联系的重要方法。

　　类比推理是根据两个或两类事物在某些属性上相同，推断它们在另外的属性上也相同的一种推理。类比推理的特征是"相似性"，它可以使人们举一反三、触类旁通，获得创造性的启发或灵感。

思考题：

　　1. 什么是归纳推理？它具有什么样的特点？

　　2. 运用求同法、求异法、求同求异并用法、共变法和剩余法时应注意的问题是什么？

　　3. 求同求异并用法是求同法和求异法的相继应用吗？

　　4. 归纳推理是合理的吗？如果是合理的，该如何为其辩护？

　　5. 类比推理的作用及意义是什么？

练习题：

　　1. 找出以下段落中所使用的归纳推理并给出其推理形式

　　（1）黄瓜秧能够进行光合作用，冬瓜秧能够进行光合作用，萝卜秧能够进行光合作用，番茄藤能够进行光合作用，大白菜能够进行光合作用，茄子苗能够进行光合作用，而所有这些都是蔬菜。所以，所有的蔬菜都能够进行光合作用。

　　（2）人们一度假定，较大的大脑（相对于体重）是聪明的原因，因为在几个著名天才人物死后，发现他们的大脑比一般人大得多。但是，某著名科学家死后，人们发现他的大脑相对于其整个身体来说显得较小，但是他的大脑有许多不常见的皱褶，结果导致他的大脑外皮层比常人大得多。在其他几个天才人物死后，发现的情况也是如此。因此，不是大脑规模，而是脑皮层的量才是人类中出现天才的原因。

　　（3）你在真空中、水中、任何缺乏空气的容器中，加热某个易燃物体，都不会出现燃烧现象。而在有空气的情况下加热易燃物体时，燃烧现象发生了。因此，在空气中加热是造成可燃物燃烧的原因。

　　（4）敲锣发声时，用手指轻触锣面，可以感到锣面的振动；在锣不发声时，用手指轻触锣面，感觉不到锣面的振动。用琴弓拉琴弦发声时，让纸条与发声的琴弦接触，纸条会被琴弦振动得跳起来；当琴弦不发声时，让纸条与发声的琴弦接触，纸条不会跳动。人说话时，用手指摸喉咙，也会觉得它在振动；人停止说话，喉咙也停止振动。因此，物体发声的原因就在于它们的振动。

　　（5）地球磁场发生磁爆炸的周期经常与太阳黑子的周期一致。随着太阳黑子数目的增加，磁暴的强烈程度也增高；当太阳黑子数目减少时，磁暴的强烈程度也降低。因此，太阳黑子的出现可能是磁暴的原因。

2. 找出最能支持或削弱题干的选项

（1）王教授说："我的学生交给我的论文有不少错别字，很多句子不通顺，所以现在大学生的语文水平比较差。"

以下哪项最能削弱王教授的论证？

A. 没有证据表明王教授的学生能够代表一般学生。

B. 没有考虑到论文中的不少句子是通顺的。

C. 有些错别字实际不是错别字，是王教授看错了。

D. 大学生的语文水平比较差的原因是中学教学的问题。

E. 大学生的综合素质比较高。

（2）对一批企业的调查显示，这些企业总经理的平均年龄是 57 岁。而在 20 年前，同样的这些企业的总经理的平均年龄是 49 岁。这说明，目前企业中总经理的年龄呈老化趋势。

以下哪项对题干的论据提出的质疑最为有力？

A. 题干没有说明 20 年前这些企业关于总经理人选是否有年龄限制。

B. 题干没有说明这些总经理任职的平均年龄。

C. 题干中的信息仅仅基于有 20 年以上历史的企业。

D. 20 年前这些企业的总经理的平均年龄仅是个近似数字。

E. 题干中没有说明被调查企业的规模。

（3）一种挥发性药水，原来有一整瓶，第二天挥发后变为原来的1/2，第三天变为第二天的 2/3，第四天变为第三天的 3/4。

问：第几天时药水还剩下 1/30 瓶？

A. 5 天　　　B. 12 天　　　C. 30 天　　　D. 100 天

（4）一项对某高校教师的健康调查表明，80% 的胃溃疡患者都有夜间工作的习惯。因此，夜间工作易造成的植物神经功能紊乱是诱发胃溃疡的重要原因。

以下哪项如果为真，将严重削弱上述论证？

A. 医学研究尚不能清楚揭示消化系统的疾病和神经系统的内在联系。

B. 该高校的胃溃疡患者主要集中在中老年教师中。

C. 该高校的胃溃疡患者近年来有上升的趋势。

D. 该高校只有近1/5 的教师没有夜间工作的习惯。

E. 该高校胃溃疡患者中有近 60% 患有不同程度的失眠症。

（5）据某国卫生部门统计，2012 年全国糖尿病患者中，年轻人不到 10%，70% 为肥胖者。这说明，肥胖将极大增加患糖尿病的风险。

以下哪项如果为真，将严重削弱上述结论？

A. 医学已经证明，肥胖是心血管病的重要诱因。

B. 2012 年，该国的肥胖者的人数比 2002 年增加了 70%。

C. 2012 年，肥胖者在该国中老年人中所占的比例超过了 60%。

D. 2012 年，该国糖尿病的发病率比 2002 年降低了 20%。

E. 2012 年，该国年轻人中的肥胖者所占的比例，比 2002 年提高了 30%。

（6）在司法审判中，所谓肯定性误判是指把无罪者判为有罪，否定性误判是指把有罪者判为无罪。肯定性误判就是所谓的错判，否定性误判就是所谓的错放。而司法公正的根本原则是"不放过一个坏人，不冤枉一个好人"。

某法学家认为，目前，衡量一个法院在办案中是否对司法公正的原则贯彻得足够好，就看它的肯定性误判率是否足够低。以下哪项如果为真，能最削弱上述法学家的观点？

A. 错放，只是放过了坏人；错判，则是既放过了坏人，又冤枉了好人。

B. 错放造成的损失，大多是可以弥补的；错判对被害人造成的伤害，是不可弥补的。

C. 各个法院的否定性误判率不同。

（7）题干同题（6）。以下哪项如果为真，能最有力地支持上述法学家的观点？

A. 错放，只是放过了坏人；错判，则是既放过了坏人，又冤枉了好人。

B. 错放造成的损失，大多是可以弥补的；错判对被害人造成的伤害，是不可弥补的。

C. 各个法院的否定性误判率基本相同。

（8）据统计，A 国被指控抢劫的定罪率高于被指控贪污的定罪率。其重要原因是贪污的被告能聘请收费最贵的律师，而抢劫案的被告主要由法庭指定律师辩护。

以下哪项如果为真，最能削弱题干的叙述？

A. 被指控抢劫的被告，远多于被指控贪污的被告。

B. 被告聘请的律师与法庭指定的律师一样，既忠实于法律，又努力维护委托人的合法权益。

C. 被指控抢劫的被告事实上犯罪的比例，高于被指控贪污的被告相应的比例。

D. 被指控抢劫的被告，有能力聘请收费昂贵的律师。

（9）题题干同题（8）。

以下哪项如果为真，最能支持题干的叙述？

A. 被指控抢劫的被告，远多于被指控贪污的被告。

B. 被告聘请的律师与法庭指定的律师一样，既忠实于法律，又努力维护委托人的合法权益。

C. 被指控抢劫的被告事实上犯罪的比例，不高于被指控贪污的被告相应的比例。

D. 被指控抢劫的被告，有能力聘请收费昂贵的律师。

（10）挪威 S 城在 20 世纪 60 年代以前一直是安静平和的，但在 60 年代初，S 城成为挪威远洋石油开发的中心。从那时起，S 城的犯罪和蓄意破坏的现象就不断增多。显然，这些社会问题是 S 城石油兴盛的一个产物。

以下哪项如果为真，最能支持上述观点？

A. S 城的人很少对 S 城被选为挪威的远洋石油开发中心表示遗憾。

B. 挪威社会学家对 S 城日益增多的暴力犯罪和蓄意破坏现象很担忧。

C. 暴力犯罪和蓄意破坏现象在挪威没有发生石油兴盛的城市，仍很少发生。

D. 在 S 城，非暴力犯罪、吸毒、离婚等现象像暴力犯罪和蓄意破坏一样在增多。

E. 石油的快速发展要求修建更宽的公路以缓解 S 城的交通紧张。

（11）一种流行的看法是，人们可以通过动物的异常行为来预测地震。实际上，这种看法是基于主观类比，不一定能揭示客观联系。一条狗在地震前行为异常，这自然会给它的主人留下深刻印象。但事实上，这个世界上的任何一刻，都有狗出现行为异常。

为了评价上述论证，以下哪个问题最不重要？

A. 被认为是地震前兆的动物异常行为，在平时是否也同样出现过？

B. 两种不同类型的动物，在地震前的异常行为是否类似？

C. 地震前有异常行为的动物在整个动物中所占的比例是多少？

D. 在地震前有异常行为的动物中，此种异常行为未被注意的比例是多少？

E. 同一种动物，在两次地震前的异常行为是否类似？

（12）一项调查显示，某班参加挑战杯比赛的同学，与那些未参加此项比赛的同学相比，学习成绩一直保持较高的水平。此项调查得出结论：挑战杯比赛通过开阔学生的视野，增加学生的学习兴趣，激发学生的创造潜力，有效地提高了学生的学习成绩。

以下哪项如果为真，最能加强上述调查结论的说服力？

A. 没有参加挑战杯比赛的同学如通过其他活动开拓视野，也能获得好成绩。

B. 整天在教室内读书而不参加课外科技活动的学生，他们的视野、学习兴趣和创造力都会受到影响。

C. 没有参加挑战杯比赛的同学大都学习很努力。

D. 参加挑战杯比赛并不以学习成绩好为条件。

E. 参加挑战杯比赛的同学约占全班的半数。

（13）对东江中学全校学生进行调查发现，拥有 MP3 播放器人数最多的班集体同时也是英语成绩最佳的班集体。由此可见，利用 MP3 可以提高英语水平。

以下哪项如果为真，最能加强上述结论？

A. 拥有 MP3 的同学英语学习热情比较高。

B. 喜欢使用 MP3 的同学都是那些自觉性较高的学生。

C. 随着 MP3 性能的提高，其提高英语水平的作用将更加明显。

D. 拥有 MP3 人数最多的班级是最会利用 MP3 的班级。

E. 拥有 MP3 人数最多的班上的同学更多地利用 MP3 进行英语学习。

（14）一般认为，出生地间隔较远的夫妻所生子女的智商较高。有资料显示，夫妻均是本地人，其所生子女的平均智商为 102；夫妻是省内异地的，其所生子女的平均智商为 106；而隔省婚配的，其所生子女的智商则高达 109。因此，异地通婚可提高下一代智商水平。

以下哪项如果为真，最能削弱上述结论？

A. 统计孩子平均智商的样本数量不够多。

B. 不难发现，一些天才儿童的父母均是本地人。

C. 不难发现，一些低智商儿童父母的出生地间隔较远。

D. 能够异地通婚者是智商比较高的，他们自身的高智商促成了异地通婚。

E. 一些情况下，夫妻双方出生地间隔很远，但他们的基因可能接近。

（15）核电站所发生的核泄漏严重事故的最初起因，没有一次是设备故障，都是人为失误所致。这种失误，和小到导致交通堵塞，大到导致仓库失火的人为失误，没有实质性的区别。从长远的观点看，交通堵塞和仓库失火是不可避免的。

上述断定最能支持以下哪项结论？

A. 核电站不可能因设备故障而导致事故。

B. 核电站的管理并不比指挥交通、管理仓库复杂。

C. 核电站如果持续运作，那么发生核泄漏严重事故几乎是不可避免的。

D. 人们试图通过严格的规章制度以杜绝安全事故的努力是没有意义的。

E. 为使人类免于核泄漏引起的灾难，世界各地的核电站应当立即停止运行。

（16）评估专业领域中的工作成绩是在实际的工作中进行的。医生可以自由地查阅医书，律师可以参考法典和案例，物理学家和工程师可以随时翻阅他们的参考手册。以此类推，学生在考试的时候也可以看他们的课本。

上述论证是有问题的，因为：

A. 所引证的事例不足以支持评估专业领域中的工作成绩是在实际的工作中进行的这个一般的概括。

B. 没有考虑这种可能性：即使采纳了文中的建议，也不会显著地提高大多数学生的考试成绩。

C. 忽视了这样的事实：专业人士在上学时考试也不准许看课本。

D. 没有考虑这样的可能性：在专业领域与在学校中的评估目的截然不同。

（17）地球上之所以有生命存在，至少是因为具备了以下两个条件：一是因与热源保持一定距离而产生出适当的温差范围，二是这种温差范围恒定保持了至少37 亿年以上。在宇宙的其他地方，这两个条件的同时出现几乎是不可能的。因此，其他星球不可能存在与地球上一样的生命。

该论证是以下面哪项为前提的？

A. 一个确定的温差范围是生命在星球上发展的唯一条件。

B. 生命除了在地球上发展外不能在其他星球存在。

C. 在其他星球上的生命形式需要像地球上的生命形式一样的生存条件。

D. 对于为什么生命只在地球上出现而不在其他星球上出现尚无满意的解释。

（18）郑女士：A 国过去 10 年的 GDP 增长率比 B 国高，因此 A 国的经济前景比 B 国好。

胡先生：我不同意你的观点。A 国的 GDP 增长率虽然比 B 国高，但 B 国的GDP 数值更大。

以下哪项最为准确地概括了两人争论的焦点？

A. B 国的 GDP 数值是否确实比 A 国大？

B. A 国的 GDP 增长率是否确实比 B 国高？

C. 一个国家的 GDP 数值大，是否经济前景一定好？

D. 一个国家的 GDP 增长率高，是否经济前景一定好。

E. 比较两个国家的经济前景，GDP 数值与 GDP 增长率哪个更重要？

第七章　现代归纳逻辑

前面讲到了以穆勒五法为主的传统归纳逻辑。本章讲以概率演算为基础的现代归纳逻辑。现代归纳逻辑的显著特点就是使用概率来分析归纳过程，对归纳推理加以系统化和定量化，并借助演绎逻辑的公理化方法构建不同类型的形式化归纳逻辑系统。与传统归纳逻辑相比，现代归纳逻辑在定量分析上取得了很大的进展。

第一节　概率和概率演算

现代归纳逻辑主要运用概率来分析归纳推理。因此，现代归纳逻辑的主流是概率逻辑。概率逻辑的主体是概率演算。概率演算可以让我们根据一些较为简单的概率计算出一些较为复杂的概率。本节主要讨论以下内容：概率的基本概念、概率的解释、概率演算的规则及其应用、贝叶斯定理及其应用。

一、概率和概率解释

考虑下列三个陈述句：

（1）从一副扑克牌中抽出 K 牌的概率是 1/13。

（2）一个 20 岁的女人可以活到 75 岁的概率是 913/1 000。

（3）本月央行将下调人民币存贷款利率的概率是非常高的。

在这三个陈述句中，"概率"一词是在不同的意义上使用的，因为在这三种情况下采用了不同的方法来确定或估计概率。确定从一副扑克牌中抽出一张 K 牌的概率，使用了一种纯数学的方法：一副扑克共有 52 张牌（去掉了大王和小王），并且有 4 张是 K 牌，4 除以 52 得到 1/13；确定一个 20 岁的女子活到 75 岁的概率则采用了另一种方法：抽取一个由 20 岁的女子组成的大数量的样本（比如 10 000 人），并统计出能够再活 55 年的人的数量（比如 9 130 人），9 130 除以 10 000 得到 913/1 000；确定央行将下调人民币存贷款利率的概率则需要采用另外的方法，这种方法要求我们了解经济形势和物价走势，熟悉央行的货币政策等。这三种做法涉及了三种不同的概率理论：古典理论、相对频率理论和主观主义理论。

（一）概率的古典理论

概率的古典理论的起源可以追溯到 17 世纪数学家布莱斯·帕斯卡和皮埃尔·费马确定机遇游戏的打赌投注赔率的工作。根据古典理论，一个事件 A 出现的概率用下面的公式计算：

$$P(A) = \frac{f}{n}$$

其中 f 是有利的结果的数目，n 是可能的结果的数目。例如，计算从一副扑克中抽出一张红桃的概率，有利的结果的数目是 13（因为有 13 张红桃），而可能的结果的数目是 52（因为一副扑克中有 52 张牌）。于是，这一事件的概率是 13/52 或 1/4。

注意，不要把一个事件发生的概率与打赌其发生的投注赔率混为一谈。对适用于古典理论的事件而言，一个事件 A 将会发生的公平的打赌投注赔率是由下面的公式给出的：

$$Odds(A) = f : u$$

其中 f 是有利的结果的数目，u 是不利的结果的数目。

例如，从一副扑克牌中抽出一张红桃的公平的打赌投注赔率是 13：39 或者是 1：3，因为有 13 张红桃，另外有 39 张牌不是红桃。

又如，假设有 5 匹马参加赛跑，有 2 匹马是李明的，有 3 匹马是王华的，并且这些马都有相等的机会赢得比赛。李明的马中有一匹马将获胜的公平的打赌投注赔率是 2：3，而李明的马中有一匹马将获胜的概率是 2/5。假定李明和王华接受上述打赌投注赔率，如果李明以 2 港元赌自己的一匹马获胜，而且他赢得了这次赌博，那么王华必须付给李明 3 港元。另一方面，王华的一匹马将获胜的投注赔率是 3：2，因此，如果王华以 3 港元赌她的一匹马获胜，而且她赢得了这次赌博，那么李明必须付给她 2 港元。

根据古典理论计算概率和打赌投注赔率包含了两个假设：其一，所有可能的结果都被考虑到了；其二，所有可能的结果是等可能发生的。

在扑克牌的例子中，根据第一个假设，只有 52 种初始的结果是可能发生的。换句话说，这副扑克牌没有被改变，这些牌不会被人偷偷地抽去几张或者插入几张，如此等等。在赛马的例子中，根据第一个假设，没有其他的马参加比赛，并且参赛的马中没有马会临阵退出比赛。

第二个假设又被称为无差别原则。就扑克牌的例子而言，它使得选择任何一张牌的可能性是相等的。换句话说，是假定了这些牌是均匀地码放的，没有两张牌被粘在一起，等等。就赛马的例子而言，无差别原则使得这些马中的每一匹马具有相等的机会获胜。

当这两个假设适用于某个事件的发生时，就可以用古典理论来计算该事件的概率或对它发生的投注赔率。来看下面几个例子：

P（掷一个公平的硬币掷得正面）= 1/2　　　　　　odds = 1：1

P（抽出一张扑克牌是人像）= 12/52 = 3/13　　　odds = 12：40 = 3：10

P(掷单个骰子掷得 2 点)= 1/6   odds = 1：5

P(掷单个骰子掷得奇数点)= 3/6 = 1/2   odds = 1：1

当然，严格地说，古典理论所依据的这两个假设在现实世界中从来没有完美地出现过。比如，每一个硬币总是略微有些不匀称，每一对骰子也略微有些不均衡。因此，各个结果的概率不会总是恰恰相等。类似地，这些结果也不会是限制在第一个假设所规定的正常结果的范围之内。在掷一枚硬币时，这个硬币有可能以边着地（是立着的）；在摇动骰子的时候，可能有一颗骰子裂成两半。这些结果在现实的意义上或许是不可能的，但它们却是逻辑可能的。不过，由于这些结果过于奇特，因此，认为对所有实际的目的而言这两个假设成立并且古典理论适用就是合理的。

不过，古典理论所依据的两个假设对有些事件显然不成立。例如，当试图确定一位 60 岁的男子在 10 年之内死于心脏病发作的概率时，要对所有可能的结果做出描述几乎是不可能的。他可能死于癌症、肺炎或一次特殊的致命流感，他也可能因一次意外事故而死亡等。这些结果中没有一个与其他结果相比较而言是等可能发生的。为了计算诸如此类事件的概率，我们需要概率的相对频率理论。

（二）概率的相对频率理论

概率的相对频率理论起源于 18 世纪人寿保险公司所使用的死亡表。与依赖于先验计算的古典理论相反，相对频率理论依靠的是对某种事件发生的频率的实际观察。一个事件 A 发生的概率是由下面的公式计算的：

$$P(A) = \frac{f}{n_o}$$

其中 f 是所观察到的有利的结果的数量，n_o 是所观察到的结果的总数。例如，为确定一名 50 岁的男子再活 5 年的概率，可以观察由 1 000 名 50 岁男子组成的样本，如果有 968 人在 5 年之后还活着，那么前面所说的那位男子再活 5 年的概率是 968/1 000 或 0.968。

类似地，假设有一个被灌了铅的骰子（不公平的骰子），要想确定掷这个骰子时掷得 6 点的概率，可以掷这个骰子 1 000 次。如果掷得 6 点的次数是 365，那么这一事件发生的概率就是 365/1 000 或 0.365。

相对频率理论也可以用来计算那些满足古典理论要求的事件的概率。例如，抛掷一枚硬币 100 次并且记录掷得正面的次数就可以确定掷这枚硬币结果是正面的概率。如果在掷了 100 次之后，有 46 次正面被记录下来，那么应该把 0.46 的概率指派给这个事件。这使得我们注意到有关相对频率理论的一个重要特点：只有在大量的情况下结果才能为真。为达到一种高度的近似，可能需要抛掷这枚硬币

1 000次甚至10 000次，在抛掷10 000次之后，人们应当期望得到正面的数目接近于5 000次。如果实际上只有4 623次正面被记录下来，那么得出这样的结论很可能是合理的，即这枚硬币是不匀称的，或者有时候掷这枚硬币的方式是不正常的。

严格地讲，无论古典方法还是相对频率的方法都不能把概率指派给单个的事件。按照这些方法的观点，只有事件的某个种类或类才具有概率。但在现实世界中，许多事件是单一的。例如，李明和王红结婚，或者刘翔在2012年伦敦奥运会上获得男子110米栏冠军。为了刻画这些事件的概率，需要主观主义理论。

（三）概率的主观主义理论

概率的主观主义理论用个人的信念这样的术语来说明概率的意义。尽管这样的信念是不明确的、模糊的，但是通过一个人所能接受的对某次赌博的投注赔率可以给出对信念的定量解释。比如，如果张三相信某匹马会获胜，并且他愿意以8∶5的赔率对这一事件发生打赌，那么这意味着他把8/（8+5）或8/13的概率指派给了这个事件。如果一个人在对同一事件不发生给出投注赔率时是一致的，那么这种做法就是没有问题的。比如，张三以8∶5的赔率对某匹马会获胜的事件打赌，并且以5∶8的赔率对这匹马不会获胜的事件打赌，在这种情况下是一致的。但是，如果张三以7∶4的赔率对某一事件将会发生打赌，并且以5∶4的赔率对它将不发生打赌，那么张三将会不可避免地输掉这次打赌。

二、概率演算

上面介绍的三种概率（古典理论、相对频率理论和主观主义理论）提供了把概率指派给一个事件（或事件类）的三种不同的方法。有时候某种理论更容易使用，有时候另一种理论更适用。不过，一旦给定了单个事件的概率，也就奠定了计算复合事件概率的基础。计算复合事件的概率需要概率演算作为工具。在这方面，概率演算函数类似于命题逻辑中的真值函数规则的集合。正如真值函数规则允许我们根据简单的支命题的真值来计算复合命题的真值一样，概率演算的规则允许我们根据简单事件的概率计算复合事件的概率。但是逻辑学家对推理更感兴趣，推理的前提和结论都是命题或语句。尽管统计学和概率论教科书通常讨论的是事件（或事件类）的概率，但是归纳逻辑教材通常讨论命题或语句的概率。因此，有两种概率语言，一种是事件的，另一种是命题的。事件是出现或不出现的，而命题是或真或假的。不过，用命题语言表达的内容多数可以翻译成事件语言，用事件语言表达的多数内容也可以翻译成命题语言。为方便起见，本书采用命题语言表达概率。

概率演算规则的逻辑研究是以命题逻辑为基础的。因此以下讨论将采用这样的命题逻辑符号："¬"表示否定，"∨"表示析取，"∧"表示合取，"→"表示实质蕴涵。

统计与概率论教科书通常用大写字母 P(　) 表示概率，为方便起见，本书中的概率也表示为：

$$P(\quad)$$

如果用字母 A、B 表示命题[1]，那么"非 A"的概率和"A 或 B"的概率就分别表示为：

$$P(\neg A)$$
$$P(A \lor B)$$

习惯上用百分比或分数来表示命题的概率，而指派给命题的概率值是在 0 和 1 之间，也就是说，对于任何 A，

$$0 \leqslant P(A) \leqslant 1$$

（一）初始规则

概率论对两种特殊的命题分别指派值 1 和 0。其一是无论事实真假都为真的命题，它叫做重言式或永真式。另一种是无论事实真假它都为假的命题，它可以叫做矛盾式或永假式。于是，我们就有了概率演算的两个初始规则：

规则 1　如果一个命题是重言式，那么它的概率等于 1。

规则 2　如果一个命题是自相矛盾的，那么它的概率等于 0。

当两个命题陈述的是同样的事实，即它们在同一场合的真值完全相同时，它们就是逻辑等值的。如果一个命题作出的断定具有某个概率，那么用不同说法作出同样断定的命题就应该与它具有相同的概率值。例如，命题"明天下雨"的概率与命题"并非明天不下雨"的概率应该相等。这可用下面的规则表示：

规则 3　如果两个命题是逻辑等值的，那么它们有相等的概率。

（二）析取规则和否定规则

当两个命题不能同时为真时，我们就说这两个命题互斥。

例 1　（1）刘蓓今天恰好 25 岁。

　　　　（2）刘蓓今天恰好 55 岁。

刘蓓今天不可能既是 25 岁又是 55 岁，这两个命题互斥。

又如，在掷骰子游戏中，不可能掷一个骰子同时掷出 1 点和 3 点；掷一枚硬币也不可能同时既掷出正面又掷出反面。换言之，不可能同时出现的两个事件是互斥的。

---

[1]　在数理逻辑文献中常用小写字母 p、q、r 等表示原子命题，这里考虑到概率论中的习惯，用大写字母表示命题或事件。

当析取支 A 和 B 互斥时，根据析取支 A 和 B 的概率，很容易计算出析取式 A∨B的概率。以下规则是特殊析取规则：

规则 4　如果 A 和 B 是互斥的，那么

$$P(A \lor B) = P(A) + P(B)$$

例如，命题"关羽既是美髯公又是聪明人"与"关羽既不是美髯公又不是聪明人"是互斥的。如果"关羽既是美髯公又是聪明人"的概率是 1/2，"关羽既不是美髯公又不是聪明人"的概率是 1/4，那么"关羽既是美髯公又是聪明人或者关羽既不是美髯公又不是聪明人"的概率是 1/2+1/4，也就是 3/4。

考虑下面的例子，不难看出特殊析取规则在直觉上是合理的。

例 2　假设从一副洗好的 52 张扑克牌中抽取 1 张牌。抽到梅花 A 或者方块 A 的概率是多少？

假如 52 张牌中的每一张都有同等机会被抽出，则 P(抽到梅花 A)= 1/52，而且 P(抽到方块 A)= 1/52。显然，有 2/52 的机会或者抽到梅花 A 或者抽到方块 A，这可以通过特殊析取规则计算得到：

P(抽到梅花 A∨抽到方块 A)= P(抽到梅花 A)+P(抽到方块 A)= 1/52+1/52＝ 2/52。

下面用更典型的实例来说明特殊析取规则在直觉上的合理性。

例 3　假设抛掷一枚 6 个面的骰子，每次掷出的结果都是同等可能的，即：

P(骰子掷出 1 点)= 1/6
P(骰子掷出 2 点)= 1/6
P(骰子掷出 3 点)= 1/6
P(骰子掷出 4 点)= 1/6
P(骰子掷出 5 点)= 1/6
P(骰子掷出 6 点)= 1/6

由于每掷一次骰子只露出一面，因此，这 6 个命题是互斥的。这样，掷出 1 点或者 6 点的概率可以用特殊析取规则计算如下：

P(1 点∨6 点)= P(1 点)+P(6 点)= 1/6+1/6= 1/3

掷出大于 3 点的偶数点的概率可以计算如下：

P(偶数点且大于 3 点)= P(4 点∨6 点)
= P(4 点)+P(6 点)
= 1/6+1/6= 1/3

掷出偶数点或者 3 点的概率也可计算如下：

$$P(偶数点或 3 点) = P(2 点 \lor 4 点 \lor 6 点 \lor 3 点) = 4/6 = 2/3$$

借助特殊析取规则，可以得到否定规则。考虑任意命题 A，由于 A 和 ¬A 是互斥的，所以析取式 A∨¬A 适用特殊析取规则。根据特殊析取规则，可以得到：

$$P(A \lor \neg A) = P(A) + P(\neg A)$$

但是命题 A∨¬A 是重言式，根据规则 1，有

$$P(A \lor \neg A) = 1$$

合并上述两式，可以得到下面的结果

$$P(A) + P(\neg A) = 1$$

从等式两边减去 P(A)，等式仍然相等。由此可以得到

$$P(\neg A) = 1 - P(A)$$

这就是否定规则，它可以根据一个命题的概率计算出该命题的否定命题的概率。

规则 5 $P(\neg A) = 1 - P(A)$

否定规则是很有用的。以掷骰子为例，如果已经知道掷骰子得到 3 点的概率是 1/6，要想知道不掷出 3 点的概率，使用否定规则就可以直接计算：

$$P(\neg 3 点) = 1 - P(3 点) = 1 - 1/6 = 5/6$$

如果不用否定规则而应用特殊析取规则，也可以得到相同的结果：

$$\begin{aligned} P(\neg 3 点) &= P(1 点 \lor 2 点 \lor 4 点 \lor 5 点 \lor 6 点) \\ &= P(1 点) + P(2 点) + P(4 点) + P(5 点) + P(6 点) \\ &= 1/6 + 1/6 + 1/6 + 1/6 + 1/6 = 5/6 \end{aligned}$$

应当注意的是，并非每一个析取命题都是不相容的析取命题。因此，需要一个关于析取支可以同时为真的更一般的析取规则。例如，想知道从一副扑克牌中"抽出一张 K 牌或者抽出一张梅花"的概率。既然存在一张梅花 K，那么"抽出 K 牌"和"抽出梅花"这两个命题就不是相斥的。如何计算这个析取命题的概率？关键在于，必须减去"抽出一张 K 同时也是梅花"的概率。因此，这个析取命题的概率计算公式如下：

$$P(K \lor 梅花) = P(K) + P(梅花) - P(K \land 梅花)$$

注意，如果不减去这个量(抽出一张 K 同时也是梅花的概率)，梅花 K 的概率就被计算了两次(一次作为 K，一次作为梅花)，这样计算出来的结果就有误。

上述概率计算公式采用的就是如下一般析取规则：

规则 6 $P(A \lor B) = P(A) + P(B) - P(A \land B)$

一般析取规则适合所有析取式，不管其析取支互斥还是不互斥都可以使用，其应用范围比特殊析取规则更为广泛。请看下例。

已知：P(A)= 1/2

P(B)= 1/3

P(A∧B)= 1/4

计算：P(A∨B)

这时不能应用特殊析取规则，因为 A 和 B 不是互斥的，如果它们是互斥的，P(A∧B) 就应该是 0，而已知它是 1/4。在这种情况下只能应用一般析取规则：

P(A∨B)= P(A)+P(B)-P(A∧B)= 1/2+1/3-1/4=7/12

不过，一般析取规则也可以应用于互斥的情况，因为此时 P(A∧B) 总是 0。例如，若问抽出梅花或者抽出方块的概率是多少？应用规则 6，就可以得到：

P(梅花∨方块)= P(梅花)+P(方块)-P(梅花∧方块)

而一张牌不可能既是梅花又是方块，于是有：

P(梅花∨方块)= 13/52+13/52-0= 26/52=1/2

细心的读者可能会发现：为了计算析取命题 A∨B 的概率，不仅需要知道其支命题 A 和 B 的概率，而且还要知道合取命题 A∧B 的概率。后面将介绍如何计算这种合取命题的概率。

（三）条件概率和合取规则

在讨论合取规则之前，需要引入条件概率的概念。把已知 A 的条件下 B 的概率记作 P(B/A)，它可以读作"在 A 条件下 B 的概率""基于 A 的 B 的概率"或者"假设 A 时 B 的概率"。在引进精确的定义之前，先直观地讨论条件概率。以掷骰子为例，掷出偶数点的概率是 1/2。但在已经掷出 2 点或 4 点的条件下掷出偶数点的概率就不是 1/2，而是 1；在已经掷出 1 点或 3 点的条件下掷出偶数点的概率是 0；在已知掷出 1、2、3、4、6 的条件下掷出偶数点的概率是 3/5。在上述三个条件下掷出"偶数点"的概率都不同于掷出"偶数点"本身的概率：

P(偶数点)= 1/2

P(偶数点/已掷得 2 点或 4 点)= 1

P(偶数点/已掷得 1 点或 3 点)= 0

P(偶数点/已掷得 1 点或 2 点或 3 点或 4 点或 6 点)= 3/5

下面给出条件概率的定义：

定义 1 条件概率

$$P(B/A)= \frac{P(A∧B)}{P(A)}$$

这个定义的正确性并非显而易见，下面用几个具体事例来直观地表明其正确性。

例 4   从一副洗好的扑克牌中抽出一张牌。考虑在抽到梅花 A 的条件下抽到一张梅花的概率。

显然，它就是一张梅花。而这恰恰就是定义 1 所说的：

P(梅花/梅花 A)＝P(梅花 A∧梅花)/P(梅花 A)。

抽出梅花 A 的概率是 1/52，抽出 1 张梅花并且抽出梅花 A 的概率，恰好是抽出梅花 A 的概率，因此 P(梅花/梅花 A)＝(1/52)/(1/52)＝1。

例 5   从一副洗好的扑克牌中抽出一张牌。在抽到一张红桃的条件下抽到一张黑桃的概率是多少？

直觉上看，概率为 0。因为如果刚好抽到一张红桃，当然没有抽到黑桃。条件概率公式可以证实这一点：

P(黑桃/红桃)＝P(红桃∧黑桃)/P(红桃)

抽到一张红桃的概率是 13/52。因为一张牌不可能既是红桃又是黑桃，所以抽出一张牌既是红桃又是黑桃的概率为 0。将这些值代入条件概率公式，得到 P(黑桃/红桃)＝0/(13/52)＝0。

例 6   从一副洗好的扑克牌中抽出一张牌。在抽到一张 K 牌的情况下，抽出红桃 K 的概率是多少？

虽然总共有 4 张 K 牌，但只有一张红桃 K，从直觉上看这个概率是 1/4。应用条件概率公式，有

P(红桃 K/K 牌)＝P(K 牌∧红桃 K)/P(K 牌)

从一副洗好的扑克牌中抽出一张 K 牌的概率是 4/52，抽出一张 K 牌同时也是红桃 K 的概率，就是抽出红桃 K 的概率，即 1/52。因此有

P(红桃 K/K 牌)＝(1/52)/(4/52)＝1/4

运用条件概率公式计算的结果再一次与我们的直觉相一致。

例 7   在抽到了一张黑牌的情况下，抽到一张梅花的概率是多少？

有一半黑牌是梅花，并且有一半黑牌是黑桃，因此，从直觉上看这个概率是 1/2。应用条件概率公式，有

P(梅花/黑牌)＝P(黑牌∧梅花)/P(黑牌)

扑克牌中有一半是黑色，一半是红色。因此，P(黑牌)＝1/2。抽到一张牌既是黑色又是梅花的概率恰好是抽到一张梅花的概率，即 13/52 或 1/4。使用条件概率公式计算的结果又一次与我们的直觉相符合。

P(梅花/黑牌)＝(1/4)/(1/2)＝1/2

一般合取规则可以直接从条件概率的定义导出。

规则 7 $P(A \wedge B) = P(A) \times P(B/A)$

证明很简单,根据条件概率的定义:

$$P(B/A) = \frac{P(A \wedge B)}{P(A)}$$

用 $P(A)$ 乘以等式两边,得

$$P(A) \times P(B/A) = P(A \wedge B)$$

这就是一般合取规则。下面用几个例子来表明这个规则的正确性。

例 8 从一副洗好的扑克牌中抽出一张牌后不放回,再抽取第二张牌。第一次抽出黑桃 A 且第二次也抽出黑桃 A 的概率是多少?

答案是 0,因为仅有一张黑桃 A,而它在第一次抽取时就被拿走了。

P(第一次抽出黑桃 A ∧ 第二次抽出黑桃 A)

= P(第一次抽出黑桃 A)×P(第二次抽出黑桃 A/第一次抽出黑桃 A)

= (1/52)×0 = 0

例 9 从一副洗好的扑克牌中抽出一张牌后不放回,第一次抽出一张红牌且第二次抽出一张红牌的概率是多少?

第一次抽出红牌的概率是 1/2。如果第一次抽出了一张红牌,则剩下的 51 张牌中还有 25 张是红色的。因此,第二次得到红牌的机会是 25/51。使用一般合取规则,得到

P(第一张是红牌 ∧ 第二张是红牌)

= P(第一张是红牌)×P(第二张是红牌/第一张是红牌)

= (1/2)×(25/51) = 25/102

这个概率接近 1/4。

例 10 从一副洗好的扑克牌中抽出一张牌后不放回,第一次抽出一张 A 牌且第二次抽出另外一种花色的 A 牌的概率是多少?

使用一般合取规则

P(第一次抽出 A ∧ 第二次抽出 A)

= P(第一次抽出 A)×P(第二次抽出 A/第一次抽出 A)

第一次抽牌得到 A 牌的概率是 4/52。如果已经抽出 1 张 A 牌,并将它放在一边,则还剩下 51 张牌,其中有 3 张是 A 牌。因此,在第一次抽出 1 张 A 牌的条件下,第二次抽出 1 张 A 牌的概率是 3/51。即

P(第一次抽出 A ∧ 第二次抽出 A) = (4/52)×(3/51) = 1/221

　　显然，相继抽出两张 A 牌的概率是相当低的。尽管从直觉上很难看出这一结果。

　　除了一般合取规则之外，还有特殊合取规则。这里先介绍"独立"这个概念。如果事件 A 发生不会影响事件 B 发生的概率，就说 A、B 两事件是独立的。或者用命题的语言，如果命题 A 为真不会影响命题 B 为真的概率，则 A、B 两命题是独立的。在这种情况下，$P(B/A)=P(B)$，而且 $P(A/B)=P(A)$。例如，"德国哲学家莱布尼茨死于 1716 年"和"下一张抽出的牌将是一个 J"是相互独立的，所以，"在莱布尼茨死于 1716 年的条件下将抽出一张 J"的概率，就是下一张抽出的牌将是一个 J 的概率，即 4/52。以下是独立的定义。

　　定义 2　两命题 A、B 是独立的当且仅当 $P(B/A)=P(B)$。

　　独立与互斥的区别是很重要的。关于掷骰子结果的命题与美国遭恐怖袭击的命题是独立的，但它们并不互斥，因为它们可能同真。而命题"下一次掷骰子将掷得偶数点"与命题"下一次掷骰子将掷得 5 点"是互斥的，但它们并不独立。P（偶数点）= 1/2，但 P（偶数点/掷得 5 点）= 0。P（5 点）= 1/6 而 P（5 点/已掷得偶数点）= 0。一般来说，如果 p 和 q 互斥，它们就不独立，而如果二者独立，它们就不互斥。

　　当 A 和 B 独立时，$P(B/A)=P(B)$。这时可以用 $P(B)$ 代换一般合取规则中的 $P(B/A)$ 从而得到特殊合取规则。

　　规则 8　如果 A 和 B 是独立的，那么 $P(A \wedge B)=P(A) \times P(B)$。

　　一般合取规则比特殊合取规则更基本，但是特殊合取规则更简单。究竟应用哪种合取规则取决于两个命题是否独立。

　　假设同时掷两枚骰子，其基本概率为：

骰子 A	骰子 B
P（1 点）= 1/6	P（1 点）= 1/6
P（2 点）= 1/6	P（2 点）= 1/6
P（3 点）= 1/6	P（3 点）= 1/6
P（4 点）= 1/6	P（4 点）= 1/6
P（5 点）= 1/6	P（5 点）= 1/6
P（6 点）= 1/6	P（6 点）= 1/6

　　由于骰子 A 掷得哪一面并不影响骰子 B 掷得哪一面，反之亦然，因此，表示骰子 A 各种抛掷结果的所有命题独立于表示骰子 B 各种抛掷结果的所有命题。例如，命题"骰子 A 将掷得 3 点"与"骰子 B 将掷得 5 点"是独立的；命题"骰子

A 将掷得 6 点"与"骰子 B 将掷得 6 点"也是独立的。

要想计算骰子 A 掷出 1 点并且骰子 B 掷出 6 点的概率，可以应用特殊合取规则：

P(骰子 A 掷出 1 点∧骰子 B 掷出 6 点)

= P(骰子 A 掷出 1 点)×P(骰子 B 掷出 6 点)

=(1/6)×(1/6)= 1/36

类似地，骰子 A 和骰子 B 的 36 种可能组合之一的概率都是 1/36。

现在计算一枚骰子掷得 1 点而另一枚骰子掷得 6 点的概率。这里有两种可能的情况：骰子 A 掷得 1 点而骰子 B 掷得 6 点，或者骰子 B 掷得 1 点而骰子 A 掷得 6 点。这两种组合的概率可以这样计算：

P(1 点∧6 点)=P［(骰子 A 掷得 1 点∧骰子 B 掷得 6 点)∨(骰子 B 掷得 1 点∧骰子 A 掷得 6 点)］

由于它们是互斥的，因此可以应用特殊析取规则，得到

P［(骰子 A 掷得 1 点∧骰子 B 掷得 6 点)∨(骰子 B 掷得 1 点∧骰子 A 掷得 6 点)］=P(骰子 A 掷得 1 点∧骰子 B 掷得 6 点)+P(骰子 B 掷得 1 点∧骰子 A 掷得 6 点)

如上文所述，有 P(骰子 A 掷出 1 点∧骰子 B 掷出 6 点)= 1/36，所以答案是 1/36+1/36 = 1/18。

当两个命题不独立时，必须应用一般合取规则。假定你有一只装有 10 颗糖的袋子，其中 5 颗红的，5 颗黑的。你摇晃袋子，闭上眼睛，摸出一颗糖，看一看，把它吃了，然后再重复这一过程。假设每次抽取时袋中每颗糖被取出的概率相等，现在计算抽出两颗红糖的概率。

这个问题是计算合取命题"第一次抽出红糖∧第二次抽出红糖"的概率。先计算 P(第一次抽出红糖)。以字母 A、B、C、D、E、F、G、H、I、J 表示这 10 颗糖。第一次取出的糖是它们中的一颗，所以

P(第一次抽出 A∨第一次抽出 B∨…∨第一次抽出 J)= 1

根据特殊析取规则，有

P(第一次抽出 A)+P(第一次抽出 B)+…+P(第一次抽出 J)= 1

既然每颗糖都有同等机会被取出，共有 10 颗糖，因此

P(第一次抽出 A)= 1/10

P(第一次抽出 B)= 1/10

……

P(第一次抽出 J)= 1/10

一共有 5 颗红糖，用字母 A、B、C、D、E 表示红糖，其余的字母表示黑糖。

根据特殊析取规则，第一次抽出一颗红糖的概率是 1/2。

命题"第一次抽出红糖"与"第二次抽出红糖"不是独立的。如果第一次抽出了一颗红糖，袋中还剩下 4 颗红糖和 5 颗黑糖；如果第一次抽出黑糖，袋中还剩下 5 颗红糖和 4 颗黑糖。第一次抽出红糖的结果会影响第二次抽出红糖的概率，因此这两个命题不独立。应用一般合取规则，得到

P(第一次抽出红糖∧第二次抽出红糖)
= P(第一次抽出红糖)×P(第二次抽出红糖/第一次抽出红糖)

已经算出 P(第一次抽出红糖)为 1/2。现在需要计算 P(第二次抽出红糖/第一次抽出红糖)。第一次抽出红糖后，还剩下 9 颗糖：4 红 5 黑。现在要从它们中抽出一颗，每一颗都有同等机会抽出，因而每颗糖被抽出的概率为 1/9，抽出一颗红糖的概率是 4/9。因此，P(第二次抽出红糖/第一次抽出红糖)= 4/9。于是有

P(第一次抽出红糖∧第二次抽出红糖)= (1/2)×(4/9)= 2/9

同样地，也可以计算 P(第一次抽出黑糖∧第二次抽出红糖)：

P(第一次抽出黑糖)= 1/2
P(第二次抽出红糖/第一次抽出黑糖)= 5/9
P(第一次抽出黑糖∧第二次抽出红糖)= (1/2)×(5/9)= 5/18

三、贝叶斯规则

贝叶斯规则(亦称为贝叶斯定理) 是英国数学家托马斯·贝叶斯发表于 1763 年的一篇论文中提出的。贝叶斯规则是打开"向经验学习"之门的钥匙，是帮助我们理解如何应用新证据的重要规则。

我们从一个经典例子入手来讨论问题。

例 11　设想有两个坛子，每一个都装有红球和黑球。坛子 A 有 80% 的红球，20% 的黑球，坛子 B 有 60% 的黑球，40% 的红球。随机挑选一个坛子，它是 A 还是 B 呢？从这坛子中摸出一个球，根据这个信息来猜测究竟是哪一个坛子。每抽一次，球都要返回坛子。因此，对于任何一次抽取，从坛子 A 中抽出红球的概率是 0.8，从坛子 B 中抽出红球的概率是 0.4。即

P(R/A)= 0.8
P(R/B)= 0.4

也就是说，已经知道 P(R/A) 和 P(R/B)。现在问：在取出一个红球的条件下，被选中的坛子是 A 的概率是什么？被选中的坛子是 B 的概率又是什么？这里问的是：P(A/R)=？ P(B/R)=？ P(A/R) 是 P(R/A) 的逆概率，P(B/R) 是 P(R/B) 的逆概率。这些概率(值)可以直接从条件概率的定义得到。但是解答这

类问题有一个简单易行的规则，这就是贝叶斯规则。

在坛子的问题中，我们问两个命题哪一个为真："坛子 A 被选中"还是"坛子 B 被选中"。这里用 A、B 等表示这类命题。随机地抽取并且取出一个红球，就得到了某种证据，这里用字母 E 表示证据。

我们从最简单的情况开始，这里只有两个命题：A 和 ¬A，它们是互斥且穷尽的。

令 E 是一个命题，P(E)>0，有

$$P(A/E) = \frac{P(A) \times P(E/A)}{[P(A) \times P(E/A)] + [P(\neg A) \times P(E/\neg A)]}$$

这是贝叶斯规则的最简单形式。

贝叶斯规则的证明是这样的。根据条件概率的定义，有

$$P(A/E) = \frac{P(E \wedge A)}{P(E)}$$

由真值表可知，E 逻辑等值于 (E∧A)∨(E∧¬A)，用它替换分母中的 E，得到

$$P(A/E) = \frac{P(E \wedge A)}{P[(E \wedge A) \vee (E \wedge \neg A)]}$$

由于 (E∧A) 与 (E∧¬A) 是互斥的，根据特殊析取规则，有

$$P(A/E) = \frac{P(E \wedge A)}{P(E \wedge A) + P(E \wedge \neg A)}$$

由于 E 和 A 并不独立，应用一般合取规则，得到

$$P(A/E) = \frac{P(A) \times P(E/A)}{[P(A) \times P(E/A)] + [P(\neg A) \times P(E/\neg A)]}$$

证毕。

应用贝叶斯规则来计算一个给定假说被证据支持的程度，需要三种信息：P(A)、P(E/A) 和 P(E/¬A)。如果有 P(A)，应用否定规则就可以计算出 P(¬A)。P(A) 表示假说 A 的先验概率(Prior Probability)，即假说独立于 E 的概率。E 表示观察证据的命题。P(E/A) 是当假说 A 为真时证据 E(或相关现象) 的概率。P(E/¬A) 是当假说 A 为假时证据 E(或相关现象) 的概率。

现在分析例 11 坛子与小球的例子。我们已经知道 P(R/A) = 0.8；P(R/B) = 0.4；P(A) = P(B) = 0.5。现在抽出一个红球，问 P(A/R) 是多少？用贝叶斯规则来解。

$$P(A/R) = \frac{P(A) \times P(R/A)}{[P(A) \times P(R/A)] + [P(B) \times P(R/B)]}$$

$$= \frac{0.5 \times 0.8}{(0.5 \times 0.8) + (0.5 \times 0.4)}$$

$$= 2/3$$

可以看到，$P(A/R)$ 高于 $P(A)$，$P(A/R)$ 是 $2/3$，$P(A)$ 是 $1/2$。这表明，在贝叶斯规则的应用过程中，红球被抽出的新信息或新证据会增加坛子 A 被选中的置信度。因此，可以说，贝叶斯规则正确地描述了新信息或新证据在推理中的重要作用。

例 12 狼蛛是一种体形较大的有毒的蜘蛛。在委托销售的香蕉中，A 国委托销售的香蕉所占份额为 40%，B 国委托销售的香蕉所占份额为 60%，检查发现 A 国委托销售的香蕉中有 3% 藏有狼蛛，而 B 国委托销售的香蕉中藏有狼蛛的占 6%。在随机选取的一批委托销售香蕉中发现一只狼蛛。现在问：这批香蕉来自 B 国的概率是多少？用贝叶斯规则来解。

令 G = 来自 B 国的香蕉：$P(G) = 0.6$（这是先验概率）

令 H = 来自 A 国的香蕉：$P(H) = 0.4$（这是先验概率）

令 T = 藏有狼蛛的香蕉，于是有

$P(T/G) = 0.06$（这是条件概率）

$P(T/H) = 0.03$（这是条件概率）

应用贝叶斯规则可以求出 $P(G/T)$：

$$P(G/T) = \frac{P(G) \times P(T/G)}{[P(G) \times P(T/G)] + [P(H) \times P(T/H)]}$$

$$= \frac{0.6 \times 0.06}{(0.6 \times 0.06) + (0.4 \times 0.03)}$$

$$= 3/4$$

例 13 某地区居民的肝癌发病率为 0.000 4，现用甲胎蛋白法进行普查。医学研究表明，化验结果是存在误差的。已知患有肝癌的人其化验结果 99% 呈阳性（有病），而没患肝癌的人其化验结果 99.9% 呈阴性（无病）。试问：在化验结果呈阳性的人中可能有多少人患有肝癌？

用 A 表示样本的观察证据"化验结果呈阳性"，用 H 表示假说命题"被检查者患有肝癌"，由上面陈述可知：

$P(H)$（某地区居民的肝癌发病率）= 0.000 4

$P(\neg H)$（某地区居民没患肝癌的比率）= 1 − 0.000 4 = 0.999 6

$P(E/H)$（患有肝癌者其化验结果呈阳性的比率）= 0.99

P(E/￢H)（没患肝癌者其化验结果呈阳性的比率）= 1-0.999 = 0.001

需要推断的是 P(H/E)，即在化验结果呈阳性的条件下，假说"被检查者患有肝癌"的概率。根据贝叶斯规则，很容易算出 P(H/E) 的值：

$$P(H/E) = \frac{0.000\ 4 \times 0.99}{(0.000\ 4 \times 0.99) + (0.999\ 6 \times 0.001)}$$
$$= 0.284$$

这表明，在化验结果呈阳性的人中，真正患肝癌的人不到30%。这个结果可能会使人吃惊，但仔细分析一下就可以理解了。因为肝癌发病率很低，在 10 000 个人中约有 4 人患肝癌，而 9 996 个人不患肝癌。对 10 000 个人用甲胎蛋白法进行检查，按其错检的概率可知，9 996 个不患肝癌者中约有 9 996×0.001≈9.996 个呈阳性，另外 4 个真患肝癌者的检查结果中约有 4×0.99≈3.96 个呈阳性。在 13.956（即 9.996 与 3.96 之和）个呈阳性者中，真患肝癌的 3.96 个人约占 28.4%。

从这个例子可以看出，使用贝叶斯规则进行推理，实际上是借助于新的信息修正先验概率的推理方法。这样的方法如果运用得当，可以使我们在依据概率作出决断时，不必一次收集长期过程中的大量资料，而是根据事物发展的情况，不断利用新的信息来修正前面的概率，做出正确决策。下面的例子很好地说明了这一点。

例 14　用贝叶斯推理分析伊索寓言"孩子与狼"的故事。一个小孩每天到山上放羊，山中常常有狼出没。第一天，他在山上喊："狼来了! 狼来了!"山下的村民闻声去打狼，可到了山上发现根本就没有狼。第二天仍是如此。第三天狼真的来了，可无论小孩怎么喊叫，也没有人来救他。因为前两次他说了谎，人们不再相信他了。现在用贝叶斯推理来分析村民们对这个小孩的相信度是如何下降的。

用 E 表示"小孩说谎"，用 H 表示"小孩可信"。假设村民过去对这个小孩的相信度为 P(H)= 0.8，则 P(￢H)= 0.2。

现在用贝叶斯规则来计算 P(H/E)，亦即这个小孩说了一次谎后，村民对他的相信度的变化情况。在使用贝叶斯规则进行推断时，要用到概率 P(E/H) 和 P(E/￢H)，前者为可信的孩子说谎的可能性，后者为不可信的孩子说谎的可能性。在此不妨设 P(E/H)= 0.1，P(E/￢H)= 0.5。

第一次村民上山打狼，发现狼没有来，小孩说了谎。村民根据这个信息，对这个小孩的相信度变为 P(H/E)= (0.8×0.1)/[(0.8×0.1)+(0.2×0.5)]= 0.444。这表明村民上了一次当后，对这个小孩的相信度由原来的 0.8 下降到 0.444。在此基础上，再一次用贝叶斯规则来推断 P(H/E)，亦即这个小孩第二次说谎后，村民对他的相信度变为 P(H/E)= (0.444×0.1)/[(0.444×0.1)+(0.556×0.5)]= 0.138。这表明村民们经过两次上当，对这个小孩的相信度已经从 0.8 下降到

0.138，如此低的可信度，村民听到第三次呼叫时怎么会上山打狼呢？

最后，我们通过考察一个著名的出租车案例，来探讨贝叶斯推理与认知的问题。[①]

例 15 在一个小镇上，出租车车祸时有发生，需要判定责任。这个镇有两个出租汽车公司。一个是蓝色出租车公司，另一个是绿色出租车公司。前者车身上涂蓝色，后者车身上涂绿色。

绿色出租车在该镇出租车市场上占有份额为 85%。

蓝色出租车在该镇出租车市场上占有份额为 15%。

在一个大雾的冬天夜晚，一辆出租车撞击了另一辆出租车而且肇事车驾驶员驾车逃逸。一位目击者说它是一辆蓝色出租车。

执法人员在类似出事那天晚上的条件下对目击者进行测验。5 次测验中她有 4 次能正确地说出车的颜色。也就是说，不管她在夜晚大雾的情况下看到的是蓝车还是绿车，她在 80% 的时候能正确地辨别颜色。

基于以上信息，人们可能得出以下结论：

a. 肇事车是蓝车的概率是 0.8。

b. 肇事车很可能是蓝车，但概率小于 0.8。

c. 蓝车和绿车同样可能是肇事车。

d. 肇事者很可能是绿车。

这个问题是心理学家图文斯基（A. Tversky）和卡尼曼（D. Kahneman）提出的。他们就这个问题做了许多心理测试，结果发现，许多人认为 a 和 b 是正确的，很少有人认为 d 是正确的。然而，按贝叶斯规则计算的结果与少数人的直观相一致。

令 G＝随机挑选的一辆绿色出租车，$P(G) = 0.85$，

令 B＝随机挑选的一辆蓝车，$P(B) = 0.15$，

令 Wb＝目击者说出租车是蓝色的，$P(Wb/B) = 0.8$，$P(Wb/G) = 0.2$，因为目击者在 20% 的时间做出错误回答，所以，当出租车为绿色时她说是"蓝色"的概率为 20%。需要计算的是 $P(B/Wb)$ 和 $P(G/Wb)$。

按照贝叶斯规则，

$$
\begin{aligned}
P(B/Wb) &= \frac{P(B) \times P(Wb/B)}{[P(B) \times P(Wb/B)] + [P(G) \times P(Wb/G)]} \\
&= \frac{0.15 \times 0.8}{(0.15 \times 0.8) + (0.85 \times 0.2)} \\
&= 12/29 \approx 0.41
\end{aligned}
$$

[①] 这个案例选自 Ian Hacking, *An Introduction to Probability and Inductive Logic*. Cambridge：Cambridge University Press，2001.

$$P(G/Wb) \approx 1 - 0.41 \approx 0.59$$

由此可知，肇事车是绿车的概率比肇事车是蓝车的概率更大。这恰恰说明结论 d 是正确答案。为什么在直观上很少有人认为 d 是正确答案呢？关键在于人们往往会忽略一些基础概率信息或背景信息。人们只看到目击者有 80% 的时候能正确辨色，忽略了镇上多数出租车是绿色的这一基础概率信息。这个例子让我们认识到了基础概率信息在贝叶斯推理中的重要作用。

第二节　统　计　推　理

统计推理是一种现代意义上的归纳推理，这种推理是以统计数据或资料为前提，以概率论为基础的推理。研究这种推理是数理统计的任务，对这种推理做出评价则是归纳逻辑的任务。

一、统计推理概述

统计是关于数量信息的收集、整理和分析的方法。在当今世界中，我们每天都能从报纸、网络、电视、广播中看到或听到一些数据或统计数字。下面是一些统计数据。

1. 某公司于 2012 年 6 月 6 日推出"如何看待人事部门拟适时建议 8 小时弹性工作制"的调查。截止到 6 月 11 日下午，被调查者已超过 2000 人，其中 93.7% 的人表示反对，有 2.5% 的人表示支持，3.8% 的人持中立态度。

2. 智能电视是具有电脑、手机功能，可以上网的电视。中国电子商务会 2012 年 1 月至 6 月的调查显示，近 94% 的中国消费者对智能电视有所了解，36% 的消费者打算近期购买智能电视。

3. 某电子集团董事长在 2012 年全国两会期间透露，目前智能电视的接通率只有 40%，这是国内外市场面临的普遍问题，这意味着购买了智能电视的消费者中有一半以上几乎完全不用那些"智能"功能。

4. 由中国出版科学研究所组织实施的第六次全国国民阅读调查显示，我国成年人报纸阅读率为 63.9%，人均年阅读报纸约 88.6 份，成年人杂志阅读率为 50.1%，人均年阅读杂志约 8.2 本。

5. 据《2012 年全国教育事业发展统计公报》显示，义务教育办学条件进一步改善，九年义务教育巩固率达 91.8%，小学学龄儿童净入学率为 99.85%，小学生师比为 17.36∶1。

6. 一项调查表明，森林采伐活动每增加 4%，疟疾的发病率就会增加 50%。

这些统计数据涉及工作时间、商业信息、九年义务教育、人类社会与自然环境等方面的情报。这些情报中的数据是政府、企业和个人做出某项重要决策或决定的基础。在信息社会中，要做出正确而明智的决策或决定，必须理解有关数据的含义，并具备一些统计科学方面的知识。

统计工作者往往比较关注统计数据。他们在谈论统计数据时，常常用到"环比""同比"之类的概念。那么究竟什么是"同比"，什么是"环比"？它们都有哪些用途？这里先简单介绍一下。

（一）同比

本期水平与上年同期水平相比较，例如 2005 年 7 月份的水平与 2004 年 7 月份的水平相比较，叫同比。

统计指标按其具体内容、实际作用和表现形式可以分为总量指标、相对指标和平均指标。比如，许多在北京、上海的人们都乐于讨论房价今年上涨了多少，这个涨幅就属于相对指标，反映的是房价年度间发展的动态。同比实际上就是指定年度间具体时期的指标数据比例。比如，今年 3 月份某统计指标的值是 110 亿元，而去年 3 月份该指标的值是 100 亿元，那么该指标今年同比增长了（110－100）/100×100%＝10%，这是同比增长速度。据此也可以计算出同比发展速度 110/100×100%＝110%。同比发展速度主要是为了消除季节变动的影响，用以说明本期发展水平与去年同期发展水平对比而达到的相对发展速度。

（二）环比

本期水平与上一统计段的水平相比较，叫环比，例如 2005 年 7 月份的水平与 2005 年 6 月份的水平相比较。多个连续时期间的统计数据的比例也是环比，比如对于 2014 年的工业生产销售收入可以得到 2 月份对 1 月份的环比，也可以得到 2014 年 1 月份对 2013 年 12 月份的环比。这也就引出了环比增长速度与环比发展速度的概念。

环比增长速度＝［（本期数－上期数）/上期数］×100%，它反映了本期相对上期增长了多少。

环比发展速度＝（本期数/上期数）×100%，它反映的是报告期水平与前一期水平之比，表明现象逐期的发展速度。

简言之，以 11 月为例，跟去年 11 月比叫同比，跟上个月即 10 月比叫环比。

（三）统计假说

在统计推理实践中，人们往往在研究统计数据的基础上提出统计假说。什么是统计假说呢？我们在日常生活中经常看到的关于各种百分比的报道就是统计假说。下面都是一些简单的统计假说：

17% 的中国成年男子喝酒。

5% 的中国成年妇女喝酒。

超过一半的中国成年妇女有工作。

上述陈述都具有相同的基本结构，可以用一个标准的方式来解释它们，也就是说，它们都辨认出一个总体，总体的每一分子都具有或不具有某个属性和某个百分比。所以，这些陈述都可以表达为具有下述结构的陈述：

$$（总体）的 x\%是（属性）$$

这里的百分比可以告诉你总体中显示该属性的分子的比例。这就是统计假说的基本结构。

统计假说需要涉及个体的总体。证明统计假说合理性的最重要方法之一是检查这个总体的若干分子（一个样本），并且由在样本中观察到的结果推出关于整个总体的结论。每当我们由关于样本构成的知识作出关于总体的构成的结论时，我们就是在做统计推理。因此，统计推理可以说是由样本到总体的推理，是由样本具有某种属性推出总体也具有某种属性的推理。它是一种放大性推理，或者说是或然性的归纳推理。

二、统计推理的类别、形式和相关概念

（一）统计推理的类别

现代归纳逻辑文献通常把统计推理分为三类：估计、统计假说检验、贝叶斯推理。

估计是仅仅根据从样本获得的知识去推断总体百分比的统计推理。比如，如果根据上面的"某公司关于建立 8 小时弹性工作制"的调查结果，推测出"全公司 90%以上的员工是反对 8 小时弹性工作制的"的结论，那么就应用了估计这种统计推理。

统计假说检验是利用样本的信息来判定一个统计假说的真假。例如，A 公司是一家生产灯泡的企业，该公司在产品介绍中说，它生产的Ⅰ型节能灯泡的正常使用寿命不低于 8 000 小时，达到这个寿命的灯泡为合格品，达不到这个寿命的为不合格品。这家公司的广告宣传说："A 公司Ⅰ型节能灯泡的合格率为 99%。"这个断言就是一个统计假说。这个断言是真的还是假的，亦即这个统计假说是真的还是假的？这需要通过检验来判定。通常是对该公司生产的Ⅰ型节能灯泡进行抽样检查，根据检查的结果来确定这个假说的真假。

以上两种推理都属于经典数理统计范围，因而又叫做经典统计推理。第三种统计推理是贝叶斯推理，这是一种非经典的统计推理。贝叶斯推理的特点是：在估计一个总体的百分比时，推理者不仅需要当前从样本中观察到的东西，而且还需要推理者过去的经验或知识，即主观的先验知识。对于贝叶斯推理来说，不仅在当前试验中所获得的样本数据是相关的，而且在试验之前已经积累的知识也是

相关的。这种把推理者的知识背景与样本数据结合起来的统计方法就是贝叶斯推理。

（二）统计推理的形式

估计这种统计推理涉及三个基本概念：总体、个体、样本。总体是"被研究对象的全体"，个体是"被研究对象中的每个成员"，样本是"从总体中抽取出的那部分个体"。估计就是通过一个样本具有某个特征来推出总体也具有某个特征。比如，如果我们想知道某所大学的学生对于某项制度的看法，我们可以对10%的学生进行问卷调查。如果问卷调查的结果表明，这些学生中有80%的学生赞同这项制度，那么我们就可以得出结论：该所大学80%的学生赞同这项制度。

在这个例子中，总体就是"某所大学的所有学生"，样本就是"该所大学参与调查问卷那10%的学生"，个体就是"该所大学中的某个学生"。若以 T、S、R 分别表示所考察的总体、个体和属性，估计的推理形式可表示为：

S_1 具有属性 R

S_2 具有属性 R

S_3 不具有属性 R

……

S_n 具有属性 R

S_1，S_2，…，S_n 组成来自 T 的样本，其中 m/n 具有属性 R

_____

所以，T 的元素中 m/n 具有属性 R。

不难看出，当 m/n 等于 1 时，估计可以解释为枚举归纳推理，因而可以把枚举归纳推理看做统计推理的特殊形式。

应当注意的是，在实际应用中，人们不仅根据样本去推断总体，还经常利用有关总体的信息去推断其他样本或其他个体的情况，有时还会利用一个样本的信息去推测另外一个样本或另外一个个体的情况。当然，这些只是统计推理的特殊情况。

（三）统计分布和简单相关

"统计分布"和"简单相关"是统计推理所涉及的另外两个相关概念。以下我们依次讨论这两个概念。

统计分布涉及"变项"和"变项的值"两个相关概念。以不同的类型或数量出现的任何东西都可以看做是一个变项。与一个变项相联系的不同类型或数量就是它的可能的值。例如，在中国人构成的总体中，如果把"性别"看做一个变项的话，那么它就有两个可能的值："男性"和"女性"；如果把"喝酒习惯"看做变项的话，那么它就有两个可能的值："喝酒"和"不喝酒"。下面我们来看一个关于统计分布的例子。

某国公共卫生局关于喝酒和健康的 2012 年度报告指出，该国成年妇女喝酒者 2012 年的总体喝酒量为：36% 的妇女每天喝酒少于 50 克，44% 的妇女每天喝酒在 50～100 克之间，20% 的妇女每天喝酒超过 100 克。这就是一个关于成年妇女喝酒者的统计分布，"喝酒量"是变项，这个变项有三个值：少于 50 克、50～100 克以及超过 100 克。这三个值所占的比例分别是 36%、44% 和 20%。

不难看出，统计分布是统计假说的合取，但它不是统计假说的任意合取，而是涉及变项的每个值的统计假说的合取。每一个合取支本身就是一个简单统计假说。这三个统计假说合起来便显示出了整个总体的喝酒习惯。

下面讨论简单相关。众所周知，现实世界中有些属性往往与其他属性是相关的。例如人的身高往往与体重相关。为了描述这样一种关系，在统计学中就会这样表述："身高和体重"这两个变项是相关的。

成年中国人可以构成一个总体。在这个总体中，"性别"这个变项有两个可能的值："男性"和"女性"。"喝酒习惯"这个变项也有两个可能的值："喝酒"和"不喝酒"。有如下两个陈述：

17% 的中国成年男子喝酒。

5% 的中国成年妇女喝酒。

如果我们把这两个陈述合起来就可以得到下面这个陈述：

在成年中国人这个总体中，性别和喝酒习惯是相关的。

这个陈述表达了一个相关假说。按照这个假说，"性别"和"喝酒习惯"这两个变项不仅相关，而且在两个变项的每对值之间显示出一种特殊关系，那就是：

在成年中国人这个总体中，喝酒者和男性是正相关的。

这两个变项之所以正相关，是因为男性喝酒者的百分比较之女性喝酒者的百分比要大。这一关系也可以表述为：

在中国成年人这个总体中，喝酒者和女性是负相关的。

这里喝酒者和女性之所以负相关，是因为女性喝酒者的百分比较之男性喝酒者的百分比要小。

如果男性和女性喝酒者的百分比恰恰相同，那么这两个变项的值之间就没有（正的或负的）相关，即零相关。

据此，我们可以对正相关、负相关和零相关定义如下：

在给定总体中，当且仅当 B 在 A 中的百分比大于 B 在非 A 中的百分比，B 和 A 才是正相关的。

在给定总体中，当且仅当 B 在 A 中的百分比小于 B 在非 A 中的百分比，B 和

A 才是负相关的。

在给定总体中，当且仅当 B 在 A 中的百分比和 B 在非 A 中的百分比恰恰相同，B 和 A 才是零相关的。

三、统计推理的抽样问题

如前所述，在统计推理中，被研究对象的全体称为"总体"，从总体中抽选出来的那部分个体叫做"样本"，从总体中抽取样本的方法叫抽样。

抽样所产生的问题是必须回答这个样本是不是代表了总体。不代表总体的样本被称为有偏的样本。样本是不是有偏，取决于样本是不是随机选取的、样本的大小，等等。

所谓随机抽样指的是总体中的每一个成员都有相等的机会被选出。例如，一家公司生产出 100 000 节电池，质检员对产品质量进行检测。质检员并不是随机抽取产品来检测，而是在生产线上每数到第十个就把它拿下来检测。显然，这样得到的样本不是随机的。因为完全有可能每第十个电池是合格的，而其余的电池是不合格的。

在抽样中，尤其是在民意测验中，抽样总体往往是一个更大抽样总体的子群体。例如，所有登记选民或所有女选民。在这里，要确保抽样总体中的每一个人都有同等被选中的机会是非常困难的。但是，真正的随机抽样必须满足这一要求。事实上，抽样中经常都有这样的风险，即实际抽取的子群体或样本不足以代表抽样总体。如果真如此，那么无论样本规模有多大，抽样的结果都不可能正确。此外，有时我们不知道实际抽取的样本与总体之间有什么联系。

例如，2004 年，福克斯影业公司推出了一部轰动一时的电影，名叫《金赛》，它是根据一个真实人物的故事改编的。金赛在美国首次对性行为做了大规模的调查研究。但是金赛没有进行随机抽样，他使用的是所谓便利取样法。换言之，金赛调查的人是方便参与的、志愿的。比如，与金赛曾经有过交往的人、同学会成员、搭过他便车的人等。几年下来，金赛及其同事调查了将近 18 000 人。尽管这个数目不算小，但它不能代表抽样总体。在金赛的调查研究中，有 10% 的男人报告说自己有过至少三年的同性恋历史，但这一数据与后来采用随机抽样得到的结果相比低了很多。

假设有一项民意测验是关于退休年龄问题的，对在北京市学院路上偶然遇到的人问这样的问题就很难做到是随机的，因为那里是北京高校集中的地方。虽然通过从电话簿上随机地选取电话号码可以得到一个有较少偏向的样本，但是这也无法保证产生随机的样本。例如，上班族在白天大多不会接这种自己不熟悉的电话，即使在晚上打电话，也会有很多人的电话号码没有编入电话簿。

样本大小也是决定样本是否具有代表性的一个重要因素。我们知道，统计推理是以关于样本的知识为前提，推出对总体有所断定的结论。显然，它的结论超出了前提断定的范围。前提和结论之间只具有概然性联系。这种概然性程度要受到抽样的影响。一般说来，样本越大，抽样误差就越小，前提和结论之间的联系也就越强，结论就越可靠。例如，如果进行了一次班干部选举的民意测验，被抽取的人中有60%的人打算投票选王林当班长，而实际上全班只有55%的人打算投王林的票，那么这个抽样的误差应该是5%。

调查信息的不可靠也是抽样误差出现的另一来源。例如，被调查者不想对访问者说实话。他们怕遭到报复，故意偏离答案，偏向他们认为更易于接受的方向。比如，在某次青少年健康行为调查中，青少年们在回答一些敏感问题如抽烟、酗酒和性行为时，往往不配合调查，遮遮掩掩，除非调查者反复保证对他们的回答完全保密，否则青少年们大多不会说真话。

由此可见，统计推理结论的可靠性，主要取决于样本的代表性。当样本能够代表总体时，统计推理结论的可靠性就比较高。样本能够代表总体的程度一般用样本偏差来表示。样本偏差指某种属性在样本中出现的频率与在总体中出现的频率之差。例如，如果样本统计表明某种产品的合格率是90%，而实际上这种产品的合格率只有80%，那么样本偏差就是10%。由此可见，提高统计推理结论可靠程度的关键在于选取恰当的样本，尽可能地减少样本偏差。

一般来说，可以从三个方面来保证样本的代表性。

（1）扩大样本量，减小抽样误差。这是为了使样本具有广泛性。

（2）不带任何偏见地随机抽样。不能只取好的或只取坏的，这是为了使样本具有公正性。如果抽样不是随机的，样本偏差就可能很大，从而使样本不具有代表性。抽样失去随机性的比较典型事例是1936年美国《文学文摘》杂志举办的一次民意测验。当时，罗斯福和兰登竞选总统。该杂志根据全国各地的电话簿，给从中选出的人邮寄了总共1 000万张样品选举票。寄回的选举票超过两百万张。统计表明：共和党候选人兰登占明显优势。该杂志由此作出兰登将当选的预测。而事实上，在选举中罗斯福获60%的选票。次年该杂志被迫宣布停刊。问题出在哪里呢？经过分析，他们抽取的样本不具有代表性。1936年的美国正处于经济大萧条中，在电话簿上有名字的人们往往在经济上属于上层；而收入较低的人，往往家里没有电话，但这些人都坚决支持罗斯福。

（3）样本要从总体的各个层中抽取。分层抽样是把总体分成许多小类(层)，再从各类中选出样本。这样就可以把差别性较大的总体分成许多层，每层中的差异较总体的差异就小多了，从每层中抽出的样本就能较多地代表每层的实际情形。把每层的样本综合起来考虑，就能较多地代表总体的情形。在运用统计推理时，由于抽样没有分层，造成推理错误的例子比比皆是。如美国曾有人认为战时在海军服役的人比一般居民安全，根据是 19 世纪末美西战争期间，海军士兵中死亡率 9‰，而纽约市居民中死亡率 16‰。但这种样本是有偏差的，因为一般居民中包括了老人、婴儿和病人，而海军士兵都是健康的青年人。由于抽样有偏差且没有对年龄、健康状况等不同情况分层抽样，因而造成显然错误的推理。

四、统计推理的应用

统计推理的讨论涉及概率论的相关结果，以及统计学中的许多专门计算方法，我们就不做详细介绍了。以下主要讨论统计推理的应用问题。例如，平均数的意义，以及如何避免陷入百分比陷阱和平均数陷阱等。

在统计学中，平均数（average）一词在三种意义上使用：均值、中位数和众数。在评价涉及平均数的推理时，知道这个词究竟在什么意义上使用是非常重要的。

一个数据集的均值（mean）是一个算术平均数。它是这样计算的：把所有的数相加，再用所得之和除以这些相加数值的个数。例如，一个班有 45 人，把 45 人的考试分数相加后再除以 45，就得到这个班的平均成绩。

一个数据集的中位数（median）是将这些数据按照上升顺序排列好之后所取的中点。换句话说，中位数是数列中这样的一个点，在它的前面和后面都有相同数目的数据。比如，就上述全班成绩来说，中位成绩是位于第 23 的那位同学的成绩，因为低于这个中位成绩的有 22 人，高于这个成绩的也有 22 人。

所谓众数（mode）是出现次数最多的数值。在一个班上，如果得 60 分的人最多，共有 4 位同学的成绩为 60 分，众数就是 60，因为其他成绩的人都少于 4 人。

尽管有时候均值、中位数、众数的值比较接近，然而一旦这些值之间出现较大差异时，就会出现所谓"平均数"陷阱。例如，下表列出了一家影视制作公司管理人员每月的薪金：

职位	人数	薪金
总经理	1	27 500 元
副总经理	2	15 000 元
总监	2	8 000 元
会计	1	6 500 元←均值
监制	4	5 500 元
总务兼出纳	1	4 500 元←中位数
监制助理	10	3 000 元←众数

因为公司管理人员为 21 人，总共支付了 136 500 元薪金，所以均值薪金为 136 500元除以 21，即 6 500 元。中位数薪金是 4 500 元，因为有 10 人挣得比这个

数少，有 10 人挣得比这个数多。而出现次数最多的薪金即众数是 3 000 元。这里的每个数字都代表了这家公司的"平均"薪金，但它们是在不同的意义上代表的。

有时候，众数意义上的平均数是有用的。比如，假定有一位在外地旅游的小伙子想为自己的女友选购一件首饰，他打算为这件礼品支付 1 000 元。旅游商店的老板对他说，这家商店的首饰平均每件为 1 000 元左右，小伙子会觉得很合适。但是如果这位老板是在均值的意义上使用"平均数"一词，那么很可能这家商店的首饰有一半在 2 000 元左右或者更贵，另一半首饰在 500 元以下，压根就没有 1 000 元左右的首饰。如果这位老板是在中位数的意义上使用平均数的，可能只有一两款首饰在 1 000 元左右，没有挑选的余地。对这位小伙子来说，众数意义上的平均数才是有意义的，因为，在众数意义上的平均数是 1 000 元左右的首饰，就意味着 1 000 元左右的首饰会多于其他价位的首饰。

在另一些时候，中位数意义上的平均数是有用的。比如，假设你要推销一种廉价隐形眼镜，这种眼镜对 25 岁以下这个年龄组的年轻人最具有吸引力。考虑到规模效应，你需要在杂志上打广告，但是你需要有的放矢，让你的广告能覆盖这个年龄组的人。广告商告诉你，某杂志读者的平均年龄是 25 岁，那是没有什么意义的。若广告商是在均值的意义上说平均数的，那么可能有 80% 的读者超过了 25 岁，其余 20% 的人使得平均年龄降到了 25 岁。如果广告商是在众数的意义上说的，也会出现类似情况。只有当广告商在中位数的意义上说平均数时，才能说明有一半读者的年龄是在 25 岁或 25 岁以下。

在现实生活中，人们对"平均数"等概念意义的误解往往会导致错误的决定。在我们这个大数据时代，各种数字、数据和报表铺天盖地而来，频频出现在电视广告、新闻报道、期刊和互联网之中。例如，国民生产总值增幅、城市居民收入水平、电视节目收视率等。在这个数字化时代，这些数字和数据有多大的真实性，确实需要冷静思考和警惕：这些数据从何而来？它们的可信度高吗？如何保证数据的可靠性？倘若一个人在进行统计推理时采信了错误的数据，陷入数字陷阱中，那么这些数据会使他做出错误的决定和判断。与统计推理相关的数字陷阱主要有百分比陷阱、平均数陷阱。

（一）百分比陷阱

在统计推理中，经常涉及百分比。但如果对百分比理解不当，有可能落入百分比陷阱。

例 16 在航空业萧条时期，各家航空公司并没有节省广告开支，纷纷推出如下宣传广告：飞机远比汽车安全！你不要被空难的夸张报道吓破了胆，根据航空业协会的统计，飞机每飞行 1 亿公里死 1 人，而汽车每跑 5 000 万公里死 1 人。汽车工业协会对这则广告大为恼火，他们在电视上宣传说：飞机每 20 万飞行小时死

1人，而汽车每200万行驶小时死1人……

解析：这两个百分比都不假，但是都掩盖了一个重要信息：百分比所依据的绝对数字。乘坐汽车的人比乘坐飞机的人多得多，飞机的飞行速度比汽车快得多。基础比率信息不同，因而不可比。

例17   在实行"一对夫妇只生一胎"的计划生育时期，有人说："超生了一个，这对于具有13亿人口的中国来说算得了什么，顶多是多生了13亿分之一，这是可以略去不计的。"

解析：表面看起来，这个百分比很小，13亿分之一，但是13亿分之一的绝对数却不小。以上论述实际上是用很小的百分比来掩盖相当大的绝对数，因而可以看做一种百分比陷阱。

商业广告中设置百分比陷阱的案例比比皆是。那些广告商特别喜欢做出诸如"万事可乐所含色素少20%"或"新苹果计算机的价格减少了15%"之类的断言。这些断言实际上是没有意义的。因为，所谓比什么少20%、从什么减少了15%，并没有谈到进行比较或减少的基础，这种断言实际上对消费者是一种误导。但它给顾客留下的印象是：该产品较好或比较便宜。

类似的手段被一些雇主用于他们的雇员，而这些雇员没有产生怀疑。当营业状况不好的时候，雇主可能会提出，必须减少20%的薪金。以后当经营状况改善了，薪金将增加20%，这样薪金会恢复到它们原有的水平。当然，这样的论证是荒谬的。如果一个人每小时挣10美元，并且他的薪水减少了20%，那么调整后的薪金是8美元。如果后来这个数字增加了20%，则最终的薪金是9.6美元。自然地，问题产生于这一事实：两个百分比使用了不同的基数。由这样的论证导致的谬误是一种用模棱两可的话语进行的欺骗。百分比是相对的术语，它们在不同的上下文中有不同的意思。

当一个人把百分比作为一种数值，试图把它们相加时，也会出现谬误。比如，假设一家面包店的店主将面包的价格提高了50%。为证明这样提价是合理的，这位店主论证说，由于各种价格上涨，这样做是迫不得已：面粉的价格上升了10%，劳动力价格增长了20%，肉类的费用增加了10%，房屋的租赁价格上涨了10%。这些合在一起增长了50%。显而易见，这个论证是荒谬的。如果每一项都增加了20%，也只能证明面包提价20%是合理的，而不能证明应该提价50%。由这种论证导致的谬误属于缺少证据或证据不相干。

（二）平均数陷阱

平均数陷阱在日常生活中屡见不鲜。除了故意混淆不同意义上的平均数的谬误之外，还有一种陷阱就是故意回避绝对数值，借助相对数字制造的一些"陷阱"。以下针对推理中的"平均数陷阱"，通过实例进行解析。

例 18 胡里开了一家小工厂，工厂的管理人员由胡里、他的弟弟和他的 6 个亲戚组成，工作人员由 5 个领工和 10 个工人组成。现在需要招聘一个新工人，熊蓓蓓前来应聘。胡里和熊蓓蓓谈招聘条件。胡里说："我们的报酬不错，平均每人的薪金是每周 300 元，但学徒期间每周是 75 元，不过很快可以加工资。"熊蓓蓓上了几天班后觉得不对劲，就找胡里厂长谈谈。熊蓓蓓说："你骗人，工人们说没有一个人的工资超过每周 100 元，每人平均工资怎么可能是一周 300 元呢？"胡里笑着回答："每人平均工资确实是 300 元，不信你自己算一算。"胡里拿出一张表说："这是我每周付出的薪金，我得 2 400 元，我弟弟得 1 000 元，6 个亲戚每人 250 元，5 个领工每人 200 元，10 个工人每人 100 元。"熊蓓蓓算出每个人的平均工资后说："你是对的，可你还是骗了我。"胡里说："这我可不同意！你自己算的结果表明我没骗你，你不懂平均数的含义，怪不得别人。"

请算出这个工厂平均每个人的周工资，胡里又是怎样用平均数来骗熊蓓蓓的？

解析： 胡里所言"平均每人的薪金是每周 300 元"是均值意义上的平均，是算术平均数。由于胡里等管理人员的周薪金高，所以提高了周薪金的平均数。而熊蓓蓓的理解是众数意义上的平均薪金，即工厂有许多人每周拿 300 元。

例 19 东方商城公关部职工的平均工资是营业部职工的 2 倍，因此，公关部职工与营业部职工相比，公关部职工收入普遍较高。

以下哪项如果是真的，将最能削弱上述论证？

A. 公关部职工的人均周实际工作时数要超过营业部职工的 50%。

B. 按可比因素计算，公关部职工为商城创造的人均价值是营业部职工的近 10 倍。

C. 公关部职工中最高工资与最低工资间的差别要远大于营业部职工。

D. 公关部职工的人数只是营业部职工的 10%。

解析： 选项 A、B 是关于分配差异是否合理的问题，不选。选项 D 讲的是人数，无法影响平均工资和普遍收入水平的关系，所以不选。只有选项 C 削弱了原论证。公关部门平均工资高，有可能是因为少部分人的收入过高而导致部门平均收入高了。所以选择选项 C。

本题出现了两个类型的数字：（1）平均工资，是针对相应部门全体员工的。（2）职工普遍收入，是针对相应部门部分员工的。实际上，平均数表示的是一组对象的整体水平情况。平均数有不同的含义。很多人在解题时容易忽视这一点，掉入"平均数陷阱"。

例 20 最近南方保健医院进行为期 10 周的减肥试验，参加者平均减肥 9 千克。男性参加者平均减肥 13 千克，女性参加者平均减肥 7 千克。医生将男女减肥差异归结为男性参加者减肥前体重比女性参加者重。

从上文可以推出的结论是(   )。

A. 女性参加者减肥前体重都比男性参加者轻。

B. 所有参加者体重均下降。

C. 女性参加者比男性参加者多。

D. 男性参加者减肥后体重都比女性参加者减肥后轻。

解析：本题中涉及 3 个平均数：（1）全体试验者的平均体重；（2）所有男性试验者平均体重；（3）所有女性试验者平均体重。根据题意，可以判断出选项 A、B 是不正确的。选项 D 则是提出了数字类题目的又一个关键问题——基数，由于题干中没有明确基数及个体下降的数量，所以无法得出选项 D 中的结论。选项 C 则涉及一个平均计算问题，如果两者人数相等，则题目涉及的三个平均数应呈等差数列。而本题中显然不是，从而可以断定参加试验的男性与女性人数是不等的。由于(13-9)>(9-7)，即全体平均值偏向女性试验者的平均值。可以断定女性参加者比男性多，所以应选择选项 C。

本 章 小 结

"概率"这个词语有各种各样的含义。建立概率逻辑的目标绝不仅仅是把概率演算的规则形式化，我们还需要建立一套恰当的语义解释，从而为经济学中的统计和支持度问题、物理学中的不确定问题乃至归纳问题建立一个坚实的基础。"概率"解释主要包括：古典解释、频率解释和主观主义解释。相应地，也存在三种不同的概率：频率概率、逻辑概率和主观概率。

现代归纳逻辑主要运用概率来分析归纳推理。现代归纳逻辑的主流是概率逻辑。概率逻辑的主体是概率演算。概率演算可以使我们根据一些较为简单的概率计算出一些较为复杂的概率。概率的基本概念、概率演算的基本规则、贝叶斯定理及其应用是本章讨论的主要内容。

统计推理是从样本到总体的推理，是一种现代意义上的归纳推理。这种推理是以统计数据或资料为前提、以概率论为基础的推理。研究这种推理是数理统计的任务，对这种推理做出评价则是归纳逻辑的任务。本章主要讨论统计推理的特点和作用、选取样本和抽样中应该注意的问题、平均数的含义以及百分比陷阱等问题。

思考题：

1. 什么是概率的古典理论?

2. 什么是概率的频率理论？

3. 什么是概率的主观主义理论？

4. 可以用两种语言来讨论概率，这两种语言分别是什么？

5. 什么是统计推理？统计推理分为哪三种？

6. 什么是百分比陷阱？举例说明。

7. 什么是平均数陷阱？举例说明。

8. 什么是互斥？如何定义互斥？

9. 什么是独立？如何定义独立？

练习题：

一、回答下列问题

1. 有一副共 54 张牌的扑克，现在让你从中抽出一张牌，假定每张牌被抽出的概率是相同的。请问：你抽取到以下扑克牌的概率是多少？

（1）黑桃 A。

（2）一张 A 牌。

（3）一张人头牌(K，Q 或 J)。

（4）红桃牌。

（5）一张 A 牌或一张黑桃。

（6）一张人头牌或一张非黑桃。

2. 同时掷出三枚骰子。

（1）出现三个骰子点数相同情况的概率是多少？

（2）其中有两个骰子点数相同情况的概率是多少？

（3）三个骰子点数都不相同的概率是多少？

3. 一个口袋中共有 10 个质地、形状相同且编号分别为 1，2，…，10 的球，现在让你从袋中任意取出三个球，并记录球上的号码，求：

（1）最小号码为 5 的概率。

（2）最大号码为 5 的概率。

（3）一个号码为 5，另外两个号码一个大于 5 一个小于 5 的概率。

4. 抛掷三枚硬币。

（1）它们掉下来后至少有两枚的花纹完全一致的概率是多少？

（2）恰好有两枚的花纹完全一致的概率是多少？

5. 将一枚骰子重复掷 n 次，那么掷出的最大点数为 5 的概率是多少？

6. 甲乙两城市都位于长江下游，根据一百多年的气象记录，知道一年中雨天的比例甲城市占 20%，乙城市占 18%，两地同时下雨占 12%。

（1）已知甲城市下雨，求乙城市下雨的概率。

（2）已知乙城市下雨，求甲城市下雨的概率。

（3）求甲乙两城市至少有一城市下雨的概率。

（4）甲城市下雨和乙城市下雨是两个互相独立的事件吗？

7. 张三为了考试将刻苦学习的概率是 4/10。他刻苦学习的条件下将通过考试的概率是 9/10。他不刻苦学习而通过考试的概率是 3/10。

（1）他通过考试的概率是多少？

（2）在通过考试的条件下，他曾经刻苦学习的概率是多少？

8. 假定有 A、B、C 三只缸子。缸子 A 中有 6 个红球 4 个黑球，缸子 B 中有 9 个红球 1 个黑球，缸子 C 中有 5 个红球 5 个黑球。从缸子 A 中随机地取出 1 个球，如果它是黑球，那么第二个球就从缸子 B 中随机地取出；如果它是红球，那么第二个球就从缸子 C 中随机地取出。计算：

（1）从缸子 B 中抽出第二个球的概率。

（2）从缸子 C 中抽出第二个球的概率。

（3）在第二个球是在缸子 B 中取出的条件下，取出的第二个球是黑色的概率。

（4）所取的两个球都是黑色的概率。

（5）第二个球是黑色的概率。

（6）在第二个球是黑色的条件下，从缸子 B 中取出第二个球的概率。

（7）在第二个球是黑色的条件下，从缸子 C 中取出第二个球的概率。

（8）在第二个球是黑色的条件下，所取的第一个球是红色的概率。

9. 如果在每 1 000 人中有 1 个人携带某病毒，再假设有一种检查可以 100% 地诊断出真的携带病毒的人；最后，假设这个检查有 5% 的可能性，把没有携带者说成是有。也就是说，这项检查在没有携带病毒的人中，也会错误地检测出有 5% 的人是携带病毒者。假设我们随便找一个人来进行这项检查，得到了呈阳性反应，也即表示携带所查病毒，假定我们不知道这个人的患病史，那么他真的携带病毒的概率是多少呢？

10. 从 5 双不同的鞋中任取 4 只，这 4 只鞋中至少有两只能配成一双的概率是多少？

二、计算概率

1. 单独摇一个骰子，摇出 5 点的概率是多少？

2. 在 7 335 位 75 岁的妇女组成的样本中，有 6 226 人多活了 5 年。一位 75 岁的妇女将活到 80 岁的概率是多少？

3. 一个坛子里装有 3 个红球、4 个绿球和 5 个黄球，在一次抽取中，取得红球的概率是多少？

4. 单独摇一个骰子，摇出 6 点或者摇出 1 点的概率是多少？

5. 从一副扑克牌中抽取两次，在如下两种情况中，取得两张 A 牌的概率分别是多少：

A. 如果在第二次抽取之前放回取出的第一张牌？

B. 如果在第二次抽取之前不放回取出的第一张牌？

6. 摇一个骰子 3 次，至少得到一次 6 点的概率是多少？

7. 一个坛子里装有 3 个红球、4 个绿球和 5 个黄球，如果从这个坛子里取出 2 个球(不放回)，那么以下事件的概率是多少？

A. 两个球都是红的。

B. 有一个球是绿的，另一个球是黄的。

C. 有一个球是红的或者绿的。

D. 至少有一个球是绿的。

E. 两个球的颜色相同。

三、应用概率演算规则计算概率

1. 按以往概率论考试结果分析，努力学习的学生有 90% 的可能考试及格，不努力学习的学生有 90% 的可能考试不及格。据调查，学生中有 80% 的人是努力学习的。计算：

(1) 考试及格的学生中不努力学习的学生的概率。

(2) 考试不及格的学生中努力学习的学生的概率。

2. 将两信息分别编码为 A 和 B 传递出来，接收站收到时，A 被误收作 B 的概率为 0.02，而 B 被误收作 A 的概率为 0.01。信息 A 与 B 传递的频繁程度为 2∶1。若接收站收到的信息是 A，请计算原发信息是 A 的概率。

3. 某工厂生产的产品中 96% 是合格品，检查产品时，一个合格品被误认为是次品的概率为 0.02，一个次品被误认为是合格品的概率为 0.05，求被检查后认为是合格品产品确实是合格品的概率。

4. 某保险公司把被保险人分为三类："谨慎的""一般的""冒失的"。统计资料表明，上述三种人在一年内发生事故的概率依次为 0.05、0.15 和 0.30；如果"谨慎的"被保险人占 20%，"一般的"占 50%，"冒失的"占 30%，现知某被保险人在一年内出了事故，请计算他是"谨慎的"被保险人的概率。

四、指出下列论述中哪些包含统计推理并作简要分析

1. 在最近的一次盖洛普民意测验中，有 54% 的女性说，她们认为女性和男性没有平等的就业机会；41% 的女性则认为机会是平等的；5% 的女性没有做出回应。此外，受过大学教育的女性中，68% 的女性认为存在着就业偏见；对于受过中等教

育的女性来说，只有 49% 的女性同意这一观点。报告指出，大部分女性认为存在着就业偏见。

2. 阿尔山市 70% 的居民都不喝红茶。王晓是阿尔山市的一位居民。因此，即使王晓拥有和经营茶馆，他很可能并不喝红茶。

3. 1909 年至 1910 年间，哈佛大学招收了五名高智商儿童，年龄都在 11~15 岁，包括后来成为控制论奠基人的维纳。成功的高智商儿童还有很多。莫扎特 10 岁写歌剧《简单的伪装》，雨果 15 岁写悲剧《厄拉曼》，贝多芬 13 岁作曲，我国的王勃、李贺都是名载千古的高智商儿童。所以，高智商儿童后来的职业生涯都是成功的。

4. 根据心脏病协会关于心脏病的 2004 年年度统计报告，在某国，2 岁到 5 岁的儿童中有 10% 以上体重超标；而在 1994 年，这个年龄段的儿童只有 5% 体重超标。统计表明，学龄前儿童超重现象发生的年龄越来越早且肥胖人数逐年增加。

5. 吉翔解剖一只死了的狐狸。巧合的是，他发现，当使用有电流的仪器碰到狐狸腿上的神经时，狐狸腿上的肌肉就会突然收缩。吉翔每次用仪器碰到狐狸的腿，它腿上的肌肉就会收缩。当吉翔用没有电流的金属仪器碰到狐狸的腿时，它的肌肉就不会收缩。吉翔得出结论，电流是使狐狸的肌肉收缩的主要原因。

五、选择正确答案

1. 从 20 世纪 80 年代末到 90 年代初，某市 A 区在五年时间内 7 个研究所和 1 所大学共有 134 名在职人员死亡。有人搜集这一数据后得出结论：A 区知识分子的平均死亡年龄为 53.34 岁，低于该市 1990 年的人均期望寿命 73 岁，比 10 年前调查的 58.52 岁也低了 5.18 岁。

下面哪一项最准确地指出了该统计推理的谬误？

A. 实际情况是 143 名在职人员死亡，样本数据不可靠。

B. 样本规模过小，应加上 A 区其他科研机构和大学在职人员死亡情况的资料。

C. 这相当于在调查大学生平均死亡年龄是 22 岁后，得出惊人结论：具有大学文化程度的人比其他人平均寿命少 50 多岁。

D. 该统计推理没有在 A 区知识分子中间作类型区分。

2. 根据过去 10 年中所作的 4 项主要调查得出的结论是：以高于 85% 的同龄儿童的体重作为肥胖的标准，北京城区肥胖儿童数量一直持续上升。

如果上述调查中的发现是正确的，据此可以得出以下哪项结论？

A. 10 年来，北京城区儿童的运动量越来越少。

B. 10 年来，北京城区不肥胖儿童的数量也在持续上升。

C. 10 年来，北京城区肥胖儿童的数量也在持续减少。

D. 北京城区儿童发胖的可能性随其年龄的增长而变大。

3. 在某学校的中学生中, 对那些每天喝 2~3 瓶啤酒、持续 60 天的学生做医学检查, 发现 75% 的学生肝功能明显退化。具有很高可信度的试验已经排除了"这些结果是碰巧发生的"这一个可能性。

假如题干中的信息是真的, 则会证实下面哪一个结论?

A. 饮酒导致肝功能退化。

B. 喝酒与青少年的肝功能退化呈明显的相关性。

C. 研究者想证明年轻人不应该喝酒。

D. 性与饮酒和肝功能退化没有什么关系。

4. 一项调查显示, 我国国民图书阅读率连续 6 年走低, 2005 年的国民图书阅读率首次低于 50%, 与此同时我国社会大众的学习热情却持续高涨。

以下哪项如果为真, 能够解释上述矛盾的现象?

A. "没有时间读书"是图书阅读率下降的主要原因。

B. 我国国民网上阅读率从 1999 年的 3.7% 增长到 2005 年的 27.8%。

C. 近年来我国图书出版中存在书价过高、内容乏味、过度炒作等问题。

D. 通过听讲座也能学到许多知识。

5. 北京某报以"15% 的爸爸替别人养孩子"为题, 发布了北京某司法物证鉴定中心的统计数据: 在一年时间内北京进行亲子鉴定的近 600 人中, 有 15% 的检测结果排除了亲子关系。

下面哪一项没有质疑统计推断的可靠性?

A. 该文标题应加限定: 进行亲子鉴定的人中 15% 的爸爸替别人养孩子。

B. 当进行亲子鉴定时, 就已经对其亲子关系有所怀疑。

C. 现代科学技术真的能够准确地鉴定亲子关系吗?

D. 进行亲子鉴定的费用太高了。

第八章　科学逻辑

科学逻辑（logic of science）并不是与演绎逻辑、归纳逻辑相并列的基础逻辑学科，而是以探究演绎与归纳在科学活动各环节的作用机制为主体的应用逻辑学科，它致力于系统探究与把握在科学研究中的逻辑应用方法论，尤其注重探究具有一定可操作性的方法论模式与程序。广义科学逻辑涉及演绎（形式）科学方法论、经验科学方法论和人文科学方法论。狭义科学逻辑仅涉及经验科学（包括经验自然科学和经验社会科学）方法论的系统研究。当代科学逻辑研究主要限于狭义领域，但由于当代科学体系是一个并没有刚性划界的连续体，狭义科学逻辑的研究成果也可以向广义科学逻辑拓展。本章着重阐释经验科学研究活动中的方法论模式，分析演绎和归纳在这些模式中体现的相互作用机理。

第一节　科学方法与科学逻辑

科学研究活动是人类富有创造性的认知活动，其主要目的是探索揭示客观对象的具有一定普遍性的规律，从而形成真理性认识，进而利用这样的认识对各种现象进行说明，并运用它们进行预测，以便指导人们今后的行动，同时在这样的应用中对其进一步确证、修正与发展。这些活动中需要运用各种各样的科学的方法。一般说来，科学方法是指人们为实现上述认知目标而采取的各种模式、程序、手段和技巧等。总体而言，主要包括以下步骤的反复运用：

（1）认知问题：明确所要研究或解决的问题，力图抓住问题的本质或关键，剔除其非本质部分。

（2）观察与实验：用感应器官去注意自然现象或实验中的种种转变，并记录下来；从多种不同角度设计不同的实验，力图获得各种不同种类的证据。需要特别注意观察的客观性、证据的多样性和记录的真实性。

（3）形成假说：对已搜集的证据进行整理分类、综合和分析，并在此基础上提出与现有证据相吻合的假说。

（4）说明和预测：考察提出的假说能否对已知现象（特别是在构建假说时没用到的那些现象）加以说明，并根据假说预测进一步可检验的现象。这一过程中得到科学家广泛应用的一些方法论模式，有假说演绎模式、演绎律则模式等。

（5）确证与修正：根据进一步观察和实验所得的新颖证据，利用一定的逻辑与方法论模式，对被检验的假说进行评估，在此基础上接受或修正。

在这些步骤中涉及众多的科学方法，有些方法可能在所有步骤中会反复使用，譬如逻辑方法中的演绎和归纳。

按不同的标准可以对科学方法做出多种划分。例如，科学方法按其适用领域可分为三个层次：（1）具体学科方法，只适合某些具体学科，每门具体学科都有其独特的研究对象和问题，因此在研究手段上会有其特殊性；（2）多学科方法，适用于某些种类学科的科学方法；（3）一般科学方法，是具有普遍意义的一般方法论模式与程序。

按照获得知识类型的不同，科学方法可以相对地分为三个层次：发现经验证据的经验方法、发现经验定律的经验方法和发现理论原理的理论思维方法。经验证据或观察报告是科学知识体系中的低层次部分。经验证据的获得主要靠观察和实验等经验方法。经验定律在科学知识体系中居于中间层次。它是对经验事实的系统性描述，是对客观事物的可观察属性之间普遍联系的认识。例如，"行星沿椭圆轨道运行""当温度不变时气体的压强与其体积成反比""货币流通量过多会导致物价上涨"等。经验定律要通过人们的观察、实验，并对人们掌握的经验证据进行分析、综合、概括而获得。因此，经验定律的获得总离不开观察、实验等经验方法，同时也需要分析、综合等抽象思维方法。理论原理是科学知识体系中的高层次部分。它是对客观事物的本质、现象间因果联系的洞察与推测，以及对经验事实的系统性理论说明。例如，说明万有引力现象的牛顿古典力学理论，说明大陆和海洋形成的大陆漂移说，说明剥削现象的剩余价值学说等。理论原理具有抽象性与间接性，不具有可直接观察性。因此，发现理论原理更多地是利用比较、分析、综合等各种抽象的理论思维方法。

逻辑方法与科学方法是紧密联系的。理论思维方法本身就是要运用概念做出判断和推理来把握事物现象间的因果联系，借助一系列推理来揭示事物的本质。也就是说，理论思维方法本身是以逻辑方法为基础的。

对于逻辑方法与科学方法的紧密联系以及逻辑在科学研究中的重要作用，许多科学家给予了充分肯定。爱因斯坦认为，理论物理学的完整体系是由概念、基本定律以及逻辑推理得出的结论所构成的，"在任何理论著作中，导出这些结论的逻辑演绎几乎占据了全部篇幅"。[1] 尤其是在不可直接观察的大尺度的宏观宇宙学研究与微观粒子研究中，逻辑的作用尤为突出。英国理论物理学家保罗·戴维斯认为："若想表达某个规律，那么，以质朴的、不可摇撼的逻辑为基础的表达便是

---

[1] 《爱因斯坦文集》第 1 卷，许良英、范岱年译，商务印书馆 1976 年版，第 313 页。

最足以服人、最令人满意的表达方式。"①

作为系统探究与把握在科学研究中的逻辑应用方法论的学科，科学逻辑研究肇端于亚里士多德的《工具论》中的《后分析篇》，其中建立了历史上第一个以归纳-演绎程序为中介、以观察和解释性原理为两翼的逻辑应用方法论体系。经过长期演化，科学逻辑在 20 世纪中后叶逐步确立为当代应用逻辑的一个重要分支。"科学逻辑"是著名哲学家和逻辑学家卡尔纳普首先使用的一个称谓，用以指称演绎逻辑与归纳逻辑在科学理论结构中的作用机理的研究，重在"对科学语句和概念的逻辑说明"。这种用法被后人发展为对如下研究领域的称谓，即"逻辑因素在科学研究各环节作用机理研究"以及其中的"逻辑因素与非逻辑因素相互作用机理研究"，尤其注重探究具有一定可操作性的方法论模式与程序。在科学哲学的"逻辑主义"（以逻辑经验主义为代表）占主导地位的时期，科学逻辑主要集中于前一方面"机理"的研究；"历史主义"（波普尔、库恩、拉卡托斯等为代表）兴起后，科学逻辑对后一方面"机理"的研究也获得了长足进展，这种探究的结果在对当代科学体系及其发展的认识中发挥了重要作用。

从研究对象上看，科学逻辑具有以下特征：首先，科学逻辑所研究的主要是科学探索中的一般方法，而不包括观察实验操作、数据测量之类的具体的经验认识方法。这里的一般方法，主要是关于科学理论发现或建立科学假说的方法，关于说明或检验科学假说、形成科学理论的方法，关于科学理论发展的方法等。其次，科学逻辑是逻辑学基础理论的应用性学科。它不研究基础逻辑法则及其逻辑系统如何构造等问题，而研究在科学研究活动中如何应用逻辑学基础理论与基本方法等问题。同时，它还运用逻辑学基本理论与方法来总结科学研究中的思维模式与方法，并分析研究其特殊性。再次，科学逻辑主要研究科学认识活动中所共同具有的一般方法论模式与程序，而不是某一门科学特有的模式与程序。经验科学有多种类型，各自均有其特殊的研究对象与研究方法。但是，各种经验科学都是在经验认识基础上对认知信息进行思维加工，并进而提出理论、检验理论和发展理论，因而它们都具有认知活动的一般模式与一般程序。最后，科学逻辑的合理性标准或原则，既包括严格规范的形式规则和刚性模式与程序，也注重探究一系列非形式的启发性准则及在其指导下形成的柔性模式和程序。因此，科学逻辑所研究的规范与原则，既有形式的部分，也有非形式的部分。②

---

① ［英］保罗·戴维斯著：《上帝与新物理学》，徐培译，湖南科学技术出版社 1995 年版，第242 页。

② 何向东主编：《逻辑学教程》（第二版），高等教育出版社 2004 年版，第 184—185 页。

我国的科学逻辑研究肇始于 20 世纪 60 年代，80 年代初形成了系统的研究纲领，把科学逻辑定位为"经验自然科学的逻辑方法论"，即"关于科学活动的模式、程序、途径、手段及其合理性标准的理论"，分为"发现的逻辑""检验的逻辑"和"发展的逻辑"三个基本方面，对演绎逻辑、归纳逻辑以及辩证逻辑的基本理论与方法在科学研究中的作用机理展开了全面研讨。① 我国科学逻辑研究的突出特点，是在 20 世纪 80 年代全面启动之初，即确立了在逻辑主义与历史主义之间维持必要的张力、探索其互补机制的研究纲领，并取得了一系列恰与国际学界发展趋势相合拍的结果。在世纪交替之际，科学逻辑研究又逐步由经验自然科学方法论向经验社会科学乃至人文科学方法论扩张，以在科学主义与人文主义之间维持必要张力的精神继续新的探索。基于科学思想与科学精神研究与传播在社会文化发展中的重要地位，科学逻辑研究具有广阔的发展前景。②

第二节　科学说明与科学预测

一、科学说明

经验科学的一个主要功能是说明经验世界中的各种现象，即回答"为什么"这一问题。科学说明，是运用科学理论或假说去说明某一事件或现象何以产生或何以存在的机理。

例如，人们观察到夏天暴雨后会出现彩虹。为什么会出现彩虹呢？利用光学定律可以对此说明如下：彩虹是太阳的白光在云层中的球形水滴中折射和反射的结果。又如，将一只水银温度计快速地浸入热水中时，水银柱会有一个短暂的下降，然后快速地升高。为什么会出现这种现象呢？这种现象可以利用热力学的相关理论进行说明：温度计快速放入热水中时，玻璃受热膨胀，其空间变大，于是水银柱下降；随着热量进一步传导，由于水银的膨胀系数远大于玻璃，因此水银柱会快速上升。

从这两个事例中我们可以得出：科学说明就是运用某种科学理论或假说和相关条件陈述（包括背景知识）合乎逻辑地推导出待说明现象。一个科学说明应该满足两个基本条件，即相关性要求和可检验性要求。相关性要求是指用来说明的科学假说或理论与待说明现象要有内容上的相关性；可检验性要求说的是从科学

---

① 参见张巨青主编：《科学逻辑》，吉林人民出版社 1984 年版，第 229 页。
② 参见张建军：《我国科学逻辑研究的开拓与创新之路》，《科学技术哲学研究》2011 年第 6 期。

假说或理论与相关的背景知识和条件演绎出来的现象（即待说明现象）应该可以得到经验的验证。

科学说明在逻辑结构上至少包含三个要素：（1）科学假说或理论；（2）相关背景知识和条件；（3）待说明现象。分别以符号 L、C、E 表示上述三要素，科学说明的一般模式可简略地表示为：$(L \wedge C) \vDash E$。在此，$(L \wedge C)$，即（1）和（2）的合取称为"说明项"，E 称为"被说明项"。

实际的科学说明往往比较复杂，作为说明项的理论原理以及相关条件陈述都不一定是单一的。其中，一种科学说明的模式可表示为：

$$C_1, C_2, \cdots, C_k \qquad （前提条件陈述）$$
$$L_1, L_2, \cdots, L_r \qquad （普遍定律）$$
$$\overline{}$$
$$E \qquad （关于待说明经验现象的描述）[1]$$

这种说明模式因其依据普遍性原理来推导某一特殊观察陈述，故而被称为"演绎—律则模式"（简称 D—N 模式）。在这一模式中，所有科学假说和所有表示相关条件的陈述的合取，即 $(L_1 \wedge L_2 \wedge \cdots \wedge L_n \wedge C_1 \wedge C_2 \wedge \cdots \wedge C_k)$，才能演绎地推导出被说明项 E，这一说明过程就是一个逻辑演绎过程。因此，演绎推理在这种说明模式中起关键作用。之所以说这种说明模式是一个演绎过程，可作如下理解：如果作为前提的科学假说或理论是真的，并且相关条件得到满足，那么被说明现象一定可以推出来。具体到上述例子，在同样条件下，温度计放入热水中后，其水银柱先降后升并非偶然，而是总是如此。

另一种科学说明的典型模式是归纳—统计模式（简称 I—S 模式）。它是指运用统计规律和相关条件陈述去说明被说明项，其中说明项并不逻辑地蕴涵被说明项。例如：用张三注射过青霉素可以说明为什么张三会从链球菌感染中康复。但这种说明不能可靠地扩展，也就是说，注射青霉素不一定能治愈链球菌感染。因此，这一过程并不是逻辑演绎过程，而是归纳过程。在此类说明中，作为前提的定律往往是统计性规律，尽管一般不具体指明，但其概率往往很高。具体到上例，这一说明可以重构如下：感染链球菌并接受青霉素治疗的人康复的概率很高（$P(R, S \cdot P)$），几乎接近 1；张三感染上链球菌（S_j）并且他接受了青霉素的治疗（P_j），这使得张三康复（R_j）非常可能。这种说明模式可表示为：

[1] C. G. Hempel, *Aspects of Scientific Explanation.* New York：the Free Press. 1965，p. 249.

$$P\ (R,\ S\cdot P)\ 接近于 1$$

$$S_j\cdot P_j$$

$$R_j\ （非常可能）①$$

在这个模式中，前提和结论的关系不是演绎蕴涵，而只是归纳支持，括号里的语词指示归纳支持的强度。在这种模式中，起关键作用的是归纳。

对于事物现象的机理，人们还常常从不同角度运用不同的理论予以说明，这就形成了科学说明的多元性。对同一个待说明现象 E，人们或用说明项 H_1 去说明，或用说明项 H_2 去说明，也许用其他说明项 H_n 去说明。例如，在科学史上，对于光的折射、反射等现象，人们就作出了不同的说明。惠更斯等人运用的是波动性理论，牛顿等人运用的是微粒性理论，爱因斯坦等人则运用了波粒二象性理论。但这些不同的说明并不意味着一种全新的说明模式，而是某种模式的重复利用。譬如上例中惠更斯、牛顿和爱因斯坦对光的若干现象的说明都在使用 D—N 模式，只不过作为说明项的科学理论不一样。

二、科学预测

科学预测是经验科学的另一个重要认知功能，它是指根据已知的科学假说或理论加上相关条件陈述或事实陈述，对未知事实或经验定律做出推测。科学预测可以为人类生活提供指导，也是科学发现或科学检验的基本路径。

科学预测与科学说明在逻辑结构上基本同构。其主要区别在于：作为被说明项的现象是已被观察到的，而作为预测结果的现象或假说尚未被观察到。比如，由于科学说明的 D—N 模式是一个逻辑演绎的过程，依据特定的科学假说和相关条件，必然会推出某种现象，而无论这种现象是否已知。如果这种现象已被观察到，则说它得到了说明；如果该现象尚未被观察到，则说它是科学预测。

科学预测在科学活动中广泛使用，科学实践也可以表明这两者同构。俄国科学家门捷列夫利用演绎预测模式发现新元素锗就是一个成功预测的例子。门捷列夫将元素按其原子量的大小排列，发现元素的属性呈现明显的周期性，即所谓的元素周期律（简记为 H_1）。在对已发现的元素进行分类后，他又得出如下经验概括：原子量的大小决定其性质（H_2）；元素的某些特性可以从其原子量预测出来（H_3）；化学属性相似的元素的原子量相等或有规律地递增（H_4）等。且这些概括都得到了经验确证。根据这些规律以及他对已知元素的分类（C_1，C_2，…，C_n），门捷列夫预测元素周期表中有尚未发现的元素（门捷列夫称之为"类

---

① C. G. Hempel, *Aspects of Scientific Explanation*. New York：the Free Press. 1965，p. 383.

硅"），并预测了该元素的一些化学性质。譬如其原子量是 72，密度是 5.5，经煅烧后产生一种白色氧化物粉末等。后来，根据门捷列夫的预测，确实发现了新的元素锗，从而实现了科学史上的新发现。[①]这种科学预测过程可以表示为如下模式：

$$C_1, C_2, \cdots, C_n$$
$$\underline{H_1, H_2, \cdots, H_r}$$
$$E$$

不难看出，这一模式同构于科学说明的 D-N 模式。

科学说明的 I-S 模式同样可以用作科学预测。譬如，依据临床医学的统计性规律（肺炎患者通常会发热），某人患肺炎可以很好地说明他为什么发热。同样，如果某人刚被确诊患了肺炎，我们可以合理推测他会发热，尽管我们尚不知道他是否发热。

除与科学说明同构的模式外，还有一个重要的科学预测模式，即溯因预测。溯因预测是指根据某事物的现象特征去推测该现象原因的逻辑方法。这种模式包含以下要素：（1）反常或需作说明的经验现象（E）；（2）现有相关科学理论（T）及辅助性假说等背景知识（B）；（3）猜测性假说（H）。

考虑科学史上海王星的发现过程。1781 年英国天文学家威廉·赫歇尔发现天王星。但后来人们发现，相对于牛顿万有引力定律和开普勒的行星运动定律，天王星运行的轨道有些摄动。但人们深信这两个被反复验证过的定律是真的，为了解释这种反常，有人提出一个猜测性假说——天王星的摄动由另一颗未知的行星所引起。如果是这样，根据天王星的观测数据以及万有引力定律和行星运动定律，可以精确地计算这颗未知行星的质量和运行轨道。英国剑桥大学的青年学生亚当斯和法国数学家列维叶分别于 1843 年、1846 年计算出了这颗行星的质量和轨道。后来果然在列维叶所指出的星区找到了这颗新行星，并发现这颗新行星的运行速度与列维叶根据万有引力定律和行星运动定律所作的预测完全一致。这颗行星就是海王星。

海王星的发现过程可以重构如下：（1）E（天王星的轨道摄动）；（2）T∧B（牛顿万有引力定律和开普勒的行星运动定律与其他背景知识的合取）并不逻辑蕴涵 E；（3）（T∧B）∧H（存在一个特定质量和运行轨道的新行星）逻辑蕴涵 E，因此 H。我们可以将这一过程展示的模式表示如下：

———————————
① ［英］J·特鲁斯蒂德：《科学推理的逻辑导论》，卢惠群译，曹秋华校，浙江科学技术出版社 1990 年版，第 136—137 页。

$$E$$

$$(T \wedge B)$$

$$(T \wedge B) \nvDash E$$

$$(T \wedge B) \wedge H \vDash E$$

—————————————————

$$H$$

我们还可将此种溯因模式进行扩展。如果上述模式中的猜测性假说 H 是多个假说的析取，即 $H_1 \vee H_2 \vee \cdots \vee H_n$，则可以得到多元溯因模式。

从逻辑形式看，溯因预测的逻辑模式与充分条件假言推理的肯定后件式具有逻辑同构性，即从肯定蕴涵命题的后件到肯定蕴涵命题的前件。显然这种逻辑模式不具有逻辑必然性，而具有归纳的性质。但作为前提之一的"（T∧B）∧H ⊨ E"本质地用到了演绎蕴涵，因此，溯因预测体现了科学活动中归纳和演绎的紧密结合。运用溯因法去猜测现象的机理，所受的逻辑规则的制约程度小，因而灵活性程度较大，它是一种颇具创造性的思维方法。

第三节　科 学 假 说

在说明已知事实、预测未知事实、探求现象间因果联系等科学活动中，始终离不开科学假说。科学假说的形成是一个复杂的过程，涉及一系列逻辑方法甚至一些非理性的因素。同时，作为科学说明和预测前提之一的科学假说必须经受过一定的检验、得到过一定程度的确证，而这一检验和确证过程也涉及一些重要的方法论模式。

一、科学假说的基本特征

所谓科学假说，是指根据已有的事实材料和相关科学理论，对所研究问题做出假定性说明和尝试性解答。科学假说具有以下显著特征：

第一，科学假说具有合理的根据，建立在相关经验证据和科学理论基础之上，而不是凭空设想的主观臆测。

第二，科学假说具有尝试性和假定性，它还不是那种已反复确证的科学理论，其真理性还有待验证。

第三，科学假说具有可检验性。一个科学假说在经验检验下可能被逐步确证为科学理论，但必须能够设想出它在何种情况下有可能被证伪。"可证伪性"是科学假说的本质要素。比如，伪气功中所谓"心诚则灵"的说法，因为不具有经验可证伪性，因而不具有科学假说的资质。

在科学逻辑与科学哲学中，"科学假说"一词有狭义与广义两种不同的用法。狭义的用法指单个或少量假定性科学命题，广义用法则指由这样的假定性前提为出发点的命题系统，有时也包括一些重要的科学预测。本书亦使用这两种不同用法，而以后一种用法为主。

关于同一个问题，有时往往会提出两个或多个不同的竞争性假说，在其中进行选择需要依据下述三个合理性准则：第一，尽量与经受严格检验而确立的科学理论相容。科学的目标是获得一个说明性的理论系统，这样的系统应当是融贯的。第二，具有较强的说明力和预测力。科学假说的重要功能是对已知现象（特别是令人惊奇的现象）进行说明，对未知事件进行预测。因此，能说明更多反常现象或能更准确做出新颖预测的假说才是好假说。第三，简单性。如果几个假说具有同样的说明力或预测力，那么应该选择其中更简单的那个假说。科学史上相竞争假说的选择往往采用的是这一标准。譬如天体运动的哥白尼太阳中心说战胜托勒密的地心说，简单性标准就起了重要作用。

二、科学假说的形成

科学假说的形成是一个复杂过程。这一过程中没有机械的程序，充满创造性，涉及多种逻辑的和非逻辑的方法，但我们还是可以从中提炼出一些科学假说形成的方法论模式。

（一）通过对经验证据的归纳概括形成假说

狭义的科学假说往往以全称命题的面目出现。科学家通常在大量经验材料中发现某些不变的特征或关系，将这些规律性的特征或关系用陈述表达出来，就形成了假说。这种方法运用非常普遍。譬如，物体摩擦生热、所有金属都是导电体、孟德尔关于遗传性状在子二代 $3:1$ 分离的假说等，都主要是利用这种方法形成的。

（二）通过具有溯因性质的假说—演绎模式形成假说

在科学探究中，往往会对已知的观察现象提出一个不同于现有理论的新解释，或对现有科学理论难以解释的反常现象给出解释，如果这种新解释是理论性或规律性的，那么在其被确立为真之前它就是科学假说。这一过程在思维模式上基本与溯因法逻辑同构。这种模式可以分为两种情况：形成竞争性假说，形成独特的新颖假说。

第一种情形可用如下模式表示：（1）E；（2）现有理论和背景知识的合取可以解释 E，即 $(T \wedge B) \vDash E$；（3）$(H \wedge B) \vDash E$；（4）H。

此模式中的 H 与 T 构成竞争关系，需在其中进行选择。这就需要按照前述的说明力或预测力以及简单性标准进行比较、选择和接受。

第二种情形可用第二节所述溯因预测（包括多元溯因）模式来表征。如果同时提出多个假说，则同样依照前述程序进行选择，从而形成新的假说。

（三）通过联想、直觉等思维方法形成假说

在上面的假说—演绎模式中，关键之处在于所提出的假说和其他相关背景条件的合取可以演绎出所考察的观察现象。由 E 联想到 H 这一思维过程比较复杂，所涉及的思维模式也不确定。一般说来在这一过程中联想、直觉等思维方法起重要作用。而类比推理在此过程中往往起着至关重要的助发现作用。在科学史上，洞察力、灵感乃至运气等非逻辑因素有时也会起重要作用，但"好运"只垂青那些经验丰富、理解力深刻和勤于思考的人。

三、科学假说的检验

科学假说的形成与科学检验密不可分。假说最初提出后必须经过初步的经验检验，并作适当修正、完善才能最终形成科学假说。

假说是在经验证据的基础上形成的，其真理性也须接受经验证据的检验。何种经验证据能构成对所考察假说的检验呢？如何获得这种证据呢？当然，这一检验过程也离不开观察的方法和实验的方法，而逻辑因素在这里比在科学假说的形成中起着更大的作用。

对假说进行检验的经验证据主要有两种。一种是被检验假说的事例。譬如，对"所有乌鸦都是黑的"这样的假说，其正面事例是"黑乌鸦"，这种事例对该假说构成支持或确证；"非黑色的乌鸦"是其负面事例，它构成对该假说的否证。这两种情况可以分别用下述模式表征：

$$
\begin{array}{cc}
\begin{aligned}
&H: \forall x(Px \rightarrow Qx)\\
&\underline{E:(Pa \wedge Qa)}\\
&H: \forall x(Px \rightarrow Qx)
\end{aligned}
&\text{以及}&
\begin{aligned}
&H: \forall x(Px \rightarrow Qx)\\
&\underline{E:(Pa \wedge \neg Qa)}\\
&\neg H: \neg \forall x(Px \rightarrow Qx)
\end{aligned}
\end{array}
$$

应当指出的是：在这两个模式中，假说 H 并不演绎地蕴涵经验证据 E；并且前者是归纳推理，证据对假说构成一定程度的支持，而后者是演绎有效的推理，证据对假说构成证伪。

假说的另一种检验证据不是被检验假说的事例，而是它和其他背景知识之合取的逻辑推论。在思维模式上来看，它整体上属于假说—演绎模式。我们以对广义相对论最近的一次检验为例进行说明。

2011 年 5 月 4 日，美国航天局发布消息称，该局发射的"引力探测器 B"卫星证实了爱因斯坦广义相对论的两项关键预测。同时这项研究成果也发表在《物理评论快报》上。

广义相对论认为，引力是因质量的存在而引起的时空弯曲，引力场的存在会改变时空几何学规则，时间和空间是不可分割的四维整体。这一理论有两项重要预测，即时间和空间不仅会因地球等大质量物体的存在而弯曲，大质量物体的旋转还会拖动周围时空结构发生扭曲，这就是"短程线效应"和"惯性系拖曳效应"。

"引力探测器 B"的主要装备是 4 个超高精度的回转仪。当"引力探测器 B"在距离地球约 640 公里的极地轨道上开始运转时，4 个回转仪自转轴同时对准遥远恒星——IM Pegasi。如果地球引力不影响时间和空间，那么回转仪自转轴将一直指向初始方向。实际观测结果是，受地球引力拖曳而导致回转仪自转轴的方向发生了可测量的细微偏移，从而进一步确证了爱因斯坦的理论。

广义相对论的这一被检验过程可以重塑为：（1）现有理论（T）及相关背景理论和知识（B）不能预测"短程线效应"和"惯性系拖曳效应"（E）；（2）广义相对论（H）和背景知识一起能预测 E；（3）E 确实被观察到；因此 H。这一过程展现如下模式：

$$(T \wedge B) \nvDash E$$
$$(H \wedge B) \vDash E$$
$$\frac{E}{}$$
$$H$$

这一模式中，H 可以是多个假说的析取，而 E 可以是多个经验证据的合取。显然，这一过程整体上不是演绎有效而是归纳强的，但前提中有演绎有效的成分。之所以说它归纳强，是因为这里的证据 E 是新颖证据，即现有其他理论无法预测的新证据。如果证据 E_1 既能被现有理论 T 预测也能被待检验假说 H 预测，E_1 也支持或确证 H，但其支持度或确证度显然不如 E。当然，对这种确证度可以进一步作量化的评估和测度，这一任务是由各种概率确证理论完成的。

另外，如果在上述程式中，实际观察到的现象与所预测的现象相反，即 ¬E，那么（H∧B）被证伪，但这并不意味着 H 被证伪，因为据德·摩根律由此只能得（¬H∨¬B），即有可能问题出在 B 上。由于科学检验中证据的复杂性及其与假说之关系的复杂性，上述模式有多种精细变体，在此不一一详述。从上述内容可以看出，假说—演绎模式在假说形成和假说检验中都起重要作用。尽管从逻辑程式上看它们同构，但从认识的发生维度来看，它们之间的区别是明显的：在假说形成中，所考察的观察现象在假说之前获得；而假说检验中，被检验假说先于观察现象。

假说检验是一个不断推进的复杂历史过程。通过确证与证伪，有的假说被淘汰，有的假说被修正、完善。随着确证度的不断提高，科学假说逐步向科学理论转化。

第四节　科学理论及其演化

科学的发展是一个复杂的动态的历史过程，主要表现为科学假说的不断形成、完善和向科学理论的转化，以及科学理论的不断完善、增加、更替等。科学哲学中的历史主义学派比较恰当地描绘了科学发展的整体演化模式：前科学—常规科学—反常—科学革命—新的常规科学。在常规科学时期，科学的发展主要体现为科学假说的不断形成和被"证实"，从而转化为科学理论，以及科学理论的不断丰富和完善。反常是指发现了与现有理论体系中的核心科学理论具有根本性的不协调的新现象，这就需要通过"范式"转换提出全新的科学假说，对这些反常进行说明和解释，从而进入科学革命时期。而如果新假说被许多经验进一步"证实"而取代原来的核心科学理论，科学的发展又进入常规发展时期，在新的、更进步的理论范式下采取累积发展模式。

一、假说转化为理论

科学理论和科学假说的区分是相对的。一个科学假说经反复确证而成为一定领域科学共同体的"公共信念"，则该假说即上升为该领域的科学理论或成为科学理论的组成部分。但任何科学理论都必须进一步接受新的经验证据的检验，因而都不可能彻底摆脱"假定"的性质。正如恩格斯所指出的："只要自然科学运用思维，它的发展形式就是假说。一个新的事实一旦被观察到，先前对同一类事实采用的说明方式便不能再用了。从这一刻起，需要使用新的说明方式——最初仅仅以有限数量的事实和观察为基础。进一步的观察材料会使这些假说纯化，排除一些，修正一些，直到最后以纯粹的形态形成定律。"[1] 自然科学是如此，社会科学也是如此。恩格斯的论述，也说明了科学假说转化为科学理论的基本路径。

科学理论是关于客观对象本质和规律的真理性知识系统。在结构上，它主要由内在原理和连接原理构成。内在原理表征科学理论所诉诸的基本实体和基本过程及其相应规律，连接原理用来指明理论所设想的过程如何与人们已经熟悉且理论能够解释和预言的经验现象相联系。科学假说向科学理论的转化过程就是一个

---

[1] 《马克思恩格斯文集》第 9 卷，人民出版社 2009 年版，第 493 页。

不断进行经验检验的过程。这一过程所遵循的逻辑模式主要就是本章第二节所提到的那些模式。

那么，如何判别一种假说已经转化为科学理论了呢？这是无法给出截然分明的"刚性"标准的，但科学逻辑研究可为此提供基本的合理性准则。一般说来，如果一种科学假说满足如下量与质两方面的条件，就会被认为已经转化为科学理论。第一是量的条件，科学假说在初步提出时能解释某些已知现象，经受了一定的检验，获得了一定的经验支持；但这种支持还不够，还需接受更多经验事实的检验。如果一个假说在随后的检验中被新的观察材料证伪，它就失去上升为科学理论的资格而被淘汰；如果它反复通过新观察材料的检验，那么其被证明为真理的确证度会逐步提高。这可称作科学假说的"说明性条件"。第二是质的条件，科学假说确证程度的提高主要并不在于支持证据绝对数量的多少。相反，经验证据的质对科学假说所获得的确证程度起关键作用。如果一个假说能解释现有理论不能解释的观察现象，它就获得很好的支持。如果一个假说能预测其他假说或理论不能预测到的新现象，或者它所预测到的现象与其他假说或理论预测到的相反，而观察结果表明该假说的预测是正确的，那么这个假说就获得了更高的确证度。后者就是所谓的"判决性检验"。在这个条件中，科学预测发挥着至关重要的作用。由假说做出的重大科学预测得到经验确证（特别是在竞争中的确证），往往成为假说转化为理论的标志。故第二个条件主要是"预测性条件"。科学假说的这种预测功能保持在科学理论的预见功能之中，使得科学理论提供了认识世界发展进程、指导人类改造世界的思想基础。科学预见是科学理论创造的能动作用最显著的特征之一，也是科学理论继续接受实践检验的基本途径。

科学假说转化为科学理论有不同情形：（1）科学假说被纳入现有科学理论体系中，是对该理论体系某方面的丰富和发展。（2）科学假说成为与现有理论相竞争的理论学说。例如地球板块构造学说是大陆漂移说和海地扩张说的引申和发展。（3）科学假说淘汰、取代已有理论而成为该学科领域新的范式。譬如日心说取代地心说。（4）科学假说将现有科学理论纳入其体系之中，使其成为自身的子系统。譬如，相对论、量子力学之于牛顿和麦克斯韦经典物理理论。前两种情形主要发生在常规科学时期，后两种情形主要发生在科学革命时期。

二、科学理论的系统演化

科学理论是一个有机联系的知识系统，这个系统随着时间的推移不停地向前发展演化着。这特别表现在由应对新的经验证据中出现的"证伪"事例而对理论的修正过程之中。波普尔特别强调这种演化的"否证"性质。他所刻画的科学演化的基本程序为：科学始于问题，为回答问题提出猜想，根据猜想演绎出一系列的预见，再根据这些预见设计观察和实验方案，通过经验与预见的比较检验猜想，然后依据经验检验的结果来调整理论。科学理论的发展就是不断经受否证检验的过程。这个过程可以简单表示为如下模式：

$$P_1 \rightarrow TT \rightarrow EE \rightarrow P_2 \cdots$$

其中，P_1 代表反常性问题，TT 代表试探性理论，EE 代表排除错误，P_2 代表新的问题，如此循环往复，以至无穷。

但历史主义学派的主要代表人物库恩指出，这一模式没有刻画出科学演化的"常规时期"和导致基本"范式"转换的"革命时期"，并特别强调了在科学革命时期非逻辑、非理性的心理的和社会文化的因素在科学演化尤其是在科学革命时期的作用机理。历史主义学派的另一代表人物拉卡托斯吸收了库恩的这一思想，提出了以科学理论的"硬核"与"保护带"的区分为核心的"科学研究纲领方法论"。他指出，一种科学研究纲领不是一种单一的理论，而是由某些核心信念所支撑的整个理论系列所组成，它是开放的，可变动的，具有很大的弹性与韧性，不是轻易可证伪的。因为在科学理论系统中，科学认识的真理度是有层级的，整个科学理论系统表现为一种圈层结构，处于圆圈中心的是理论"硬核"，外部是由各种辅助性理论所构成的"保护带"。当出现"证伪"理论的经验证据时，一般先不去修改"硬核"，而是先修改"保护带"。因此，拉卡托斯的"反面启发法"主张先不要将否定后件式对准"硬核"，而应该先将其对准"保护带"，试图去消化"反常"；而其"正面启发法"则说明如何改变、发展可反驳的"保护带"。例如，各种本轮和均轮的假设，就属于托勒密地心说的"保护带"。当天文观测与托勒密理论不相符时，当时的科学家就修改这些辅助性假设以避免地心说遭受经验事实的反驳。再如由于盖-吕萨克发现气体化合现象，道尔顿的化学原子论面临着"半个原子"的反常；而由于阿伏加罗德引进分子说这一辅助假说，消解了这一反常，从而捍卫了道尔顿的理论。① 可见，保护带的调整有两种：一种是修改辅助性假说，一种是增设辅助性假说。如果这种调整后的理论比以前能做出更多预言并得到确证，这种修改就是成功的；相反，则是不成功的。

因此，常规科学理论系统的发展演化主要是"保护带"部分的变化。可以分为以下两种情形：（1）对现有理论的丰富和完善。在常规科学时期，可以从多角度、多层次地丰富辅助性理论。各具体学科理论数量的不断增长就属于这种情形。随着科学的发展，出现越来越多的分支学科，每门分支学科都有自己独有的理论。（2）对现有理论的内容进行局部修改，使之更严谨，与经验更匹配。随着观察证据的增多，现有理论可能不能令人满意地对其进行说明，此时如果对理论进行微

---

① 参见桂起权：《科学思想的源流》，武汉大学出版社 1994 年版，第 218—220 页。

调，就可以重新解释这些观察证据，从而使理论得到了发展。譬如，尽管门捷列夫的元素周期律获得很大成功，但其不能很好地说明氢和氦之间的空位，以及某些元素实测的原子量与根据周期律推算的不一致等。后来，德国的柯塞尔用原子序数代替门捷列夫周期表中的原子量，从而对上述问题有了一个较好的解释，从而更加严谨。[①] 这些情形属于科学的累积发展模式。在累积发展模式中，归纳确证起主要作用。但正如第二节所表明的，科学检验过程中演绎和归纳密不可分，用来归纳确证的经验证据需靠演绎从假说和背景理论推出。

常规科学理论的上述演化过程中，如果反复出现难以通过"保护带"的修改或添加而加以消化的反例，则很可能意味着原来的理论面临着根本性的严峻反常，需要改变理论的"硬核"或"范式"，从而科学理论演化需要进入"革命时期"，进而呼唤带有根本创新性的新的科学假说的出现。但拉卡托斯指出，在这样的时期也不能轻易地抛弃旧的理论。一个理论 T_1 被最终淘汰的条件是另一满足如下要求的理论 T_2 出现：（1）T_2 有超过 T_1 的更多经验内容，能够说明或预测新的事实；（2）T_2 能说明 T_1 以前的成功，即 T_1 的所有未被反驳的内容都包括在 T_2 的内容之中；（3）T_2 增加的内容得到经验确证。换言之，只有当一个更好的理论出现，才能淘汰相形见绌的旧理论。在上述要求中，第 2 条是至关重要的，这说明科学理论的间断性革命中仍内蕴连续性的方面。科学革命的另外一种方式是，扩大理论的适用范围或使旧理论纳入到新理论之中。例如，爱因斯坦的相对论可以使得牛顿经典力学理论成为其推论而被纳入其体系之中；马克思的劳动力商品论既可回答原来的劳动商品论难以回答的问题，又把原来的劳动价值论及其解释力包含在自身之中；而社会主义市场经济理论取代计划经济理论，仍保持了计划经济理论中关于宏观调控和社会保障方面的合理因素。

科学逻辑的历史主义学派的另一代表人物劳丹，进一步发展了库恩和拉卡托斯的思想。他认为，在常规科学时期，范式或科学研究纲领的硬核也是可以做极少部分的调整和修改的，这种修改会使得范式"自然进化"；而在科学革命时期，范式或研究纲领的更替也有一个从局部质变到整体质变的过程，而不是忽然的异质性"断裂"。这种对间断性与连续性统一机理的把握，显然更加符合科学发展的实际。例如，相对论对于牛顿力学的取代也有一个长期的发展过程，首先是狭义相对论修改了经典物理学"同时性的绝对性"的硬核，继而相隔多年之后，广义相对论又通过等效原理修改了经典物理学引力理论的硬核，才最终完成了从经典物理学到相对论的"完型转换"。

---

① 参见郁慕镛、张义生主编：《逻辑·科学·创新——思维科学新论》，吉林人民出版社 2002 年版，第 340—341 页。

科学逻辑对科学理论系统演化模式的把握，充分表明了科学理论演化的辩证本性，是辩证法对立统一、质量互变和否定之否定等原理在科学逻辑研究中的生动体现。中国特色社会主义理论体系的创立与发展，即从邓小平理论、"三个代表"重要思想、科学发展观到习近平新时代中国特色社会主义思想的演化过程，都是通过紧密结合中国国情、时代条件和实践要求，不断深化对中国共产党执政规律、社会主义建设规律、人类社会发展规律的认识，经过艰辛的理论探索和反复的实践检验而获得的，也必将随着中国特色社会主义事业的推进得到新的发展。

三、科学悖论的形成与解决

如前所述，波普尔提出的科学演化模式"$P_1 \rightarrow TT \rightarrow EE \rightarrow P_2 \cdots$"，由于其忽略了科学理论演化的阶段性而受到了批评，但该模式对科学"问题"在科学演化中核心地位的强调，即把科学研究历程刻画为不断发现问题、分析问题和解决问题的动态过程的认识，一直得到广泛肯定。爱因斯坦对波普尔这个认识给予了高度评价，并提出了"发现问题比解决问题更重要"的著名论断。波普尔曾深刻阐明了"问题"概念与"逻辑矛盾"概念的内在关联。他指出，发现问题的途径就是通过对既有理论的"批判"，而"批判总是指出某种矛盾：或者是受批判理论之中的矛盾，或者是这一理论同另一我们有一定理由接受的理论之间的矛盾，或者是这一理论同某种事实之间——更确切地说也即这一理论同某种事实陈述之间的矛盾"①。本章前面所阐述的各种科学方法论模式中，其中的"确证"与"证伪"概念都是围绕第三类"矛盾"而展开的，但这显然是不全面的。科学假说或理论除了要经受住各种经验证据的检验外，还有一个基本的逻辑要求，即其应当是逻辑融贯的，不应包含逻辑矛盾。发现一个理论内部或两个同等重要的理论之间的逻辑矛盾，无疑也是对理论的"证伪"。正是基于这一点，波普尔曾经指出，无矛盾性和经验可证伪性"这两个条件在很大程度上是类似的"②。然而，由于这种无矛盾要求的自明性，无论逻辑主义学派还是历史主义学派，在科学逻辑研究中都没有予以高度重视。然而，如果引入"科学悖论"的视角，则波普尔所说的前两类"矛盾"的研究在科学逻辑中所应有的地位就得以凸显。

关于"悖论"的严格定义，学术界存在长期的争论。英国学者赛恩斯伯里采用一种"模糊化策略"把悖论界说为："从明显合理的前提，经过明显合理的推

---

① ［英］卡尔·波普尔：《猜想与反驳——科学知识的增长》，傅季重、纪树立、周昌忠等译，上海译文出版社 1986 年版，第 451 页。

② ［英］K. R. 波珀：《科学发现的逻辑》，查汝强、邱仁宗译，科学出版社 1986 年版，第 63 页。

导，得到了明显不合理的结论"①，即如果一个理论或理论组中出现了这样的状况，则称该理论或理论组中出现了悖论。尽管这个定义中"明显合理"是一个模糊概念，但它揭示了一个悖论构成所须具有的"三要素"，经进一步明确可获得对悖论构成比较清楚的把握。后两个要素是容易阐明的，所谓"明显不合理的结论"，就是指波普尔所谓"理论内部或理论之间"的"矛盾"的得出；"明显合理的推导"，就是指推导过程合乎逻辑、没有逻辑谬误。而掌握"悖论"的要义，重点在于把握第一要素。从科学逻辑的观点看，导致悖论的"明显合理的前提"，应当是基于一个理论之"硬核"的理论原理，也就是为特定认知共同体所公认的基本的"背景知识"或"公共信念"。例如，逻辑学和逻辑哲学中长期研讨的以"罗素悖论"为典型的"集合论悖论"，其在素朴集合论中的出现所挑战的就是素朴集合论的理论"硬核"；而以"说谎者悖论"为代表的语义悖论所挑战的是逻辑语义学的理论"硬核"。这两种悖论在当代数学与逻辑学变革和演化过程中所产生的重要"杠杆"作用，极大地提高了人们对于悖论在科学发展之中的作用机制的认识；而从上述对悖论的科学逻辑界说出发，悖论的这种"杠杆"作用也可以拓展到对经验科学理论演化的把握之中。

　　爱因斯坦在经典物理学中发现"追光悖论"，就是经验科学中发现悖论的典型代表。根据爱因斯坦本人的记述，他在读高中时就已敏锐地发现了经典物理学中的如下问题："这个悖论我在 16 岁时就已经无意中想到了：如果我以速度 c（真空中的光速）追随一条光线运动，那末我就应当看到，这样一条光线就好象一个在空间里振荡着而停滞不前的电磁场。可是，无论是依据经验，还是按照麦克斯韦方程，看来都不会有这样的事情。"他在后来"十年沉思"的过程中，对这个问题有了如下更清晰的认识："上述悖论现在就可以表述如下。从一个惯性系转移到另一个惯性系时，按照古典物理学所用的关于事件在空间坐标和时间上的联系规则，下面两条假定：1）光速不变，2）定律……同惯性系的选取无关（狭义相对性原理），是彼此不相容的（尽管两者各自都是以经验为依据的）。"② 显然，追光悖论的实质，就是在经典物理学的背景知识之下，经典相对性原理（以经典速度合成法则为本质要素）和光速不变定律这两个相互矛盾的东西均可推出，从而构成对经典物理学之"硬核"的"逻辑证伪"。而科学悖论这种特殊的反常问题的发现，无疑可构成对相应的经验科学理论的严峻挑战。这个悖论的确立，是导致 20 世纪初年物理学革命和相对论的出现的最重要的动力之一。

　　实际上，20 世纪初物理学另一场革命性变革——量子力学的产生，其起点也

---

① R. M. Sainsbury. *Paradoxes*. Cambridge ： Cambridge University Press. 1988，p. 1.
② 《爱因斯坦文集》第 1 卷，许良英、范岱年编译，商务印书馆 1976 年版，第 24、25 页。

是"波粒二象悖论"的发现。该悖论的产生过程与追光悖论的区别在于，它不是萌发于爱因斯坦式的"思想实验"，而是与实验事实有更为密切的关联。在经典的物理学体系中，粒子性和波动性是两种根本对立的物质属性。物理客体具有波动性，就不可能具有粒子性，反之亦然。光的微粒说和波动说在历史上的势不两立也说明了这一点。然而，正在光的波动说由于光被确定为电磁波而自觉稳如泰山之时，出现了光电效应等只能以粒子说来解释的反常实验结果。由此到实验证实电子波动图像的存在，下述事实得以确立：同一种微观客体在一种实验条件下可以表现为粒子图像，在另一种实验条件下又可以表现为波动图像。这个事实对于经典物理学是不可理解的，但它又是通过在经典物理理论指导下的实验而确定的，经反复检验并被科学共同体公认正确无误的。在这种情况下，就等于在经典物理学中同时得到了"微观（量子）客体具有粒子性"和"微观（量子）客体不具有粒子性"这种相互矛盾的结论，从而构成了对经典物理学之"硬核"的另一个严峻挑战。

由此可见，在科学理论中（有时结合经验事实）分析内在逻辑矛盾，寻找悖论，由此抓住根本性问题，是提出重大科学问题的一种重要方法。因为悖论是一种极为特殊的逻辑矛盾，它对理论的"逻辑证伪"比一般的事实证伪更强。后者尚可通过调整"保护带"而维护理论的"硬核"，而悖论之"证伪"乃直指理论的"硬核"。悖论所提出的，往往是事关理论的基本观念和基本原理的根本性问题，内蕴一般科学问题所不可企及的巨大能量。因而，一个真正的悖论的发现，本身就应作为重大科学发现看待。科学悖论的发现史表明，与其他科学发现一样，直觉、灵感、想象等非逻辑思维方式在悖论发现过程中也起着重要作用。但悖论的发现也并非全无方法可循。首先，悖论是科学理论中不断清理逻辑矛盾的结果。任何科学理论的建立，总是伴随着不断地清理各种逻辑矛盾的过程。正是这种过程使理论逐步走向严密化、精确化和系统化。而在这样的过程中遇到较难消解的矛盾，尤其是涉及理论基本原理的矛盾，则很可能意味着悖论的出现，因而要将之紧紧抓住，反复探讨，以确定它是否不同于一般逻辑矛盾的悖论。其次，悖论往往产生于"统一性"和"推广性"研究之中。由于悖论的出现与跨越理论层次的密切关联，悖论往往产生于不同理论或不同对象领域的统一性研究或某种理论向新的领域的推广性研究之中。追光悖论确立于对牛顿力学和麦克斯韦电磁场论的统一考察过程之中，波粒二象悖论则产生于试图运用经典（宏观）物理学理论去阐释微观客体运动规律的过程之中，所以，在进行统一性、推广性研究活动时，要特别注意悖论的探索。一旦某个真正的悖论得以确立，就可能成为创造高层次理论，并界定旧有理论适用范围的关键步骤。再次，从发现难以解决的逻辑矛盾到确立为悖论，需经过一个反复推敲的逻辑分析过程。应以悖论的三项标准严格衡量，排除由于隐含地使用了未经承认的前提，或推导过程中犯逻辑错误等原因而造成的"佯悖"。①

科学悖论的发现和确立提供了科学理论创新的重要契机。爱因斯坦之所以能够成为抓住 20 世纪初物理学革命契机的第一人，其原因正在于他对科学悖论的实质有深刻而正确的洞见。正是通过对追光悖论的确认和反复剖析，使爱因斯坦认识到，问题的症结在于作为经典物理学的一种潜在预设但又无充分根据的共识——同时性的绝对性。以改变此项预设为突破口，爱因斯坦对一系列物理学基本概念（特别是时间空间概念）进行了根本变革，开创了物理学的新纪元。而面对"波粒二象悖论"，又是爱因斯坦，没有仅仅着眼于实验与理论的矛盾而去对理论进行修修补补，而是在光电效应等反常结果刚刚露头之时，就敏锐地洞察到了现有物理理论体系在涉及微观领域时必然发生的理论冲突，并提出了解决矛盾的初步方案：与波动说共存的"光量子"理论。虽然这个方案尚未从理论上真正消除波粒二象悖论，但指明了正确的方向。待到海森堡提出测不准关系，表明了经典（宏观）物理学与量子（微观）物理学的本质区别，使波粒二象悖论从根本上得到解除，量子力学理论系统便得以确立。

一个科学悖论的真正解决，即意味着一种崭新的科学理论的确立和范式转换的完成。在逻辑学家解决集合论悖论和语义悖论的过程中，形成了以罗素、策墨罗和哈克的名字命名的"RZH 解悖标准"。该标准由三个基本要求所构成：第一，足够狭窄性，即原有的逻辑矛盾予以消除，同时又未发现新的矛盾；第二，充分宽广性，即新的理论保留了其所取代的理论的原有基本功能与作用，同时又有尽可能宽广的解释力与说明力；第三，非特设性，即其对原有理论硬核的修正具有独立于消除矛盾这一点的其他充分理由。② 显然，RZH 标准也适用于关于经验科学悖论的解决方案的衡量，只是在经验科学这里，新的科学假说的宽广性特别是非特设性的衡量必须诉诸经验证据的验证。

仍以物理学理论为例，通过解决追光悖论和波粒二象悖论而产生的相对论和量子力学，构成 20 世纪物理学乃至整个自然科学的两大支柱。而相对论与量子理论相结合，一直是理论物理学发展的坚实基础。这种结合不断发展和深化，也不断接受科学实验的检验。一方面，实验证据充分证明相对论和量子力学在其有效范围内是可靠的科学理论；另一方面，实验研究和理论进展也表明，它们遇到了一些难以解决的反常问题，其中一些问题是带有根本性的，已难以容纳在相对论和量子力学的框架内。譬如：大量实验证实，非定域性构成了量子力学的一个

① 参见张建军：《逻辑悖论与科学理论创新》，载黄顺基等主编：《逻辑与知识创新》，中国人民大学出版社 2002 年版，第 246 页。
② 参见张建军：《逻辑悖论研究引论》（修订本），人民出版社 2014 年版，第 24—34 页。

基本属性，但是非定域性意味着超光速传播，这与狭义相对论的基本假设矛盾；而广义相对论在微观尺度上违背了量子力学的规则，而黑洞则在另一极端尺度上向量子力学自身的基础挑战。经多年研究推敲，已构成了"非定域性悖论"和"黑洞悖论"。这意味新的物理学理论的根本变革和范式转换时期的到来。其中在解决黑洞悖论的过程中，已逐步形成了能够在理论上消除悖论的"超弦假说"。但这一假说的经验基础还仅仅建立在相对论和量子力学的原有基础之上，尚未提出独立的实验检验路径，因而由于其"特设性"而尚未转化为科学理论；而这种假说如果在今后得到确证，则物理学特别是其时空观将迎来又一次根本性变革。

正由于科学悖论所提出的科学问题的根本性，科学悖论的解决需要经历长期的、反复的探索过程，不可能是一蹴而就的。但发现悖论、分析悖论和解决悖论，无疑构成科学理论发展与创新的一条极其重要的方法论路径。正如美国学者拉波波特所说："悖论在知识的历史中已经起到了极其重要的作用，它常常预示着科学、数学和逻辑学的革命性发展。在任一领域，每当人们发现某一问题不能在已有的框架下得到解决时，就会感到震惊，而这种震惊将促使我们放弃旧的框架，采用新的框架。正是这样一种知识融合的过程才使数学和科学中的主要观念中的大多数得以诞生。"①

本 章 小 结

科学逻辑致力于系统探究与把握在科学研究中的逻辑应用方法论，尤其注重于探究具有一定可操作性的方法论模式与程序。其中最重要的一对范畴是科学假说和经验证据，对这对范畴正向和逆向关系的逻辑刻画是科学逻辑的核心课题。良好的科学假说可以提供对经验事实的统一而深刻的说明，同时也可以预测一些可检验现象，从而指导我们的科学研究活动。科学说明和科学预测这两种活动各自体现出一些方法论模式，其中最基本的是假说—演绎模式。同时，从逻辑结构上看，它也是科学假说检验的基本模式。这一模式体现了科学活动中归纳和演绎的相互作用机制。得到良好检验的科学假说向科学理论的转化是科学理论发展的重要途径和方式。除此之外，新旧理论的更替也是科学发展演化的方式。在不同的历史时期，分别体现出科学的累积式常规发展模式和理论"硬核"变换的革命

---

① ［英］巴罗：《不论——科学的极限与极限的科学》，李新洲、徐建军、翟向华等译，上海科学技术出版社 2000 年版，第 18 页。

性发展模式。其中，科学悖论的发现及解决对科学理论的发展和创新有极为重要的作用。

思考题:

1. 科学说明和科学预测逻辑上是否同构？好的科学说明需要满足哪些标准？

2. 为什么说科学假说的检验是一个复杂的历史过程？

3. 科学理论的常规发展时期和革命性发展时期各有哪些主要特点？

练习题:

1. 下述科学研究活动中被验证的假说是什么？其关键性证据是什么？请给出这一检验所体现的检验模式。

粒子物理学中有一个依据量子力学和狭义相对论的结合产生的量子场论而建立的"标准模型"，它能很好地描述微观世界中基本粒子相互作用的规律，其缺陷在于无法解释万物的质量从哪里来。1964 年，物理学家希格斯对此模型进行了修正，提出了希格斯模型。希格斯玻色子（即希格斯粒子）是该模型预言的一种自旋为零的玻色子，玻色子是希格斯场的场量子化激发，它通过自相互作用而获得质量。因为希格斯粒子是那个至关重要的金手指，于是这种粒子被称为"上帝粒子"。

自它被提出开始，人们就开始了漫长的寻找。要找到希格斯粒子并不容易，和大部分次原子粒子比起来，希格斯粒子理论上可以很重，它的质量可能是质子的 1 000 倍，这就需要一个非常大的对撞机来制造一个希格斯粒子——撞击的能量越大，碎屑中的粒子也越大。但几十年以来，华裔物理学家丁肇中领导的正负电子对撞机、美国费米实验室的 Tevatron 对撞机等都没找到希格斯粒子。直到 2012 年 7 月，美国费米实验室宣布，该实验室最新数据接近证明希格斯粒子的存在，这次发现的新粒子的一些特征，比如产率（出现概率）、衰变模型等与之前预言的希格斯粒子相吻合，但以目前取得的数据，要确认这种粒子的存在还很不够，仍然需要更多的实验数据积累。

2. 人们早就发现，蝙蝠能在黑夜快速飞行而不会撞在障碍物上。这个现象如何解释呢？眼睛是视觉器官。根据这个认识，生物学家曾提出一个假说：蝙蝠能在黑夜避开障碍物是由于它有特别强的视力。如果这个假说是对的，那么，要是把蝙蝠的眼睛蒙上，照理它就会撞到障碍物上。为了验证这个推论，有个科学家设计在一个暗室中系上许多条纵横交错的钢丝，并在每条钢丝上系上一个铃。将一些蝙蝠蒙上眼睛，放在这个暗室中飞行。实验结果表明，蝙蝠仍然能作快速飞行而没有撞在钢丝上。

请说明该实验中检验假说的逻辑方法及其模式。

3. 下述案例涉及科学研究活动中的哪些环节？其基本模式是什么？

20世纪初，核物理学家查德威克等人在研究原子核衰变过程中发现β粒子射线与α粒子射线能谱不一样，α粒子的能谱是分立的，而β粒子的能谱却是连续分布的，也就是说，出现了多余的能量。这就产生了在β衰变中如何满足能量守恒定律的严重问题。对此，许多物理学家一时无法解决，量子物理学家玻尔认为，在发射β粒子时，多余的能量是无中生有的，能量守恒定律可能不适用于β衰变。但是量子物理学家泡利却未怀疑能量守恒定律，并且依据该定律作出了新的推测：基本粒子的能量守恒定律同样适用于β衰变过程；当放射性物质发生β衰变时，除了放出β粒子外，还要放出一种质量极小的中性粒子（后被物理学家费米称为"中微子"）。泡利还认为，中微子穿透能力很强，在实验中不能被直接观察到，所以人们只能观察到β粒子的连续能谱。泡利关于中微子的预测被后来的实验证实。

4. 以下案例试图说明何种现象？是用什么假说来说明的？这一说明的模式是什么？

所有社会科学中最有挑战性的问题之一，是弄清家庭环境和家族基因对孩子智力、职业和经济成就的影响。父母的教育水平与他们的子女在学校的成绩和智力测试分数，表现出极高的关联。人们通常认为，这种关联显示的是环境对求学成功的影响强度。因为，求学时间较长的父母期望他们的子女取得好成绩，与受较差教育的父母相比，他们会为子女创造更好的教育环境。如果富裕家庭环境与孩子的学习成绩之间存在因果关系，那么，这将引导所有父母提供更好的教育环境，作为改进成绩差的学生的一个方法。

然而，如果智力在一定程度上是遗传的，那么因果连接会不同：具有高智力水平的父母将比其他人求学的时间更长，他们会把他们的部分智力遗传给他们的子女，并且会创造更好的家庭教育环境。根据这种观点，家庭环境和小孩在校表现之间的关联，可能掩盖了一个在父母的智力和其子女智力之间的更加重要的关联。

5. 经济学中有一个核心假设"经济人假设"。但从该假设诞生之日起就遭受各种批判。在经济学内部，就经济人假设的基本命题"利己"和"利润最大化"提出了批判。譬如历史学派认为，斯密在《道德情操论》和《国富论》中关于经济人假设的观点是矛盾的：前者立足于利他的人性而后者立足于利己的人性。又如，调查发现，很多厂商不是按边际原则进行价格决策，而是按成本加价法来获得利润。也就是说，厂商的实际行为并不遵循经济人假设中的追求利润最大化。针对这些批判，古典经济学对自身进行了修正，先后经历了古典经济人模式、新古典经济人模式、广义经济人模式。在经济学外部，波兰尼则针对另一个基本命题"自由市场"对"经济人假设"提出了颠覆性批判。波兰尼指出，经济是社会的一部分，经济行为是嵌入社会行为中的，一种脱嵌的、完全自发调节的市场经济是乌托邦建构，是一种不存在的东西。后来，格兰洛维特等人在"社会人假设"基础上建立了新经济社会学。

　　请分析指出，上述案例体现了何种科学理论演化模式？

第九章　论辩逻辑

论辩是人的基本思维形式之一，理性地形成、接受或放弃一个信念，做出某一决定或选择最佳行动路线，均以令人信服的理由为据。自古以来，论辩与狡辩、诡辩纠缠在一起，因而存在如何划界和辨别的问题，为了正确地区分真正论证和假冒论证，应运而生的论辩逻辑提供了基本的逻辑标准。

第一节　非形式逻辑与论辩逻辑

非形式逻辑是 20 世纪 70—80 年代兴起的一个新逻辑分支。

"非形式逻辑"之"非"仅仅指在分析和评估论证的合理性时，并非完全依靠演绎有效性的概念。非形式逻辑的创始人把非形式逻辑定义为论辩逻辑："非形式逻辑是逻辑的一个分支，其任务是发展解释、分析、评估、批评和构建自然语言论辩的非形式的标准、规范和程序。"[①]

非形式逻辑的任务是开发论证评估的规范。论辩之必要性源于我们的生活所面临的种种不确定性或多种可能性。人的认知和行动往往基于有限的可利用资源，主要是信息、时间和计算能力的限制。因而我们在日常生活中所依凭的推理常常是特定语境下的、合情理的（依据有限信息的、合乎常理的推测）、可废止的（新信息的出现可能改变原来的结论）。

论辩是构建、表达、批评和修正论证的社会文化活动，包括论辩过程、从事该实践的主体（论证者和他人）以及作为该过程之产品的论证本身。一个论证是从论辩实践中萃取出来的文本形式，在其中论证者通过产生支持一个论点的理由来说服他人接受该论点。同时，论证还涉及论证者需要预见和回应可能的相关怀疑或反对。

概括说来，论辩逻辑的一般研究主题包括：论证的本质和功能、论证的构成要素、论证结构、论证形式、论证规范、论证评估方法、论证构建、论证批评和论证谬误辨析等。

第二节　论证、反驳与辩护

作为一种话语形式，论证是为使他人接受某一主张而给出理由的文本或语篇。

---

① R. H. Johnson, J. A. Blair, *Logical Self-defense*. Toronto：McGraw-Hill Ryerson. 1977，p. 148.

作为一种言语行为或社会活动形式，论证是证明一个主张或行动的正确性或合理性的一系列操作：划定议题、确定研究问题、收集和利用信息、提炼主张、建立核心论证、展开论证、处理相反论证、预见和回应可能的反对、论证的自我批评等。论证一经公开便可能遇到他人的批评或反驳，而原论证的提出者也有机会提出反批评或辩护。如此构成论证的批评和反批评的循环往复运动，最终改善论证的质量或以新论证取代旧论证。

一、论证的建构与评估

论证的核心是给出接受某个主张的理由。给出理由的必要性在于别人可能对我们提出的某一主张的可接受性抱有怀疑。论证表明这种理由的可接受性在某种程度上保证一个主张的可接受性，从而打消或削弱这种怀疑。一个论证的基本形式是：主张 C，因为，理由 P；或者，理由 P，所以，主张 C。由此可以得到一个论证的基本构件：主张（论点、论题或结论），理由（论据、根据或前提）和支持（论证方式或论证形式）。

论证的构建就是要为某一主张选择恰当的理由。主张可以是事实陈述（如，"与上个季度相比，失业率下降了"）、价值陈述（如，"这个季度降低失业率的各种举措非常得当"）或建议性陈述（如，"为了降低失业率我们应该扩大投资规模"）。不管何种理由，都必须起到打消对主张的怀疑的作用，所以，不是任何陈述都能充当论证的理由。显然，矛盾陈述不可能成为主张的理由，因为它是逻辑上必假的陈述，不能打消任何怀疑；比主张更可疑的陈述，也不能成为其理由，因为用更可疑的陈述（理由）来打消另一陈述（主张）的可疑性是悖理的。

一种流行的构建论证的模式是"图尔敏模式"。我们在特定的情景或语境中向特定的人群表达意见或主张，并在支持它们的过程中提供恰当的"理由"。这样，一个论证至少涉及一个论证者及其听众。图尔敏从法律程序得到启发，注意到论证的构建可以形成一种程序性模式。如法律程序（提出法律主张、举证、适用法律、引用法律渊源、考虑法律规则的例外、上诉法院对裁决所蕴涵的法律规则之适用范围的说明等），任何论证的第一步都是提出一个特定的主张；然后提出该主张所基于的理由或根据；接下来，提出确保从根据得出主张的规则、原则或"推论许可证"——保证或担保；当保证的权威性遭到怀疑时，就提出支援来对保证予以核准；然而，有一些可能的例外或特殊情况阻止保证的适用，因而有可能削弱或推翻论证，它们是该论证的反证或反驳；最后，我们会问，整个论证对主张的证明力能有多强？因此，需要给主张添加一个模态限定词，以准确表达我们对主张的可接受性有多大的信心。这样，在建构论证的过程中，我们需要考虑六个要素：主张（C）、根据（G）、保证（W）、支援（B）、可能的反证（R）和模态限定词（M），它们构成所谓图尔敏模式：

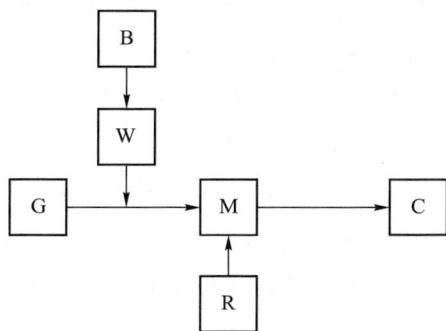

例如，正在下雨（G），所以，我很可能（M）应带伞（C）。因为如果要避免淋湿，下雨时就要打伞（W），雨伞不透水或有防水材料（B），除非雨伞有洞或裂缝（R）。

需要注意的是，"保证"有两类。一类保证是完全可靠的、全称的概括，如科学和工程中的保证，常常表现为数学公式。另一类保证是近似的、粗糙的概括，如法律、伦理、政治领域的保证。两类保证决定不同的模态限定词。第一类可以加上"肯定的""必然的"等模态词，第二类则只能加上"十分可能""很可能"或"假设地"等限定词。在没有发现反证的情况下，我们可以"假设地"得出一个结论。例如，"他是常态的上呼吸道感染，所以很可能应该服用青霉素，不过要看他是否对青霉素过敏"。从语用角度考虑，由于保证常常是理所当然的"常理"，因而常常在论证中省略。

由前述六因素构成的论证一般模式是：给定根据 G，我们可以诉求保证 W（它依赖支援 B），在没有某种特殊反证 R 或例外情况出现时，来为主张 C 辩护，或者至少假设（M）C。这一模式囊括了所有论证类型。当保证是普遍的概括陈述时，它是演绎论证的模式；当保证是归纳统计概括陈述时，它是归纳模式；当保证是允许例外的可废止概括陈述时，它是合情论证模式。

在这一基本模式的基础上，我们可以构建更复杂的论证。比如，可以有多个根据，根据也可以有支援和反驳，反驳也可以有支援和反驳，等等。

当论证所依据的理由是多个时，它们可以嵌套在一起构成复杂论证。常见的主要论证结构类型有三种：线性论证、组合式论证和收敛式论证。

线性论证与回应对理由可接受性的怀疑有关。当论证的一个理由有可能遭到怀疑时，论证的构建者预期这种怀疑并提供理由之理由加以消除，就会使用线性论证。例如，"下周日我不能帮你粉刷房子。我下周没有时间，我得为准备考试下番苦功，因为我不想失去奖学金。"

组合式论证是两个或更多理由一起发挥作用支持结论，缺少其中之一会导致整个论证丧失证明力。例如，"他不是中国公民。因为中国公民都有中国国籍，而他没有"。从图尔敏模式来看，保证和根据构成组合式论证，因为其中任何一个有问题，结论就难以得出。在某种意义上，保证显示了根据与结论的相关性。所以，组合式论证可能为了回应人们对根据与主张的相关性的质疑而形成。

在收敛式论证中，不同的理由相对独立地分别支持结论，也许这些理由独自给结论提供的支持非常有限，但它们的支持力累积起来可以给结论提供强有力的支持。例如，"尸检报告表明，死者是被毒鼠强毒死的。嫌疑人到过犯案现场，和被害人有仇，在黑市买过毒鼠强并在其住处搜到了残留的毒鼠强粉末，所以很可能嫌疑人害死了被害人"。

实际上，这些结构还可以组合起来构成论证某一主张的更复杂的结构。

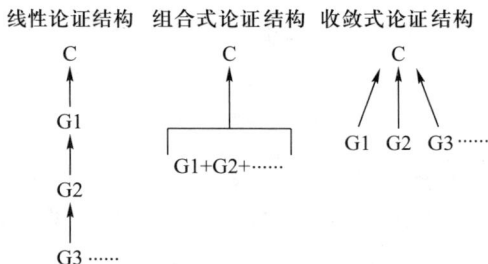

线性论证结构　组合式论证结构　收敛式论证结构

C

↑

G1

↑

G2

↑

G3 ……

C

↑

G1+G2+……

C

↑ ↑ ↑

G1　G2　G3 ……

图尔敏模式构建的论证如何评估？依据著名非形式逻辑学家希契柯克的研究，一个好论证应该满足四个条件：

（一）根据或理由得到证实或辩护。可以通过考察根据的来源状况，比如直接观察、直接观察的记录、先前的观察者或事件经历人的记忆、个人证言、先前的好推理或论证、专家意见、权威参考资源等，对根据的可接受性做出评估。不过，这些资源是允许修正的，可能出错。

1. 如果论证根据的来源是一个直接观察，满足一些条件，它就是可接受的。比如，在良好条件下使用感官或感觉装置（如视力、听力、照相底片、雷达设备、中微子探测器）；这些感官或感觉装置正常地发挥功能，尤其是一个人类观察者应该在适度的情感唤起水平上发挥其机能；观察条件适当，观察必须在人类感官观察者的感觉范围之内（如光线足够亮，声音足够响，足以被普通感官感觉得到）；观察手段不应系统地使所观察的特性失真。观察的时间越长，机会越多，观察可能越准确；观察者积极使用更多的感官获得所观察现象的细节，而不只是注意一方面的情况；观察者不应被在先的、期望观察到什么的愿望引入歧途；观察者拥有使用相关仪器（如望远镜）和解释观察到的东西的专门知识；没有其他已验证的信息与该观察相矛盾；等等。遵守这些条件表明相信直接观察是合理的。

2. 如果来源是直接观察的书面记录，应该满足良好观察记录的标准：观察报告所报告的观察精度不应超过所使用的观察技术能达到的精确性；应紧随观察时间做出记录；记录应由观察者做出；记录应在观察环境下做出。

3. 对先前所观察、所经验的事物的记忆也是根据的来源。人的记忆基本上是准确的，但需警惕不恰当记忆的多种原因：心不在焉导致的贮存信息失败，记忆随时间流逝的衰退，记忆阻塞即无法回想起仍在记忆中的东西，都导致不能恢复想要的信息；张冠李戴，将回忆起的东西指派给错误的资源，暗示感受性——在恢复过程中被诱导性的问题、暗示和评论影响，用现在的信念剪辑我们所记忆的过往之偏见，扭曲找回的信息。最后还有多余的侵扰，即坚持反复回忆最好不要考虑的干扰信息。

4. 目击者的个人证言并不比它所基于的观察或经历更好，对它的评估一定要用上述关于观察、书面记录和记忆的标准来审查。特别重要的是，要警惕依赖二手、三手或更远的证言，因为人们之间的讯息传递质量会随着传递环节的增多而恶化（"打电话"游戏便是一个证明）。证言提供者还可能由于粗心、故意欺骗的陈述而歪曲真相，而自欺、不完善的解释以及过于冗长的言语更为常见。

5. 先前被证明的结论可作为新论证的根据或前提。

6. 论证根据的来源也可以是专家意见。评估专家意见的标准有：被引用的看法必定属于有专业技术的主题内容。当然，专家（如棒球或集邮专家）不必基于正规教育；专家意见的作者必须具有专业技术；该作者必定使用这种专业技术对相关事实进行加工而获得了这个看法；作者在应用专门技术和明确表述专家意见时做得认真小心；作者无有意或无意影响阐明意见的利益冲突；该看法不应与其他有资质的专家的看法相冲突，若有的话，则要进一步探究；该看法不应与其他已经证明的信息相冲突。

7. 权威性参考资源，如百科全书、专业手册等，它们包含着写作当时的最佳可利用证据。它与专家意见的不同之处在于包括的是一般信息。

得到辩护的根据，后来也许变成可疑的。在面临重要的、与原观点相反的新证据时，人们应该准备修改自己的看法。

（二）充分的信息，即根据或理由必须包括所有可获得的、良好的相关信息。仅仅重视支持某一主张的信息而忽略导向不同结论的信息，更可能导向不正确的结论。

（三）保证得到验证。在语义上，图尔敏模式中的保证相当于推理的某种概括，它与条件句相联系："（通常）如果 G_1，G_2，…，G_n，那么 C。"保证应该是可适用的，也应是一般的（但不必是全称的，可以是通常情况下成立的、可废止的）。支援用来核准保证。

（四）已验证当下境况不属于阻止得出假设性结论的例外情形。当保证遇到反证或例外因素时，它就缺乏权威性、不适用或者结论成为假的。如果保证不是全称的、绝对的概括，那就要证明在特定情形中没有例外条件来排除该保证的适用。例外情况可能表明结论不正确（严格的反驳），也可能表明保证对特定情形不适用（削弱论证）。如何证明没有保证适用的例外呢？在一些情况下，存在制度或法律所要求的强制责任，以此来断定在特定情形里任何事情是否会击败保证（如检察官必须确保，在法庭上提出的证据将对合理性怀疑的排除是充分的；医生有义务遵守治疗标准）。除此以外，人们只能采取后果主义方法：人们必须知道，在特定情形中没有保证的例外；如果发现一个有严重后果的例外条件在特定情形中是否出现并不十分困难，那么就必须查明这个例外条件是否在其中出现。一个例外越有严重的后果，就越要努力准备查明它是否出现；若知道没有例外且有效地证明经过探究也没有发现一个例外，那么，就可以得出看起来不存在例外的结论。但人们应该警觉，在以后的某个时间和某一特定情形里出现例外情况的可能性。

基于图尔敏模式的论证评估流程如下：

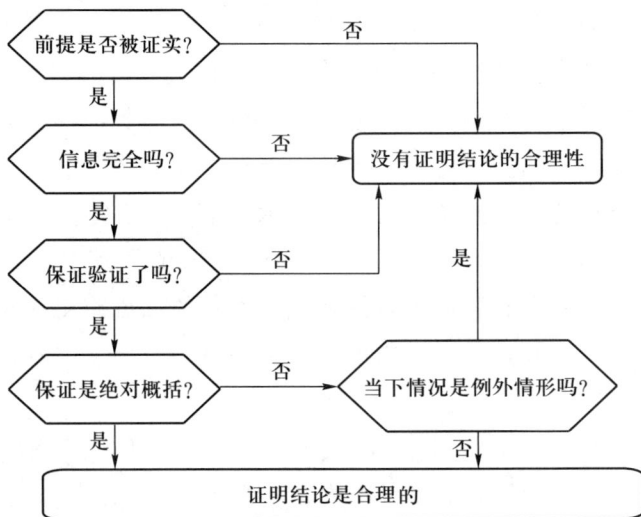

二、反驳的建构与评估

广义的反驳即论证批评。对于一个已建成的论证，可以从以下诸方面提出批评。

1. 批评由单一推理构成的基础论证。对于任何一个论证，我们可以针对其结构提出三类批评：直接批评主张（结论），批评根据或理由（前提），批评保证。

2. 批评由一系列基础论证构成的复杂论证。批评论证链中出现的歧义概念，质询论证者的某个命题的意思或者所用的概念不准确；批评论证的循环或乞题（理由比结论更可疑）；批评论证不同部分之间的不一致；批评论证赖以成立的假设或预设。

3. 批评论证者。指出论证者没有资质就某个问题发表合理见解，例如，一个无生物学知识的人就转基因问题发表的意见是令人生疑的。

4. 批评论证者所处的环境。比如，有人批评烟草研究专家为烟草提出的"烟草没有人们所说的那么大的危害"辩护，因为他老婆就是烟草公司的经理。

5. 提出对立论证，这是严格意义上的狭义反驳。

评估反驳首先要搞清批评者是否准确理解了原论证，以避免犯"稻草人"谬误。其次，要遵守一种区别原则，即看看批评者是否抓住了原论证的要害，而非鸡毛蒜皮。由于论证的反驳也以论证为手段，因而它也要运用论证评估标准。

三、辩护的建构与评估

辩护即是反批评。对于批评的反应有多种可能：

1. 表明批评者误解了原论证，进一步澄清自己的论证。
2. 要求给些时间反省遇到的批评。
3. 提出更多或更有力的证据回应批评。
4. 承认批评的合理性进而修正或改善自己的论证。
5. 批评太致命，以致不得不放弃自己的论证。

辩护论证首先应该准确理解批评的内容，不至于离题。其次，辩护也是提出论证，因而也需要遵守论证评估标准。

第三节　定义与划分

论证由命题构成，命题由概念或词项组成。概念或词项的意义或含义影响论证。它可以影响构成论证的命题的真假，因为所确认的概念含义不同，会导致对命题真假的不同判定；它也能影响论证的合理性，例如三段论中的歧义词一经明确，原来貌似有效的论证便成为无效的。在论证批评中，如果批评家所理解的某概念的意思与原论证中的用法不同，则可能导致谬误。定义和划分是明确概念或术语的基本方法。定义是从内涵方面，而划分是从外延方面来明确概念的。

一、明确概念的基本方法

概念是反映对象的本质属性的思维形式。对象既包括客观存在并可观察到的事物，也包括想象的事物。一个概念所反映的对象的特有属性称为概念的内涵。一个概念所指对象的范围称作概念的外延。

明确概念就是明确概念的内涵和外延。明确的目的在于避免混淆概念，而这根本上为的是分辨不同的对象。对事物作出的判断，对法律或政策的适用，应对某一问题所采取的相关行动，都需以准确的分辨为前提。这就是为什么各类组织或机构频繁给诸如"恐怖主义""学术不端""难民"等概念下定义的缘故。明确概念的基本方法是定义和划分。定义是将概念界定为具有独特内涵和外延的单元，是对概念的语言描述，它用简明的话语把概念的内涵或特征揭示出来。定义要回答这样的问题："该概念或术语准确的意思是什么？"对一个概念的意思进行反思可能形成对事物或人类本质的意义深远的洞察。定义的目的是降低或消除概念或术语的歧义。但是，我们需要区分专业术语的和普通用法的定义。专业术语的定义比日常术语的定义更为精准，它所使用的参数具有系统性，而日常术语的定义往往是近似的，建立在常人看得见、摸得着和熟悉的参数之上。

二、定义的种类与评估

从概念的内涵和外延的角度来看，定义可分为内涵定义和外延定义。内涵定义指明被定义概念的紧邻的或更高的属概念以及被定义概念与其他并列概念借以区别的特征。建立在属种关系上的内涵定义，是概念体系中使用的主要定义模式：

定义＝属概念＋种差（被定义概念同其他并列概念的区别特征）

或者

被定义概念＝定义概念（属概念＋种差）

这一公式明显体现了定义辨别概念及其相应对象的功能。首先选定被定义概念的属概念，意在第一步将被定义概念缩小在某一范围内，以便将其与这一范围之外的对象区别开来；其次找到在这个属概念之下被定义概念与其他并列概念的区别特征，如果成功做到的话，被定义概念就与其余全部概念区别开来，也即将被定义概念所反映的对象从大千世界中的其余全部对象中甄选出来。例如，货轮可定义为"货轮是运载货物、以机械为动力的船舶"。

在提出内涵定义遇到困难时，才考虑外延定义。当被列举的种概念数目有限，概念的列表完备，以及种概念可以用内涵概念表述清楚或众所周知时，才可采用外延定义。外延定义可以是被定义概念的外延对象的穷尽列举，如"五行包括木、火、土、金、水。"也可以是例证定义，即举出被定义概念外延中的一个典型实例来解释概念。甚至可以实指这样一个对象来解释一个概念。当然，外延定义也可以基于整体—部分关系。

评估属种关系基础上的内涵定义，依据以下准则。但是，检验定义正确性的总原则是"替代原则"，即在定义中用定义概念替代被定义概念，并不会造成意义缺损或者改变。这条原则在下述第 2、3、5 条规则中均能适用。

1. 定义应当陈述被定义概念的本质特征或区别特征。定义描述的是概念而非指称概念的语词。例如，把"球果树"定义为"结球果的树"是不恰当的定义，

"具针状叶及裸露种子的树"才是恰当的定义。虽然复杂的定义可以包括若干独立的语句，但理想情况是定义尽可能简要。一个好定义只包含那些使被定义概念成为独一无二的信息，这种信息正是概念所反映的事物的本质特征或区别特征提供的。

2. 定义应当避免恶性循环。恶性循环定义可能在两种场合出现。在单个定义之内，即下定义时重复被定义概念或将被定义概念的内容作为特征。例如，将"树高"定义为"从地面到树顶测得的树高"是循环定义（重复）。正确的定义是："地面和树顶间的距离"，将"常青树"定义为"有常青叶的树"（以被定义概念的内容"常青"作为特征）。修改后的定义是："全年保有树叶的树"。在定义体系之内的恶性循环定义是两个或更多概念各自借助对方来下定义。单独看其中的任意一个定义本身都不是循环的，但是，把它们放在一起时，可能导致一种恶性循环。例如，"原生林是由天然林分构成的森林"，"天然林是生长在原生林的林分"。运用替换原则将这两个定义合起来便可看出其是循环的，将"天然林分"定义中的"原生林"予以替换，得到的定义是："天然林是生长在由天然林分构成的森林里的林分"，其恶性循环便昭然若揭。

3. 定义不能太宽或太窄。太宽意味着定义短语提及了并不包括在被定义概念外延中的某些事物。例如，"打字机是一种书写工具"作为定义就太宽，因为定义短语"书写工具"并不仅仅指称打字机，也包括粉笔、钢笔和铅笔等。相反，太窄的定义没有把被定义概念外延中的某些事物囊括其中，排除了本属于该概念外延的某些对象。例如，"橡皮是位于实芯笔一端用来擦掉铅笔标记的部分"。尽管橡皮常见于实芯笔端部，但它并不限于实芯笔才有。太宽的定义往往是真语句，但作为定义是失败的。太窄的定义甚至是假语句。当然，一个定义可能既宽又窄："钢笔是一种为写单词而设计的工具"，把铅笔、打字机也包括进来了；但又漏掉了能画画的钢笔。

4. 定义不可晦涩、模糊，不能用比喻。定义的目的就是通过使用通常所理解的、意义清晰的术语来阐释可能是模糊或不易理解的术语。违反这一规则的定义使用了含糊、晦涩或隐喻的语言，结果不能清晰表达被定义术语的意义。例如，"马拉松赛跑是一种长距离赛跑"，其中的"长"具有含混性（事实上规定距离为42.195千米）；"事实是磨去我们偏见棱角的任何东西"，用到了隐喻。这些定义都不能达到定义的目的。

5. 在能用肯定形式的情况下，定义不用否定形式。一般而言，定义应该描述概念是什么，而不应描述概念不是什么。比如，不能定义"智慧"为"不愚蠢"或"健康"为"没有疾病"。不过，对于否定性概念和其他一些概念，使用否定形式的定义不可避免，这是因为此时缺少或不存在某一特征正是理解某个概念的关键。如"无性繁殖""失常""失态"和"失宠"等。

三、划分的种类与评估

抽取事物的共有特性将其提炼为概念的心理过程即抽象。该过程可以由下而上不断进行，从而建立一个多层次的垂直概念体系。反过来，也可将这个垂直概念体系看作是由上而下的划分过程的产物。由此，概念的定义和划分有内在联系。古希腊的柏拉图就已发现定义和划分的内在联系，通过划分可以得出概念的定义。例如：

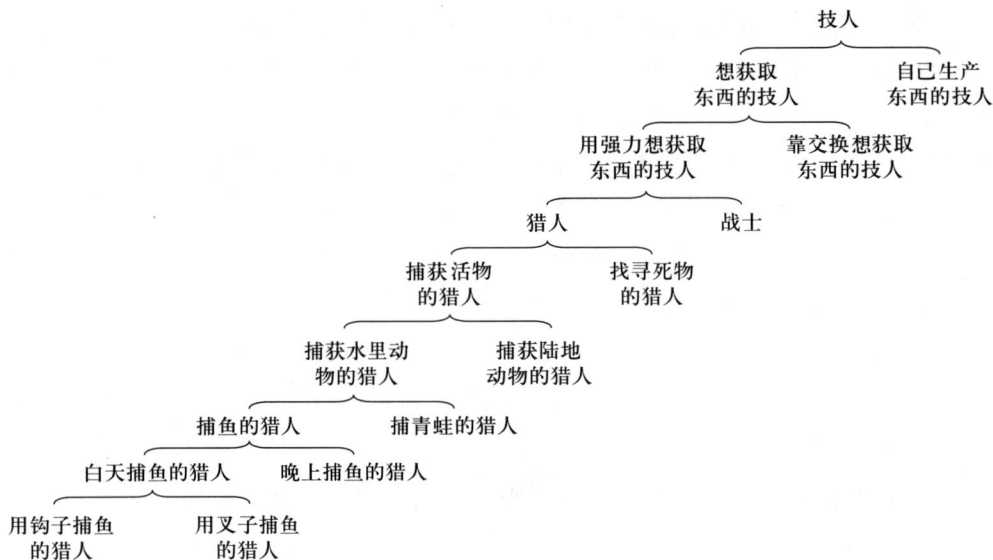

由此得出一个"钓鱼人"的定义：钓鱼人是一个使用一种带有强力技术想获取东西并通过在白天用钩子袭击在水中游泳的活物来捕获它们的技人。

划分是根据某一标准将概念分为若干不同的概念组。被划分的概念和划分得到的概念是属概念和其种概念的关系，种概念具有属概念的全部特征；这些种概念之间是并列概念的关系。每一种概念具有不同于别的种概念的区别特征。当然，每一种概念的外延是属概念外延的一部分，而所有种概念的外延之和应该恰好是其属概念的外延。划分的标准可以是对象的各种特征。例如，桌子按照尺寸可分为大、中、小三类，按颜色可分为黄、黑、白等若干种，依用途可分为饭桌、书桌、计算机桌等，以质料可分为石桌、木桌、塑料桌、金属桌等，还可以按照制造时间等不同标准进行划分。

如果以对象的本质特征作为划分的标准，我们就得到一种分类系统，例如生物分类系统。

如果以有无某一属性作为划分的标准，结果只能得到两个种概念，这种划分叫二分法。例如，以"可再生性"为标准，把能源分为"可再生能源"和"不可再生能源"。

如果对划分得到的种概念再选用某一标准进行划分，便是连续划分，就如前述"技人"的例子。

对划分的评估依据 4 条标准或规则：

1. 一次划分只适用一个标准。
2. 划分得到的各个种概念外延之和恰好等于被划分概念的全部外延。
3. 种概念之间应是并列关系，即它们之间通常不应有交集。
4. 连续划分不应越级。

第四节　谬误与诡辩

19 世纪的逻辑学家穆勒在其名著《逻辑体系》中指出，一种完备的论证哲学应该既包括好论证的理论，也包括坏论证的理论。对坏论证的研究和对好论证的研究的历史一样悠久。坏论证即是谬误（fallacy）。所谓"坏"意指违反论证的合理性标准，其结果必定是论证未能为主张的可接受性提供充分支持。诡辩（sophism）是论证者恶意利用谬误欺骗听众的论说。如果说谬误可能是无心的过失的话，诡辩则是精心的算计。所以，谬误和诡辩的区别仅在于使用者的动机。谬误和诡辩的复杂性在于它们貌似有理的外表，所以，逻辑学的始祖亚里士多德将其称为"表面的论证"或"假冒的论证"。传统谬误研究也突出谬误的"看似正确"的特点。当代谬误理论的着力点也在揭示谬误的这种外表的来源，结果发现：大多数谬误是合理论证模式的误用。正是谬误论证与合理论证在基本模式上的相似性形成这种外表，而二者的区别在于是否满足保证论证合理性的各种制约条件，这些制约条件可用批判性问题来表征。

一、形式谬误与非形式谬误

一种较为简便而传统的谬误分类是，根据谬误的原因是否是论证形式结构上的瑕疵，将其分为形式谬误和非形式谬误。从演绎逻辑的观点看，一个具有无效论证形式的论证是形式谬误，因为对论证进行判定的唯一根据是其形式结构。例如，命题逻辑中的充分条件假言推理肯定后件、否定前件谬误，词项逻辑中的无效三段论等，都是形式谬误。其余谬误不是逻辑形式无效的论证，而是因为其他原因堕入谬误。比如，论证因使用歧义语词、前提和结论是同一命题或者前提的可接受性尚存疑，以及归纳论证、类比论证的谬误，等等。从某种意义上说，形式谬误仅仅与论证形式有关，因而是结构谬误或语形谬误；绝大多数非形式谬误需要结合论证的语境来分析，所以是语用谬误。形式谬误比较纯粹，而非形式谬误相对复杂。在非形式谬误中，至少有两类情况需要区别。

一是某些论证模式恒为谬误，如：

同语反复：C，因为C。

循环论证：C，因为G_1；G_1，因为G_2；G_2，因为C。

"稻草人"反驳：欲反驳C，实际反驳了C^*（C与C^*不是等值命题，且C不蕴涵C^*）。

歧义论证：在假定论证中的一个关键词的两次出现同义（但实际上并不如此）的前提下，得出C。

二是某些论证模式是否谬误依其运用语境来判定，如：

证人证言：C，因为目击证人W说了C

诉诸权威：C，因为C所属领域的专家E说了C

知觉论证：C，因为对象看上去是C

迹象论证：C，因为作为C之征兆的S出现了

等等。我们不能说使用诸如此类论证模式或形式的论证都是谬误，也不能说它们都能保证得出合理的结论。这些论证模式只是在一定条件下才能得出合理结论。比如，法庭不可能一概不相信证人的证言，也不可能一概相信。是否采信证人证言，要求法官思量保证该证言之可信性的常规条件。在刑事诉讼程序中，法庭至少从5个因素来考虑证人证言的可靠性：

（1）证人在罪行发生的时候看到罪犯的机会。

（2）证人在当时注意的程度。

（3）证人给出的任何先前描述的准确性。

（4）在辨认时，证人表明的确定性程度。

（5）罪行发生与辨认之间的时间长短。

法庭在考虑所有这些因素之后，认为环境（情况）总体表明某个证人的辨认是可靠的。甚至在这5个因素中，还可能细化若干子问题，比如，对第2个因素，包括证人的感觉器官在当时发挥正常的功能等。相反，如果诸如此类的条件未予满足，证人的证言就难以采信。用图尔敏模式的术语来说，得出可能性或假设性的结论需要排除反证或例外情况。

非形式谬误的语境依赖性还表现在，同一论证模式在不同论辩语境中的适用性大为不同。比如，诉诸威胁的论证：另一方最好接受C，否则会有对他不合意的后果P出现。这种论证在谈判语境中是适用的，但在科学证明和批判性讨论的语境中不适用。非形式谬误的语用性正是其复杂性的根源。根据最新的谬误理论，

非形式谬误大都是对合理论证模式的误用，更准确地说，是不满足适用条件的可废止论证模式。

二、非形式谬误的辨析

当代谬误分析已完全超出了传统逻辑的视界，不仅揭露和分析了百余种非形式谬误，而且谬误分析的方法或工具更加多样化、更加有效。人们更细致地辨析了传统谬误及其相关条件，指出应该确立区别传统谬误形式的变量，以表明在一个渐变过程中，一个合情理的论证如何变成了谬误。这就要求对非演绎的论证形式给予辩证的对待。它们是合理论证还是谬误，完全取决于模式中若干变量的具体情况。这样，谬误分析不仅使我们排除错误，而且丰富了我们的论证手段。由于谬误分析本身既分析了一个论证的缺陷之所在，又表达了一个有说服力的论证（对某一论证之谬误性的证明），展示了优良论证的范例，因此有逻辑学家认为，谬误分析比一般论证理论在方法论上更重要。作为一种论证批评的谬误分析过程有"破"亦有"立"。

从语用观点出发对非形式谬误模式进行分析，需获得以下一些信息：

（1）论证的目的。比如，论者使用"针对人身"论证为的是通过攻击某人品格方面的缺陷来完全拒斥其主张，还是仅仅降低对此人的信用评级，进而质疑其主张？辩护人在法庭辩护中运用"诉诸怜悯"的论证，是想以被告处于悲惨可怜的境况为据来证明被告无被控行为或不违法，还是论证从轻处罚的合理性？使用"诉诸权威"论证，意在引用权威专家的话语支持某一主张，还是阻止或压制新的探索？

（2）明示的理由。明确陈述出来的前提，但可能有歧义，需要加以澄清。理由的可接受性（真、或然真和论辩双方承认）是决定论证证明力的关键因素之一。

（3）隐含的前提或假设。在论证中，实际上使用的某些命题被当作理所当然的理由，未予表达。所假定的命题本身是否可疑？

（4）理由支持主张的方式。论证的模式不一定是经典推理形式，特别是形式推理。日常论辩活动使用大量非形式推理，其基本模式是：假如论证者依据某些理由在某一时间期望、肯定或假设 C，那么，截至此时没有发现削弱或推翻 C 之证据的情况下，论证者期望、肯定或假设 C，是合情理的。

（5）论证出现的语境。论证总是出现于不同的对话框架或不同的论辩活动类型之中。对话的主要类型有：以解决意见分歧为目标的说服性对话，以证明或证伪假说为目标的探究性对话，涉及利益合理分配的谈判式对话，以获取和提供信息为主要任务的信息寻求对话，以决定最佳行动路线为宗旨的商议性对话。在谈判对话中允许使用的"诉诸威胁的论证"，在探究性对话和说服性对话中却是禁用的。谬误论证的"貌似有理"的来源之一，是在某一语境中合理的论证模式被不合适地转移到另一语境。

（6）对结论的置信水平。图尔敏模式已表明，谬误的发生与人们对主张或结论的置信水平相关。如果论证给主张提供的支持力仅仅允许我们以某种盖然性程度置信结论，而我们却肯定地、毫不犹疑地置信它，那么，我们的主观置信与论证的客观支持力的大小不相称，因而犯了谬误。因此，主观置信程度与论证的实际支持力的不相符也是谬误的来源。

（7）导致论证失败的因素。判定一个论证为谬误本身也需要履行证明责任，即要具体地确定一个论证成为谬误的原因，说明为什么这些因素使论证沦为谬误。这种分析不仅涉及对论证结构的分析，也涉及运用好论证的各种评价标准。

非形式谬误分析的一般程式包括 4 个基本部分：谬误名称（一个直观的名称有助于人们记住某种谬误的特征），谬误的论证模式（由前提、假设、推论方式、结论等构成），谬误例证（简明显示该谬误特征的典型例子），对谬误本身的论证（证明违反论证模式的制约条件，指出谬误的原因）。

既然非形式谬误多为合理论证模式之误用造成的，需要根据论证模式的制约条件是否被满足做出正确判断。某种具体的违反制约条件导致的谬误常常名之为"……的谬误"。这样，我们就需要区别"X 论证"与"X 谬误"，比如，针对人身的论证与针对人身的谬误。区分特定情境中的合理论证与谬误论证，关键是要把握好其主要制约条件。

针对人身：有 3 种具体形式。（1）品格的针对人身：一个赞成 C 的主体 A 有某些品格缺陷（诸如，靠不住、不可信等），所以，C 不太可信。主要制约条件：此种论证对语境的适用性；对结论的置信降低而非得出 C 假。（2）境况的针对人身：根据另一方所提出的论证与他自己的承诺或实践不一致，降低对 C 的置信度。主要制约条件：另一方确实存在先后承诺之间、承诺与实践之间的冲突，且无法通过任何合理解释消除这种不一致，因而其可信性（品格）遭到怀疑；对结论的置信降低而非得出 C 假。（3）资质的针对人身：论证另一方就某个主题发表的意见不值得认真对待，因为他并不具备相关的资质。

诉诸公众：某一群体里的大多数人接受 C，所以，C 是可信的。主要制约条件：大多数人接受 C 有充分证据支持（比如说一种民意测验，或 C 是常识等）；不存在怀疑这种众人之意的任何理由。

诉诸威胁：一个行动 C 不应该被实行，否则论证者将会看到坏后果发生在回应者身上。主要制约条件：坏后果发生的可能性较大；不能转移到 C 为认知内容的对话。

根据知识缺乏的论证：如果 C 真，则 C 通常包括在我们的相关知识库里，但没在该知识库中发现 C，所以，假设 C 是假的是合情理的。主要制约条件：对证据进行了深入搜索；知识库相对完备。

诉诸权威：命题 A 所属领域 D 的专家 E 认为 A 真，所以，可合情理地把 A 当作真的。主要制约条件：没有误释 E 的断言的意思；A 与其他专家的看法相同；E 无偏见或利益相关等因素干扰其判断；引证专家并非为了阻止新探索。

因果论证：根据因果条件规律（一般情况下 A 发生则 B 将可能发生并且 A 已发生，论证 B 也会发生。）主要制约条件：不存在干预或抵消 B 发生的因素或条件。

征兆论证：根据现象 A 的某一些征兆或迹象已经出现，论证 A 发生了。主要制约条件：不存在其他能更可靠说明该征兆的现象；有相关征兆的累积。

从相关到因果的论证：A 和 B 有正相关关系，所以，二者有因果关系。主要制约条件：排除 A 与 B 的相关性是由第三因素导致的；能对 A 与 B 的因果机理做出解释；排除 B 的变化不是由于定义它的方式改变引起的。

后果论证：根据某一政策或建议 A 实施后可能产生好的或坏的后果，得出应该或不应该施行 A。主要制约条件：相应后果发生的可能性较大；排除相反价值后果发生的可能性或这种可能性较低。

实践论证：根据目标 S 的实现需以行为 B 为手段，得出应该做 B。主要制约条件：排除有可供选择的替代手段；B 是一个最佳选择；有条件实施 B；B 产生的副作用在可忍受的范围内；没有与 S 冲突的其他目标要实现。

根据已确立规则的论证：运用业已确立的具体规则，推断特定个体应当遵循该规则。主要制约条件：对规则的理解无误；没有与该规则冲突的规则，或即使有也不优先于该规则；当下情况不是该规则适用的例外。

根据例外的论证：根据某一特定情形是某一规则的例外，得出该情形不受该规则约束。主要制约条件：对该情形构成规则的例外有充分证明。

援引先例的论证：引证一个在先被接受为某规则例外的个案，得出作为与该先例相似的当下个案也不适用此规则。当然也可以是将规则适用于案例的论证。主要制约条件：排除把先例解释为只是表明违反规则的可能性；有力证明当下案例与先例的相似性。

连锁论证：如果 G_1，则很可能 G_2，若 G_2，则很可能 G_3，……，若 G_n 则很可能 G_{n+1}，若 G_{n+1} 则很可能 C，所以，如果 G_1 则很可能 C。主要制约条件：各环节的推出关系比较强。

油滑斜坡论证：连锁论证的否定形式。论证者主张，假如一个步骤被采取，它将经过一个连锁的因果链，引致一个灾难性的最终结果，由此得出第一个步骤不可采取。主要制约条件：最终结果确实不可忍受；各环节的推出关系比较强。

本 章 小 结

论辩逻辑是非形式逻辑，它建立的有关论辩的基本标准，为我们正确地区分真正论证和假冒论证提供了强有力的工具。论证是就某一主张给出理由的活动，其产品是由主张、理由和支持方式构成的话语。论证的建构可使用图尔敏的六因素模式，并可以采用线性、组合和收敛结构以及由这些结构组合而成的更复杂的结构。用图尔敏模式建立起来的论证要成为好论证，需要满足四个主要标准。对论证的检验必定招致论证批评，批评引起对论证的辩护。批评和辩护都可能采取多种策略和方法，但均需遵守论证的一般规范与批评和辩护的特殊要求。概念在论证中扮演一个重要角色，其意义的明晰性、确定性对好论证甚为关键。明确概念以下定义和划分为主要手段，当然，它们也需按照相应的规则进行。人们的论证不时失足落入陷阱，导致形式的和非形式的谬误。非形式谬误的语用特性造成分析的复杂性，关键是要把握不满足合情理论证模式的制约条件如何导致论证模式沦为谬误。而诡辩只不过是怀有欺骗动机的谬误而已。

思考题：

1. 如何理解论辩逻辑的价值？
2. 和三段论相比，图尔敏模式有何优点？
3. 试选一论证文本，说明由线性、组合和收敛结构组合而成的复杂论证结构。
4. 试析非形式谬误的语用性的具体表现。

练习题：

1. 运用图尔敏模式分析以下论证："哈利出生于百慕大，所以，他很可能是英国人。出生于百慕大的人通常是英国人，这是由有关国籍法等法规规定的。除非哈利的双亲是外侨，或者哈利入了美国籍。"之后，设想一下给根据、反证加上支援的可能性，试着给根据、保证、支援和反证加上反证。
2. 以下论证是何种结构：

（1）我不能帮你演算练习题，因为我没有学过多少数学，而且我还得完成我的哲学论文，因而今晚得干个通宵。总之，我不能帮你。

（2）买卖人的器官，如心脏、肾脏、角膜等，被视为非法。允许出卖器官不可避免地导致只有富人才负担得起移植费用的状态，这是因为，无论何种稀缺的东西作为商品买卖，其价格总是攀升。这是由供求规律决定的。

（3）所有的资料都是有重量的，所以，缺失的资料也是有重量的。如果资料是我方开箱后丢失的，则木箱上所印的净重量就会大于现有5份资料的重量；既然木箱上所印资料的净重量正好与5份资料的净重量相等（表明装的时候就只装了5份），可见，资料不可能是我方开箱后丢失的。

（4）"新发展理念"把创新发展摆在第一位，是因为创新是引领发展的第一动力。发展动力决定发展速度、效能、可持续性。对我国这么大体量的经济体来讲，如果动力问题解决不好，要实现经济持续健康发展是难以做到的。坚持创新发展，是我们分析近代以来世界发展历程特别是总结我国改革开放成功实践得出的结论，是我们应对发展环境变化、增强发展动力、把握发展主动权的根本之策。

3. 有人做了如下划分：树要么是落叶的，要么是针叶的。此划分有何问题？

4. 试析下列故事中的丈夫使用了何种论证模式？因未满足何种制约条件而成为谬误？

古时某一城里有户穷得叮当响的人家。有一天，丈夫偶然捡到一个鸡蛋，便欣喜若狂，急忙赶回家，高兴地对妻子说："我们有家当了！我们有家当了！"妻子见他那高兴样，忙问："家当在哪里？"他拿出鸡蛋一晃说："这！这！"接着便扳起指头，给妻子细细地算起来："我拿这个鸡蛋借邻居的母鸡孵化一窝小鸡，孵化出来后拿一只小鸡回来，它长大以后就下蛋，每个月可以得到15个鸡蛋；然后再孵成小鸡，两年内，鸡再生鸡，就可得到300只鸡，能卖10两金子。用这10两金子买5头牛，牛又生牛，3年可得25头牛，牛再生牛，又过3年，就能有150头，能卖300两金子。我用其中三分之一买房置地，三分之一买丫鬟仆人，三分之一用来娶小老婆。我和你就可以过上神仙一样的日子了！"妻子一听他说要娶小老婆，勃然大怒，一手劈下打碎了鸡蛋，还没好气地说："趁早打碎它，免得留下祸根！"

5. 某乡间公路附近经常有鸡群聚集。这些鸡群对这条公路上高速行驶的汽车的安全造成了威胁。为了解决这个问题，当地交通部门计划购入一群猎狗来驱赶鸡群。

以下哪项如果为真，最能对上述计划构成质疑？

A. 出没于公路边的成群猎狗会对交通安全构成威胁。

B. 猎狗在驱赶鸡群时可能伤害鸡群。

C. 猎狗需要经过特殊训练才能够驱赶鸡群。

D. 猎狗可能会有疫病，有必要进行定期检疫。

E. 猎狗的使用会增加交通管理的成本。

第十章　语言交际的逻辑

语言是人类表达思想和进行交流的重要工具，语言的使用反映人类的思维规律。在语言交际过程中，遵循逻辑规则是十分重要的。不遵循逻辑规则会使语言交际遭受失败。现代语言逻辑是逻辑学与语言学交叉产生的新学科，其内容主要包括三个方面：句法学、语义学、语用学。掌握该领域的知识对于在语言交际中正确运用逻辑具有重要的意义。

第一节　语言逻辑概述

一、句法学

句法学（syntax）研究语言符号的空间排列关系。人类语言是一个符号系统。一般而言，一个语言系统由两部分构成：第一部分是它的基本符号。英文的基本符号包括英文字母、标点符号和其他一些常用符号。中文的基本符号是笔画，可以不用标点符号和其他辅助符号。第二部分是规则，它又由两部分构成：一部分是词法规则，规定基本符号如何构成词。例如，about这个英文单词由 5 个英文字母构成。同是这 5 个英文字母，排列的空间位置不同就可能不是语词，也可能变成别的语词。又如，"人"这个汉字由一撇一捺两个笔画构成。同是这两个笔画，排列的位置不同，就变成了"入"字。另一部分是句法规则，它规定语词如何构成语句。例如：

（1a）　The boy plays the ball.

（1b）　＊The boy play the ball.

（1c）　＊The boy plays ball.

（1d）　＊The boy plays the.

其中，（1a）是句法正确的语句，其余的都是句法错误的语句。（1b）中动词未按主语单数第三人称作词尾屈折变化；（1c）中充当宾语的名词短语缺少限定词 the；（1d）中充当宾语的名词短语缺少中心名词。

句法学把人类语言看作这样一个系统，该系统通过使用有穷的方法来产生无穷的语句。从句法学或形式语法的观点看，人类语言的本质特征类似于代数系统的特征，即使用形式规则，将结构描述指派到无穷数量的话语上去。凭借人类共同的、先天就具有的语言能力，话语的结构、意义和用法就能够被理解。

句法学的基本内容和核心理论是生成语法（generative grammar）。一个生成语法是这样一个形式系统，它提供一种具有无穷用途的有穷方法，通过这种方法能够对自然语言的经验性结论进行准确的推导和验证。或者说，生成语法是通过数学方法来处理语句集合，从而刻画自然语言特征的形式理论。最有成就和影响最大的生成语法学家是世界公认的著名语言学家和语言哲学学家、美国麻省理工学院的知名教授诺姆·乔姆斯基。1957 年，乔姆斯基《句法结构》一书的出版，标志着生成语法的诞生。

按照乔姆斯基的句法理论，所有人类语言具有完全相同的句法结构。所有语言的深层结构完全相同，不同的是表层结构和转化规则。例如，前面的英语语句如果我们在语句生成的最后一步代入的是汉语语词，我们得到的就是下面的汉语语句：

（2a）那个男孩打那个球。

（2b）＊那个男孩打那个球。

（2c）＊那个男孩打球。

（2d）＊那个男孩打那个。

只有最后一个语句是句法错误的。其余的都是符合汉语句法的。首先，我们看到，在（2a）中，动词"打"没有词尾的屈折变化，尽管你可以认知它已经发生了变化，但这个变化不是外显的。所以，（2b）也是句法正确的语句。（2c）说明，在汉语语句中名词短语可以不必由限定词加名词构成，汉语名词不必戴帽子，可以光着头。（2d）的错误与上述英语语句（1d）相同，即充当宾语的名词短语缺少中心名词。

二、语义学

语义学（semantics）是研究符号与所指称对象的关系的理论。一个语句被说出来是一串音符，被写出来是一串字符。在语言交际中，一个语句的意义能够被对方理解，在于听话者能够建立语言符号与它所指称对象之间的映射关系。例如：

（3）小鸟在天空飞翔。

（4）花是红的。

用→表示从符号到对象的映射关系，语句（3）的意义是这样被建立的："小鸟"→小鸟；"飞翔"→飞翔；"在天空"→在天空；所以，"小鸟在天空飞翔"→小鸟在天空飞翔。就是说，语句"小鸟在天空飞翔"意义就是小鸟在天空飞翔。"雪是白的"意义就是雪是白的。"花是红的"意义就是花是红的。

现代逻辑的语义学方法主要有以下三种：

1. 真值表方法

真值表方法将命题的意义限定为真值，即真和假。简单命题的真值由命题所确定的事件是否符合客观实际来确定。复合命题的真值由它所包含的命题的真值来确定。各种复合命题的真值表参见本书第二章第二节。

2. 可能世界语义学方法

可能世界的概念来源于莱布尼茨的"单子论",后来经过弗雷格、维特根斯坦、塔斯基、司寇伦、鲁滨逊等人的发展,建立了现代模型论。1959 年以后,美国逻辑学家克里普克等人建立了可能世界语义学。利用可能世界语义学和模型论方法,可以对包含无穷对象的逻辑量词进行准确的分析和刻画。量词的引入,使我们可以对命题的内部结构进行分析。关于一阶语言的语义分析,请参见本书第四章第四节。

3. 形式语义学方法

20 世纪 70 年代,美国逻辑学家蒙太格提出了一种新的语义理论。在《作为形式语言的英语》(1974)中,他提出按照描写形式语言的方法描写英语是完全可能的。他还制定出算法,把一部分英语语句成功地翻译成谓词逻辑公式。蒙太格语义学的基本内容包括真值条件语义学、模型论语义学和可能世界语义学,而蒙太格最重要的贡献是内涵语义学和形式语义学。蒙太格的语义理论发展了逻辑语义学的思想,丰富了内涵语义学的概念,并建立了形式语义学的理论体系。经过半个多世纪的发展,逻辑语义学形成了非常丰富的内容和若干成熟的分支。

三、语用学

语用学(pragmatics)研究符号与符号使用者之间的关系。句法学和语义学并未涉及符号的使用者,而符号的使用者和使用环境(语境)都会影响语句的意义。例如:

(5)我宣布你有罪,入狱三年。

(6)你是清华大学的学生。

(7)我保证按时到达。

(8)现在室外温度是零下 5 度。

(9)瞧这天气!

这些话语都是用来做事的,并且话语的意义是与说话人和听话人的身份、话语说出的时间和地点以及话语的语境有关的。(5)是一个宣告式的话语,如果说话人是一位法官,并且他是在法庭上依照程序说出这番话,那么他就做成了一件事,即宣判,听话人就得入狱服刑三年。(6)是一个断定式的话语,它的真假与听话人的身份相关。(7)是一个承诺式话语,话语的意义与"按时"所指的时间有关。(8)是一个断定式话语,它的意义与地点相关。(9)是一个表情式话语,是喜欢"这天气",还是讨厌"这天气",依该话语说出的语境而定。以上话语的意义涉及的说话人(或称说者)、听话人(或称听者)、时间、地点、语境称为语用要素,这五大语用要素与话语的意义密切相关。

句法学仅发生在符号世界内,反映的是语言符号的空间排列关系。语义学发生在两个世界即符号世界和对象世界之间,反映的是语言符号的指称和意义。语词指称的是个体对象,语句指称的是事件。语用学发生在三个世界即符号世界、对象世界和符号的使用者世界之间，反映的是符号与使用者的关系，以及符号使用者和各种语用要素对符号意义的影响。

第二节 言语行为理论

一、言语行为理论的产生与发展

语用学的开端可以上溯到 20 世纪 30 年代维特根斯坦建立的语言游戏论，这一理论将说话看作是一种受规则支配的行为，而话语的意义在于它的使用。维特根斯坦绘出了语用学的蓝图，但这个大厦的第一块基石则是由牛津分析哲学家奥斯汀奠定的。

奥斯汀的主要贡献在两个方面：第一，他认识到有一类特殊的话语，这类话语不是用来说事的，而是用来做事的，即我们通过说事来做事；第二，他创立了言语行为的基本理论，这方面的贡献又可以用"二三五"来进行概括。"二"是指奥斯汀早期对言语行为的分类法，即"行为式"和"表述式"的二分法。"三"是理论发展成熟时奥斯汀对言语行为的分类法，即将言语行为分为语谓行为、语用行为和语效行为三种。"五"是指奥斯汀对语用行为的分类，即分为判定式、执行式、承诺式、表态式和阐述式五种。奥斯汀的这些工作后来被人们统称为"言语行为理论"。

塞尔对奥斯汀理论的发展主要包括以下几个方面。第一，将奥斯汀的言语行为理论普遍化，即认为"做事"是语言的普遍功能，"说事"只是"做事"的特例，或者说，"说事"就是"做事"。第二，将奥斯汀的言语行为理论系统化，在这方面，他又做了两件事：一是将三类言语行为都归为语用行为；二是对奥斯汀的言语行为分类提出批评，建立自己的分类标准，并对言语行为重新分类。第三，在分析言语行为理论的基础上，建立语用逻辑，使言语行为理论从语言分析的层次发展到逻辑分析的层次。语用逻辑是逻辑学和语言哲学的交叉领域，是逻辑学的一个新的分支学科，语用逻辑的发展深化了语用学的研究。第四，塞尔从言语行为（1969）的研究过渡到意向性（1983）的研究，是他从语言哲学过渡到心智哲学的标志，也是半个世纪以来西方哲学发展的方向。从语言到心智和认知，是 20 世纪中叶以来英美哲学发展的主流[1]。

在批评奥斯汀对语用行为的分类的基础上，塞尔提出自己对语用行为的分类。与奥斯汀不同，塞尔将语用行为分为断定式、指令式、承诺式、表情式和宣告式五类。[2]

---

[1] 参见蔡曙山、邹崇理：《自然语言形式理论研究》，人民出版社 2010 年版，第 418 页。

[2] 参见蔡曙山：《言语行为和语用逻辑》，中国社会科学出版社 1998 年版，第 41—48 页。

1. 断定式

这一类语用行为的要点或目的是使说话人在不同程度上承认某事是如此这般，承认所表达的命题的真实性。断定式这个类的所有语句在包括真和假这个评价范围内都是可评价的。使用弗雷格的断定号（$|$）来表示这个类的所有语句共同的语用要点，并采用以上引入的符号，我们可以符号化地表示这个类为：

$$| \downarrow \mathrm{B}\,(p)$$

适应方向是从语词到世界；表现的心理状态是相信 p，即 $\mathrm{B}\,(p)$。断定式是相当广泛的一个类，它包括奥斯汀阐述式的大多数语句和他的判定式的许多语句，它们都有相同的语用要点，而只是在语用力量的其他特征上有不同。检验断定式的最简单的方法是能否把它表征为真的或假的。但这既不是必要条件也不是充分条件。

2. 指令式

这一类语用行为的要点在于，它们都表示说话人在某种程度上试图使听话人去做某件事。它们可能是非常温和的"意图"，例如，我邀请你去做某事或建议你去做某事。它们也可能是非常强烈的"意图"，例如，我坚持让你去做某事。用惊叹号"!"表示这类行为的语用要点指示成分，我们有下面的符号化表述：

$$!\ \uparrow \mathrm{W}\,(\mathrm{H\ does\ A})$$

适应方向是从世界到语词，诚实性条件是想要（希望或愿望），命题内容始终是听话人 H 去做某一将来的行动 A。这个类中的动词有：要求、命令、指令、请示、乞求、恳求、祈求、哀求、邀请、允许、忠告，等等。奥斯汀列为表态式的某些动词如敢于承担风险、蔑视对方、应战，也属于这个类。奥斯汀的执行式的许多动词也属于这个类。询问也是指令式的一个子类，因为它们也是说话人 S 要听话人 H 作出回答，即作出一个言语行为。

3. 承诺式

这一类语用行为的要点是让说话人在某种程度上有责任去做某个未来的行动。用 C 一般地表示这一类的行为，我们有下面的符号化表述：

$$\mathrm{C}\uparrow \mathrm{I}\,(\mathrm{S\ does\ A})$$

适应方向是从世界到语词，诚实性条件是意向，命题内容始终是说话人 S 做某个未来的行动 A。奥斯汀对承诺式的定义看来是无懈可击的，但他所列举的一些承诺式动词却完全不属于这个类，例如，"应该""意欲""赞成"等。承诺式和指令式的适应方向是相同的，如果我们能把它们真正归为同一个类，那我们的分类将更为优美。但是，塞尔认为不可能做到这一点。例如，允诺的要点是使说话人有责任去做某事，而请示的要点是试图让听话人去做某事。

4. 表情式

这一类语用行为的要点是表现某种心理状态，这种心理状态是由关于某一事态的诚实性条件来限定的，而该事态又是由命题内容来限定的。表情式动词有"谢谢""祝贺""道歉""哀悼""悔恨""欢迎"等。注意，表情式没有适应方向。说话人在作出一个表情式行为时，既不想让世界去适应语词，也不想让语词去适应世界。但被表达的命题的真实性已被预先假定。这个类的符号化表述是：

$$E\varnothing\ (p)\ (S/H+property)$$

其中，E 表示所有表情式共同的语用要点，$\varnothing$ 是表示没有适应方向的空类符号，p 是变元，其变域是作出这一类语用行为时所表现的各种可能的心理状态，命题内容则是把某种性质（不必是行为）要么归于说话人 S，要么归于听话人 H。在表情式的命题内容中所限定的性质必须要么与 S 相关，要么与 H 相关。

5. 宣告式

这一类语用行为的特征是，成功地作出其中的一种行为就会产生命题内容与现实之间的对应关系，成功作出这种行为保证命题内容对应于世界。例如，如果我成功地作出任命你为主席的行为，那么你就是主席；如果我成功地作出宣战的行为，战争就发生；等等。

许多用来作出宣告的语句的表层语形结构对我们隐蔽了这一要点，因为在它们之中，命题内容和语用力量之间没有任何表层语形的区别。

宣告式这一类语用行为还涉及言语以外的约定，为了成功地作出宣告，需要在语言的基本规则之外再增加其他基本规则。为了作出宣告，说话人和听话人只掌握构成语言能力的那些规则是不够的，他们还必须在语言之外的约定中占有特殊的地位。正是因为有了教会、法律、财产私有、国家等制度，而说话人和听话人又在这些制度中占有特殊的地位，才有可能开除教籍、任命、赠送财产或宣布战争。但有两类例外，它们无需语言以外的约定，第一类是超自然的宣告式，例如，上帝说"让有光亮"就是一个宣告。第二类是关于语言自身的宣告式，例如，"我定义""我缩写""我称"都是宣告式。奥斯汀好像认为所有行为式（即在一般理论中的语用行为）都要求语言之外的约定，但情况显然并非如此。

宣告式是言语行为的非常特殊的一个类，用符号表示其结构就是：

$$D\updownarrow\varnothing\ (p)$$

其中，D 表示宣告式的语用要点；适应方向是从语词到世界和从世界到语词，这是宣告式的特征。因为没有诚实性条件，所以在其位置上我们用了空类符号$\varnothing$，命题变元按通常表示为 p。

宣告式这个类的某些行为与断定式这个类的行为有重合关系。因为在某些制度性的情况中，我们不仅要弄清事实，而且需要一个权威在弄清事实的程序结束之后，对事实究竟如何作出决定。正因如此我们才需要法官和裁判。法官和裁判都作出事实的声明，例如，"你出局""你有罪"等。在从语词到世界的适应方向上，这种声明显然是可断定的，但两者同时又具有宣告的力量。如果在垒球比赛中裁判判你出局，那么不管事实如何，你都得出局；如果在法律程序中法官宣告你有罪，那你就有罪。我们可以称互相重合的这一类语用行为为"断定式的宣告式"。与其他宣告式不同，这类宣告式与断定式一样也有诚实性条件。断定式的宣告式的符号化表述是：

$$D_a \downarrow \updownarrow B\ (p)$$

其中，D_a表示发出一种具有宣告力量的断定的语用要点，第一个箭头表示断定式的适应方向，第二个箭头表示宣告式的适应方向，诚实性条件是相信，p代表命题内容。

塞尔还分析了这5种语用行为在英语中的语法结构。

塞尔认为，这5种语句都包含一个带行为式动词的主句和一个从句，可以用TG语法来加以分析。各种语句的TG语法结构是：

断定式：I verb（that）+ S

指令式：I verb you + you Fut Vol Verb（NP）（Adv）

承诺式：I verb（you）+ I Fut Vol Verb（NP）（Adv）

表情式：I verb you + I/you VP（转换为动名词主格）

宣告式：I verb NP_1+ NP_1 be pred（被谓述）

二、语用逻辑

塞尔和范德维克（1985）初步建立了语用逻辑的分析系统，这个系统由若干定义和公理组成，最后他们给出系统的若干定律（laws）。

系统的公理如下：

公理1 ▷的传递律

如果$A_1 \triangleright A_2$，且$A_2 \triangleright A_3$，则$A_1 \triangleright A_3$。

说话人的所有语用责任都是传递的。

公理2 语用力量相同律

对所有F，F′，F=F′当且仅当对所有命题p，F（p）= F′（p）。

两个语用行为的力量分别是F和F′，如果它们具有相同的命题内容和成功条件，那么，这两个语用力量是相同的。

公理3 命题相同律

对所有p，p′，p=p′当且仅当对所有语用力量F，F（p）= F（p′）。

两个语用行为的命题内容分别是p和p′，如果它们具有相同的力量和成功条件，那么，这两个命题是相同的。

公理4 基本语用行为相同律

F_1（p_1）= F_2（p_2），当且仅当如果F_1（p_1）是可作出的，则F_1（p_1）= F_2（p_2）。

两个可作出的语用行为是相同的，当且仅当它们有相同的成功条件。

公理 5　复合的语用行为相同律

$\neg A_1 = \neg A_2$，当且仅当 $A_1 = A_2$；$(p_1 \Rightarrow A_1) = (p_2 \Rightarrow A_2)$，当且仅当 $p_1 = p_2$，并且 $A_1 = A_2$；$(A_1 \wedge A_2) = (A_3 \wedge A_4)$，当且仅当 $\{A_1, A_2\} = \{A_3, A_4\}$。

两个否定的语用行为是相同的，当且仅当它们是相同行为的否定；两个条件的语用行为是相同的，当且仅当它们确立相同条件来作出相同行为；语用行为的两个合取式是相同的，当且仅当它们的合取支是相同的。

公理 6　基础律

在每一非空的话语语境中，说话人作出一个强的言语行为，该行为使得他在该语境中承担与之模同余的言语行为。强的言语行为是唯一的模同余式。

公理 7　语用力量上的运算保持严格等值

如果 F_2 是从 F_1 经使用语用力量上的某一运算得到，且 $F_1(p) = F_2(q)$，那么，我们有 $F_2(p) = F_2(q)$。

塞尔和范德维克所给出的是一个语言分析系统，而不是一个严格意义上的逻辑系统，更不是一个形式化的逻辑系统。1990 年蔡曙山以塞尔和范德维克的工作为基础，使用形式化方法，建立了命题的语用逻辑系统 PF（PFN）、量化的语用逻辑系统 QF（QFN）和模态的语用逻辑系统 MF（MFN）。

三、间接言语行为

间接言语行为的框架可以追溯到英国哲学家保罗·格赖斯的会话和涵义理论，而第一个系统处理间接言语行为的则是我们前面所介绍的著名心智和语言哲学家、言语行为理论的创始人约翰·塞尔。下面来看塞尔在《间接言语行为》（1975）一文中提出的间接言语行为理论。

先来看下面的对话。

（1a）甲：劳驾，能告诉我到图书馆怎么走吗？

（1b）乙：是的，直走 500 米，右转再走 100 米，路北就是。

（1c）＊丙：是的。

这是一个间接言语行为。甲通过一个普通问句，提出了一个请求。乙理解甲的请求，并做出回答。甲乙双方完成了一个语言交际行为。丙却没有理解甲提出的请求，把它当成简单问句，并作了是或否的回答。甲丙之间的语言交际并未完成。

以上的言语行为是由说话者作出的，并需要听话者理解和配合才能完成的言语行为。当说话者需要婉转地提出一个请求时，往往使用间接言语行为，而不是直接的言语行为，如指令式。

间接言语行为在语言交际中有重要的作用，在特定的场合会比直接的言语行为取得更好的交际效果。

再看下面的例子。

（2a）甲：今天晚上一起去看电影吧。

（2b）乙：我还要准备考试呢。

甲的话语凭借一个祈使句传达了一个建议。乙的回答则是对甲的建议的拒绝，但并不是通过它的字面意义来实现的，这是一个由听话者作出的间接的言语行为。这个间接的言语行为比前一个更加复杂，我们略加分析。

乙其实是要拒绝甲的约会，但直接拒绝不大礼貌。乙希望通过一种比较婉转的方式使他的话语成为对甲的建议的拒绝。但如何才能做到呢？乙显然需要做到两层行为才能使他的意向得以实现：首先，乙要婉转地表示出拒绝的意向；其次，乙要让甲能够理解这个话语是对他的建议的拒绝。我们把乙的话语所做出的主要的语用行为（primary illocutionary act）看作是对甲的建议的拒绝，而乙是通过做出另一个次要的语用行为（secondary illocutionary act）即做出他要准备考试的陈述来实现他的主要行为的。因此，次要的语用行为是字面上的，主要的语用行为不是字面上的。我们假设甲能够理解字面上的语用行为，那么，甲是如何从理解字面上的次要言语行为，进而来理解非字面上的主要言语行为的？另一个更大的问题是，当乙仅仅说出一个具有次要语用意义的话语，而这个话语又具有主要的语用意义，这是如何可能做到的？更进一步说，乙如何使他的这种意向传达给甲，使之能够理解他用字面的次要语用行为所表达的非字面的主要言语行为？

塞尔构造了间接言语行为的一些必要的步骤。

第一步：甲已经向乙提出了一个建议，乙的反应是做出一个陈述，他不得不准备考试（这是会话事实）。

第二步：甲假设乙在会话中是合作的，因此，乙的陈述是蓄意相关的（这是会话原则）。

第三步：对甲的建议的相关反应应该是接受、拒绝、反建议、进一步讨论等（根据言语行为理论）。

第四步：但乙的话语字面意义并不是上述其中之一，从而他做出的并不是相关反应（从第二、四两步推出）。

第五步：这是关键的一步。当主要的语用要点与字面的语用要点不同时，除非听话者有某种推理策略来发现它，否则他不可能理解间接言语行为。

第六步：甲知道准备考试通常需要相对于一个晚上来说的大量时间，他还知道去看电影通常也需要相对于一个晚上来说的大量时间（实际背景信息）。

第七步：因此，他知道在一个晚上不可能既去看电影又准备考试（从第六步推出）。

第八步：接受建议或其他承诺的前提条件，是完成命题内容条件所述说的行为的那种能力（言语行为理论）。

第九步：因此，甲知道乙所说的话的推论是，他不大可能协调地接受该建议（从第一、七和八步推出）。

第十步：因此，乙的主要语用要点可能是拒绝该建议（从第五和第九步推出）。

塞尔指出，以上步骤并不完备，而且结论也是或然的。即使这些步骤都符合，也不能必然地构成对该建议的拒绝。例如乙可能表达的是这样的涵义：

（3a）我还要准备考试呢，不过我们还是去看电影吧。

（3b）我还要准备考试呢，但我可以看完电影回家以后再复习。

由此可见，一个间接的言语行为，可以由说话者作出，也可以由听话者作出。说话者作出的间接言语行为，往往需要听话者的理解和配合才能完成；听话者作出的间接言语行为，也需要说话者（这时他成为听话者）的理解和配合才能完成。一个语言交际行为，是一个由说话者和听话者不断互换角色，使用言语行为或间接言语行为，最终实现说话者或听话者的交际意向的语言过程。

第三节　言语行为与成功交际

语言是思维和交际的工具。语言逻辑则是保证正确思维和成功交际的理论。成功交际涉及众多的语言过程，如本章所介绍的言语行为、间接的言语行为、隐含、预设、要点和心理等。此外，成功交际还涉及这些语言过程中的各种复杂的语用因素，如：（1）语用要点或目的；（2）语词和语句的适应方向；（3）说话人的心理状态；（4）提出语用要点的力度；（5）说话人和听话人的身份和地位对话语的语用力量的影响；（6）说话人或听话人的兴趣和说话方式；（7）话语与语境的关系；（8）语用力量指示成分对命题内容的影响；（9）说出的言语行为和作出的言语行为；（10）语言之外的约定；（11）语用动词的用法；（12）作出语用行为的风格；等等。因此，成功交际不可能有某种统一的标准来保证，但在言语行为、间接的言语行为、隐含、预设等方面，已经有一些学者提出了针对这些具体过程的标准或规则，可以供我们使用或借鉴。

一、切当性标准

奥斯汀在《如何以言行事》（1962）一书中，提出一个行为式话语具有得体或不得体的问题。例如，一个人说"我愿意娶这个女人为妻"，只有在合适的情形下才是一个得体的行为式话语，否则，它就是不得体的。一个行为式话语是得体的，当且仅当这个话语是在合适的情形下说出的，否则它是不得体的。奥斯汀还提出行为式话语的切当性标准。一个得体的行为式话语具有切当性，一个不得体的行为式话语则不具有切当性。奥斯汀认为，一个行为式话语得体的必要条件（即切当条件）有以下6条：

（A.1）必须存在一个公认的、确有约定效果的约定程序，该程序包括由一定的人在一定的情境中说出的一定话语；

（A.2）在某一确定的场合中，那些特定的人和情境对被援引的特定程序的执行必须是合适的。

（B.1）所有参与者必须正确地实施该程序；

（B.2）所有参与者必须完全地实施该程序。

（C.1）使用这种程序的，常常是那些具有一定思想或感情的参与者，或者是那些为参与者主持仪式的人。因此，无论是那些参与者还是与程序的实施有关的人，事实上都必须具备那种思想或感情，并且参与者自己必须有意这样去做；

（C.2）参与者自己后来确实这样去做。

违反这6条规则中的任何一条，我们的行为式话语将是不得体的。这6条规则被分为两组：A和B是一组，它们被称为行为式话语得体的外在条件；C是一组，它们被称为行为式话语得体的内在条件。违反这些规则造成的不切当情况如下图所示。

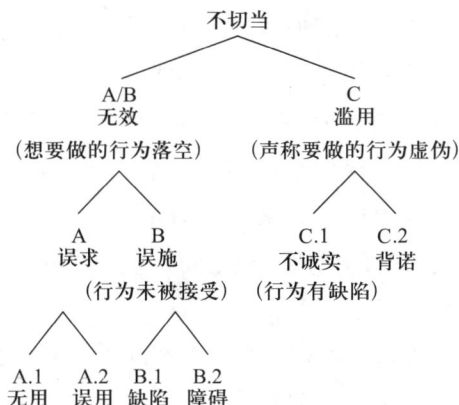

二、成功交际的条件

塞尔认为语用行为由语用力量和命题内容两部分构成，其形式结构是：

$$F（p）$$

其中，F表示话语的语用力量，p表示话语的命题内容。塞尔认为，语用力量包括以下7种要素：

（一）语用要点

每一种语用行为都有其要点或目的。陈述和描述的要点是告诉人们事情是怎样的，允诺和许愿的要点是使说话人有责任去做某事，命令和指令的要点是设法让人们去做一些事，等等。语用要点是各种语用行为固有的，它决定每一类语用行为之为该类语用行为。换言之，成功地作出那类行为必然要达到那类目的，而那类目的也必然通过那类行为才能达到。

语用要点只是语用力量的一种成分，但它是最重要的一种成分。不同的语用力量可能有相同的语用要点，例如，断定/证明，命令/要求，允诺/许愿，等等。在每一对中，两种语用力量有相同的语用要点，但在其他方面有不同。语用力量的其他成分进一步限定或修饰语用要点，或者作为语用要点的结果。

在作出 F（p）形式的行为时，语用要点与命题内容是不同的，语用要点只是作为整个言语行为的一部分而被完成，在这个言语行为中，命题内容是用语用要点来表达的。因此我们说，语用要点是在命题内容之上被完成的。

（二）语用要点的力度

不同的语用行为常常以不同的力度完成其语用要点。例如，我要求他去做某事的意图较之我坚持要他去做此事的意图为弱。对每一种语用力量 F，如果其语用要点要求以某一力度来完成该要点，那么，我们称该力度为 F 的语用要点的特征力度。

（三）完成模式

某些语用行为要求特殊的方式或条件，使得在作出该言语行为时能够完成该行为的语用要点。例如，从权威的地位发出一个指令的人比提出一个要求的人要做得更多。这两种话语有相同的语用要点，而指令则要借助说话人的权威地位来完成其语用要点。为使该话语成为一个成功的指令，说话人不仅必须处于权威的地位，他还必须使用或借助其权威来说出该话语。我们称指令与要求互相区别的这种特征为语用要点的完成模式。如果语用力量 F 要求一种特殊模式来完成其语用要点，我们则称该模式为 F 的语用要点的特征完成模式。

（四）命题内容条件

大多数语用行为的形式是 F（p）。在许多情况下，某种语用力量 F 会把某些条件加到命题内容 p 之中。例如，如果说话人作出一个许诺，许诺的命题内容应该是：说话人将作出某种将来的行为。一个人不能替别人许诺去做某事，也不能许诺在过去做了某事。我们把这种通过语用力量对命题内容产生影响的条件称为命题内容条件。

（五）前提条件

对大多数语用行为来说，仅当其他一些确定条件被满足时，该行为才是成功的和无缺陷的。例如，一个许诺可能被成功地作出，并能完成其语用要点，但如果说话人所许诺之事并非听话人感兴趣之事，或听话人并不希望说话人去做此事，那么，这个许诺仍然是有缺陷的。作出许诺时，说话人预设他能作出许诺的行为，并且这样做是听话人所感兴趣的。我们称这种成功地和无缺陷地作出语用行为所必需的条件为前提条件。

很多前提条件是由语用要点决定的。例如，所有要让听话人去做某事的行为（命令、请求、指令，等等）都以听话人能够去做指令的行为作为前提条件。但某些前提条件是一定的语用力量所特有的。例如，许诺与威胁不同就在于，许诺的行为必须符合听话人的利益。前提条件和完成模式的关系是，为了以其特征完成模式作出一个语用行为，一定的前提条件一般应该得到满足。例如，在以指令的完成模式无缺陷地说出一个话语之前，说话人必须满足这个前提条件：处于权威的地位。

（六）诚 实 性 条 件

只要人们作出一个具有命题内容的语用行为，人们就表达了一个确定的带有同样内容的心理状态。因此，当一个人作出一个陈述，他就表达了一种信念；当一个人作出一个许诺，他就表达了一种意向；当一个人发出一个指令，他就表达了一种愿望或需要。语用行为的命题内容一般是与被表达的心理状态的命题内容同一的。

有可能从心理状态上区分言语行为的诚实性和不诚实性。一个不诚实的言语行为是指，说话人作出一个言语行为，从而表达了一种心理状态，但他并不具有那种心理状态。例如，一个不诚实的陈述（一个谎言）在于，说话人并不相信他所说的话；一个不诚实的道歉在于，说话人并不具有他所表达的歉意；一个不诚实的许诺在于，说话人实际上并不想去做他许诺要去做的事情。一个不诚实的言语行为是有缺陷的，但不必是不成功的。例如，一个谎言可以是一个成功的断定，但成功作出的语用行为必然包括由那种行为的诚实性条件限定的心理状态的表达。因此，如果作出一个语用行为而又同时否定相应的心理状态，就是荒谬的。例如，我们不能说"我答应来，但我不想来"，"我命令你离开，但我不想让你离开"，"我道歉，但我并无歉意"，等等。

在作出一个语用行为时所表达的一种心理状态能使说话人具有他未曾表达的另一种心理状态，正如作出一个语用行为能使说话人承担另一种他未曾作出的语用行为一样。例如，一个说话人表示他相信 p，并且相信如果 p 则 q，这就使得他相信 q。表达一种心理状态就使得说话人具有那种状态，一个人能够被动地进入一种心理状态而无需事实上具有那种状态。

（七）诚 实 性 条 件 的 力 度

相同的心理状态能够用不同的力度来表达，正如相同的语用要点能够以不同的力度来完成一样。提出请求的说话人表达了希望听话人做那种被请求的行为的愿望；但如果他乞求、哀求、恳求，那么他表达的是一种比他仅仅请求来得更强的愿望。诚实性条件的力度和语用要点的力度是成正比的。例如，命令比请求具有更大的语用要点力度。这种更大的力度来自其完成模式。发出命令的人在发出命令时，一定借助于他对听话人所具有的力量或权威地位。

语用力量要求以一种力度来表达心理状态，在这种情况下，我们称这种力度为诚实性条件的力度。

根据以上分析，塞尔提出语用力量的定义：语用力量当其在语用要点、前提条件、语用要点的完成模式和力度、命题内容条件、诚实性条件以及诚实性条件的力度7个方面被确定时，就立即唯一地被确定了。因此，两个语用力量 F_1 和 F_2，当它们在以上7个特征上都相同时，它们就是同一的。如果两个语用力量不是同一的，那么，它们至少在一个特征上是不同的。

语用力量的7种要素，可以被归结为成功而无缺陷地作出一个基本语用行为的4种不同充要条件。假定听话者理解一个话语的所有条件都被满足，那么，在一个话语语境中成功而无缺陷地作出形如 F（p）的语用行为，当且仅当下列4个充要条件被满足：

（1）说话者在该语境中以所要求的特征完成模式和语用要点力度成功完成命题 p 上的语用力量 F 的要点。

（2）说话者表达命题 p，且该命题满足语用力量 F 限定的命题内容条件。

（3）在该话语世界中，语用的前提条件和命题预设是得到公认的，并且说话者也假设它们得到公认。

（4）说话者以语用力量 F 的诚实性条件的特征力度表达并具有该力量确定的心理状态。

塞尔指出，一个言语行为即使有缺陷，也可能仍然是成功的，但一个理想的言语行为既是成功的又是无缺陷的。无缺陷的言语行为一定是成功的，反之则不然，成功的言语行为不一定是无缺陷的。仅有两种情况，一个言语行为可以被成功作出而又是有缺陷的：一是某些前提条件不具备，但该行为还是作出了；二是诚实性条件不具备，即该行为是在不诚实的情况下作出的。

三、间接言语行为的准则

格赖斯希望提出一般的原则，使得对话的参与者能够理解会话的涵义，他将这种一般的原则称为"合作原则"。

合作原则包括定量、定性、关联和方式4个原理。定量的原理与被提供的信息量相关，它应该符合下面的要求：

（1）提供的信息与要求的一样多；

（2）不要提供比要求更多的信息。

如果你帮助我修车，我希望你所做的与我所要求的一样，不多也不少。例如，我需要 4 个螺丝，我就希望你递给我 4 个，而不是 2 个或 6 个。

定性的原理要符合下面的要求：

（1）不要说你认为是错误的话；

（2）不要说缺少适当证据的话。

我希望你是真诚的而不是虚伪的。如果我需要在你帮助我沏的咖啡中加糖，我不希望你递给我盐。如果我需要勺子，我不希望你递给我一把塑料的假勺子。

关联原理只有一条要求：话语要有关联。我希望在交流中的每一步都得到恰如其分的、直接的配合。如果我正在搅动咖啡的调料，我不希望递给我一本好书或烤箱手套，虽然在下一步它们是适当的。

方式原理总的要求是：话语要清楚明白，具体有 4 条要求：

（1）避免含糊不清；

（2）避免歧义性；

（3）言简意赅（避免冗长）；

（4）条理清晰。

塞尔在合作原则的基础上，更具体地提出成功做出间接言语行为的十个步骤，见本章第三节"三、间接言语行为的准则"。

本 章 小 结

本章侧重从语用学和言语行为理论来讲述语言交际的逻辑。第一节首先从语言逻辑的学习开始，掌握逻辑句法学、逻辑语义学和逻辑语用学的主要内容和基本方法。第二节学习语用学、言语行为理论和语用逻辑。维特根斯坦创立的语言游戏论是语用学的来源，经过奥斯汀和塞尔得到发展。我们按顺序学习奥斯汀的言语行为理论、塞尔对言语行为理论的发展，塞尔和范德维克的语用逻辑，讲述格赖斯和塞尔的间接言语行为理论，并作若干实例分析。第三节讲述如何通过言语行为实现成功交际，学习运用语言进行成功交际的一些标准、条件和原则，如行为式话语的切当性标准、言语行为成功交际的条件以及间接言语行为的准则。

思考题：

1. 试述句法学、语义学和语用学的主要内容。

2. 为什么说句法学是语义学的基础，语义学又是语用学的基础？为什么说语用学包含了语义学，语义学又包含了句法学？

3. 为什么说语用学的来源是语言游戏论？两者的本质联系是什么？

4. 为什么说言语行为理论是语用学的基础和核心？为什么说维特根斯坦绘制了语用学的蓝图，奥斯汀奠定了语用学的基石？

5. 什么是语言逻辑？试述语言逻辑的研究框架、研究内容和研究方法。

6. 试述奥斯汀对言语行为理论的主要贡献。

7. 试述塞尔对言语行为理论的发展和贡献。

8. 什么是语用逻辑？给出塞尔和范德维克语用逻辑的公理和某些定律，并加以评述。

9. 什么是间接的言语行为？试举例加以分析。为什么说间接的言语行为是言语行为的一部分？

10. 试述语言、逻辑、思维和交际之间的关系。为什么说语言逻辑是正确思维与成功交际的工具？

11. 试述奥斯汀的话语得体和切当性的主要内容。

12. 试述塞尔的语用力量 7 要素以及成功交际的条件。

13. 试述间接言语行为的原则和步骤。

练习题：

1. 试分析下列语句的句法结构和异同。

（1）那个男孩在打球，那个球是中国制造的。

（2）The boy is playing the ball that was made in China.

2. 库塔斯和希利亚德研究英语语句加工脑电位时发现，在语义加工这个层次上，负波 N400 已经被确认为系语义加工异常所引发，脑电位波幅因语义错误的程度而呈现不同异常程度的 N400。

库塔斯和希利亚德 1980 年的原始实验和结果如下：被试要求阅读以下三个结构相同的英语语句：

（1a）The pizza was too hot to eat.

（1b）The pizza was too hot to drink.

（1c）The pizza was too hot to cry.

这三个语句的句法结构相同，但语义不同。这时的事件相关脑电位 ERP 如右图所示：（1a）有正确的语义，其相关脑电位也正

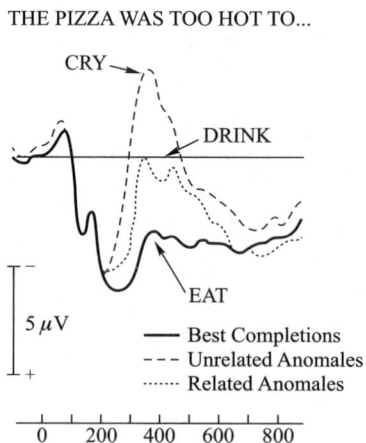

THE PIZZA WAS TOO HOT TO...

CRY
DRINK
EAT
5 μV
Best Completions
Unrelated Anomales
Related Anomales

0 200 400 600 800

常；（1b）和（1c）均有语义错误，其相关脑电位出现明显的违背语义预期的 N400 电位。（1b）是相对异常，（1c）是完全异常。图示说明，语义错误越严重，异常电位也越强。（Kutas，M. & Hillyard，S. A. *Science* 207，203-205，1980）

试用语义学方法解释上述实验结果。

3. 下面的语句，哪些是符合汉语习惯的，可以进行正常的语言交际？哪些是不符合汉语习惯的，不能够进行正常的语言交际？为什么？

（a）吃饭

（b）吃酒席

（c）吃食堂

（d）吃桌子

（e）吃教室

（f）吃操场

4. 学校有大小两个食堂，大食堂为学生食堂，小食堂为老师食堂。因为小食堂供应炒菜，许多学生过周末、过生日都跑到小食堂来吃炒菜，常常弄得老师反而吃不上饭。为此，小食堂门口贴了一则告示：

经研究决定，本食堂专卖老师。考虑到实际情况，兼卖学生。但要先卖老师，卖完老师，再卖学生。

食堂贴出的这则告示是否实现了语言交际的目的？为什么？试从句法学、语义学和语用学的角度分别加以分析。

第十一章 逻辑思维的基本规律

人们在正确地进行逻辑思维时，既要正确运用各种逻辑方法和推理形式，还要遵守最基本的思维法则，这就是逻辑思维的基本规律。逻辑思维的基本规律是关于思维形式的基本规律，是人们正确运用各种思维形式的概括、抽象和总结。逻辑思维规律包括同一律、矛盾律和排中律，遵守由这些规律所决定的思维规范是正确思维的基本要求。

第一节 逻辑规律与思维规范

任何科学都以系统把握其对象领域的"规律"为核心目标，逻辑学也不例外。我们在本教材演绎逻辑部分已经看到，经典演绎逻辑关于有效推理的把握可以表示为一系列普遍有效式。这些普遍有效式所表达的都是经典演绎逻辑的"逻辑规律"。与任何科学规律一样，如果这种表达是正确的，那么它们本身就具有相对应于其研究领域的普遍性和必然性，因而在其对象层面是不可违背的。通常所谓"违背逻辑规律"的说法，实际上是指认知主体违背由逻辑规律所要求、所决定的思维规范。譬如，如果认知主体在普遍有效的蕴涵式或其任一代入例中肯定前件而否定后件，那么就违反了由它们决定的思维规范，必使其思想系统陷入混乱之中。

逻辑规律与其他学科所刻画的客观规律一样，都是不以人的主观意志为转移的。恩格斯曾经指出："我们的主观的思维和客观的世界服从于同样的规律，因而两者在自己的结果中不能互相矛盾，而必须彼此一致，这个事实绝对地统治着我们的整个理论思维。它是我们的理论思维的不自觉的和无条件的前提。"[①] 因而，与我们应依据各种具体科学规律来制定实践规范一样，我们也应当依据逻辑规律来制定思维或认知规范。然而，逻辑规律与其他科学的规律又具有不同的性质。正如列宁所说："人的实践经过亿万次的重复，在人的意识中以逻辑的式固定下来。这些式正是（而且只是）由于亿万次的重复才有着先入之见的巩固性和公理的性质。"[②] 逻辑学对于逻辑规律的把握与思维规范的制定，均具有不同于其他科学的独特性。

逻辑思维的基本规律的特殊地位在于其基本性。我国现代逻辑事业的奠基人

---

① 《马克思恩格斯全集》第 20 卷，人民出版社 1971 年版，第 610 页。
② 《列宁全集》第 55 卷，人民出版社 1990 年版，第 186 页。

金岳霖指出：矛盾律最直接地体现"逻辑之所舍"，排中律最直接地体现"逻辑之所取"，而同一律是"可能的可能""意义的条件"。① 逻辑思维的基本规律是所有逻辑系统所赖以建构的最基本的指导法则，由它们决定的规范是最基本的逻辑思维规范。金岳霖晚年曾依据马克思主义的能动反映论阐释了逻辑思维基本规律的反映性和规范性的统一机制。他指出："基本思维规律之所以能够规范，因为它们所反映的客观规律有它的特点，以这个特点去要求思维认识而又得到满足的话，思维认识就成为确定的。"这些规范"虽不是所有的思维认识都实际上遵守的，然而它们是所有的思维认识所必须遵守的。它们所规范的正是思维认识的确定性或一贯性。"②

　　掌握逻辑思维的基本规律的重要意义，还在于它们对日常思维与论辩的基础作用。我们要与人交流，都离不开逻辑思维。逻辑思维必须具备一致性、明确性与确定性。所谓一致性，是指思维中的思想必须前后一致、自圆其说，不能自相矛盾；所谓明确性，是指思维中的思想必须明确清晰，不能模棱两不可；所谓确定性，是指思维中的思想必须有确定的含义，不允许意义混淆。这些规范性要求都是由逻辑思维的基本规律所决定的。

第二节　矛　盾　律

一、矛盾律的基本内容

（一）矛盾律的本体化表述

　　亚里士多德是第一个明确表述与系统阐发矛盾律的人。他认为："一切原理中最确实的原理可陈述如下：在同一时间、同一方面，同一对象不能既具有又不具有某属性。为了防止诡辩者的责难，还可进一步加上其他必要的限制。"（《形而上学》1005b18-22）这就是亚里士多德关于矛盾律的"本体化表述"。显然，在谓词逻辑中，如下两个定理都是这个原理的直接表现：

$$\forall x \neg (Fx \wedge \neg Fx)$$
$$\neg \exists x (Fx \wedge \neg Fx)$$

　　亚里士多德关于"三同一"的限制是为了有效防止诡辩者的责难。实际上，

---

① 《金岳霖全集》第 1 卷，人民出版社 2013 年版，第 293—294 页。
② 《金岳霖全集》第 4 卷（下），人民出版社 2013 年版，第 539、547 页。

"同一方面"可以归到"属性"之中,"同一对象"的要求不言而喻,故矛盾律最重要的限制是"同时性"。亚里士多德本人也经常把矛盾律表述为:

"任何对象不可能同时既是又不是,是一切原理中最无可争辩的原理。"(《形而上学》1006a1-5)

"同一对象不能同时既是又不是。"(《形而上学》1061b35)

由于多种原因,亚里士多德没有明确提出关于关系的矛盾律。实际上,如果我们在上述原理的"属性"中引入关系,即可将之推广为:

同一组对象不能同时具有又不具有某关系。

该表述在一阶逻辑中可直接表现为如下定理:

$$\forall x \forall y \neg (Rxy \wedge \neg Rxy)$$
$$\neg \exists x \exists y (Rxy \wedge \neg Rxy)$$
$$\forall x \forall y \forall z \neg (Rxyz \wedge \neg Rxyz)$$
$$\neg \exists x \exists y \exists z (Rxyz \wedge \neg Rxyz)$$

其余类推。

(二)矛盾律的语义表述

亚里士多德还曾经把矛盾律表述为:

"对于同一对象,两个互相矛盾的肯定与否定不可能同时都是真的。"(《形而上学》1062a22-23)

"一切信条中最无可争议的是,两个互相矛盾的命题不能同时都是真的。"(《形而上学》1011b15-16)

这种表述中明确地谈论命题的真值,可称之为矛盾律的语义表述。请注意,亚里士多德的表述是针对"同一对象"而言,其中"互相矛盾的命题"即指与本体化表述相呼应的表示某对象具有某属性的(肯定)命题和表示某对象不具有某属性的(否定)命题。以之按照本体化表述在一阶逻辑中的直接刻画,其所断言的就是 Fx 与 ¬ Fx 的任一代入例之间均为互相矛盾命题,不可同真。推广至关系命题,则有:Rxy 与 ¬ Rxy、Rxyz 与 ¬ Rxyz 等公式的任一代入例之间亦均不可同真。

矛盾律的另一语义表述是现代逻辑研究中更为常见的形式:

任一命题不可能同时既是真的,又不是真的。

显然,该表述是矛盾律的本体化表述的一种自然推论。因为"命题"可以作为"对象","是真的"可以作为命题的"属性"。由于经典逻辑中遵循塔尔斯基的"(T)约定":

"p"是真的,当且仅当 p

（"p"代表p的名称，例如："雪是白的"是真的，当且仅当雪是白的。）

故矛盾律的这种语义表述可直接表现为经典命题逻辑的内定理：$\neg(p \wedge \neg p)$。

显然，在矛盾律的两类表述中，本体化表述是更为根本的，语义表述是派生的。但由于逻辑学作为"求真"工具的本性，语义表述又是更为重要的。逻辑学研究以语义表述形态的矛盾律为直接指导原则。

（三）原子矛盾关系与原子逻辑矛盾

我们把表示某对象具有某属性的（单称肯定）命题以及表示对象之间具有某关系的命题统称为原子命题。原子命题与其否定命题（表示同一对象不具有该属性、同一组对象不具有该关系）之间的关系统称"原子矛盾关系"。这样，在一阶逻辑公式 Fx 与 $\neg$ Fx 的任一代入例之间，Rxy 与 $\neg$ Rxy、Rxyz 与 $\neg$ Rxyz 的任一代入例之间均为原子矛盾关系。譬如：

"911 是素数"与"911 不是素数"之间，

"地球绕太阳运转"与"地球不绕太阳运转"之间，

"中美两国相隔太平洋"与"中美两国不相隔太平洋"之间，

均为原子矛盾关系。据矛盾律的语义表述，两个具有原子矛盾关系的命题不可能同真。我们把任何关于两个具有原子矛盾关系的命题同真的断言统称为"原子逻辑矛盾"。原子逻辑矛盾在一阶逻辑公式中表现为如下原子永假式（矛盾式）：

$$Fa \wedge \neg Fa$$
$$Rab \wedge \neg Rab$$
$$Rabc \wedge \neg Rabc$$

如此等等。

原子命题所表达的是原子事态，而为真的原子命题所表达的是原子事实。因命题的真假是特殊的原子语义事态，故命题"p是真的"与"p不是真的"之间的关系是一种特殊的原子矛盾关系。又因它们在经典二值逻辑中可用 p 与 $\neg$ p 刻画，而其他原子矛盾无不表现为 p 与 $\neg$ p 的代入例，故经典逻辑中的所有原子逻辑矛盾可统一刻画为：$p \wedge \neg p$。

该公式中的 p 不仅可以代入原子命题，也可以代入任一其他命题（包括量化命题和复合命题）。而由于任何表达命题的语句都可"个体化"，从而都可作为真值属性归属的"对象"，故可以把二值逻辑系统中 $p \wedge \neg p$ 的所有代入例均视为原子逻辑矛盾。

二、矛盾律的规范作用

除矛盾律的本体化表述和语义表述之外，亚里士多德的著作中还有一种直接涉及认知主体的表述：

"同一个人不能在同一时间相信同一对象既是又不是，因为犯这种错误的人就会同时具有彼此相反的意见。"（《形而上学》1005b30-31）

"任何一个人不能相信同一对象既是又不是。"（《形而上学》1005b 24-25）

正如周礼全所说："这些陈述所断定的，是人的相信，是人对事物的肯定与否定。人的相信，人对事物的肯定与否定，都是人的认识活动。"[①] 因此，这种表述的内容是对人的认识活动的要求，是一种认知规范。其与前两种表述的根本差异在于：后者所表达的都是无反例的逻辑规律，而违反前者之要求的事例在实际认识活动中是大量存在的。由矛盾律所直接决定的"不矛盾规范"，就是"拒斥原子逻辑矛盾"。它要求所有认知主体：

不能直接或间接地断定同一对象既具有某属性，同时又不具有该属性；

不能直接或间接地断定同一组对象既具有某关系，同时又不具有该关系；

不能直接或间接地断定同一命题既是真的，同时又不是真的。

这里的"认知主体"不限于亚里士多德所说"任何一个人"，包括任何特定的认知共同体，也包括当代人工智能主体。违反不矛盾规范的逻辑错误统称"自相矛盾"。

显而易见，除了出现"自我欺骗"这种极端情况以及一些自觉的诡辩之外，直接违反不矛盾规范的现象在实际思维中并不多见，常见的是间接的自相矛盾。例如：

一个年轻人想到大发明家爱迪生的实验室里去工作，爱迪生亲自接见了他。这个年轻人满怀信心地说："我有一个伟大的理想，那就是我想发明一种万能溶液，它可以溶解一切物品。"爱迪生听罢，惊奇地说："什么？那么你想用什么器皿来放置这种万能溶液呢？它不是可以溶解一切物品吗？"年轻人被爱迪生问得哑口无言。

该青年虽然没有直接肯定原子逻辑矛盾，但爱迪生的问话显示出，他的论断中实际上间接地同时肯定了"某物品可以被这种溶液溶解"和"该物品不能被这种溶液溶解"这两个具有原子矛盾关系的命题，从而违反了不矛盾规范。作为汉语"矛盾"辞源的自相矛盾的故事则与之"异曲同工"。

《韩非子·难一》中写道："楚人有鬻盾与矛者，誉之曰：'吾盾之坚，物莫能陷也。'又誉其矛曰：'吾矛之利，于物无不陷也。'或曰：'以子之矛，陷子之盾，何如？'其人弗能应也。夫不可陷之盾与无不陷之矛，不可同世而立。"

[①]　周礼全：《亚里士多德论矛盾律和排中律》，载《周礼全集》，中国社会科学出版社2000年版，第307页。

　　夸口的楚人之所以"弗能应"，乃在于问话者的问题显示出其论断中所间接包含的原子逻辑矛盾：同时肯定"此矛可刺穿此盾"和"此矛不能刺穿此盾"。

　　以上两例对不矛盾规范的违反是非常简单、容易觉察的。但有些间接违反不矛盾规范的情况是十分隐蔽的，使之暴露出来并不容易。即使第一个提出不矛盾规范的亚里士多德，也被后人揭示出一些自相矛盾的错误。如亚里士多德关于"（真空中）重物比轻物下落速度快"的论断在其本人信念系统中会导致自相矛盾，直到伽利略的《两门新科学》一书才得到揭示。伽利略是通过设计对话和理想实验的方式表明这一点的：

　　"萨尔维阿蒂（代表伽利略观点）：辛普利邱，请你告诉我，你是否承认每个落体具有一种由自然界给定的一定的速率，亦即除非使用外力或阻力便不会增加或减小的一种速度？

　　辛普利邱（代表亚里士多德观点）：毫无疑问，在同一种介质中运动的同样的物体具有自然界给定的固定速度，这一速度是不能增减的，除非动力增大，它才会增大，或由于使它缓慢下来的阻力的存在而使它减小。

　　萨：那么，如果我们取天然速率不同的两个物体，显而易见，如果把那两个物体连结在一起，速率较大的那个物体将会受到速率较慢物体的影响其速率要减慢一些，而速率较小的物体将因受到速率较大物体的影响其速率要加快一些。你同意我的这个想法吗？

　　辛：毫无疑问，你的这种看法是对的。

　　萨：但是，如果这是对的话，并假定一块大石头以 8 的速率运动，而一块较小的石块以 4 的速率运动，那么把二者连在一起，这两块石头将以小于 8 的速率运动；但是两块连在一起的石头当然比先前以 8 的速率运动的石头要大。可见，较重的物体反而比较轻的物体运动得慢；而这个效应同你的设想是相反的。你由此可以看出，我是如何从你认为较重物体比较轻物体运动得快的假设中推出了较重的物体运动较慢的结论来。

　　辛：我简直不知如何是好了。"①

　　亚里士多德观点中潜藏的原子逻辑矛盾昭然若揭，而伽利略则由此产生了建立自由落体定律的思想。这个例子典型地表明，不矛盾规范不但有揭露、拒斥谬误与混乱的批判性功能，在科学研究与理性思维中也具有重要的建设性功能。而以上几个事例实际上都是在人类实际思维与论辩中起着重要作用的"归谬法"的特例。归谬法的要义实际上就是从所欲反驳的论断或理论中引申出被不矛盾规范

---

① 　桂起权、张掌然：《人与自然的对话——观察与实验》，浙江科学技术出版社 1990 年版，第180—181 页。

拒斥的原子逻辑矛盾。

此外，在同一表述中，把两个互相否定的概念糅合在一起，即同时用两个相互矛盾或相互反对的概念指称或描述同一对象，也是一种违反不矛盾规范的现象。例如：

1. 这次战争对他们而言既是正义的又是非正义的。

2. 他已经发表了将近 20 多篇文章。

显而易见，矛盾律的规范作用主要在于保持思维的前后一致、首尾一贯，避免自相矛盾。不矛盾规范是人类逻辑思维的坚固基石。就演绎推理说，如果证明肯定前提否定结论导致原子逻辑矛盾，则该推理必具有演绎有效性；就归纳推理说，如果前提与结论的合取能引申出原子逻辑矛盾，则该推理必不具有归纳可靠性。因此，在人类逻辑思维过程中，不矛盾规范都是维护其合理性与可靠性的基本工具。列宁曾指出："'逻辑矛盾'——当然，在正确的逻辑思维的条件下——无论在经济分析中或在政治分析中都是不应当有的。"[1] 保持思维的一致性或一贯性，是正确思维的必要条件。无论是说话、写文章、日常思维还是科学研究，都不应包含逻辑矛盾。

拒斥"逻辑矛盾"的要求与唯物辩证法关于把握对立统一的客观"辩证矛盾"的要求不是相互排斥的，而是相辅相成的。例如，中国共产党第十九次全国代表大会提出，我国社会主要矛盾已从"人民日益增长的物质文化需要同落后的社会生产之间的矛盾"，转变为"人民日益增长的美好生活需要和不平衡不充分的发展之间的矛盾"。这里的"矛盾"就是指客观存在的辩证矛盾而非逻辑矛盾。遵守不矛盾规范，则是正确把握这种主要矛盾转变的必要条件。比如，不能认为我国社会主要矛盾发生了转变，同时又没有发生转变；也不能认为"人民日益增长的美好生活需要和不平衡不充分的发展之间的矛盾"是我国社会主要矛盾，同时又不是我国社会主要矛盾。正如金岳霖所说："只有在形式逻辑上不矛盾的思维认识才能正确地反映客观事物所固有的矛盾。"[2]

第三节　排　中　律

一、排中律的基本内容

（一）排中律的本体化表述

与矛盾律相应，排中律亦可给出如下本体化表述：

---

① 《列宁选集》第 2 卷，人民出版社 2012 年版，第 746 页。
② 《金岳霖全集》第 4 卷（下），人民出版社 2013 年版，第 552 页。

在同一时间、同一方面，同一对象或者具有某属性，或者不具有该属性。

亚里士多德本人的著作中并没有这样明确的表述，但这无疑是其关于排中律的一系列论证的基本预设。在谓词逻辑中，如下定理是该原理的直接表现：$\forall x(Fx \vee \neg Fx)$。

同样可将其向"关系"推广：

在同一时间、同一方面，同样对象之间或者具有某关系，或者不具有该关系。该表述在谓词逻辑定理中可直接表现为：

$$\forall x \forall y(Rxy \vee \neg Rxy)$$
$$\forall x \forall y \forall z(Rxyz \vee \neg Rxyz)$$

其余类推。

（二）排中律的语义表述

亚里士多德给出了排中律的如下语义表述：

"在矛盾命题之间不能有居中者，任何特定的谓词必定或者肯定或者否定其属于某一主词。"（《形而上学》1001b24—26）

"矛盾命题之间没有任何居中项能被断言于同一对象。"（《形而上学》1063b20）

"矛盾命题中必有一个是真的。"（《形而上学》1012b11）

显然，亚里士多德的表述是针对具有原子矛盾关系的命题，而且是仅对性质命题而言。以之按照上述本体化表述在一阶逻辑定理中的直接刻画，其所断言的就是 $F(x)$ 与 $\neg F(x)$ 的任一代入例必有一真。推广至关系命题，则有 Rxy 与 $\neg Rxy$、$Rxyz$ 与 $\neg Rxyz$ 等公式的任一代入例必有一真。

排中律的另一常见语义表述亦为其本体化表述的自然推论：

任一命题或者是真的，或者不是真的。

该表述在经典命题逻辑中直接表现为其内定理：$p \vee \neg p$。

逻辑学研究亦以语义表述形态的排中律为直接指导原则。由于经典逻辑的二值性，排中律决定了所有经典逻辑系统构造的基本原则——二值法则：

任一命题或者是真的，或者是假的。

但决不可把排中律等同于二值法则。在多值逻辑等非经典演绎逻辑中二值法则失效，但排中律仍不失其为逻辑思维基本法则的地位。

（三）分子矛盾关系与分子逻辑矛盾

依据排中律的语义表述，两个具有原子矛盾关系的命题是不可能同时为假的。由此联系矛盾律可以见得：两个具有原子矛盾关系的命题之间具有如下真假关系：

既不能同真，也不能同假；换言之，一个真另一个必假（依据矛盾律），一个假另一个必真（依据排中律）。

这种真假关系就是命题间的"矛盾关系"。有些传统逻辑教科书把矛盾律和排中律分别定义为"具有矛盾关系的命题不能同真"和"具有矛盾关系的命题必有一真"，同时又承认命题的矛盾关系之成立乃基于矛盾律与排中律，其中包含着典型的不当定义循环。解决问题的关键是要认识到，矛盾律和排中律都是关于原子矛盾关系的规律，而不是关于一般意义的矛盾关系的规律。原子矛盾关系的定义中并不含有任何关于真假关系的断言。具有原子矛盾关系的命题之间的真假关系是由矛盾律和排中律所共同决定的，这里不存在任何恶性循环。

除具有原子矛盾关系的命题之外，其他命题间既不能同真也不能同假的关系，可统称"分子矛盾关系"。例如在经典逻辑中，以下形式的任一代入例之间均具有分子矛盾关系：

$$SAP \text{ 与 } SOP$$
$$p \land q \text{ 与 } \neg p \lor \neg q$$
$$\forall x(Sx \to \neg Px) \text{ 与 } \exists x(Sx \land Px)$$
$$\forall x \exists y Rxy \text{ 与 } \exists x \forall y \neg Rxy$$
$$\forall x(Hx \to \exists y(Iy \land Ryx)) \text{ 与 } \exists x(Hx \land \forall y(Iy \to \neg Ryx))$$

我们把任何关于两个具有分子矛盾关系的命题同时为真的断言统称为"分子逻辑矛盾"。从所有分子逻辑矛盾均可引申出原子逻辑矛盾。因此，拒斥分子逻辑矛盾是拒斥原子逻辑矛盾的当然推论。同时，因为在经典逻辑中所有"分子矛盾关系"均可归结为 p 与 $\neg$ p 的形式，故分子矛盾关系命题之必有一真，也是原子矛盾关系命题必有一真的当然推论。

请注意，这里所谓"当然推论"是仅就经典二值逻辑来说的。经典逻辑所判定的矛盾关系可能被非经典逻辑否认，但针对原子矛盾关系的矛盾律与排中律（非指其在经典逻辑中的表现形式），是任何非经典逻辑所不可否认的。因此，作为逻辑思维基本法则的应当是"原子化"的排中律和矛盾律，试图将它们"分子化"是不妥当的。

二、排中律的规范作用

由排中律所直接决定的"排中规范"，就是"拒斥两不可"。它要求所有认知主体：

不能直接或间接地既否认对象具有某属性，同时又否认对象不具有该属性；

不能直接或间接地既否认某组对象具有某关系，同时又否认该组对象不具有该关系；

不能直接或间接地既否认某命题是真的，同时又否认该命题不是真的。

排中规范典型地体现了逻辑规律在人类"求真"思维中的基本功能。它并不能决定任何原子命题内容方面的真假，但决定了在任意两个具有原子矛盾关系的命题之间必有一真。因此，在人的实际认知中"有真可求"，而非"无是无不是""无可无不可"，不能对是与非"各打五十大板"。

违反排中规范的逻辑错误统称"两不可"。与不矛盾规范有所不同的是，直接违反排中规范的情形在日常思维和语言表达中并不少见。例如：

（1）讨论某甲是否有罪时，有论者说："不能说某甲是有罪的，也不能说某甲就没有罪。"

（2）在讨论一次试验的成败时，有论者认为："说这次试验失败是不对的，说这次试验没有失败也是不对的。"

（3）在一次学术讨论会上，关于《金瓶梅》是不是中国文学史上的优秀作品的评价，出现了两种截然相反的意见，一种认为它是一部优秀的文学作品，一种认为它不是一部优秀的文学作品。会议主持人最后表态说："我反对第一种意见，也反对第二种意见。"

（4）莎学研究史上有人提出莎士比亚曾盗用弗兰西斯·培根的手稿，许多研究者认为绝无此事。有论者表态："这两种意见肯定都是错误的，因为莎士比亚生平资料太少，根本无法确定。"

以上几例中"论者"的断言，都是直接违反排中规范的典型个例。依据排中规范，对两个具有原子矛盾关系的命题之一加以否认，必可推出承认另一个。"两不可"是这些论者思维混乱的表现。

可见，排中律的规范作用主要在于保证思维的明确性，它要求人们在两个相互矛盾的命题中不能持完全否定的态度，即"模棱两不可"，必须承认其中有一个命题肯定是真的，并进一步去探索究竟哪个是真命题。

排中律是在逻辑论证中有重要功用的反证法的逻辑基础。就两个具有原子矛盾关系的命题而言，我们只要能证明与 P 相矛盾的命题 ¬P 为假，就能证明 P 为真，这就是反证法。在二值化语境中，这种反证关系也可以自然地推论到一切分子矛盾关系。伽利略对于"物体下落速度快慢取决于物体重量"的归谬，恰构成对"物体下落速度与重量无关"的自由落体思想的反证。

显然，在二值化语境中，同时否认两个具有分子矛盾关系的命题，既间接违反排中规范，也间接违反不矛盾规范。同理，直接违反不矛盾规范亦必然间接违反排中规范，直接违反排中规范亦必然间接违反不矛盾规范。亚里士多德有时把矛盾律和排中律并称为"一切证明借以进行的公理"（《形而上学》996b28），有时又只把矛盾律称为"其他一切规律的基础"的"终极规律"（《形而上学》1005b34），其原因正可由此得到解释。

由于未能严格区分逻辑规律与思维规范，有些传统逻辑教科书经常从"矛盾命题必有一真"的规律直接推移到这样的"逻辑要求"：对矛盾命题必须肯定其中一个，或必须承认其中哪一个命题是真的。而如果始终注意分清逻辑规律与思维规范即可认识到：排中律并没有这样的"逻辑要求"，它只是要求认知主体确信矛盾命题必有一真，它决没有要求我们一定肯定、承认矛盾命题中哪一个为真。即使实际思维中确认了其中一个为真，也与排中律无关。至于因为认知水平及其他种种原因在矛盾命题之间不表态，并不违反排中规范。前例中讨论莎士比亚问题的"论者"如果不是对矛盾命题均加以否定，而是因掌握资料太少"不置可否"，那不仅不是逻辑错误，还恰恰是学风严谨的表现。

第四节   同   一   律

一、同一律的基本内容

（一）同一律的本体化表述

亚里士多德的著作中并没有对同一律的明确表述，但他关于矛盾律和排中律的思想，显然可以引申到同一律。

我们可从性质与关系两方面给出同一律的如下本体化表述：

在同一时间、同一方面，同一对象如果具有某属性，则就具有该属性。在同一时间、同一方面，同样对象之间如果具有某关系，则就具有该关系。

在谓词逻辑中，如下定理是上述原理的直接表现：

$$\forall x(Fx \to Fx)$$
$$\forall x \forall y(Rxy \to Rxy)$$
$$\forall x \forall y \forall z(Rxyz \to Rxyz)$$

其余类推。

（二）同一律的语义表述

与矛盾律和排中律相应，同一律可采用如下语义表述形式：

同一时间对于同一对象的肯定与否定，如果是真的，则就是真的。

作为本体化表述的直接推论的语义表述为：

在同一时间、同一方面，一个命题如果是真的，则就是真的。

该表述可直接表现为经典命题逻辑的内定理：$p \rightarrow p$。

因为同一律的要义恰恰在于刻画命题（思想）及其真值的确定性，而上式之逆命题亦必然成立，故而经典命题逻辑之内定理 $p \leftrightarrow p$ 亦可视为同一律的直接表现。

此外，如果承认莱布尼茨"同一物的不可分辨性原理"（即如果 x 与 y 是同一对象，则凡 y 有的性质 x 都有，且凡 x 有的性质 y 都有），则带等词及个体常元的谓词逻辑的如下内定理：

$$\forall x (x = x)$$
$$a = a$$

亦可视为同一律的直接表现形式。

显而易见，如果我们接受命题的真值取决于其是否正确反映客观事实与规律的哲学观点，那么客观事实与规律的确定性（变中之不变），即可视为同一律的客观基础。

二、同一律的规范作用

与矛盾律和排中律不同，同一律在其语义层面并不同时涉及关于对象的肯定与否定、命题的真与不真，而只是关于命题与其自身的同一性的规律。由它所直接决定的思维规范，就是要求认知主体在实际思维中所使用的命题的确定性，而命题的确定性以其中所使用的把握对象属性的概念的确定性为必要条件。故同一规范要求：

不能直接或间接地把不同对象或对象的不同属性（含关系）当作同一对象、同一属性来把握；

不能直接或间接地把不同概念当作同一概念来使用；

不能直接或间接地把不同命题当作同一命题来使用。

金岳霖称同一规范为"意义的可能的最基本条件"。违反不矛盾规范和排中规范必导致思维系统紊乱，但矛盾命题仍各有确定意义（有意义才有真假）。而如果不遵守同一规范，则命题之意义本身亦归于不可能。金岳霖曾给出如下例析：

"我们可以执任何一意念去试试，例如父子。假如父可以不是父，子可以不是子，它们当然应该是其他的意念，然而它们也不能是其他的意念，因为任何其他的意念也不是它自己。从话说，情形同样，例'x 是 y 底父亲'，假如是可以不是'是'，底可以不是'底'，父亲可以不是'父亲'，则'x 是 y 底父亲'也可以不是'x 是 y 底父亲'。父可以不是父，子也可以不是子，所谓父子当然不能有意义；一句话可以不是该句话，话当然也没有意义了。同一原则就是保障父必是父，子必是子，一句话必是该句话底原则。遵守此原则不必有意义，可是违背此原则，决不能有意义。"①

可见，同一律的规范作用主要在于维护思维的确定性。日常思维和语言表达中违反同一规范的逻辑错误，经常表现为在论证中"混淆概念"或"转移论题"，这种转移和混淆往往是由于语词近义、歧义或语句结构歧义等引起的。故意转移论题或混淆概念，称为"偷换论题"或"偷换概念"的诡辩手法。而同一规范是避免此类错误，揭露此类诡辩的基本工具。

例如《韩非子》中有一则故事：郑县有一个人，他的裤子破了一个洞，让他的妻子再做一条新的，他的妻子问他做什么样的，他说照原样做一条。他妻子把新裤子做好后，照原样剪了一个洞。丈夫哭笑不得地责问妻子，妻子说，我这是按你的话"照原样"这样做的。在此例中丈夫说的"照原样"是指照原来的大小尺寸，并非"照原来的洞"来做，他妻子在理解上混淆了概念。

又如古希腊哲学家欧布里德对他的同事说："凡你所没有丧失的，就是你有的，你没有丧失角，所以你有角。"这是古希腊一个著名的诡辩。欧布里德故意偷换概念进行诡辩，他说的"没有丧失的东西"应指的是"原来具有，现在还没有失掉的东西"，而不应指"从来没有的东西"。"角"对于人类来说就是"从来没有的东西"，所以，根本就谈不上丧失与否的问题。当有人说欧布里德说谎时，他狡辩说："谁说谎，谁就是说不存在的东西；不存在的东西是无法说的，因此没有人说谎。"这里，他又偷换了概念，其前后两个"不存在的东西"是不同的概念：他说"谁说谎，谁就是说不存在的东西"时，这里所谓"不存在的东西"是指说谎者所说的话不符合事实，即所说的同实际存在的东西是不相符合的；而当他讲"不存在的东西是无法说的"时，则是指那种在世界上根本不存在的东西。

以下则是"偷换论题"的一个著名案例：

英国博物学家、进化论者赫胥黎在达尔文发表《物种起源》后，大力宣传进化论学说，并讨论了人类起源的问题，但遭到当时教会的反对。一次在辩论"人类是否由猿猴进化而来"时，大主教威尔勃福斯对赫胥黎进行人身攻击："请问，

---

① 《金岳霖全集》第 3 卷（上），人民出版社 2013 年版，第 456 页。

是你的祖父还是祖母是由猴子变来的？"

在这里，达尔文的论题"人类是由猿猴进化而来的"被偷换成了"人是由猿猴进化而来的"，这是典型的违反同一规范的诡辩。

人工表意语言的使用，避免了自然语言的歧义性、隐喻性和可增生性，因而能更好地满足同一规范的要求。现代逻辑研究所使用的形式系统方法，针对命题的纯形式结构进行讨论和操作，在基本的语义定义中又明确规定了符号的单义性，能够最大限度地避免违反同一规范的逻辑错误。

需要强调指出的是，同一律所决定的规范性要求，与辩证法所揭示的认识的变化发展本性并不冲突，其所维护的思想确定性是变化发展中的相对确定性。金岳霖曾就此做了如下阐释："认识是要深入的。概念也是跟着认识的深入而发展的。古代的'原子'概念包括'不可分'的组成部分，而现在'原子'概念包括'可分'的组成部分了。这是认识深入的发展。这个发展的时期很长，而在这一很长的发展时期中，就有'原子'概念发展史。在这个发展史中，原来的'原子'概念必须是那个'原子'概念，现在的'原子'概念必须是现在的'原子'概念，不然的话，'原子概念发展史'这一概念就不能确定，因而也就不能反映那个发展过程了。思维认识的确定性是有相应的发展性的。没有这种相应的发展性，思维认识也是不能够确定的。"①

本 章 小 结

逻辑思维的基本规律是所有逻辑系统所赖以建构的最基本的指导法则，由它们决定的规范性要求是最基本的逻辑思维规范。逻辑思维的基本规律即矛盾律、排中律和同一律，均有本体化表述与语义表述的不同层面，在清晰把握其基本含义的基础上，重在把握由它们所决定的规范性要求与违反这些要求的逻辑错误。

由矛盾律所决定的规范性要求为：不能直接或间接地断定同一对象既具有某属性，同时又不具有该属性；不能直接或间接地断定同一组对象既具有某关系，同时又不具有该关系；不能直接或间接地断定同一命题既是真的，同时又不是真的。违反这些要求的逻辑错误统称"逻辑矛盾"。

由排中律所决定的规范性要求为：不能直接或间接地既否认对象具有某属性，同时又否认对象不具有该属性；不能直接或间接地既否认某组对象具有某关系，同时又否认该组对象不具有该关系；不能直接或间接地既否认某命题是真的，同

① 《金岳霖全集》第4卷（下），人民出版社2013年版，第551—552页。

时又否认该命题不是真的。违反这些要求的逻辑错误统称"两不可"。

由同一律所决定的规范性要求为：不能直接或间接地把不同对象或对象的不同属性（含关系）当作同一对象、同一属性来把握；不能直接或间接地把不同概念当作同一概念来使用；不能直接或间接地把不同命题当作同一命题来使用。违反这些要求的逻辑错误统称"混淆概念"或"转移论题"。

思考题：

1. 什么是矛盾律？由矛盾律所决定的规范性要求有哪些？违反这些要求的逻辑错误是什么？

2. 什么是排中律？由排中律所决定的规范性要求有哪些？违反这些要求的逻辑错误是什么？

3. 什么是同一律？由同一律所决定的规范性要求有哪些？违反这些要求的逻辑错误是什么？

4. 矛盾律、排中律和同一律的联系与区别是什么？

练习题：

1. 分析下列议论是否违反逻辑思维的基本规律的要求？如有，指出它违反了哪条规律所决定的思维规范，犯了什么逻辑错误。

（1）很多人主张写文章应当讲究语言形式。我的看法则与之不同。我认为应当提倡内容与形式的统一，而必须改正和反对这种形式主义的倾向。

（2）甲：今年你们厂的产值是多少？

乙：今年原材料提了很多价，不亏本就算好了。

（3）这个公司今年做了差不多一百万元以上的生意。

（4）万里长城是我国古代劳动人民智慧的结晶，也是我国的天然屏障。

（5）甲说这个寓言是讽刺蜗牛的，我看这是不对的；乙说这个寓言是讽刺蚂蚁的，我也不同意这种说法。

2. 请运用逻辑思维的基本规律的知识，回答下列问题。

（1）某大学图书馆遗失一本《世界名画欣赏》，当问到四位借阅者时，他们分别回答如下：

甲：我没拿。

乙：是甲拿了。

丙：甲没拿。

丁：是乙拿了。

已知其中只有一人说了真话，请分析是谁拿了。

（2）相传古希腊有个国王，他要处死一批囚犯。他规定，允许每个囚犯说一句话。如果说的是真话，就处绞刑，如果说的是假话，就处砍头。问：囚犯说了一句什么话，使国王无法执行他的规定。

（3）某珠宝店被盗，甲、乙、丙、丁四人涉嫌被拘审。四人口供如下：

甲：案犯是丙。

乙：丁是罪犯。

丙：如果我作案，那么丁是主犯。

丁：作案的不是我。

四个人的口供中只有一个是假的。如果以上断定为真，则以下哪项是真的？

A. 说假话的是甲，作案的是乙。

B. 说假话的是丁，作案的是丙和丁。

C. 说假话的是乙，作案的是丙。

D. 说假话的是丙，作案的是丙。

E. 说假话的是甲，作案的是甲。

（4）根据男婴出生率，甲和乙展开了如下辩论：

甲：人口统计发现一条规律：在新生婴儿中，男婴的出生率总是摆动于 22/43 这个数值，而不是 1/2。

乙：不对，许多资料表明，多数国家和地区，例如俄罗斯、日本、美国、德国以及我国的台湾地区都是女人比男人多。可见，你讲的男婴出生率的数据是不对的。

试分析甲、乙两人的对话，指出谁的论述中包含逻辑错误。

练习题参考答案

第一章练习题参考答案

1—8 略。

9. （1）根据所给的条件：三段论中一共有三个周延的项，且结论中的小项周延。如果小项在结论中是周延的，即结论为全称命题，那么小项在前提中也必须是周延的，否则便违反了三段论一般规则"在前提中不周延的词项，在结论中也不得周延"的要求。这样在这个三段论中便有两个周延的项。那么，剩下的一个周延的项不能是大项，只能是中项，因为中项必须至少周延一次。因此，大项在前提和结论中都是不周延的。这样，结论就可以推知为全称肯定命题。如果结论是肯定的，那么前提必定都是肯定的；如果结论是全称的，前提必定都是全称的。因此，前提也必定都是全称肯定命题。小前提中小项周延，则小前提为 SAM。中项在小前提中不周延，在大前提中一定周延，因此，大前提为 MAP，所以，这个三段论为第一格的 AAA 式。

（2）根据条件，这个三段论只有大前提中有一个周延的项。如果前提中只有一个周延的项，那么，这个项毫无疑问应当是中项，否则，便违反三段论一般规则"中项必须至少周延一次"的要求。由此可知大项、小项都是不周延的。大、小项在前提中不周延，在结论中也不得周延（三段论一般规则：在前提中不周延的项，在结论中也不得周延），由此可以断定结论为特称肯定命题（主谓项都不周延的命题有而且只有 SIP 符合要求）。又因为只有大前提中有一个周延的项，所以，小前提的主谓项也都是不周延的，即小前提是 SIM 或 MIS 命题。又因为结论是肯定的，那么，前提也必须都是肯定的，所以大前提是肯定命题。又因为中项在大前提中周延，中项一定处在大前提主项的位置，大前提必为全称肯定命题，即MAP。所以，这个三段论为第一格 AII 式或者第三格 AII 式。

10. （1）结论为全称命题，不外乎两种情况，SAP 命题和 SEP 命题。如果结论是 SAP 命题，那么，该三段论的前提必定都为肯定命题（根据三段论一般规则，若结论是肯定，则两个前提必定都是肯定的），如果结论为 SAP 命题，那么，该三段论的前提必定都为全称命题（三段论导出规则：前提中如果一个是特称的，那么结论必须特称），这样，该三段论的大、小前提和结论就都是 A 命题。因大、小前提都是 A 命题，故前提中有而且只能有两个周延的项，即 A 命题的主项周延。如果这两个周延的项都是中项，那么，大、小项在前提中就都是不周延的，而在结论中小项周延，违反了三段论一般规则"在前提中不周延的项，在结论中也不得周延"的要求，不能必然地推出结论。所以，一个有效的以全称肯定命题作为结论的三段论，其中项不能周延两次。

如果该三段论的结论为 SEP 命题，那么，结论中的大、小项就都是周延的（全称命题的主项周延，否定命题的谓项周延），根据三段论一般规则"在前提中不周延的词项，在结论中也不得周延"的要求可知，大、小项在前提中必定是周延的。如果中项在前提中周延两次，那么，在前提中两个命题的主项、谓项就都是周延的，这样，前提中的两个命题就必须都是全称否定命题，其他命题不能满足主谓项都周延的要求。而如果前提中两个命题都是否定的，那么，根据三段论一般规则"两个前提不能都是否定命题"的要求，就不能必然地推出结论。所以，一个有效的以全称否定命题作为结论的三段论，其中项不能周延两次。

所以，一个结论是全称命题的正确三段论，其中项不能周延两次。

（2）已知某有效三段论大前提为 O 命题，其小前提不外乎四种情况：A 命题、E 命题、I 命题、O 命题。当小前提为 E 命题时，那么，大、小两个前提就都是否定的，根据三段论一般规则"两个前提不能都是否定命题"的要求，不能必然地推出结论。当小前提为 I 命题时，那么，大、小两个前提就都是特称的，根据三段论导出规则"两个特称的前提不能得出结论"的要求，不能必然地推出结论。当小前提为 O 命题时，那么，大、小两个前提就都是否定的、特称的，因此，不能必然地推出结论。当小前提为 A 命题时，根据三段论规则，前提中有一个是特称的，结论必定是特称的，前提中有一个是否定的，结论必定是否定的，所以，该三段论的结论为 SOP 命题。根据直言命题主谓项周延性断定情况，可知主项 S 不周延，谓项 P 周延，那么，谓项 P 在前提中也必须是周延的，否则便违反"在前提中不周延的词项在结论中不得周延"的规则要求。而大前提是 O 命题，主项不周延，谓项周延，所以，O 命题的主项不能为大项 P，只能是中项 M，O 命题的谓项则必定是大项 P，即大前提为 MOP。中项 M 在大前提中是不周延的，根据中项必须周延一次的规则，它在小前提中必须周延，而小前提是 A 命题，只有主项是周延的，因此，中项必定处于 A 命题主项的位置，小项处于 A 命题谓项的位置，即 MAS。所以，这个三段论形式为第三格 OAO 式。

11. 略。

第二章练习题参考答案

1. （1）﹁p∧q，主联结词是"而且"。（2）p∨（q∧r），主联结词是"或者"。（3）p→q，主联结词是"如果……那么……"。（4）q→p，主联结词是"只有……才……"。(5)p↔q，主联结词是"当且仅当"。命题的真值表略。

2.（1）逻辑等值；（2）逻辑不等值；（3）逻辑不等值；（4）逻辑等值。

3.（1）（2）不是重言式；（3）（4）（5）是重言式。

4.（2）（3）

5. 用 p、q、r、s、t 分别表示"a 是凶手""b 是凶手""c 是凶手""d 是凶手"和"e 是凶手"。那么推理形式写成：

$$p \lor s, \ s \to t, \ q \to r, \ \neg q \to \neg p, \ \neg r \vdash s \land t$$

该推理是有效的，利用简化真值表方法判断该推理的有效性（略）。

第三章练习题参考答案

1. 证明：

(1) $A \leftrightarrow (A \to B), A \vdash B$

[1]	$A \leftrightarrow (A \to B)$	pre
[2]	A	pre
[3]	$A \to B$	$\leftrightarrow$E：[1][2]
[4]	B	$\to$E：[2][3]

(2) $(A \to B) \land (C \to D), A \vdash B \lor C$

[1]	$(A \to B) \land (C \to D)$	pre
[2]	A	pre
[3]	$A \to B$	$\land$E：[1]
[4]	B	$\to$E：[2][3]
[5]	$B \lor C$	$\lor$I：[4]

(3) $((A \lor B) \to C) \land A \vdash (B \lor A) \land (B \lor C)$

[1]	$((A \lor B) \to C) \land A$	pre
[2]	A	$\land$E：[1]
[3]	$A \lor B$	$\lor$I：[2]
[4]	$(A \lor B) \to C$	$\land$E：[1]
[5]	C	$\to$E：[3][4]
[6]	$B \lor C$	$\lor$I：[5]
[7]	$B \lor A$	$\lor$I：[2]
[8]	$(B \lor A) \land (B \lor C)$	$\land$I：[6][7]

(4) $(C \to B) \land B, B \to A \vdash A \lor (B \land C)$

[1]　（C→B）∧B　　　　　　　　　pre

[2]　B→A　　　　　　　　　　　pre

[3]　B　　　　　　　　　　　　∧E：[1]

[4]　A　　　　　　　　　　　　→E：[2][3]

[5]　A∨（B∧C）　　　　　　　　∨I：[4]

（5）（A↔（B∧C））∧（B→C），B⊢A∧C

　　[1]　（A↔（B∧C））∧（B→C）　　pre

　　[2]　B　　　　　　　　　　　　pre

　　[3]　B→C　　　　　　　　　　∧E：[1]

　　[4]　C　　　　　　　　　　　　→E：[2][3]

　　[5]　B　　　　　　　　　　　　reit：[2]

　　[6]　B∧C　　　　　　　　　　∧I：[4][5]

　　[7]　A↔（B∧C）　　　　　　　∧E：[1]

　　[8]　A　　　　　　　　　　　　↔E：[6][7]

　　[9]　C　　　　　　　　　　　　reit：[4]

　　[10]　A∧C　　　　　　　　　　∧I：[8][9]

（6）C→（C→（A→B）），（A→C）∧（B→（B→A）），A⊢（A→B）∧（B→A）

　　[1]　C→（C→（A→B））　　　　pre

　　[2]　（A→C）∧（B→（B→A））　pre

　　[3]　A　　　　　　　　　　　　pre

　　[4]　A→C　　　　　　　　　　∧E：[2]

　　[5]　C　　　　　　　　　　　　→E：[3][4]

　　[6]　C→（A→B）　　　　　　　→E：[1][5]

　　[7]　A→B　　　　　　　　　　→E：[5][6]

　　[8]　A　　　　　　　　　　　　reit：[3]

　　[9]　B　　　　　　　　　　　　→E：[7][8]

　　[10]　B→（B→A）　　　　　　　∧E：[2]

　　[11]　B→A　　　　　　　　　　→E：[9][10]

　　[12]　A→B　　　　　　　　　　reit：[7]

　　[13]　（A→B）∧（B→A）　　　　∧I：[11][12]

（7）A↔（A→B），（B∨C）↔（C↔（A∧B）），（A→B）⊢C

　　[1]　A↔（A→B）　　　　　　　pre

　　[2]　（B∨C）↔（C↔（A∧B））　pre

　　[3]　A→B　　　　　　　　　　pre

[4]	A	↔E:[1][3]
[5]	B	→E:[3][4]
[6]	B∨C	∨I:[5]
[7]	(B∨C)↔(C↔(A∧B))	reit:[2]
[8]	C↔(A∧B)	→E:[6][7]
[9]	A	reit:[4]
[10]	B	reit:[5]
[11]	A∧B	∧I:[9][10]
[12]	C↔(A∧B)	reit:[8]
[13]	C	↔E:[11][12]

(8) (A∨B)→C, C→¬D, A∧D⊢B

[1]	(A∨B)→C	pre
[2]	C→¬D	pre
[3]	A∧D	pre
[4]	A	∧E:[3]
[5]	A∨B	∨I:[4]
[6]	(A∨B)→C	reit:[1]
[7]	C	→E:[5][6]
[8]	C→¬D	reit:[2]
[9]	¬D	→E:[7][8]
[10]	¬B	hyp
[11]	¬D	reit:[9]
[12]	D	∧E:[3]
[13]	B	¬E:[10]-[12]

2. 证明：

(1) ⊢A→ (B→A)

根据演绎定理，只要证明 A⊢ B→A

[1]	A	pre
[2]	B	hyp
[3]	A	reit:[1]
[4]	B→A	→I:[2]-[3]

(2) ⊢A→A

根据演绎定理，只要证明 A⊢A

[1]	A	pre

| [2] | A | | reit：[1] |

(3) A→(B→C)├B→(A→C)

[1]	A→(B→C)		pre
[2]		B	hyp
[3]		A	hyp
[4]		A→(B→C)	reit：[1]
[5]		B→C	→E：[3][4]
[6]		B	reit：[2]
[7]		C	→E：[5][6]
[8]		A→C	→I：[3]-[7]
[9]	B→(A→C)		→I：[2]-[8]

(4) ├ (A∨B) → ((B→C) → (¬A→C))

根据演绎定理，只要证明 A∨B├(B→C) → (¬A→C)

[1]	A∨B	pre
[2]	B→C	hyp
[3]	¬A	hyp
[4]	A∨B	reit：[1]
[5]	A	hyp
[6]	¬B	hyp
[7]	¬A	reit：[3]
[8]	A	reit：[5]
[9]	B	¬E：[6]-[8]
[10]	B	hyp
[11]	B	reit：[10]
[12]	B	∨E：[4]-[11]
[13]	B→C	reit：[2]
[14]	C	→E：[12][13]
[15]	¬A→C	→I：[3]-[14]
[16]	(B→C)→(¬A→C)	→I：[2]-[15]

(5)├(A→B)↔(A→(A→B))

根据演绎定理，只要证明 A→B┤├A→(A→B)

首先证明 A→B├A→(A→B),如下：

| [1] | A→B | pre |
| [2] | A | hyp |

[3]	A	reit：[2]
[4]	A→B	reit：[1]
[5]	B	→E：[3][4]
[6]	A→B	→I：[3]-[5]
[7]	A→(A→B)	→I：[2]-[6]

再证明 A→(A→B)⊢A→B,如下：

[1]	A→(A→B)	pre
[2]	A	hyp
[3]	A→B	→E：[1][2]
[4]	B	→E：[2][3]
[5]	A→B	→I：[2]-[4]

（6）A↔B⊢(A↔C)↔(B↔C)

[1]	A↔B	pre
[2]	A↔C	hyp
[3]	C	hyp
[4]	A	↔E：[2][3]
[5]	A↔B	reit：[1]
[6]	B	↔E：[4][5]
[7]	B	hyp
[8]	A↔B	reit：[1]
[9]	A	↔E：[7][8]
[10]	A↔C	reit：[2]
[11]	C	↔E：[9][10]
[12]	B↔C	↔I：[3]-[11]
[13]	B↔C	hyp
[14]	C	hyp
[15]	B	↔E：[13][14]
[16]	A↔B	reit：[1]
[17]	A	↔E：[15][16]
[18]	A	hyp
[19]	A↔B	reit：[1]
[20]	B	↔E：[18][19]
[21]	B↔C	reit：[13]
[22]	C	↔E：[20][21]

| [23] | A↔C | ↔I:[14]–[22] |
| [24] | (A↔C)↔(B↔C) | ↔I:[2]–[23] |

(7) ⊢(A→(B→C))↔(B→(A→C))

只要证明 A→(B→C)⊣⊢B→(A→C)。A→(B→C)⊢B→(A→C)已在2(3)中证得。再证明 B→(A→C)⊢A→(B→C) 如下：

[1]	B→(A→C)	pre
[2]	A	hyp
[3]	B	hyp
[4]	B→(A→C)	reit:[1]
[5]	A→C	→E:[3][4]
[6]	A	reit:[2]
[7]	C	→E:[5][6]
[8]	B→C	→I:[3]–[7]
[9]	A→(B→C)	→I:[2]–[8]

(8) ⊢((A∧B)→C)↔(A→(B→C))

只要证明(A∧B)→C⊣⊢A→(B→C)

首先证明(A∧B)→C⊢A→(B→C)如下：

[1]	(A∧B)→C	pre
[2]	A	hyp
[3]	B	hyp
[4]	A∧B	∧I:[8][9]
[5]	(A∧B)→C	reit:[1]
[6]	C	→E:[4][5]
[7]	B→C	→I:[3]–[6]
[8]	A→(B→C)	→I:[2]–[7]

再证明 A→(B→C)⊢(A∧B)→C 如下：

[1]	A→(B→C)	pre
[2]	A∧B	hyp
[3]	A	∧E:[2]
[4]	A→(B→C)	reit:[1]
[5]	B→C	→E:[3][4]
[6]	B	∧E:[2]
[7]	C	→E:[5][6]
[8]	(A∧B)→C	→I:[2]–[7]

3. 证明：

(1) ⊢(A∨B)↔(B∨A)

只要证明 A∨B⊣⊢B∨A

先证明 A∨B⊢B∨A 如下：

[1]	A∨B	pre
[2]	A	hyp
[3]	B∨A	∨I:[2]
[4]	B	hyp
[5]	B∨A	∨I:[4]
[6]	B∨A	∨E:[1]-[5]

再证明 B∨A⊢A∨B 如下：

[1]	B∨A	pre
[2]	A	hyp
[3]	A∨B	∨I:[2]
[4]	B	hyp
[5]	A∨B	∨I:[4]
[6]	A∨B	∨E:[1]-[5]

(2) ⊢(A∨(B∧C))↔((A∨B)∧(A∨C))

只要证明 A∨(B∧C)⊣⊢(A∨B)∧(A∨C)。

先证明 A∨(B∧C)⊢(A∨B)∧(A∨C) 如下：

[1]	A∨(B∧C)	pre
[2]	A	hyp
[3]	A∨B	∨I:[2]
[4]	A∨C	∨I:[2]
[5]	(A∨B)∧(A∨C)	∧I:[3][4]
[6]	B∧C	hyp
[7]	B	∧E:[6]
[8]	A∨B	∨I:[7]
[9]	C	∧E:[6]
[10]	A∨C	∨I:[9]
[11]	(A∨B)∧(A∨C)	∧I:[8][10]
[12]	(A∨B)∧(A∨C)	∨E:[1]-[11]

再证明(A∨B)∧(A∨C)⊢A∨(B∧C) 如下：

[1]	(A∨B)∧(A∨C)	pre

[2]	A∨B				∧E:[1]
[3]	A∨C				∧E:[1]
[4]		A			hyp
[5]		A∨(B∧C)			∨I:[4]
[6]		B			hyp
[7]		A∨C			reit:[3]
[8]			A		hyp
[9]			A∨(B∧C)		∨I:[8]
[10]			C		hyp
[11]			B		reit:[6]
[12]			B∧C		∧I:[10][11]
[13]			A∨(B∧C)		∨I:[12]
[14]		A∨(B∧C)			∨E:[7]–[13]
[15]	A∨(B∧C)				∨E:[2]–[14]

(3) ⊢((A→C)∧(B→C))↔((B∨A)→C)

只要证明(A→C)∧(B→C)⊣⊢(B∨A)→C。

先证明(A→C)∧(B→C)⊢(B∨A)→C 如下:

[1]	(A→C)∧(B→C)			pre
[2]		B∨A		hyp
[3]			B	hyp
[4]			B→C	∧E:[1]
[5]			C	→E:[3][4]
[6]			A	hyp
[7]			A→C	∧E:[1]
[8]			C	→E:[6][7]
[9]		C		∨E:[2]–[8]
[10]	(B∨A)→C			→I:[2]–[9]

再证明(B∨A)→C⊢(A→C)∧(B→C)如下:

[1]	(B∨A)→C		pre
[2]		A	hyp
[3]		B∨A	∨I:[2]
[4]		(B∨A)→C	reit:[1]
[5]		C	→E:[3][4]
[6]	A→C		→I:[2]–[5]

[7]	B	hyp
[8]	B∨A	∨I：[7]
[9]	(B∨A)→C	reit：[1]
[10]	C	→E：[8][9]
[11]	B→C	→I：[7]-[10]
[12]	(A→C)∧(B→C)	∧I：[6][11]

(4) ((A∨B)→C)→A├(A→C)→((B→C)→A)

[1]	((A∨B)→C)→A	pre
[2]	A→C	hyp
[3]	B→C	hyp
[4]	A∨B	hyp
[5]	A	hyp
[6]	A→C	reit：[2]
[7]	C	→E：[5][6]
[8]	B	hyp
[9]	B→C	reit：[3]
[10]	C	→E：[8][9]
[11]	C	∨E：[5]-[10]
[12]	A∨B→C	→I：[4]-[11]
[13]	((A∨B)→C)→A	reit：[1]
[14]	A	→E：[12][13]
[15]	(B∨C)→A	→I：[3]-[14]
[16]	(A→C)→((B→C)→A)	→I：[2]-[15]

4. 证明：

(1) ├(A→¬A)↔¬A

只要证明 A→¬A┤├¬A。

先证明 A→¬A├¬A 如下：

[1]	A→¬A	pre
[2]	A	hyp
[3]	A→¬A	reit：[1]
[4]	¬A	→E：[2][3]
[5]	A	reit：[2]
[6]	¬A	¬I：[2]-[5]

再证明 ¬A├A→¬A 如下：

[1]   ¬A   pre
[2]   A   hyp
[3]   ¬A   reit：[1]
[4]   A→¬A   →I：[2][3]

(2) ¬A→B⊢(¬A→¬B)→A

[1]   ¬A→B   pre
[2]   ¬A→¬B   hyp
[3]   ¬A   hyp
[4]   ¬A→¬B   reit：[2]
[5]   ¬B   →E：[3][4]
[6]   ¬A   reit：[3]
[7]   ¬A→B   reit：[1]
[8]   B   →E：[6][7]
[9]   ¬B   reit：[5]
[10]   A   ¬E：[3]-[9]
[11]   (¬A→¬B)→A   →I：[2]-[10]

5. 证明：

(1) A→(B∧C)，(C∨D)→E，A⊢(E∨F)

[1]   (C∨D)→E   pre
[2]   A→(B∧C)   pre
[3]   A   pre
[4]   B∧C   →E：[2][3]
[5]   C   ∧E：[4]
[6]   C∨D   ∨I：[5]
[7]   (C∨D)→E   reit：[1]
[8]   E   →E：[6][7]
[9]   E∨F   ∨I：[8]

(2) A→B，B→C，(A→C)→E⊢E

[1]   A→B   pre
[2]   B→C   pre
[3]   (A→C)→E   pre
[4]   A   hyp
[5]   A→B   reit：[1]
[6]   B   →E：[4][5]

[7]	B→C	reit:[2]
[8]	C	→E:[6][7]
[9]	A→C	→I:[4]-[8]
[10]	(A→C)→E	reit:[3]
[11]	E	→E:[9][10]

(3) A→B, (B→(C→¬¬C))→D⊢A→D

[1]	A→B	pre
[2]	(B→(C→¬¬C))→D	pre
[3]	A	hyp
[4]	B	hyp
[5]	C	hyp
[6]	¬¬C	例7:[5]
[7]	C→¬¬C	→I:[5]-[6]
[8]	B→(C→¬¬C)	→I:[4]-[7]
[9]	(B→(C→¬¬C))→D	reit:[2]
[10]	D	→E:[8][9]
[11]	A→D	→I:[3]-[10]

(4) A→(B∧C), B→((D→(D∨E))→F)⊢A→F

[1]	A→(B∧C)	pre
[2]	B→((D→(D∨E))→F)	pre
[3]	A	hyp
[4]	A→(B∧C)	reit:[1]
[5]	B∧C	→E:[3][4]
[6]	B	∧E:[5]
[7]	B→((D→(D∨E))→F)	reit:[2]
[8]	(D→(D∨E))→F	→E:[6][7]
[9]	D	hyp
[10]	D∨E	∨I:[5]
[11]	D→(D∨E)	→I:[9]-[10]
[12]	(D→(D∨E))→F	reit:[8]
[13]	F	→E:[11][12]
[14]	A→F	→I:[3]-[13]

(5) (A∨B)→(C∧D), C→((F∨¬F)→G)⊢¬A∨G

[1]	(A∨B)→(C∧D)	pre

[2]	C→((F∨¬F)→G)	pre
[3]	¬(¬A∨G)	hyp
[4]	¬A	hyp
[5]	¬A∨G	∨I:[4]
[6]	¬(¬A∨G)	reit:[3]
[7]	A	¬E:[4]-[6]
[8]	A∨B	∨I:[7]
[9]	(A∨B)→(C∧D)	reit:[1]
[10]	C∧D	→E:[9][10]
[11]	C	∧E:[10]
[12]	C→((F∨¬F)→G)	reit:[2]
[13]	((F∨¬F)→G)	→E:[11][12]
[14]	¬(F∨¬F)	hyp
[15]	F	hyp
[16]	F∨¬F	∨I:[15]
[17]	¬(F∨¬F)	reit:[14]
[18]	¬F	¬I:[15]-[17]
[19]	¬F	hyp
[20]	F∨¬F	∨I:[19]
[21]	¬(F∨¬F)	reit:[14]
[22]	F	¬E:[19]-[21]
[23]	¬F	reit:[18]
[24]	F∨¬F	¬E:[14]-[23]
[25]	((F∨¬F)→G)	reit:[13]
[26]	G	→E:[24][25]
[27]	G	hyp
[28]	¬A∨G	∨I:[4]
[29]	¬(¬A∨G)	reit:[3]
[30]	¬G	¬I:[27]-[29]
[31]	G	reit:[26]
[32]	¬A∨G	¬E:[3]-[31]

(6) C∧(C→A), ¬A⊢D∨B

[1]	C∧(C→A)	pre
[2]	¬A	pre

[3]		C	hyp
[4]		C→A	∧E:[1]
[5]		A	→E:[3][4]
[6]		﹁A	reit:[2]
[7]	﹁C		﹁I:[3]–[6]
[8]		﹁D	hyp
[9]		﹁C	reit:[7]
[10]		C	∧E:[1]
[11]	D		﹁E:[8]–[10]
[12]	D∨B		∨I:[11]

(7) (A∧B)∧﹁C, D→C⊢A∧﹁D

[1]	(A∧B)∧﹁C		pre
[2]	D→C		pre
[3]		D	hyp
[4]		D→C	reit:[2]
[5]		C	→E:[3][4]
[6]		﹁C	∧E:[1]
[7]	﹁D		﹁I:[3]–[6]
[8]	A∧B		∧E:[1]
[9]	A		∧E:[8]
[10]	﹁D		reit:[7]
[11]	A∧﹁D		∧I:[9][10]

(8) (A∨B)→(C∨D), (C∨E)→F, G∧﹁D, G→A⊢F∨H

[1]	(A∨B)→(C∨D)		pre
[2]	(C∨E)→F		pre
[3]	G∧﹁D		pre
[4]	G→A		pre
[5]	G		∧E:[3]
[6]	A		→E:[4][5]
[7]	A∨B		∨I:[6]
[8]	(A∨B)→(C∨D)		reit:[1]
[9]	C∨D		→E:[7][8]
[10]		C	hyp
[11]		C	reit:[10]

［12］	D	hyp
［13］	¬C	hyp
［14］	D	reit:［12］
［15］	¬D	∧E:［3］
［16］	C	¬E:［13］－［15］
［17］ C		∨E:［9］－［16］
［18］ C∨E		∨I:［17］
［19］ (C∨E)→F		reit:［2］
［20］ F		→E:［18］［19］
［21］ F∨H		∨I:［20］

第四章练习题参考答案

1. 令 a：中国共产党　b：人民当家作主　c：全面依法治国

f（x）：x 的领导　M（x，y）：x 是 y 的根本保证

则 M（f（a），b）∧M（f（a），c）表示命题"党的领导是人民当家作主和依法治国的根本保证"。

2.（1）所有聪明的学生都是勤奋的。符号化过程如下：

∀x(x 是聪明的学生→x 都是勤奋的)

∀x(x 是学生并且 x 是聪明的→x 都是勤奋的)

∀x(S(x)∧P(x)→Q(x))

（2）只有四年级的学生及格了。符号化过程如下：

∀x(x 是及格的→x 是四年级的学生)

∀x(x 是及格的→x 是学生并且 x 是四年级的)

∀x(G(x)→S(x)∧J(x))

（3）所有三年级的学生都尊敬四年级的学生。符号化过程如下：

∀x(x 是三年级的学生→x 都尊敬四年级的学生)

∀x(x 是学生并且是三年级的→∀(y)(y 是四年级的学生→Z(x,y)))

∀x(S(x)∧H(x)→∀(y)(S(y)∧J(y)→Z(x,y)))

（4）有些聪明的三年级学生不尊敬有些四年级的学生。符号化过程如下：

∃x(x 是聪明的三年级学生∧x 不尊敬有些四年级的学生)

∃x(x 是学生并且是聪明的并且是三年级的∧x 不尊敬有些(学生并且是四年级))

∃x((S(x)∧P(x)∧H(x))∧ ∃y(S(y)∧J(y)∧¬Z(x,y)))

（5）只要所有四年级的学生是勤奋的,三年级的学生都会尊敬任何四年级的学生。符号化过程如下:

∀x(x 是学生并且 x 是四年级的并且 x 是勤奋的→三年级的学生都会尊敬 x)

$\forall x(S(x) \wedge J(x) \wedge Q(x) \rightarrow \forall y(S(y) \wedge H(y) \rightarrow Z(y,x)))$

3.（1）$\exists y R(x,y)$

满足情况:

模型:论域:所有自然数　$R(x,y)$:y 大于等于 x

赋值:x＝0

不满足情况:

模型:论域:所有正整数　$R(x,y)$:y 小于 x

赋值:x＝1

（2）$\forall x \exists y R(x,y)$

满足情况:

模型:论域:所有实数　$R(x,y)$:x 小于 y

不满足情况:

模型:论域:所有自然数　$R(x,y)$:x 大于 y

（3）$\forall(x)(P(x) \vee Q(x)) \rightarrow (\forall x P(x) \vee \forall x Q(x))$

满足情况:

模型:论域:{4,6}　$P(x)$:x 是合数　$Q(x)$:x 是偶数

不满足情况:

模型:论域:所有自然数　$P(x)$:x 是奇数　$Q(x)$:x 是偶数

4.（1）$\forall x(S(x) \rightarrow (Q(x) \wedge P(x))) \rightarrow \exists x(\neg P(x) \rightarrow \neg S(x))$

证明:令 σ 为任意模型 $\mathfrak{A} = (A, I)$ 上的任意赋值。假设（1）$\sigma \vDash \forall x(S(x) \rightarrow (Q(x) \wedge P(x)))$。假设（2）$\sigma \vDash \neg \exists x(\neg P(x) \rightarrow \neg S(x))$。由（1）和定义得,对于任意 $a \in A$ 使得 $\sigma(a/x) \vDash S(x) \rightarrow (Q(x) \wedge P(x))$。所以 $\sigma(a/x) \nvDash S(x)$ 或 $\sigma(a/x) \vDash Q(x) \wedge P(x)$。由（2）和定义得,$\sigma \nvDash \exists x(\neg P(x) \rightarrow \neg S(x))$,再由定义得,不存在 $b \in A$ 使得 $\sigma(b/x) \vDash \neg P(x) \rightarrow \neg S(x)$;任意 $a \in A$ 使得 $\sigma(a/x) \vDash \neg(\neg P(x) \rightarrow \neg S(x))$。所以 $\sigma(a/x) \nvDash P(x)$ 且 $\sigma(a/x) \vDash S(x)$,矛盾。从而 $\sigma \vDash \exists x(\neg P(x) \rightarrow \neg S(x))$。因而 $\sigma \vDash \forall x(S(x) \rightarrow (Q(x) \wedge P(x))) \rightarrow \exists x(\neg P(x) \rightarrow \neg S(x))$。

（2）$\forall x(P(x) \rightarrow Q(a)) \rightarrow (\exists x P(x) \rightarrow Q(a))$

证明:令 σ 为任意模型 $\mathfrak{A} = (A, I)$ 上的任意赋值。假设（1）$\sigma \vDash \forall x(P(x) \rightarrow Q(a))$ 且（2）$\sigma \vDash \exists x P(x)$。由（2）和定义得,存在 $b \in A$ 使得 $\sigma(b/x) \vDash P(x)$。由（1）和定义得,$\sigma(b/x) \vDash (P(x) \rightarrow Q(a))$。所以 $\sigma(b/x) \vDash Q(a)$。所以 $\sigma \vDash \exists x P(x) \rightarrow Q(a)$。因而 $\sigma \vDash \forall x(P(x) \rightarrow Q(a)) \rightarrow (\exists x P(x) \rightarrow Q(a))$。

（3）$\forall x(\forall y(A\to\exists zB)\to\neg\exists y(A\wedge\forall z\neg B))$

证明：令 σ 为任意模型 $\mathfrak{A}=(D,I)$ 上的任意赋值。

假设 $\sigma\nVdash\forall x(\forall y(A\to\exists zB)\to\neg\exists y(A\wedge\forall z\neg B))$。由定义和假设得，存在 $a\in D$ 使得 $\sigma(a/x)\Vdash\neg(\forall y(A\to\exists zB)\to\neg\exists y(A\wedge\forall z\neg B))$。所以（1）$\sigma(a/x)\Vdash\forall y(A\to\exists zB)$ 且（2）$\sigma(a/x)\Vdash\neg\neg\exists y(A\wedge\forall z\neg B)$。由（2）和定义得，存在 $b\in D$ 使得 $\sigma(a/x)(b/y)\Vdash A\wedge\forall z\neg B$。所以 $\sigma(a/x)(b/x)\Vdash A$ 且 $\sigma(a/x)(b/x)\Vdash\forall z\neg B$。由（1）和定义得，对于任意 $b\in D$ 使得 $\sigma(a/x)(b/y)\Vdash A\to\exists zB$。所以 $\sigma(a/x)(b/y)\nVdash A$ 或者 $\sigma(a/x)(b/y)\Vdash\exists zB$，矛盾。因此 $\sigma\Vdash\forall x(\forall y(A\to\exists zB)\to\neg\exists y(A\wedge\forall z\neg B))$。

（4）$\neg\forall x(A\to B)\leftrightarrow\exists x(A\wedge\neg B)$

证明：令 σ 为任意模型 $\mathfrak{A}=(D,I)$ 上的任意赋值。假设 $\sigma\Vdash\neg\forall x(A\to B)$。由定义和假设得，对于存在 $a\in D$ 使得 $\sigma(a/x)\Vdash\neg(A\to B)$。所以 $\sigma(a/x)\Vdash A$ 且 $\sigma(a/x)\Vdash\neg B$。所以 $\sigma(a/x)\Vdash A\wedge\neg B$。因而 $\sigma\Vdash\exists x(D\wedge\neg B)$。

假设 $\sigma\Vdash\exists x(A\wedge\neg B)$。由假设和定义得，存在 $b\in A$ 使得 $\sigma(b/x)\Vdash A\wedge\neg B$。所以并非对于任意 $a\in D$ 使得 $\sigma(a/x)\nVdash A\wedge\neg B$。所以并非对于任意 $a\in D$ 使得 $\sigma(a/x)\Vdash A\to B$。所以 $\sigma\Vdash\neg\forall x(A\to B)$。

因此，$\sigma\Vdash\neg\forall x(A\to B)\leftrightarrow\exists x(A\wedge\neg B)$。

（5）$\exists x(A\to B)\leftrightarrow(A\to\exists xB)$，其中 x 不在 A 中自由出现。

证明：令 σ 为任意模型 $\mathfrak{A}=(D,I)$ 上的任意赋值。假设 $\sigma\Vdash\exists x(A\to B)$ 和 $\sigma\Vdash A$。由假设和定义得，存在 $b\in D$ 使得 $\sigma(b/x)\Vdash A\to B$。由于 $\sigma\Vdash A$ 并且 x 不在 A 中自由出现。所以 $\sigma(b/x)\Vdash A$。所以 $\sigma(b/x)\Vdash B$。所以 $\sigma\Vdash A\to\exists xB$。

假设（1）$\sigma\Vdash A\to\exists xB$。假设（2）$\sigma\Vdash\neg\exists x(A\to B)$。由定义和（1）得，$\sigma\nVdash A$ 或 $\sigma\Vdash\exists xB$。由定义和（2）得，任意 $b\in D$ 使得 $\sigma(b/x)\Vdash\neg(A\to B)$。所以 $\sigma(b/x)\Vdash A$ 且 $\sigma(b/x)\Vdash\neg B$。由于 x 不在 A 中自由出现，所以 $\sigma\Vdash A$ 且 $\sigma\Vdash\neg\exists xB$，矛盾。从而 $\sigma\Vdash\exists x(A\to B)$。

因此，$\sigma\Vdash\exists x(A\to B)\leftrightarrow(A\to\exists xB)$。

5. （1）$\forall x(P(x)\to(\neg S(x)\to\neg Q(x)))$，$\exists x(P(x)\wedge Q(x))\Vdash\exists x(P(x)\wedge S(x))$

证明：令 σ 为任意模型 $\mathfrak{A}=(A,I)$ 上的任意赋值。假设（1）$\sigma\Vdash\forall x(P(x)\to(\neg S(x)\to\neg Q(x)))$ 且（2）$\sigma\Vdash\exists x(P(x)\wedge Q(x))$。由定义和（1）得，对于任意 $a\in A$ 使得 $\sigma(a/x)\Vdash P(x)\to(\neg S(x)\to\neg Q(x))$。由定义和（2）得，存在 $a\in A$ 使得 $\sigma(a/x)\Vdash P(x)\wedge Q(x)$。所以 $\sigma(a/x)\Vdash P(x)$ 且 $\sigma(a/x)\Vdash Q(x)$。所以 $\sigma(a/x)\Vdash\neg S(x)\to\neg Q(x)$。所以 $\sigma(a/x)\Vdash S(x)$ 或 $\sigma(a/x)\Vdash\neg Q(x)$。所以 $\sigma(a/x)\Vdash P(x)$ 且 $\sigma(a/x)\Vdash S(x)$。所以 $\sigma(a/x)\Vdash P(x)\wedge S(x)$。又因为是对于存在一个 a，所以 $\sigma\Vdash\exists x(P(x)\wedge S(x))$。因此，$\forall x(P(x)\to(\neg S(x)\to\neg Q(x)))$，$\exists x(P(x)\wedge Q(x))\Vdash\exists x(P(x)\wedge S(x))$。

（2）$\forall x(A\to B)$，$\exists xA\Vdash\exists xB$

证明:令 σ 为任意模型$\mathfrak{A}$ = （D，I）上的任意赋值。假设（1）$\sigma\vDash\forall x(A{\to}B)$ 和（2）$\sigma\vDash\exists xA$。由定义和（1）得，对于任意 $a\in D$ 使得 $\sigma(a/x)\vDash A{\to}B$。由定义和（2）得，存在 $a\in D$ 使得 $\sigma(a/x)\vDash A$。所以 $\sigma(a/x)\vDash B$。又因为对于存在一个 a，所以 $\sigma(a/x)$ $\vDash B$。因而 $\forall x(A{\to}B)$，$\exists xA\vDash\exists xB$。

（3）$\forall xR(x,x)\vDash\forall x\exists yR(x,y)$

证明:令 σ 为任意模型$\mathfrak{A}$=（A，I）上的任意赋值。假设 $\sigma\vDash\forall xR(x,x)$。假设$\sigma\vDash\neg\forall x$ $\exists yR(x,y)$。由定义和 $\sigma\vDash\forall xR(x,x)$ 得，对于任意 $a\in A$ 使得 $\sigma(a/x)\vDash R(x,x)$。由定义和$\sigma\vDash\neg\forall x\exists yR(x,y)$ 得，存在 $a\in A$ 使得 $\sigma(a/x)\vDash\neg\exists yR(x,y)$。所以任意 $a\in A$ 使得 $\sigma(a/x)(a/y)\vDash\neg R(x,y)$，矛盾。所以 $\sigma\vDash\forall x\exists yR(x,y)$。因而 $\forall xR(x,x)\vDash\forall x\exists yR(x,y)$。

（4）$\neg\exists x(A\wedge\neg B)$，$\exists xA\vDash\exists xB$

证明:令 σ 为任意模型$\mathfrak{A}$ = （D，I）上的任意赋值。假设（1）$\sigma\vDash\neg\exists x(A\wedge\neg B)$ 和（2）$\sigma\vDash\exists xA$。由定义和（1）得，任意 $a\in D$ 使得 $\sigma(a/x)\vDash\neg(A\wedge\neg B)$。所以 $\sigma(a/x)\nvDash A$ 或 $\sigma(a/x)\vDash B$。由定义和（2）得，存在 $a\in D$ 使得 $\sigma(a/x)\vDash A$。所以 $\sigma(a/x)\vDash B$。又因为对于存在一个 a，所以 $\sigma\vDash\exists xB$。因此，$\neg\exists x(A\wedge\neg B)$，$\exists xA\vDash\exists xB$。

（5）$\forall xA{\to}B\vDash\exists x(A{\to}B)$，其中 x 不在 B 中自由出现。

证明:令 σ 为任意模型$\mathfrak{A}$ = （D，I）上的任意赋值。假设 $\sigma\vDash\forall xA{\to}B$。假设 $\sigma\vDash\neg\exists x(A{\to}B)$。由 $\sigma\vDash\forall xA{\to}B$ 和定义得，$\sigma\nvDash\forall xA$ 或 $\sigma\vDash B$。由$\sigma\vDash\neg\exists x(A{\to}B)$ 和定义得，任意 $a\in D$ 使得 $\sigma(a/x)\vDash\neg(A{\to}B)$。所以存在 $b\in D$ 使得$\sigma(b/x)\vDash A{\to}B$。因为 x 不在 B 中自由出现，所以 $\sigma\vDash\forall xA$ 且 $\sigma\nvDash B$，矛盾。从而 $\sigma\vDash\exists x(A{\to}B)$。因而 $\forall xA{\to}B\vDash\exists x(A{\to}B)$。

第五章练习题参考答案

1.（1）$\forall x$（A${\to}$B）$\vdash\exists xA{\to}\exists xB$

令 b 为在 A 和 B 中均不出现的个体常项。

[1]	$\forall x(A{\to}B)$	pre
[2]	$\exists xA$	hyp
[3]	$A(b/x)$	hyp：[b^*]
[4]	$\forall x(A{\to}B)$	reit：[1]
[5]	$A(b/x){\to}B(b/x)$	$\forall$E：[4]
[6]	$B(b/x)$	${\to}$E：[3]，[5]
[7]	$\exists xB$	$\exists$I：[6]
[8]	$\exists xB$	$\exists$E：[1]–[7]

[9]   ∃xA→∃xB   →I：[2]-[8]

（2）∀x（A∨B）⊢∀xA∨∃xB

令 a 为在 A 和 B 中均不出现的个体常项。

[1]   ∀x(A∨B)   pre
[2]   ¬(∀xA∨∃xB)   hyp
[3]   ¬∀xA∧¬∃xB   德·摩根律：[2]
[4]   ∃x¬A∧∀x¬B   例20,例21：[3]
[5]   ∀x¬B   ∧E：[4]
[6]   ∃x¬A   ∧E：[4]
[7]   ¬A(a/x)   hyp：[a*]
[8]   ∀x¬B   reit：[5]
[9]   ¬B（a/x）   ∀E：[8]
[10]   ¬A(a/x)∧¬B（a/x）   ∧I：[7],[9]
[11]   ¬(A(a/x)∨B（a/x）)   德·摩根律：[10]
[12]   ∀x(A∨B)   reit：[1]
[13]   A(a/x)∨B(a/x)   ∀E：[12]
[14]   A(a/x)∨B(a/x)→C∧¬C

                                       第三章例9：[11]
[15]   C∧¬C   →E：[13]，[14]
[16]   C∧¬C   ∃E：[1]-[15]
[17]   C   ∧∃：[16]
[18]   ¬C   ∧∃：[16]
[19]   ∀xA∨∃xB   ¬E：[2]-[18]

（3）∀xA∧∃xB⊢∃x（A∧B）

令 b 为在 A 和 B 中均不出现的个体常项。

[1]   ∀xA∧∃xB   pre
[2]   ∀xA   ∧E：[1]
[3]   ∃xB   ∧E：[1]
[4]   B(b/x)   hyp：[b*]
[5]   ∀xA   reit：[1]
[6]   A(b/x)   ∀E：[5]
[7]   A(b/x)∧B(b/x)   ∧I：[4],[6]
[8]   ∃x(A∧B)   ∃I：[6]
[9]   ∃x(A∧B)   ∃E：[1]-[8]

2.（1）假设 x 在 A 中不是自由的，A∨∀xB⊣⊢∀x（A∨B）

令 a，b，c 为在 A 和 B 中均不出现的个体常项。

先证明 A∧∀xB⊢∀x(A∧B)。

[1]	A∧∀xB	pre
[2]	A	∧E：[1]
[3]	∀xB	∧E：[1]
[4]	B(b/x)	∀E：[3][b]
[5]	A∧B(b/x)	∧I：[2]，[4]
[6]	∀x(A∧B)	∀I：[5]

再证明 ∀x(A∧B)⊢A∧∀xB。

[1]	∀x(A∧B)	pre
[2]	A∧B(c/x)	∀E：[1][c]
[3]	A	∧E：[2]
[4]	B(c/x)	∧E：[2]
[5]	∀xB	∀I：[4]
[6]	A∧∀xB	∧I：[3]，[5]

（2）∃x（A→B)⊣⊢A→∃xB

先证明 ∃x（A→B)⊢A→∃xB。

[1]	∃x(A→B)	pre
[2]	A	hyp
[3]	∃x(A→B)	reit：[1]
[4]	A→B(c/x)	hyp：[c*]
[5]	A	reit：[2]
[6]	B(c/x)	→E：[4]，[5]
[7]	∃xB	∃I：[6]
[8]	∃xB	∃E：[3]-[7]
[9]	A→∃xB	→I：[2]-[8]

再证明 A→∃xB⊢∃x（A→B)。

[1]	A→∃xB	pre
[2]	¬∃x(A→B)	hyp
[3]	∀x¬(A→B)	例21：[2]
[4]	¬(A→B)(a/x)	∀E：[3][a]
[5]	A∧¬B(a/x)	否定蕴涵律：[4]
[6]	A	∧E：[5]

[7]	¬B(a/x)	∧E：[5]
[8]	∀x¬B	∀I：[7]
[9]	¬∃xB	例21：[8]
[10]	A→∃xB	reit：[1]
[11]	∃xB	→E：[6]，[10]
[12]	∃x(A→B)	¬E：[2]-[11]

（3）∀x(A→B)⊣⊢A→∀xB

先证明∀x(A→B)⊢A→∀xB。

[1]	∀x(A→B)	pre
[2]	A	hyp
[3]	∀x(A→B)	reit：[1]
[4]	A→B(c/x)	∀E：[3][c]
[5]	B(c/x)	→E：[2]，[4]
[6]	∀xB	∀I：[5]
[7]	A→∀xB	→I：[2]-[6]

再证明A→∀xB⊢∀x(A→B)。

[1]	A→∀xB	pre
[2]	A	hyp
[3]	A→∀xB	reit：[1]
[4]	∀xB	→E：[2][3]
[5]	B(a/x)	∀E：[4]，[a]
[6]	A→B(a/x)	→I：[2]-[6]
[7]	∀x(A→B)	∀I：[6]

3.（1）∀x(A↔B)⊢∀xA↔∀xB

[1]	∀x(A↔B)	pre
[2]	∀xA	hyp
[3]	A(a/x)	∀E：[2][a]
[4]	∀x(A↔B)	reit：[1]
[5]	(A↔B)(a/x)	∀E：[4]
[6]	B(a/x)	↔E：[3]，[5]
[7]	∀xB	∀I：[6]
[8]	∀xB	hyp
[9]	B(c/x)	∀E：[8][c]
[10]	∀x(A↔B)	reit：[1]

[11]	(A↔B)(c/x)	∀E：[10]
[12]	A(c/x)	↔E：[9]，[11]
[13]	∀xA	∀I：[12]
[14]	∀xA↔∀xB	↔I：[2]-[13]

（2）∀x(A↔B)⊢∃xA↔∃xB

[1]	∀x(A↔B)	pre
[2]	∃xA	hyp
[3]	A(a/x)	hyp：[a*]
[4]	∀x(A↔B)	reit：[1]
[5]	(A↔B)(a/x)	∀E：[4]
[6]	B(a/x)	↔E：[3]，[5]
[7]	∃xB	∃I：[6]
[8]	∃xB	∃E：[1]-[7]
[9]	∃xB	hyp
[10]	B(c/x)	hyp：[c*]
[11]	∀x(A↔B)	reit：[1]
[12]	(A↔B)(c/x)	∀E：[11]
[13]	A(c/x)	↔E：[10]，[12]
[14]	∃xA	∃I：[13]
[15]	∃xA	∃E：[1]，[9]-[14]
[16]	∃xA↔∃xB	↔I：[2]-[15]

（3）∀x(A↔B)，∀x(B↔C)⊢∀x(A↔C)

[1]	∀x(A↔B)	pre
[2]	∀x(B↔C)	pre
[3]	A(c/x)	hyp[c]
[4]	∀x(A↔B)	reit：[1]
[5]	(A↔B)(c/x)	∀E：[4]
[6]	B(c/x)	↔E：[3]，[5]
[7]	∀x(B↔C)	reit：[2]
[8]	(B↔C)(c/x)	∀E：[7]
[9]	C(c/x)	↔E：[6]，[8]
[10]	C(c/x)	hyp
[11]	∀x(B↔C)	reit：[2]
[12]	(B↔C)(c/x)	∀E：[11]

[13]	B(c/x)	↔E：[10]，[12]
[14]	∀x(A↔B)	reit：[1]
[15]	(A↔B)(c/x)	∀E：[14]
[16]	A(c/x)	↔E：[13]，[15]
[17]	A(c/x)↔C(c/x)	↔I：[3]-[16]
[18]	∀x(A↔C)	∀I：[17]

(4) ∀x(A↔B) ⊢ ∀x(A→B)

[1]	∀x(A↔B)	pre
[2]	A(c/x)	hyp [c]
[3]	∀x(A↔B)	reit：[1]
[4]	(A↔B)(c/x)	∀E：[3]
[5]	B(c/x)	↔E：[2]，[4]
[6]	A(c/x)→B(c/x)	→I：[2]-[5]
[7]	∀x(A→ B)	∀I：[6]

(5) ∀x(A↔B) ⊢∀x(B→A)

[1]	∀x(A↔B)	pre
[2]	B(c/x)	hyp [c]
[3]	∀x(A↔B)	reit：[1]
[4]	(A↔B)(c/x)	∀E：[3]
[5]	A(c/x)	↔E：[2]，[4]
[6]	B(c/x)→A(c/x)	→I：[2]-[5]
[7]	∀x(B→A)	∀I：[6]

(6) ∀x(A→B)，∀x(B→A) ⊢∀x(A↔B)

[1]	∀x(A→B)	pre
[2]	∀x(B→A)	pre
[3]	A(c/x)	hyp [c]
[4]	∀x(A→B)	reit：[1]
[5]	(A→B)(c/x)	∀E：[4]
[6]	B(c/x)	→E：[3]，[5]
[7]	B(c/x)	hyp
[8]	∀x(B→A)	reit：[2]
[9]	(B→A)(c/x)	∀E：[8]
[10]	A(c/x)	→E：[7]，[9]
[11]	A(c/x)↔B(c/x)	↔I：[3]-[10]

[12]   ∀x(A↔B)   ∀I：[11]

4. 构造下列推理的证明。

（1）至少有一个人谁都看不起他，因此，至少有一个人看不起自己。

论域：所有人。R(x, y)：x看不起y。

∃x∀yR(y, x)⊢∃xR(x, x)

   [1]　　∃x∀yR(y, x)　　　　　　　　　　pre

   [2]　　　　∀yR(y, c)　　　　　　　　　hyp：[c*]

   [3]　　　　R(c, c)　　　　　　　　　　∀E：[2]

   [4]　　　　∃xR(x, x)　　　　　　　　　∃I：[3]

   [5]　　∃xR(x, x)　　　　　　　　　　∃E：[1]-[4]

（2）所有的马都是动物，因此，所有的马头都是动物头。

论域：所有动物及其器官。M (x)：x是马。A (x)：x是动物。H (y, x)：y 是 x 的头。

∀x(M(x)→A(x))⊢∀y(∃x(M(x)∧H(y, x))→∃x(A(x)∧H(y, x)))

   [1]　　∀x(M(x)→A(x))　　　　　　　pre

   [2]　　　　∃x(M(x)∧H(a, x))　　　　hyp [a]

   [3]　　　　　　M(c)∧H(a, c)　　　　hyp：[c*]

   [4]　　　　　　M(c)　　　　　　　　∧E：[3]

   [5]　　　　　　H(a, c)　　　　　　　∧E：[3]

   [6]　　　　　　∀x(M(x)→A(x))　　　reit：[1]

   [7]　　　　　　M(c)→A(c)　　　　　∀E：[6]

   [8]　　　　　　A(c)　　　　　　　　→E：[4], [7]

   [9]　　　　　　A(c)∧H(a, c)　　　　∧I：[5], [8]

   [10]　　　　　∃x(A(x)∧H(a, x))　　∃I：[9]

   [11]　　　　∃x(A(x)∧H(a, x))　　　∃E：[1]-[10]

   [12]　　∃x(M(x)∧H(a, x))→ ∃x(A(x)∧H(a, x))

   　　　　　　　　　　　　　　　　　→I：[2]-[11]

   [13]　　∀y(∃x(M(x)∧H(y, x))→∃x(A(x)∧H(y, x)))

   　　　　　　　　　　　　　　　　　∀I：[12]

（3）只有笨蛋才向李明散布李明未婚妻的坏话，李明的朋友向李明散布张娟的坏话，因此，如果李明的朋友都不是笨蛋，那么张娟不是李明的未婚妻。

论域：所有人。S (x)：x是笨蛋。D (x, y, z)：x向y散布z的坏话。

P (x, y)：x是y的朋友。f (x)：x 的未婚妻。a：李明。b：张娟。

∀x(D(x, a, f(a))→S(x)), ∃x(P(x, a)∧D(x, a, b))⊢∀x(P(x, a)→

¬S(x))→¬(b≡f(a))

[1]	∀x(D(x, a, f(a))→S(x))	pre
[2]	∃x(P(x, a)∧D(x, a, b))	pre
[3]	∀x(P(x, a)→¬S(x))	hyp
[4]	b≡f(a)	hyp
[5]	∃x(P(x, a)∧D(x, a, b))	reit：[2]
[6]	P(c, a)∧D(c, a, b)	hyp：[c*]
[7]	∀x(P(x, a)→¬S(x))	reit：[3]
[8]	P(c, a)→¬S(c)	∀E：[7]
[9]	P(c, a)	∧E：[6]
[10]	¬S(c)	→E：[8]，[9]
[11]	D(c, a, b)	∧E：[6]
[12]	b≡f(a)	reit：[4]
[13]	D(c, a, f(a))	≡E：[11]，[12]
[14]	∀x(D(x, a, f(a))→S(x))	reit：[1]
[15]	D(c, a, f(a))→S(c)	∀E：[14]
[16]	S(c)	→E：[13]，[15]
[17]	S(c)→¬∃x(P(x, a)∧D(x, a, b))	第三章例9：[10]
[18]	¬∃x(P(x, a)∧D(x, a, b))	→E：[16]，[17]
[19]	¬∃x(P(x, a)∧D(x, a, b))	∃E：[2]-[18]
[20]	¬(b≡f(a))	¬I：[4]-[19]
[21]	∀x(P(x, a)→¬S(x))→¬(b≡f(a))	→I：[3]-[20]

（4）没有人尊重不自重者，没有人会信任他所不尊重的人，因此，不自重者不会被任何人所信任。

论域：所有人。R(x, y)：x 尊重 y。T(x, y)：x 信任 y。

∀x∀y(¬R(y, y)→¬R(x, y))，∀x∀y(¬R(x, y)→¬T(x, y))⊢∀x∀y(¬R(y, y)→¬T(x, y))

[1]	∀x∀y(¬R(y, y)→¬R(x, y))	pre
[2]	∀x∀y(¬R(x, y)→¬T(x, y))	pre
[3]	¬R(b, b)	hyp [b]
[4]	∀x∀y(¬R(y, y)→¬R(x, y))	reit：[1]
[5]	∀y(¬R(y, y)→¬R(a, y))	∀E：[4] [a]
[6]	¬R(b, b)→¬R(a, b)	∀E：[5]

[7]	¬R(a, b)	→E：[3]，[6]
[8]	∀x∀y(¬R(x, y)→¬T(x, y))	reit：[2]
[9]	∀y(¬R(a, y)→¬T(a, y))	∀E：[8][a]
[10]	¬R(a, b)→¬T(a, b)	∀E：[9]
[11]	¬T(a, b)	→E：[7]，[10]
[12]	¬R(b, b)→¬T(a, b)	→I：[3]–[11]
[13]	∀y(¬R(y, y)→¬T(a, y))	∀I：[12]
[14]	∀x∀y(¬R(y, y)→¬T(x, y))	∀I：[13]

（5）新时代我国社会主要矛盾是人民日益增长的美好生活需要和不平衡不充分的发展之间的矛盾。因此，要正确认识并深刻理解新时代我国社会主要矛盾，就要正确认识并深刻理解人民日益增长的美好生活需要和不平衡不充分的发展之间的矛盾。

论域：所有人或各种矛盾。P（x）：x 是人。K（x，y）：x 要正确认识 y。C（x，y）：x 要深刻理解 y。a：新时代我国社会主要矛盾。b：（新时代我国）人民日益增长的美好生活需要和不平衡不充分的发展之间的矛盾。

a≡b ⊢ ∀x(P(x)∧K(x, a)∧C(x, a)→K(x, b)∧C(x, b))

[1]	a≡b	pre
[2]	P(c)∧K(c, a)∧C(c, a)	hyp [c]
[3]	K(c, a)∧C(c, a)	∧E：[2]
[4]	a≡b	reit：[1]
[5]	K(c, b)∧C(c, b)	≡E：[3]，[4]
[6]	P(c)∧K(c, a)∧C(c, a)→K(c, b)∧C(c, b)	
		→I：[2]–[5]
[7]	∀x(P(x)∧K(x, a)∧C(x, a)→K(x, b)∧C(x, b))	
		∀I：[6]

第六章练习题参考答案

1. 找出以下段落中所使用的归纳推理并给出其推理形式

（1）枚举归纳推理。推理形式（略）。

（2）两个推论都是使用的求同法。其推理形式如下：

推论 1：令 A_1 = 较大的大脑（相对应体重），B = 其他特征 1，C = 其他特征 2，D = 其他特征 3，E = 其他特征 4，F = 其他特征 5，G = 其他特征 6，a = 天才

场合	先行情况	被研究现象
（1）	A_1、B、C	a
（2）	A_1、D、E	a
（3）	A_1、F、G	a
………	………	………

所以，A_1 是 a 的原因。

推论2：A_2＝较多的大脑外皮层，B＝其他特征1，C＝其他特征2，D＝其他特征3，E＝其他特征4，F＝其他特征5，G＝其他特征6，……，a＝天才

场合	先行情况	被研究现象
（1）	A_2、B、C	a
（2）	A_2、D、E	a
（3）	A_2、F、G	a
………	………	………

所以，A_2 是 a 的原因。

（3）求异法。其推理形式如下：

令 A＝在空气中加热，B＝物体特征1，C＝物体特征2，a＝物体燃烧

场合	先行情况	被研究现象
（1）	A、B、C	a
（2）	—、B、C	—

所以，A 是 a 的原因。

（4）求同求异并用法。其推理形式如下：

令 A＝物体振动，B＝其他特征1，C＝其他特征2，D＝其他特征3，E＝其他特征4，F＝其他特征5，G＝其他特征6，……，a＝物体发声

场合	先行情况	被研究现象	
（1）	A、B、C	a	正面场合
（2）	A、D、F	a	
（3）	A、C、H	a	
（1'）	—、B、M	—	反面场合
（2'）	—、D、O	—	
（3'）	—、R、S	—	

所以，A 是 a 的原因。

（5）共变法。其推理形式如下：

令 A_1 ＝太阳黑子数目 1，A_2 ＝太阳黑子数目 2，A_3 ＝太阳黑子数目 3，B＝其他特征 1，C＝其他特征 2，a_1 ＝地球磁暴强度 1，a_2 ＝地球磁暴强度 2，a_3 ＝地球磁暴强度 3

场合	先行情况	被研究现象
（1）	A_1、B、C	a_1
（2）	A_2、B、C	a_2
（3）	A_3、B、C	a_3
………	………	………

所以，A 是 a 的原因。

2. 找出最能支持或削弱题干的选项

（1）A。题干论证方式是枚举归纳，但以偏概全。选项 A 指出这一点，反驳了论证方式。B、C、E 没有针对题干的论证方式提出质疑。D 实际支持了题干。

（2）C。题干枚举归纳某些企业的调查数据，得出所有企业的结论。以偏概全。选项 C 弱化了论据：调查样本缺乏代表性。

（3）C。当我们的注意力转移到第三天是原来的多少：$1/2 \times 2/3 = 2/6 = 1/3$；第四天是原来的多少：$1/3 \times 3/4 = 3/12 = 1/4$；此时即可科学归纳：第 n 天时还剩下 $1/n$ 瓶。实际上，当我们计算完第三天时，补充第二天的数字后，就应该得到启发，直接抓住问题本质：第 n 天时还剩下 $1/n$ 瓶。依此类推，不再计算。

（4）D。本题的做题模式体现了求同法的特点和作用。即题干提出一个特殊群体具有某种行为的比例，因此，这种行为与这个群体的特殊情况有因果关系。为了证明题干的这种因果关系不成立，我们就需要在选项中找不同的另一个群体（异），如果这个群体中具有某种行为的比例接近于题干的比例（同），就削弱了题干的论证。

按此解析本题。题干提出一个特殊群体具有相同行为的比例，因此，这种行为与这个群体的特殊情况有因果联系：夜间工作——患胃溃疡

要想削弱题干的论证，就需要看在一般人中的情况怎么样，如夜间工作的人数所占比例接近题干提及的比例，但隐含一般人群中的这些人并不具有题干所说的症状，就削弱了题干的论证。选项 D 指出了这一点。这里的"异"就是特殊群体与一般群体不同；"同"就是某种行为、现象比例的接近。可用图示法表示：

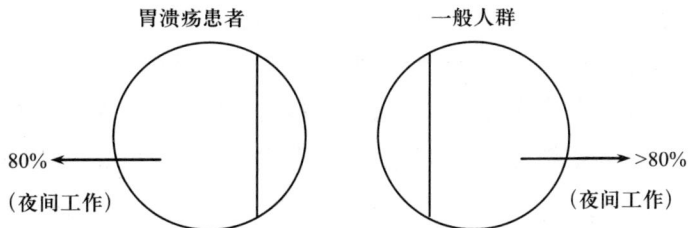

（5）C。题干提出一个特殊群体具有某种特征的比例，因此，这种特征与这个群体的特殊情况有因果联系：中老年肥胖——患糖尿病。按求同法模式反驳：看一般人群情况怎样。如果其中中老年肥胖者比例超过 60%，但隐含于一般人群中的这些人并不全具有题干所说的症状，就最能削弱题干的论证。

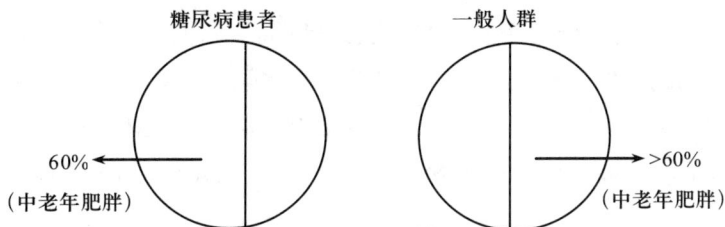

（6）C。本题涉及求异法的作用。解析：题干提供了正负场合：肯定性误判率低——公平贯彻得好；肯定性误判率高——公平贯彻得不好。要想削弱，找不同不是唯一的，还有其他不同（即多因一果，还有其他因素影响推理）。答案为 C。注意：题干提供了正负场合，按假设为真原则，就只能分析题干所提出的因果关系。

（7）C。题干提供了正负场合：肯定性误判率低——公平贯彻得好；肯定性误判率高——公平贯彻得不好。要想支持，找不同是唯一的，其他必须相同（即没有其他因素影响推理）。答案为 C。

（8）C。题干提供了正负场合：能聘请收费最贵的律师 ——定罪率低；不能聘请收费最贵的律师 ——定罪率高。问削弱，就要在选项中找可能是其他因素影响的，不同不是唯一的。选项 C 表明：被指控抢劫的犯罪比例本来就高于被指控贪污的犯罪比例。注意：题干提供了正负场合，按假设为真原则，就只能分析题干所提出的因果关系。因此，不能引申误选 D。

（9）C。题干提供的正负场合同上。问支持，就在选项中找"其他必须相同"，不同是唯一的。答案为 C。

（10）C。题干只提供了正场合：成为石油开发中心——暴力犯罪等增多。要想支持，找无因无果的负场合。即没有其他因素影响推理。答案为 C。

（11）B。题干讨论的是：地震发生前狗的异常行为与感觉地震是否有因果关系？选项 A 以求异法评价了这一点，C、D、E 以求同法评价了这一点，均可排除。

B 与评价题干论证不相干，无论肯定或否定都不能有效评价题干论证。

（12）D。题干提供了正负场合：参加比赛——成绩保持较高；不参加——成绩较低。因此，参加比赛是保持学习成绩较高的原因。问支持：其他必须相同。选项 D 以"不以学习成绩好为条件"（隐含学习成绩不分高低），强化了论据。

（13）E。题干提供了正负场合：拥有 MP3 多——英语成绩高；拥有 MP3 不多——英语成绩不高，所以，利用 MP3 可以提高英语水平。要加强结论：不同是唯一的，其他必须相同。但选项中没有"其他必须相同"的相关选项。只能考虑"拥有 MP3 多"与"英语成绩高"两个现象并存是否有因果联系。这正是选项 E 所表示的。选项 C 重复题干结论。A、B 以"还有其他不同"削弱了结论。D 支持弱。

（14）D。题干是一个共变法、求异法的证明：本地人通婚——子女平均智商为 102；省内异地通婚——子女平均智商为 106；隔省通婚——子女智商 109。因此，异地通婚可提高下一代智商水平。选项 D 以还有其他不同，弱化了题干论据，最能削弱。A 不能削弱，题干信息量不足；B、C 所提的特例不影响题干推理；E 为无关项。

（15）C。题干先按求同法得出结论：人为失误是灾难的共同原因；又以类比推理推导：只要核电站持续运作，发生核泄漏严重事故也是不可避免的（隐含人为失误是不可避免的）。答案为 C。

（16）D。题干是类比论证：以专业领域的评估类推学校中的评估。选项 D 指出两者评估目的不同，不具有可比性。反驳了题干论证。

（17）C。题干以地球生命存在的两个条件，类推其他星球生命存在的条件应该相同。

（18）E。分析概括：GDP 增长率高——经济前景好；GDP 数值大——经济前景好。显然运用比较方法的标准不一。选项 E 概括焦点最准确。A、B 没有涉及标准不一问题；C、D 仅是提出一个标准。

第七章练习题参考答案

一、回答下列问题

1. （1）1/54；（2）4/54；（3）12/54；（4）13/54；（5）16/54；（6）42/54。

2. （1）6/216；（2）90/216；（3）120/216。

3. （1）1/6；（2）1/12；（3）3/10。

4. （1）1；（2）3/4。

5. $5^n/6^n$

6. （1）60%；（2）67%；（3）26%；（4）不是。

7. （1）54/100；（2）36/54。

8. （1）4/10；（2）6/10；（3）1/10；（4）4/100；（5）34/100；（6）4/34；（7）30/34；（8）30/34。

9. 1/51

10. 10/63

二、计算概率

1. 1/6

2. 0.848

3. 1/4 或者 0.25

4. $P(6 \vee 1) = P(6) + P(1) = 1/6 + 1/6 = 2/6 = 1/3$

5. A. $P(A1 \wedge A2) = P(A1) \times P(A2) = 4/52 \times 4/52 = 1/169 = 0.0059$

B. $P(A1 \wedge A2) = P(A1) \times P(A2/A1) = 4/52 \times 3/51 = 1/221 = 0.0045$

6. 首先计算得不到 6 点的概率：

$P(没有 6 点) = 5/6 \times 5/6 \times 5/6 = 125/216$

然后使用否定规则：

$P(至少有一个 6 点) = 1 - P(没有 6 点) = 1 - 125/216 = 91/216 = 0.4213$

7. A. $P(R1 \wedge R2) = P(R1) \times P(R2/R1) = 3/12 \times 2/11 = 6/132 = 0.045$

B. $P(Y \wedge G) = P(Y1 \wedge G2) + P(G1 \wedge Y2) = (5/12 \times 4/11) + (4/12 \times 5/11) = 20/132 + 20/132 = 10/33 = 0.303$

C. $P(R \vee G) = 1 - P(Y1 \wedge Y2) = 1 - (5/12 \times 4/11) = 1 - 20/132 = 28/33 = 0.848$

D. $P(G1 \vee G2) = 1 - P(\neg G)$

$$= 1 - [P(R1 \wedge R2) + P(R1 \wedge Y2)]$$

$$= 1 - [(3/12 \times 2/11) + (3/12 \times 5/11) + (5/12 \times 3/11) + (5/12 \times 4/11)]$$

$$= 1 - [6/132 + 15/132 + 15/132 + 20/132]$$

$$= 1 - 56/132$$

$$= 19/33 = 0.576$$

E. $P(同样颜色) = P(R1 \wedge R2) + P(G1 \wedge G2) + P(Y1 \wedge Y2)$

$$= (3/12 \times 2/11) + (4/12 \times 3/11) + (5/12 \times 4/11)$$

$$= 6/132 + 12/132 + 20/132$$

$$= 19/66 = 0.288$$

三、应用概率演算规则计算概率

1. 设 A = ｛被调查学生是努力学习的｝，则￢A = ｛被调查学生是不努力学习的｝.

由题意知 $P(A)=0.8, P(\neg A)=0.2$，又设 $B=\{被调查学生考试及格\}$. 由题意知
$P(B|A)=0.9, P(\neg B|\neg A)=0.9$，故由贝叶斯公式知

（1）

$$P(\neg A/B) = \frac{P(\neg A \wedge B)}{P(B)} = \frac{P(\neg A) \times P(B/\neg A)}{P(A) \times P(B/A) + P(\neg A) \times P(B/\neg A)}$$

$$= \frac{0.2 \times 0.1}{0.8 \times 0.9 + 0.2 \times 0.1} = \frac{1}{37} = 0.027\ 03$$

即考试及格的学生中不努力学习的学生仅占 2.702%。

（2）

$$P(A/\neg B) = \frac{P(A \wedge \neg B)}{P(\neg B)} = \frac{P(A) \times P(\neg B/A)}{P(A) \times P(\neg B/A) + P(\neg A) \times P(\neg B/\neg A)}$$

$$= \frac{0.8 \times 0.1}{0.8 \times 0.1 + 0.2 \times 0.9} = \frac{4}{13} = 0.307\ 7$$

即考试不及格的学生中努力学习的学生占 30.77%。

2. 设 $A = \{原发信息是 A\}$，则 $\neg A = \{原发信息是 B\}$
$C = \{收到信息是 A\}$，则 $\neg C = \{收到信息是 B\}$
由贝叶斯公式，得

$$P(A/C) = \frac{P(A) \times P(C/A)}{P(A) \times P(C/A) + P(\neg A) \times P(C/\neg A)}$$

$$= \frac{2/3 \times 0.98}{2/3 \times 0.98 + 1/3 \times 0.01} = 0.994\ 92$$

3. 设 $A = \{产品确为合格品\}$，$B = \{产品被认为是合格品\}$
由贝叶斯公式得

$$P(A/B) = \frac{P(A \wedge B)}{P(B)} = \frac{P(A) \times P(B/A)}{P(A) \times P(B/A) + P(\neg A) \times P(B/\neg A)}$$

$$= \frac{0.96 \times 0.98}{0.96 \times 0.98 + 0.04 \times 0.05} = 0.998$$

4. 设 $A = \{该客户是"谨慎的"\}$，$B = \{该客户是"一般的"\}$，
$C = \{该客户是"冒失的"\}$，$D = \{该客户在一年内出了事故\}$
则由贝叶斯公式得

$$P(A/D) = \frac{P(A \wedge D)}{P(D)}$$

$$= \frac{P(A) \times P(D/A)}{P(A) \times P(D/A) + P(B) \times P(D/B) + P(C) \times P(D/C)}$$

$$= \frac{0.2 \times 0.05}{0.2 \times 0.05 + 0.5 \times 0.15 + 0.3 \times 0.3} = 0.057$$

四、1. 是统计推理。2. 是统计推理。3. 不是统计推理。4. 是统计推理。5. 不是统计推理。

五、1—5　B　B　B　B　D

第八章练习题参考答案

1. 该案例中被验证的假说是粒子物理学中的希格斯模型，或希格斯场理论；关键性证据是该模型所预测的希格斯玻色子（上帝粒子）；这一检验模式是假说-演绎模式。

2. 该案例中体现的是假说-演绎的否证检验模式，利用的主要逻辑方法是否定后件式。

3. 该案例涉及科学说明和科学检验等环节。为了说明 β 衰变中能量不守恒这一现象，科学家提出了新的假说"β 衰变为 β 粒子和中微子"，所使用的模式是溯因模式。在提出假说后，根据假说作出预测来对假说进行检验，所使用的检验模式是假说-演绎模式。

4. 该案例所要说明的现象是"影响孩子智力的主要因素"，先后提出了两个假说"家庭环境是影响孩子智力的主要因素"，"家族基因是影响孩子智力的主要因素"。这一说明采用了多元溯因模式，先提出 2 个假说，随后否定其中一个假说。

5. 该案例整体上体现了科学假说和理论演化的基本模式，即 $P_1 \rightarrow TT \rightarrow EE \rightarrow P_2$。其中又包含两个阶段。在第一阶段是对古典经济学的"保护带"进行否定、修改，从而使其在原来范式下得到发展。在第二阶段是对古典经济学的"经济人假设"这一"硬核"进行否定、修改，并发展为一个全新的理论。

第九章练习题参考答案

1. 哈利出生于百慕大（G），所以，他很可能（M）是英国人（C）。出生于百慕大的人通常是英国人（W），这是由有关国籍法等法规规定的（B）。除非哈利的双亲是外侨（R_1），或者哈利入了美国籍（R_2）。

支持 G 的支援可能有：哈利的出生登记或出生证表明哈利出生于百慕大。支持 R 的支援可能有：哈利持有美国绿卡。G 的反证：哈利并非出生于百慕大，而是出生于伦敦等。W 的反证可能是：出生于百慕大的人是法国人。B 的反证：指出不存在那样的国籍法或对该法的解释不正确等。R 的反证：哈利的双亲不是外侨，哈利并没有入美国籍。

2.（1）收敛式论证结构。可图示如下。C：我不能帮你演算练习题；G_1：我没有学过多少数学；G_2：今晚得干个通宵（没有足够的时间）；G_3：我得完成我的哲学论文。

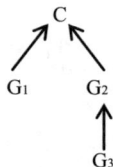

（2）线性论证结构。可图示如下。C：买卖人的器官应被视为非法；G_1：导致只有富人才负担得起移植费用；G_2：稀缺商品买卖的价格总是攀升；G_3：供求规律决定稀缺商品买卖的价格总是攀升。

（3）组合式论证结构。可图示如下。C：资料不可能是我方开箱后丢失的；G_1：缺失的资料有重量；G_2：所有的资料都有重量；G_3：如果资料是我方开箱后丢失的，则木箱上所印的净重量就会大于现有 5 份资料的重量；G_4：木箱上所印资料的净重量正好与 5 份资料的净重量相等。

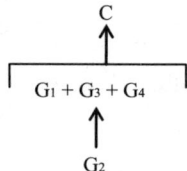

（4）收敛式论证结构。可图示如下。C："新发展理念"把创新发展摆在第一位；G_1：创新是引领发展的第一动力；G_2：发展动力决定发展速度、效能、可持续性；G_3：解决好动力问题是实现经济持续健康发展的必要条件（＝如果动力问题解决不好，要实现经济持续健康发展是难以做到的）；G_4：坚持创新发展是分析近代以来世界发展历程特别是总结我国改革开放成功实践得出的结论；G_5：坚持创新发展是我们应对发展环境变化、增强发展动力、把握发展主动权的根本之策。

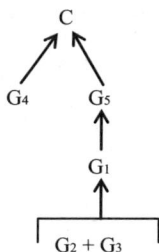

3. 该划分得到的种概念"落叶树"和"针叶树"之间不是并列关系，它们之间有交集，因为落叶松既是落叶的又是针叶的。因此，该划分违反了划分规则"种概念之间应是并列关系，即它们之间不应有交集。"

4. 故事中的"丈夫"使用了连锁论证模式，但没有满足"各环节的推出关系比较强"这个主要制约条件，因而成为谬误。在其所预见的因果链条上，每一个环节都有可能由于其他因素的侵入而断开，鸡蛋未必能全部孵出小鸡，小鸡未必能够全部存活，小鸡长大后未必能下那么多蛋，养那么多鸡或牛投入多大的成本，鸡和牛的价格暴跌，等等。

5. A 项为真最能对上述计划构成质疑。A 暗示用猎狗来驱赶鸡群，虽然可能减少鸡群对交通安全的威胁，但因此带来了猎狗对交通安全的威胁，这就有力地质疑了题干。其余各项不能有力地削弱题干。比如 B 项，伤害鸡群虽然会带来损失，但是跟交通安全无关；C 指出使用猎狗的计划有一定难度，但是并不意味着一定不可行；D 指出猎狗计划需要其他手段支持，也不意味着不可行；E 指出猎狗计划有不利的影响，但是不意味着猎狗计划不能解决交通安全问题。

第十章练习题参考答案

1.（2）是一个定语从句，that 所引导的从句修饰引导词紧跟的名词 ball，充当该名词的定语。这个英语语句如果直译为汉语，应该是：

（1'）那个男孩在打那个中国制造的球。

但这样的汉语语句是怪异的，汉语一般不会说这样的西化句子，而是要分成两个简单语句来说，即说语句（1）而不会说（1'）。

从句法结构看，（1）是一个递进关系的复句，其句法结构与（2）是有区别的。

（1）和（2）的句法结构不同，语义却是一致的。

2. 这是一个经典的语言心理学和神经语言学的实验。实验设计十分巧妙。

这三个英语语句都是由 7 个单词构成的，句法结构是被动式，逻辑宾语前置为被动语句的形式主语。注意，这三个语句的句法结构完全相同。

这个实验设计巧妙。逻辑宾语前置作为形式主语，the pizza 说出以后，用被动语句再说出与之相匹配的动词，实验目的是看看当动宾搭配适当和不适当时，脑电位所显示的大脑加工有何不同。

实验假设，当动宾搭配不当时，将会出现语义失匹配的 N400 波形。

（1a）句法结构正确，语义搭配也适当，这时脑电位正常，没有出现语义失匹配的 N400 波形。

（1b）句法结构正确，语义搭配不当，即动词 drink 与名词 pizza 不能搭配，因为比萨饼不是用来喝的，英语被试都具有这方面的知识。这时脑电位异常，出现了语义失匹配的 N400 波形。

（1c）句法结构正确，语义严重不搭配。动词 cry 是一个不及物动词，不能带宾语。不及物动词 cry 与名词 pizza 搭配，是一个比（1b）更严重的语义错误。这里脑电位严重异常，出现了振幅更高的语义失匹配的 N400 波形，这表明英语被试根本无法接受这样的英语语句，大脑加工需要更多的能量，因为加工更加困难。

这个经典的实验说明：（1）大脑的语言加工是自动进行的；（2）当语义失匹配时会出现 N400 波形；（3）语义失匹配越是严重，语言加工越加困难，N400 波形振幅也越大。

3.（a）是正常的汉语语句，可以进行正常的语言交际。

（b）是一个基本正常的汉语语句，但有转义。它的语义是：吃酒席上的食物。宾语词组的中心词省略，但中国人都能听得懂，大家也都这样说，可以进行正常的语言交际。

（c）是一个省略宾语，只说状语的汉语语句，完整的表述应该是：在食堂吃饭。口语表述时省去了宾语，而突出吃饭的地点：食堂。对于母语是汉语的中国人，这个语句也能够进行正常的语言交际，大家也都这样说。语言游戏就是约定俗成。

（d）是一个比较特殊的汉语语句，相当于说"吃桌餐"，完整的表述应该是：摆上桌子吃饭。首先，这个语句省略了宾语，其次，它以"摆桌子"这个方式状语来突出吃饭的方式。在特殊的语境中，这个语句可以进行正常的语言交际。例如：

甲：今天中午吃自助还是吃桌子啊？

乙：吃桌子。

（e）（f）都是怪异的汉语语句，不能进行正常的语言交际，也没有人会说这样的汉语,除非极特殊的语境。为什么可以说"吃食堂""吃桌子",却不能说"吃教室""吃操场"?因为如前分析,"吃食堂""吃桌子"用省略宾语突出状语的方式来表达吃的行为特征,"食堂"和"桌子"与吃的行为有某种语义上的关联,也约定俗成,因而是可以理解的。但是"教室"和"操场"与吃的行为并无语义上的关联,因而是不可理解的,也不能进行正常的语言交际。

以上说明:(1)汉语是一种典型的语用语言,其意义只能在语境中来加以理解;(2)汉语可以省略一些语言成分,而突出另一些语言成分,其语义仍然可以理解;英语必须完整表述,一般不能作这样的省略;(3)第一语言(母语)是自动加工的,汉语的使用者并不需要专门的学习便可以使用上面(a)~(d)的语句来进行正常的语言交际,而不会使用(e)和(f)的语句。

4. 食堂贴出的这则告示基本实现了语言交际的目的。从句法上看,"本食堂专卖老师"应为"本食堂专卖食物给老师",这是双宾语的结构,但汉语结构省略了直接宾语"食物",并省略间接宾语的介词"给",英语句法不能做这样的省略。"兼卖学生""先卖老师""卖完老师""再卖学生"的汉语句法结构是类似的。

从语义上看,"专卖老师""兼卖学生""先卖老师""卖完老师""再卖学生"的意义分别是"专卖给老师""兼卖给学生""先卖给老师""给老师卖完""再卖给学生"。虽然句法上做了一些省略和转换,但其语义仍然可以被理解。

从语用上看,汉语是一种非常灵活的、与语境密切相关的语用语言。在特殊的语境中,一些显而易见的句法成分可以不说,一些重要的句法成分可以突出,以取得特殊的、生动的语用效果。

第十一章练习题参考答案

1. (1)违反了同一律所决定的同一规范,犯了混淆概念或偷换概念的逻辑错误,将"形式"与"形式主义"相混淆。

(2)乙的回答答非所问,违反了同一律所决定的同一规范,犯了转移论题的逻辑错误。

(3)违反了矛盾律所决定的不矛盾规范,犯了自相矛盾的逻辑错误。

(4)违反了矛盾律所决定的不矛盾规范,犯了自相矛盾的逻辑错误。

(5)该议论没有违反逻辑基本规律的要求,因为对于两个相互反对的思想,可以同时否定,这并不违反排中规范。

2. (1)甲拿了。分析如下:根据已知前提,甲和乙两人的回答是相互矛盾的,其中必有一真,又根据已知条件,只有一人说了真话,可知真话不是甲说的就是乙说的，因此，丙和丁说的都是假话。既然丙和丁说的都是假话，便可推出：甲拿了，乙没拿。

（2）囚犯说的话是：我将被砍头。

（3）答案为 B。因为乙和丁的口供是相互矛盾的，根据矛盾律，必有一假。又已知四人的口供中只有一个是假的，因此，甲和丙说的是真话，由此推出"丁是主犯"。因此，丁说假话，作案的是丙和丁。

（4）甲说的是男婴的出生率高于女婴，而乙用来反驳甲的论据是"许多国家和地区都是女人比男人多"。这个反驳是不成立的。因为男婴的出生率高于女婴并不意味着男人一定比女人多，因为还有男婴、女婴的成活率，男人、女人的相对寿命等众多因素。所以，乙的反驳实际上混淆或偷换了概念。

阅 读 文 献

■恩格斯：《自然辩证法》（节选），《马克思恩格斯文集》第 9 卷，人民出版社 2009 年版。

■金岳霖：《逻辑》，生活·读书·新知三联书店 1937 年版。

■金岳霖主编：《形式逻辑》，人民出版社 1979 年版。

■诸葛殷同等编：《形式逻辑原理》，人民出版社 1982 年版。

■江天骥：《归纳逻辑导论》，湖南人民出版社 1987 年版。

■王雨田主编：《归纳逻辑导引》，上海人民出版社 1987 年版。

■江天骥主编：《科学哲学名著选读》，湖北人民出版社 1988 年版。

■李小五：《现代归纳逻辑与概率逻辑》，科学出版社 1992 年版。

■陈宗明主编：《汉语逻辑概论》，人民出版社 1993 年版。

■鞠实儿：《非巴斯卡归纳概率逻辑研究》，浙江人民出版社 1993 年版。

■周礼全主编：《逻辑——正确思维和有效交际的理论》，人民出版社 1994 年版。

■王路：《逻辑基础》，人民出版社 2004 年版。

■熊立文：《现代归纳逻辑的发展》，人民出版社 2004 年版。

■邓生庆、任晓明：《归纳逻辑百年历程》，中央编译出版社 2006 年版。

■《普通逻辑》编写组：《普通逻辑》（增订本），上海人民出版社 2006 年版。

■南开大学哲学系逻辑学教研室：《逻辑学基础教程》（第二版），南开大学出版社 2008 年版。

■徐明：《符号逻辑讲义》，武汉大学出版社 2008 年版。

■任晓明主编：《新编归纳逻辑导论》，河南人民出版社 2009 年版。

■何向东：《逻辑学教程》（第三版），高等教育出版社 2010 年版。

■王习胜、张建军：《逻辑的社会功能》，北京大学出版社 2010 年版。

■温公颐、崔清田主编：《中国逻辑史教程》，南开大学出版社 2012 年版。

■陈波：《逻辑学导论》，中国人民大学出版社 2014 年版。

■［美］柯匹、科恩：《逻辑学导论》，张建军、潘天群、顿新国等译，中国人民大学出版社 2014 年版。

■［美］赫尔利：《简明逻辑学导论》，陈波、宋文淦、熊立文等译，世界图书出版公司 2010 年版。

■［美］蒂德曼、卡哈尼：《逻辑与哲学：现代逻辑导论》，张建军、张燕京等译，中国人民大学出版社 2017 年版。

人名译名对照表

［德］	爱因斯坦	Albert Einstein
［英］	奥斯汀	John Austin
［英］	贝叶斯	Thomas Bayes
［西班牙］	彼得	Petrus Miliani
［奥地利］	波普尔	Karl Raimund Popper
［古希腊］	柏拉图	Plato
［英］	布尔	George Boole
［古印度］	陈那	Dinnāga
［澳大利亚］	戴维斯	Paul Davis
［英］	道尔顿	John Dalton
［英］	德·摩根	Augustus De Morgan
［法］	笛卡儿	René Descartes
［法］	费尔马	Pierre de Fermat
［德］	弗雷格	Gottlob Frege
［法］	盖-吕萨克	Joseph Louis Gay-Lussac
［德］	哥德巴赫	Christian Goldbach
［美］	哥德尔	Kurt Gödel
［英］	格赖斯	Herbert Paul Grice
［德］	根岑	Gerhard Gentzen
［英］	汉密尔顿	William Hamilton
［英］	赫歇尔	Frederick William Herschel
［英］	怀特海	Alfred North Whitehead
［英］	惠威尔	William Whewell
［德］	卡尔纳普	Rudolf Carnap
［英］	凯恩斯	John Maynard Keynes
［英］	科恩	Leonard Cohen
［英］	科塞尔	Albrecht Kossel
［美］	克里普克	Saul Kripke
［美］	库恩	Thomas Kuhn
［英］	拉卡托斯	Imre Lakatos
［德］	莱布尼茨	Gottfried Wilhelm von Leibniz

[德]	赖辛巴赫	Hans Reichenbach
[美]	劳丹	Larry Laudan
[美]	蒙太格	Richard Montague
[英]	穆勒	John Stuart Mill
[瑞士]	欧拉	Leonhard Euler
[法]	帕斯卡	Blaise Pascal
[英]	培根	Francis Bacon
[美]	皮尔斯	Charles Sanders Peirce
[美]	乔姆斯基	Noam Chomsky
[美]	塞尔	John Searle
[波兰]	塔尔斯基	Alfred Tarski
[英]	图灵	Alan Mathison Turing
[英]	维特根斯坦	Ludwig Wittgenstein
[英]	文恩	John Venn
[波兰]	雅斯可夫斯基	Stanislaw Jaskowski
[古希腊]	亚里士多德	Aristotle

术语中英文对照表

贝叶斯概率	Bayesian probability
差等关系	subaltern
传统逻辑	traditional logic
词项	term
大前提	major premise
单称	singular
等值	equivalence
定义	definition
对当方阵	square of opposition
反对关系	contrary
否定	negation
符号	symbol
符号化	symbolization
复合命题	compound proposition
概率	probability
个体	individual
公理系统	axiomatic system
公式	formula
归纳	induction
归纳逻辑	inductive logic
规则	rule
合取	conjunction
划分	division
假的	false
简单命题	elementary proposition
结论	conclusion
科学假说	scientific hypothesis
联项	copula
量词	quantifier
论辩逻辑	logic of argumentation
逻辑学	logic

矛盾	contradiction
矛盾关系	contradictory
矛盾律	the law of contradiction
命题	proposition
命题逻辑	propositional logic
谬误	fallacies
内涵	connotation
排中律	the law of excluded middle
前提	premise
全称	universal
三段论	syllogism
数理逻辑	mathematical logic
特称（存在）	existential
同一律	the law of identity
统计推理	statistical reasoning
推理	inference / reasoning
推演（推导）	derivation
外延	denotation
谓词逻辑	predicate logic
谓项（谓词）	predicate
析取	disjunction
下反对关系	subcontrary
现代逻辑	modern logic
小前提	minor premise
言语行为	speech act
演绎	deduction
演绎逻辑	deductive logic
语义学	semantics
语用学	pragmatics
蕴涵	implication
真的	true
真值	truth-value
真值表	truth-table
证明	proof

直言的	categorical
主项（主词）	subject
自然演绎	natural deduction

后　记

　　《逻辑学》是马克思主义理论研究和建设工程重点教材，是在教育部实施马克思主义理论研究和建设工程领导小组领导下组织编写的。在编写过程中，得到了教育部马克思主义理论研究和建设工程重点教材审议委员会的指导，得到了中宣部、中央党校、中央编译局、求是杂志社、中国社会科学院等有关部门和有关专家学者的支持。同时，广泛听取了高校教师和学生的意见建议。

　　本教材由首席专家何向东主持编写，张建军、任晓明任副主编。何向东撰写绪论，王克喜撰写第一章第一节、第四节，王静撰写第一章第二节、第三节，马明辉撰写第二章，郭美云撰写第三章，李娜撰写第四章第一节、第二节，王湘云撰写第四章第三节、第四节，杜国平撰写第五章，张晓芒撰写第六章，任晓明撰写第七章第一节，熊立文撰写第七章第二节，张建军撰写第八章第一节、第二节和第十一章第一节、第二节，顿新国撰写第八章第三节、第四节，武宏志撰写第九章，蔡曙山撰写第十章，胡泽洪撰写第十一章第三节、第四节。杨河、赵敦华、王路、陈波、程树铭等参加了学科专家审议并提出了修改意见。顾海良、杨河、王路、陈波作了出版前的审读。

2017 年 5 月 26 日

第二版后记

定期修订马克思主义理论研究和建设工程重点教材是保证其编写质量的重要途径。党的十九大胜利召开后，为推动习近平新时代中国特色社会主义思想进教材、进课堂、进头脑，深入贯彻落实党的十九大和十九届二中、三中全会精神，教育部统一组织对已出版教材进行了全面修订。本书经国家教材委员会高校哲学社会科学（马工程）专家委员会审查通过。

何向东主持了本次教材修订工作，张建军、任晓明、王克喜、王静、马明辉、郭美云、李娜、王湘云、杜国平、张晓芒、熊立文、顿新国、武宏志、蔡曙山、胡泽洪参加了具体的修订工作。

2018 年 6 月

读者意见反馈

为收集对教材的意见建议，进一步完善教材编写并做好服务工作，读者可将对本教材的意见建议通过如下渠道反馈至我社。

咨询电话　400-810-0598
读者服务邮箱　gjdzfwb@pub.hep.cn
通信地址　北京市朝阳区惠新东街4号富盛大厦1座
　　　　　高等教育出版社总编辑办公室
邮政编码　100029

防伪查询说明

用户购书后刮开封底防伪涂层，使用手机微信等软件扫描二维码，会跳转至防伪查询网页，获得所购图书详细信息。

防伪客服电话　（010）58582300